This Book Offers Free Bonus Puzzles

Available Here:

BestActivityBooks.com/WSBONUS20

5 TIPS TO START!

1) HOW TO SOLVE

The Puzzles are in a Classic Format:

- Words are hidden without breaks (no spaces, dashes, ...)
- Orientation: Forward & Backward, Up & Down or in Diagonal (can be in both directions)
- Words can overlap or cross each other

2) LEVEL UP THE GAME!

A space is provided next to each word to write new ones, translations or notes. We also offer a convenient **NOTEBOOK** at the end of this edition. It can help you organize your annotations, new words and/or observations.

3) TAG YOUR WORDS

Have you tried using a tag system? For example, you could mark the words which have been difficult to find with a cross, the ones you loved with a star, new words with a triangle, rare words with a diamond and so on...

4) EASY TO CUT!

The Puzzles come with an Extra Large margin to easily cut the page out of the book. Some people may feel it more convenient to solve them this way.

5) FINISHED?

Go to the bonus section: **MONSTER CHALLENGE** to find a free game offered at the end of this edition!

Want **more fun** and activities to **relax? It's Fast and Simple!** An entire Game Book Collection **just one click away!**

Find your next challenge at:

BestActivityBooks.com/MyNextWordSearch

Ready, Set... Go!

Did you know there are around 7,000 different languages in the world? Words are precious.

We love languages and have been working hard to make the highest quality books for you. Our ingredients?

One part easy-to-read print, three parts entertainment, then we add some challenging words and a pinch of rare ones. We brew them with care to serve you lots of fun and an opportunity to solve the best puzzles.

Your feedback is essential. You can be an active participant in the success of this book by leaving us a review. Tell us what you liked most in this edition!

Here is a short link which will take you to your Amazon orders review page.

BestBooksActivity.com/Review50

Thanks for your fidelity and enjoy the Game!

Puzzle 1

丁 稻 免 费 焕 饭 保 迟 见 香 的 信 动 想 小 猫 则
请 记 观 底 降 木 性 究 紧 来 的 蜈 蚣 蔻 。 情 解
骄 马 想 决 静 镜 乐 凑 试 凑 栅 舞 亲 护 观 联 稻
过 水 宜 重 香 苦 中 看 究 苦 的 见 蹈 音 便 邦 书
见 通 看 电 飞 祖 的 面 约 金 况 怖 数 举 型 许 摇
重 碎 碰 领 不 自 的 瑞 恐 趣 自 而 蠕 考 肢 信
语 项 好 了 透 破 摇 保 解 股 票 一 些 回 信
速 许 上 坠 木 信 息 远 任 何 人 类 释 的 考 父 日
了 结 束 木 顶 地 图 曲 木 休 肢 貌 袖 答 延 损
柔 察 乐 信 部 能 地 棍 露 素 介 醋 邀 先 便 野 的
通 建 动 保 祖 最 乐 球 饭 日 瑞 。 草 马 票 心 然
息 过 虎 滑 豆 自 信 海 绵 剩 余 响 源 击 龄 身 虫
领 龄 绍 蠕 领 考 的 持 复 马 > 主 亮 败 基 稳 露
便 自 亲 根 存 直 虫 情 苦 年 循 衡 村 趣 香 口 生
理 灵 带 运 性 转 滑 心 肥 出 特 殊 肢 书 灰 尘 豆

顶部
股票
联邦
的舞蹈
特殊
剩余
免费
任何人
紧凑
击败
语速
响亮
曲棍球
小猫
海绵
一些
结束
蜈蚣
的金子
灰尘

Puzzle 2

的脂肪
商业的
泡打粉
高峰
剥夺
推出
宏伟
手提箱
改变
精细
艺术家
教授
工具
无效
味道
丈夫
辉煌
更新
道歉
韭菜

有 真 护 议 肉 的 行 见 延 规 的 木 推 己 先 保 苦
乐 了 因 克 亲 脂 泡 打 粉 镜 想 出 带 要 自 思
后 静 摇 定 他 肪 父 > 碎 延 稻 好 介 静 视 袖 情
无 息 身 通 邀 衬 中 草 袋 面 毁 有 皂 乐 平 条 的
察 效 存 惨 项 改 书 约 摇 礼 。 后 了 乐 定 信 子
能 坠 议 查 变 中 剥 年 研 静 皂 乐 驴 鳍 四 肥 地
宏 排 韭 凑 飞 增 从 夺 基 电 平 许 子 辉 艺 之 伏
伟 本 菜 热 摇 书 理 降 面 乐 平 乎 静 煌 凑 术 家
试 教 转 惊 安 滑 不 树 觉 飞 蛾 过 肥 机 丈 快 远
毁 有 授 快 灵 桥 噪 类 闲 镜 草 凑 理 箱 夫 损 行
礼 顶 有 ！ 碰 状 也 的 息 鳍 高 手 提 定 的 护 栅
趣 己 请 程 权 约 面 的 商 平 的 了 信 况 中 面 选
本 衫 规 乐 克 他 工 更 新 最 峰 磨 定 破 乐 心 然
考 乐 邀 子 性 车 出 具 碎 灵 优 破 父 味 旋 看
近 有 桌 乐 露 约 他 精 细 静 破 人 休 道 蔻 衡

Puzzle 3

```
理 自 摇 心 心 摇 树 的 护 音 摇 篮 损 下 驴 增 趣 考
貓 乐 雪 上 直 磨 的 周 性 长 快 解 私 衬 草 行 领 报 书
想 梁 镜 研 倍 的 权 增 欲 票 则 地 草 坠 的 告 之
视 休 面 木 光 口 了 摇 状 娱 谈 图 皂 项 间 伊 电 外 绍 乃
不 惨 虎 行 星 信 欲 静 障 理 思 看 的 撞 远 秀 伏 要 底
醒 规 面 举 研 趣 倾 飞 怖 保 情 了 了 几 醒 胶 伊 草 静 定
电 权 则 研 增 斜 碍 邀 套 父 撞 瑞 士 活 理 增 研 增
面 自 选 落 驰 图 焕 定 索 社 蠕 服 复 性 欲 欲 转
查 的 基 研 视 树 放 亲 股 中 音 私 从 露 格 遥 车 乐
复 豆 究 从 便 木 瑞 伏 差 手 树 摇 上 乃 欲 根 马 带
存 凝 视 滑 后 理 型 主 要 有 册 在 这 里 恢 解 伏 蔻 桥
自 驱 虫 的 不 心 究 摇 源 桌 雪 这 里 乐 近 飞 亲 蔻 桥
幸 下 过 露 心 摇 发 况 然 请 议 情 乃 焕 解 伏
```

右侧：

```
主 要
性 格 斜 这 里
倾 在 告 到 骋 索
手 报 谈 驰 套 增 凝 雪 摇 障 看 服 周 之 行 不
长 视 上 篮 碍 了 从 长 外 星 规 则
```

Puzzle 4

```
能 素 栗 量 回 娱 通 地 发 而 有 动 摇 貌 雪 源 乐
几 项 的 趣 类 得 了 板 达 到 部 最 泼 他 子 护 情 蠕 纸
音 信 便 豆 热 了 本 位 件 疾 妇 视 伏 地 报 恢 树
部 号 加 秘 瑞 惊 回 好 增 置 情 病 士 损 中 倍 野 灵
源 > 优 子 错 坠 的 素 桌 加 考 书 静 衬 恐 肉 肥 运
路 径 最 子 高 肉 晚 上 决 克 心 定 保 面 透 条 款 保 木
喜 平 虑 过 恐 重 三 回 貌 面 的 的 人 日 肉 增 家
合 安 乃 身 透 周 循 发 袋 坠 政 观 香 升 祖 机 庭
作 恐 乃 的 明 野 伏 从 生 迟 试 府 直 想 条 况 中 疲
太 噪 恐 磨 解 肉 约 的 紧 碎 的 木 了 携 自 龄 自
! 阳 排 信 伏 醋 愿 愿 信 股 牛 衡 高 答 肢 远 本 复
有 木 遥 因 四 奇 望 望 书 牛 蒡 况 回 > 领 携 乎
直 量 年 试 眼 思 想 想 股 来 蒡 > 他 面 紧
定 股 号 摇 许 信 量 而 心 了 远 骄 几 虎 面 紧
有 理 本 恢 马 优 部 特 心 最 虎 面 紧
```

左侧：

```
增 加
的 愿 望
位 置 蒡
牛 奇 迹 阳
太 报 纸 庭 作
奇 家 三 妇
报 合 周 径 上
家 泼 路 晚 病
合 周 疾 达 到
泼 晚 透 明
路 疾 部 件 款
晚 达 条 地 板
疾 透 政 府 的
```

Puzzle 5

孤 绝 光 于 针 重 修 答 幸 胶 状 排 ， 稻 野 滑 耳
独 不 望 衫 对 老 人 眉 栗 貌 摇 迟 但 雨 究 最 朵
衬 量 虎 的 欲 究 亲 损 选 遇 飞 心 安 身 宜 不 野
型 透 的 菜 护 音 决 定 项 坠 子 先 肥 高 袋 远 错
远 主 袖 着 凑 毁 记 约 乐 能 老 休 乃 差 觉 出 远
顶 疲 重 根 之 决 惊 研 型 凑 肉 请 木 便 循 礼 错
驴 摇 租 秘 父 得 约 雪 便 请 老 适 错 从 然 介
肉 量 欲 最 平 绍 旋 见 状 乐 事 当 汽 旅 请 的 察
人 自 滑 紧 特 欲 柔 木 人 过 心 傲 车 馆 情 号 存
组 年 亮 点 磨 心 诺 能 带 来 了 想 有 观 欲 近 失
织 他 回 傲 伊 静 视 马 后 马 乐 年 焕 近 情 消 袖
本 勺 子 除 静 老 解 音 噪 驴 存 尽 管 心 消 查 最
考 远 条 外 循 龄 放 马 从 村 野 秀 野 环 观 失 书
发 典 情 循 环 滑 发 乃 指 标 命 中 木 亲 礼 肢 ！
源 数 根 环 滑 发 乃 指 标 命 中 木 亲 礼 肢 衡 >

循 环
汽 车 旅 馆
绝 望 的
， 但
决 定
带 来 了
针 对 标
指 子
勺 着 独
菜 中 外
孤 命 失 管
除 消 当
尽 适 织
组 身 高
身 耳 朵
亮 点

Puzzle 6

联 系 心 少 难
野 至 金 六 仓
至 困 基 仓 场
基 第 谷 的 荒
谷 剧 荒 野
剧 的
的 控
控 制 行
执 行 塘
池 塘 心
小 心 骤
步 骤 默
沉 默 拥
相 拥
职 业
期 望
未 来
能 力

动 肉 碎 排 池 焕 蛾 事 了 释 谷 权 未 许 执 解 性
行 宜 欲 况 塘 眉 见 ！ 则 惧 仓 赂 来 怖 行 后 野
答 修 高 运 稳 透 蠕 泽 撞 飞 程 性 动 充 惨 子
察 遥 运 伊 马 至 增 也 期 号 基 活 。 焕 联 怖 龄
决 > 雨 步 少 伊 基 间 望 > 环 考 余 系 回 滑
考 迟 热 醒 许 过 基 镜 来 飞 得 车 许 便 欲 的
职 业 机 他 素 心 相 快 事 地 日 父 他 音 控 水
摇 香 加 私 建 几 子 拥 号 欲 落 灵 息 赂 了 制
紧 紧 私 瑞 中 息 旋 木 镜 了 信 人 惧 亲 光 理
特 灵 的 错 区 下 部 镜 量 小 情 保 的 野 因 票
考 主 类 破 底 领 欲 剧 心 煲 行 皂 饭 人 便 查
有 疲 困 旋 欲 释 页 父 柔 坠 貓 灵 动 木 差
状 约 稻 降 场 几 平 幸 野 得 衫
有 趣 几 龄 滑 试 野 力 噪 第 高 心 转
主 肉 祖 许 镜 社 子 坠 欲 况 理 喜 六 骄 事 损 坠

Puzzle 7

```
过 主 不 骨 的 灵 察 鳍 狐 狸 摇 热 而 数 生 排 惧
降 从 干 头 草 发 安 射 苦 领 芹 不 融 化 飞 摇 请
记 便 马 扰 介 释 记 延 驱 马 菜 规 有 浓 社 闲 露
行 从 礼 底 携 看 磨 趣 介 介 驱 老 社 缩 研 然 丁
落 虑 望 梁 式 况 专 镜 差 鹦 行 高 高 乐 落 丁
士 动 休 马 特 香 家 下 性 鹉 亲 错 而 落 迟 近
决 > 亲 衬 落 有 乃 幸 马 灵 女 桌 骄 转 不 出 近
飞 查 秘 热 情 想 村 趣 香 好 性 眼 间 祖 升 书 权
讲 述 人 从 想 错 逐 版 本 灵 ！ 类 状 面 远 柜 便
书 本 填 中 况 社 渐 举 远 绿 别 解 树 书 行 升 马
虫 数 查 余 社 理 查 平 光 充 自 信 欲 本 虫 创 保
怖 祖 > 损 子 逐 醒 骄 色 性 环 焕 项 行 远 环 信
虑 存 热 有 貓 保 心 几 自 露 放 心 信 升 图 书 因
车 先 了 号 人 龄 况 闲 性 肥 野 人 克 马 议 创 造
栗 平 乐 加 重 力 衬 私 恐 野 研 己 ！ 驴 议 书 造
```

词表
骨 头
女 性
版 本
芹 菜
狐 狸
类 别
讲 述
创 造
发 射
浓 缩
融 化
河 马
鹦 鹉
专 家
干 扰
便 携 式
逐 渐
绿 色
书 柜
重 力

Puzzle 8

词表
平 面
知 识
位 移
健 康
，虽 然
如 何
循 规 蹈 矩
母 亲
英 语
容 忍
财 政
沿 着
的 个 人
不 久
泰 迪 熊
蛋 糕
伤 害
生 物 学
之 旅
裙 子

```
之 旅 不 ， 考 平 肉 如 然 事 复 礼 况 遇 蠕 页 幸
豆 诺 肥 久 虽 面 礼 特 何 母 热 秀 恐 生 真 源 的
坠 察 顶 饭 人 然 沿 着 基 亲 页 恙 木 活 量 栅 因
泰 迪 熊 子 幸 活 面 间 四 的 了 不 皂 ！ 基 碰 释
先 信 坠 生 了 惧 貌 财 政 伤 差 健 疲 瑞 复 马 滑
请 诺 熊 物 也 毁 坠 摇 介 害 书 康 劳 书 填 放 运
虫 遇 条 学 宜 出 性 英 英 租 马 栏 坠 议 然 之 蛾
碰 究 的 个 眉 子 考 语 语 丁 社 落 面 领 出 桌 野
位 肥 人 镜 降 裙 循 规 蹈 矩 究 面 破 试 摇 里 的
移 票 最 识 稻 区 社 解 有 心 研 水 基 直 不 容
典 蛋 生 伏 赂 社 趣 身 四 过 循 护 本 要 然 木 忍
露 糕 伊 情 项 究 的 放 顶 > 理 信 衬 肢 过 宜 灵
木 知 镜 保 身 趣 远 部 便 蔻 信 貓 乃 栅 乃 释 过
车 识 知 延 凑 的 碎 凑 动 思 乃 怖 摇 乃 > 不
秘 惧 不 信 观 龄 看 解 坠 衡 本 本 驱 人 部 延
```

Puzzle 9

来 瑞 间 面 复 号 的 丁 数 况 雪 页 柔 惊 研 差 光
驱 稳 灵 蔻 衬 下 肢 绅 摇 心 休 坠 量 便 碰 便 增
迫 使 本 选 安 卖 家 士 主 最 惫 遇 典 便 惨 升 乃
身 的 行 况 发 规 有 自 秘 的 循 类 答 秘 典 图 年
心 动 电 亮 源 栏 股 充 便 灵 克 记 栏 图 夕 虫 阳
他 约 蛾 见 己 保 摇 日 热 父 的 恐 夕 阳 带 况
电 程 序 分 皂 木 的 手 表 菜 光 的 水 衡 考 村 根
凑 私 滑 回 赂 源 身 而 怖 视 况 肉 不 娱 ， 貓 面
幸 信 稳 活 便 秀 水 举 眼 热 娱 了 虑 页 也 的 秘
紧 任 记 要 艰 不 坠 娱 怒 野 的 磨 草 没 存 父 携
袋 看 肥 的 号 野 特 下 愤 眉 趣 最 木 有 坠 携 村
的 不 的 马 袋 词 祖 表 从 建 稻 撞 更 漂 亮 骄 根
透 喜 建 转 风 恐 示 野 增 规 蛾 安 定 差
损 况 举 安 过 乐 机 情 萝 卜 增 赛 肉 电 祖 视 图
旋 定 特 禁 止 快 分 解 保 保 型 跑 梁 号 地 视 图

便士
视图
禁止
程序
更漂亮
萝卜的手
词汇
夕阳
艰难
卖家
的绅士
的生菜
，也没有
赛跑
迫使
愤怒的
风格
信任
表示

Puzzle 10

上述
悲剧
体育
到处
驯鹿
王子
详细
愚蠢的
汽车保有
情感的
政府
匹配
独立性
医院
帮助
唱歌
显著
快乐
新鲜
围栏

社 虫 电 股 惧 栗 自 后 解 乐 的 于 的 本 醋 排 条
汽 车 保 有 特 新 鲜 显 情 优 许 举 飞 苦 赂 焕 循
自 情 热 柔 不 唱 歌 著 最 人 能 惫 匹 配 而 型 而
解 出 下 快 复 环 > 丁 撞 骄 究 领 平 木 介 育 延
静 休 通 惫 凑 特 后 部 村 栅 心 伏 袖 体 书 规 帮
虑 发 填 乎 政 信 稻 医 院 面 研 虑 王 延 香 娱 助
循 查 详 细 府 摇 解 思 保 克 中 动 子 环 人 惫 远
独 快 乐 租 里 的 特 乃 好 机 人 过 基 放 幸 优 环
素 立 后 木 试 不 远 情 醒 车 热 带 身 欲 底 解 地
中 记 性 驯 醒 真 股 袖 研 护 衬 的 想 通 心 马
上 围 栏 带 鹿 存 悲 的 肢 乎 摇 理 愚 栗 落 机 因
述 请 驱 惧 桌 情 私 剧 信 栏 举 蠢 袋 直 不
情 感 的 衫 人 升 究 行 诺 特 秘 年
醒 状 ！ 存 通 试 记 部 音 有 的 面 己 股
赂 情 电 的 降 保 持 口 虫 高 理 上 回 动 通 到

Puzzle 11

觉 几 ＞ 状 建 动 向 不 貓 出 挥 杆 缤 先 信 蠕
平 便 动 肥 肉 伊 日 当 前 生 不 壶 茶 亲 查 自
觉 循 磨 恐 况 日 考 然 命 叫 破 龄 加 结 滑 亮 不
增 村 中 稳 私 雨 最 幸 研 驱 之 声 于 试 参 果 ＞
旋 数 雨 梁 底 最 欲 心 息 毁 观 里 木 乐 保
情 答 喜 错 梁 透 差 惨 典 皂 展 高 视 日 心 电 袖
眼 磨 亮 不 典 最 据 的 释 马 降 况 蔻 疲 有 转
栏 最 理 摇 填 证 地 眉 的 释 的 皂 心 状 的 答 情
旋 复 貓 疲 飞 部 后 凑 人 生 笆 恐 损 不 马
乐 究 马 极 落 保 坠 来 状 篱 撞 存 行 为 增
趣 露 肉 虎 地 梁 降 内 傲 貓 法 试 噪 转
貌 饭 貌 龄 鳍 子 油 漆 容 不 型 能 院 趣 望
煲 疲 平 下 科 子 量 修 复 型 观 看 权 行
保 热 温 灵 家 热 循 面 保 宜 素 四 行 转
持 保 察 柔 家

右侧：
乐趣 的茶 内容 的生 命据 壶之 杆葵 笆声 叫地 漆结 进展 家柔 院为 前的 科温 法行 当参 缤纷

Puzzle 12

的 重 要 — — — — — — — — — — — — — — — — —
森 林 夫 养
懦 的 试 听
的 见 面 写 柄 母
试 拼 手 难 鸡
见 分 苦 廊 及
拼 公 走 围 内
手 涉 力 靠
分 范 地 方
苦 可 的 明 然
公 暴 聪 当
走 的 暴 躁
涉
范
可
暴
的
聪
当
暴
躁

Puzzle 12 (右侧大格)

有 项 镜 信 蛾 于 高 稳 栗 宜 胶 建 倍 保 的 书 动
身 远 聪 明 权 破 理 懦 环 草 貓 事 平 号 飞 面 觉
碎 的 驴 错 主 噪 许 夫 迟 乃 看 雪 醒 泽 饭 静 士
森 持 惊 柔 日 摇 破 高 子 可 雪 电 损 欲 他 露
林 分 本 身 研 祖 要 带 养 靠 事 也 运 考 票
克 母 热 肉 本 面 情 量 营 来 难 肥 错 况 绍
特 灵 礼 排 四 伏 高 方 地 的 重 鸡 见 心 复
热 损 当 然 拼 写 身 的 醒 露 要 热 复 面 则
梁 貌 要 肢 试 了 人 鳍 票 便 的 飞 事 本
回 疲 亲 忿 听 袋 雨 马 破 身 解 带 根 马
股 人 趣 素 根 旋 旋 部 四 惧 察 走 ＞ 趣
股 蛾 煲 蠕 视 ！ 力 不 加 得 过 柄 延 虫
范 栏 电 的 特 图 涉 暴 电 迟 醋 四 选 虫
围 有 重 桌 便 躁 心 衫 里 子 马 定
内 的 马 休 释 定 情 地 蠕 露 怖 考 思 排 的

Puzzle 13

买 周 二 号 记 书 保 的 老 股 上 望 自 衫 晚 饭 袋
特 得 稳 基 怖 上 持 眉 落 项 热 有 动 通 素 机 克
大 护 起 人 安 活 想 真 然 诺 私 人 携 斑 点 诺 栗
衣 苦 部 碎 存 亮 香 乃 品 规 透 皂 迟 根 亮 延 露
则 复 试 傲 野 而 乃 而 种 自 面 多 后 虎 衫 填 得
运 试 出 噪 貌 交 间 股 自 信 的 次 坠 桌 素 信 状
眼 出 噪 秘 交 易 木 不 发 克 镜 露 乃 自 信 托 落
雪 读 秘 易 乐 介 源 要 皂 复 喜 马 平 回 摩 车 乐
典 书 书 余 信 深 请 自 回 车 观 出 之 滑 木 要 丁
基 因 余 受 孕 尘 的 藏 坠 毁 怖 野 带 瑞 士 机 马
部 研 受 便 灰 不 错 红 理 赂 稻 因 休 鹭 苍 倍 主
因 答 便 丁 不 错 毁 花 人 理 休 放 梳 马 分 举 请
不 镜 丁 不 错 毁 费 人 毁 休 > 察 破 衫 遇 望 汁 龄
摇 完 全 骄 毁 雪 来 红 环 宜 乐 飞 察 破 衫 遇 秀 选
里 远 有 增 雪 来 环 宜 乐 飞

保持
藏红花
多次寸书
读书 衣费全托车
大花完摩鹭孕二
苍受 得深
周买 二浅的
的起 种
灰尘 点易
品斑 易汁
交 点
果
晚饭

Puzzle 14

存 心 议 然 龄 错 社 醒 镜 袋 了 事 身 秀 而 磨 本
驴 观 破 也 复 完 美 完 成 生 发 要 持 主 苦 的 研
不 然 权 遥 趣 请 也 约 摇 的 书 滑 的 村 了 有 衫
活 坠 中 恐 情 也 情 粉 不 究 小 惊 存 驱 饭 马
宜 因 宜 有 桌 区 最 面 的 木 邀 型 的 辑 的 时 候
因 约 士 坠 根 水 条 则 行 便 衫 破 升 过 运 真 热
约 觉 放 休 动 泽 自 情 于 许 光 野 人 考 虎 栏 凑
的 摇 热 不 下 循 放 部 泽 管 基 亲 顶 素 虫 休
驱 有 栏 雪 理 眼 不 理 发 升 远 菜 因 骄 撞
柔 随 想 苦 皂 乎 秀 自 者 不 露 细 亮 坠 页 察
最 机 增 近 公 草 挽 虑 机 选 生 热 通 木
分 讨 飞 的 鸭 石 恐 碰 复 人 菜 型 雪
栏 论 建 高 结 类 留 露 飞 喜 衡 可 的
乎 停 怪 循 灵 村 貌 租 优 人 移 最
肉 保 止 奇 真 出 露 选 雪 究 植 项
解 究 摇 过 保 伏 皂 基 平 喜

停止
奇怪的
可移植
讨论
完成
挽留
公
小型
分配
的时候
粗细
雪完美
随机
管理者
生菜
的飞机
面粉
结石
编辑

Puzzle 15

生充的于露的升娱子环肉飞马增排日领
倍自序列保好的护之碎坠便年碎光观乐
恢栏根信明的保亲号特醋特部便苦直过
貌木性父草天号复的野木口过息乃本欲
保磨村便表白复道记差近镜噪特柔素亮
！有傲项成分通闲眉保思坠飞木柔有摇
音袋惧成秘最决子叔页人试究撞况梳农
也桥己保分心建发研相坐信痛有野场人
心过预亲选观碰栅谈充飞明治肢复租请
过马测坠阳光装动物降怖息计根几快特毁
从亲小旋议优理降谈话息论了本怖

装配划治
农场本
计成论话
动叔物
叔谈谈试
计成谈阳光
动叔谈明信
叔谈阳这天些
计尝明些马
成明相信列
动相三德苦
叔三小测德
谈这序痛测
阳小痛道表白
明序道预白
相表

Puzzle 16

人趣最量飞素程情降身伊袖娱状热露
虫想坠书的基梁洗发第口驴热余特人错
页不衡热电马柿苍第七进远理有栏安
恐柔排息举农介蝇七进素飞虫特增
灵查源排袋场遥号秘书循摇安几远
桌貌醒转肢主自量觉雨图的数眉肉乃
修稳快回亮的日情究虫图梁毁面秀机
的险冒脖本鳍焕摇娱衡领查红书于
有升复滑快亲稳真蠕肥规中色本过
用撞复面速从复典口记热领蓝股
花栏滑冒能地幸事破查便铃驴
破蜜面复便图雪答人面请加
检雨搜索绍要带修快醋模
过验中迟典记瑞信幸草考拟
特眼车四书貓坚果行余环电恢高本

快速
第七
农场 主
特征
模拟
检验 蜜蝇
花 发索
苍 铃览
洗 入口
蓝 有用
展 的
进 红色
进 冒险
的 果子
红 柠檬
冒坚
脖子
柠檬

Puzzle 17

村 衬 眉 平 草 地 亲 他 条 选 身 便 领 桥 回 关 型
倍 快 野 驴 的 露 根 电 欲 定 恐 然 坠 顶 键 醒 睡
礼 服 决 要 区 > 选 得 绍 己 伊 最 四 的 观 眉 眠
压 力 程 查 噪 了 考 透 请 袋 鼠 加 延 察 肥 平 破
的 权 的 不 > 镜 休 便 剪 柔 动 秀 特 仇 恨 介 心
从 两 边 貌 喜 镜 子 释 辑 ， 因 此 父 况 里 究 重
乐 建 自 选 爱 肉 转 光 碎 虑 > 骄 栅 肥 宜 降
木 破 复 来 不 电 源 镜 的 破 坠 发 碎 想 本 考
便 学 校 基 书 欲 自 携 伏 心 平 旋 观 有 便 过 口
人 上 自 虑 包 肥 解 约 因 议 研 破 动 父 幸 几 不
迟 旋 复 研 草 破 特 素 复 袋 怪 相 绍 苦 他 草 灵 顶
选 状 研 况 梳 虑 下 信 情 特 互 他 分 不 年 心 醋 龄
面 自 滑 喜 欢 肥 智 特 ！ 管 作 用 蝴 蝶 性 心 间 毛
权 考 他 于 部 快 能 眼 镜 理 区 定 灵 木 他 人 巾
车 平 龄 子 便 考 的 书 区

两边
礼服
怪物
袋鼠
欢快的
，因此
管理
毛巾
压力
镜子
关键
学校
剪辑
相互作用
喜爱
书包
的仇恨
智能
睡眠
蝴蝶

Puzzle 18

不过
西瓜
的公路
创建
可爱的
购买
牛奶
汉堡包
访问
温度计
对比度
结婚
的事情
希望
最后
故障
网球
很多
时钟
表现

衡 究 旋 自 休 衫 网 时 故 查 牛 傲 数 亲 士 究 访
存 ！ 人 旋 的 透 球 钟 野 障 奶 皂 面 疲 活 携 问
复 肉 梳 皂 欲 蠕 灵 惧 衡 休 中 水 便 电 亲 祖 闲
灵 电 虑 过 碰 肥 选 不 过 车 定 机 的 木 热 议
理 书 的 克 部 典 究 四 车 他 诺 亲 远 于 秀
的 研 眼 噪 人 持 趣 眉 子 不 视 了 雨 查 程 貌
看 事 不 结 考 子 票 护 决 汉 他 急 破 己 特
。 眼 情 婚 对 比 度 貓 己 放 堡 ！ 树 很 苦 增
想 社 皂 飞 四 建 车 便 也 衫 记 多 表 优
豆 主 休 眉 破 乐 根 人 温 可 肥 虑 口 木 现 镜
亲 四 豆 带 状 望 也 行 度 爱 礼 貓 情 乐 袋 龄
也 不 自 稳 木 摇 皂 规 计 的 情 瑞 热 栅 快 约
口 升 老 幸 区 雪 理 身 驱 请 稻 口 栏 型 惊
近 野 > 蛾 最 恐 绍 不 希 胶 的 购 究 秀 不 醋
地 视 有 马 趣 后 创 建 望 西 瓜 损 本 饭 私

Puzzle 19

村本娱举喜欣然面增摇有光的担父惨驱
特来己理保主之究较低的修撞心的有项存
旋驴试遇马委心觉面滑雪马己程选袖灵图
情摇升栏运员持而水程差透贵自脚趾则撞
窗帘觉卷曲会定高机梳娱泽了在恐士人于
部胶飞基信票义人根饭自保楼见源休复了
骄许则祖了人上之磨四欲信诺转下分父肉
镜优能豆雨稳的镜伏自灵老眉规许复父排
克介观基桌租亲亲镜灵虎降过镜小试存驼
情察保转典规礼静而持要肉类村的弟驼鹿
带究项本娱人特差近很的自小存鹿
树循栗定破复介桌椅情研遥倍好弟马的柔

瑞典人
滑雪虎类
老肉子趾
椅脚帘下
窗在楼鹿心
驼担妖精义然
定欣弟弟
小狭隘曲
卷珍贵员会
委较低的
很好的

Puzzle 20

快乐的
心脏
采用
称定
主题，
可见的
苏打水
锄头
奶酪
安全
的操作
贸易
分钟
欺骗
周期
躺在
百个
持续时间
早晨
配对

稳则傲子租机疲人图主题，百情傲查真
考稻的热理亲高！休亲本个袋滑年差
思恐议欺木地早得状雪近乐了先量循桥排
远议见骗娱热晨马肢破木喜虎子复眉图
休降因填木之高从后持顶躺续在动余
票光老采＞光观的保操私在车日配毁碎镜
热主贸用苏打水马况理马野行对之镜
士灵加易奶动摇热毁真恢马答过看从了
皂倍丁出酪部底本数遇望源飞理部人
人热转他究中情复权锄头请亲本倍
的的解柔迟面书摇典礼复灵怖热书自
安全惨从升称解中安梁倍信露分情回
驱远瑞疲栗定周期类皂信便钟栏议
安事柔木醋香后视高充可见的乐来
息碎通骄饭村肥苦栗间恐书心滑图

Puzzle 21

决 分 试 醒 傲 携 觉 蠕 柔 虫 复 本 介 摇 香 迟 怖
余 草 自 自 老 了 高 的 菜 况 邻 居 存 乐 肠 碎 决 醒
虫 栏 出 现 > 士 苦 四 虫 花 的 页 解 远 量 幸 雨 人 答 破
赂 定 素 解 有 见 爷 爷 来 妹 妹 塑 延 落 袋 父 邀 图 中 便
热 肥 便 查 分 子 稻 乐 得 肥 丁 特 料 高 面 苦 分 察 飞 礼
野 苦 马 释 两 次 充 透 领 子 列 表 地 要 分 心 丁 香
棒 球 乎 子 复 丁 权 镜 人 乃 草 保 关 神 智 慧 排 伊
增 定 定 的 了 有 透 选 也 得 理 栅 露 智 遥 乐 平 香
议 邀 见 磨 修 壁 自 得 蠕 便 带 饭 记 神 秘 趣 倍 伊
书 种 惧 行 炉 缓 磨 草 噪 带 看 生 加 遥 乐 性 条 香
貓 型 > 礼 恐 虫 解 信 状 迟 出 复 特 滑 秀 先 状 幸
远 升 有 研 带 也 疲 龄 透 数 乐 答 远 基 毁 状 龄 灵
排 雪 保 近 桥 静 暴 士 出 透 答 骄 也 鳍 秀 栗
木 觉 幸 修 碎 便 他 凑 蛾 袋

丁香
塑料肠
香妹妹
的球秘
棒爷爷
神炉是
的心
壁几
关乎
分子
物种
出现
列表
菜花
智慧
两次
邻居
风暴
缓解

Puzzle 22

许 的 露 迟 好 的 身 便 鳍 顶 热 约 素 情 出 快 露
滑 间 虑 过 乐 大 行 镜 的 信 傲 趣 性 休 摇 肢
肉 傲 项 生 过 巨 貌 的 为 > 高 动 的 研 不 来 丁 信
貓 野 观 马 心 型 的 再 生 的 凑 报 价 填 面 情 图 理
傲 放 紧 面 梁 里 见 反 向 间 信 秘 梳 行 然 人 野
程 的 亮 情 子 的 人 信 真 镜 闲 底 迅 察 了 乐
身 然 几 举 循 损 音 > 行 皂 举 想 伊 速 远 本 究
幸 部 有 克 落 况 加 桌 香 情 基 兔 理 空 的 息 要
虑 寒 心 活 水 部 了 高 管 领 眉 子 不 天 钢 人 撞
本 冷 近 镜 亲 解 根 野 草 回 考 好 静 笔 沙
请 的 蛾 栗 肉 亲 区 马 领 页 动 惊 答 素 发
特 野 木 最 绍 电 保 绍 区 高 自 镜 礼 稻 况 分
增 镜 况 究 幸 木 撕 裂 使 的 护 自 几 里 衡 则
区 摇 轿 跑 车 福 亲 出 件 邮 环 伏 闲 心 的 欲
类 马 中 树 有 然 口 袋 考 疲 议 类 似 的 破 损

寒冷的
高管
报价
分发
天空
类似的
轿跑车
再见
反向
沙发
钢笔
最幸福
口袋
兔子天
的行为
撕裂
的邮件
巨大的
使出
迅速

Puzzle 23

作 ＞ 摇 要 破 任 亲 皱 小 情 微 降 的 他 的 大 程
画 号 灵 源 静 绍 命 纹 苍 衫 笑 无 看 有 教 育 倍 绍
柔 己 面 虎 性 带 程 本 兰 账 貌 数 火 破 诺 号
从 磨 权 里 坠 条 皂 差 有 户 ＞ 乐 滑 破 许 磨 主
木 从 木 究 研 面 醋 考 书 音 暑 的 有 领 伏 主
水 高 的 考 况 包 乐 一 欲 日 乃 进 噪 袖 乎 社
量 精 神 沟 通 栗 程 分 倍 选 办 秘 蠕 增 貌 的
书 飞 滑 也 不 能 撞 钱 镜 栗 公 介 间 礼 分 书
高 遇 许 信 面 究 破 议 信 典 室 瑞 加 树 的 飞
平 下 典 面 区 村 转 延 撞 保 喜 保 不 栗 货 车
思 出 行 骄 基 部 欲 撞 父 介 源 自 迟 高 他 醒
稳 之 定 修 伊 灵 后 自 约 乐 木 发 里 机 转 根
考 来 光 四 领 近 木 填 乐 保 蛾 四 惊 野 条 型
从 加 娱 性 权 要 泽 摇 子 动 量 不 直 建 见 数 出 型

领 袖
微 笑
作 画 箭
火 不 能
也 胆
大
一 分 钱
办 公 室
账 户
精 神
货 包
面 的 教 育
的 沟 通
无 数 暑
日 苍 兰
小 皱 纹
任 命
进 行

Puzzle 24

摘 要 的 斑 ＞ 考 土 耳 其 护 噪 突 情 先 有 典 煲
稻 醋 栗 马 降 迟 木 辣 椒 的 虎 察 然 龄 事 思 高 袋
租 型 欲 根 社 保 排 方 分 信 快 祖 栏 水 丁 要 布
情 滑 士 许 凑 主 自 马 面 动 通 理 秀 情 的 趣 考
定 冰 量 快 栏 疲 最 老 桌 赂 理 遇 桌 发 乎 损
制 部 底 增 查 机 想 父 特 身 秘 之 水 赂 损 增 休
的 虫 恢 驱 特 秀 特 蔻 最 判 动 部 旋 循 环 查 胶
迟 日 想 不 露 鳍 蛾 也 性 野 恢 诺 身 重 介 四
活 动 象 漂 页 试 瑞 坠 最 露 虎 顶 之 底 安
音 研 本 亮 鳍 遥 运 考 循 恐 情 本 克
优 成 长 日 有 典 而 水 的 苦 地 醒 怖 安
镜 携 碰 表 眉 蔻 考 毁 皂 焕 选 惊 了 克 介
惊 灵 趣 条 欲 亮 况 乃 恐 疲 灵 区 本 闲 胶
凑 平 宗 放 坠 迟 情 请 虑 过 想 觉 四
皇 后 教 梁 理 ！ 然 族 车 袖 机 考 豆 身

醋 栗
表 达
突 然
定 制 的
想 象
判 定
分 析
成 长
民 族
宗 教
发 布
活 动 后
皇 要
摘 冰
滑 亮
漂 椒
辣 土 耳 其
斑 马
方 面

Puzzle 25

冒 犯 完 秀 ＞ 类 好 亲 准 出 之 电 素 绍 桥 充 定
保 平 整 磨 摇 惧 书 增 备 护 间 本 休 灵 边 理 境
真 根 的 面 虫 身 区 域 人 私 的 不 村 皂 数 年 平
滑 号 而 疲 间 保 分 子 木 不 重 趣 远 稻 营 自 本
确 定 的 野 底 傲 傲 目 灵 碰 虫 人 经 票 先 虫
音 之 页 最 稳 书 目 前 马 试 放 私 光 欲 规 几
试 而 究 肉 摇 间 诺 稳 事 > 程 伏 望 醒 遥 眉 士
安 典 表 碎 排 醒 肢 趣 野 自 便 数 昂 研 因 凑
肉 绍 明 信 胶 平 存 遥 欲 毁 想 循 贵 况 树
休 释 也 车 蔻 理 滑 稻 精 灵 栗 桌 特 察 增 领
股 镜 口 的 理 滑 高 于 地 栅 的 重 膝 任 务 研
本 了 伏 复 遥 滑 衬 。 恐 愈 摇 日 盖 静 通 议 野
身 休 复 票 ！ 根 升 的 当 醒 打 法 集 土 豆 焕 年 权 遥 野

Puzzle 26

柔 滑 融 开 子 坪 贵 部 员 史 心 算 度
交 离 橡 草 高 头 官 历 粗 计 算 器 长 度
橡 草 高 头 官 历 粗 计 算 器 一 目 了 然
气 球 接 近 顾 客 逮 捕 便 宜 的 项 目 普 通

得 觉 书 橡 充 顾 趣 持 飞 凑 而 便 气 球 热 摇 草
区 行 好 子 研 客 情 历 肉 增 情 亮 损 高 贵 伊 喜
究 情 里 柔 稳 木 普 史 几 梁 碰 信 野 疲 放 邀 页
！ 摇 素 然 接 近 地 通 通 破 优 机 先 坠 桥 护 音
稻 号 灵 许 野 约 保 水 放 过 木 自 交 坠 便 素
肉 则 项 草 子 醒 胶 一 的 优 计 地 循 面 融 宜 量
虑 凑 目 虎 礼 柔 滑 草 目 动 算 衬 子 音 的 的
本 磨 动 秘 静 坪 面 器 。 真 苦 地 热
存 驴 自 亲 错 复 几 而 喜 然 离 肉 老 野 亲
稻 高 过 亮 热 子 复 人 安 伊 请 头 增 释 中 然
情 。 己 热 心 许 人 研 摇 傲 袋 开 部 素 倍 况 木
长 度 树 要 生 落 部 机 龄 事 近 中 生 视 面
粗 坠 人 远 许 逮 捕 源 查 升 复 修 近 答 摇 飞 ！
心 旋 灵 图 状 间 乐 从 官 通 镜 近 撞 怖 私 磨
豆 页 透 量 镜 喜 里 放 碎 瑞 自 转 股 持 情 老

Puzzle 27

肥 人 本 马 自 思 > 惫 豆 转 况 的 肉 饭 露 破 心
雪 皂 研 请 子 上 试 规 则 村 直 洪 书 稳 公 平 静
祖 下 蔻 得 机 便 增 观 思 貌 电 水 行 便 交 > 饭
条 有 野 上 面 丁 > 电 蛾 奉 子 袖 停 留 一 般 稳
恐 骄 的 泽 办 建 面 乐 领 惨 研 土 滑 回 献 显 考
镜 蔻 情 速 电 公 必 须 租 研 最 通 复 迟 恐 思 情
坠 心 分 度 柔 桌 便 静 情 虎 稳 衬 桌 优 信 摇 音
醋 人 祖 充 便 填 袖 租 惧 桌 机 远 上 栏 恐 修 定
欲 电 的 乃 恢 任 肥 秀 鳍 木 上 错 木 余 滑 放 倍
后 下 苦 决 何 信 惊 木 乃 远 虑 桌 查 延 伊 便 ！
规 信 情 迟 信 信 乃 错 生 上 木 出 部 滑 肢 复 典
结 果 情 人 无 爱 伊 生 记 解 高 口 推 野 蠕 木 中
权 建 情 主 名 好 肢 记 看 醋 木 下 村 滑 息 答 损
最 赂 主 则 指 望 衫 快 便 桌 香 之 人 最 情 有 他
差 便 汽 车

规则
平 静
木 乃 伊
肥 皂 交 好 留 须
公 爱 停 献
必 奉 迟
办 推 水 车
洪 汽 结 速 果 度 着 何 地
显 任 土 一 般
无 名 指

Puzzle 28

号 桥 灵 栗 滑 观 之 而 镜 磨 虑 面 蔻 放 肉 地 复
心 貌 马 复 定 礼 惨 数 快 蛾 麻 烦 试 不 许 光
有 投 活 趣 信 望 醒 肉 肉 心 的 惧 年 部 亮 页 泽
之 票 高 选 身 考 降 顶 撞 > 艇 人 镜 乃 回 部
喜 惫 惊 的 考 稳 的 过 碰 水 体 充 考 伊 水 平
心 邀 恢 笑 热 号 权 香 貌 护 距 蔓 的 区 凑 围
幸 透 高 可 记 陪 喜 真 野 猫 离 延 水 而 子 巾
伏 野 过 复 忆 的 审 坠 光 本 便 平 息 情 举 票
主 饭 心 杂 的 遥 股 快 乐 草 安 恢 眉 单 独 心
释 观 伊 看 的 信 快 团 遥 木 木 肢 蔻 木 父 领
音 理 选 驱 情 正 士 破 热 高 加 坠 人 毁 决 也
情 记 露 他 存 式 飞 顶 延 介 间 露 自 遥 信
严 重 蜡 马 出 素 后 部 子 肉 子 填 他
噪 马 胡 而 人 蒸 复 饭 番 梁 理 的 型 趣
从 最 热 摇 破 汽 落 分 热 凑 倍 了 了 地 蠕 举 修

严 重
陪 审 团
艇 体 猫
野 萝 卜
胡 的 记 忆
复 杂 的
外 部 票
正 式 笑
投 可 延 汽
蔓 蒸 单 独 离 烦 茄
距 番 行 业
麻 蜡 笔
围 巾

Puzzle 29

滑 数 蛾 肉 里 性 票 重 决 龄 牙 源 选 邮 递 员 恐
观 灵 里 惨 情 隐 自 休 下 鳍 齿 通 老 木 安 眼 请 特
情 面 惧 透 自 藏 亲 雨 排 坠 而 常 会 肥 静 虫 梁 稳
噪 的 之 加 能 泽 过 高 几 复 倍 的 建 见 请 活 醒 动
独 野 摇 梁 约 究 便 增 性 醋 分 理 灵 野 肥 露 平
自 说 服 况 的 其 闲 丁 远 礼 人 便 摇 自 遥 况 近
惊 建 远 便 ，情 恢 基 乎 滑 虑 眉 书 复 欲 祖 先 虑
邀 分 化 热 摇 桌 几 后 试 飞 条 书 雪 先 撞 考 主
思 动 观 妆 泽 子 肉 倍 损 降 数 信 快 羊 群 建 担
信 安 排 况 子 的 恢 肥 部 便 乐 请 羊 木 嘲 况 衡
娱 趣 心 泽 马 部 便 趣 请 的 木 绍 乐 修 摇 保 静
行 损 破 见 认 为 冰 霜 出 不 排 面 稳 决 衬 秀
惩 不 基 见 认 为 冰 霜 毁 股 部 保 克 而 况 ！
过 罚 旋 权 有 真 丁 从 士 约 真 几 部 人 感 谢 热
区 日 后 趣 项

祖 先
灵 活 见
会 其 为 罚 服
， 认 感 承 说 化 自 齿 排 霜 藏 常 分
独 牙 安 冰 隐 通 部 邮 递 员
羊 嘲 群 讽

Puzzle 30

修改
尤其是
其他
军人
一系列
状态
出生
包子
篮球
只是
周年
吊着
蘑菇
可
重复使用的
喷泉
幽灵
澄清
地毯
那种
应该

先 疲 考 源 露 军 其 他 平 回 亲 最 他 休 况 试 喷
＞ 性 充 便 出 人 他 身 人 心 中 乐 水 ！ 图 优 泉
护 篮 球 因 生 年 增 间 木 欲 露 乐 透 身 部 书 规
基 克 透 摇 诺 地 活 露 他 型 磨 透 行 吊 着 面 落
赂 好 灵 几 填 的 本 选 马 信 热 型 人 社 许 填 衬
可 见 望 露 情 士 秀 则 存 是 包 透 高 修 灵 顶 貓
喜 重 见 凑 一 书 娱 数 尤 该 只 子 修 改 平 心 眉
士 香 复 复 机 系 幽 了 其 应 社 年 许 肥 动 心 袖
理 傲 本 使 列 股 灵 饭 身 行 的 重 究 能 磨 克 落
根 觉 好 虎 情 那 肉 身 丁 型 顶 秀 转 错 摇 便
带 驴 举 ＞ 的 种 保 存 然 落 况 亮 直 复 柔 肉
典 得 貌 要 带 后 复 延 上 澄 清 状 底 周 野 型
地 音 灵 权 绍 肢 的 余 乐 蘑 他 间 几 年 醋 坠
毯 情 况 顶 栏 泽 私 解 眉 菇 降 秀 恢 四 栅 行
碰 究 见 生 欲 了 心 之 机 信 事 水 填 他 优 上 本

Puzzle 31

熟 悉 复 啤 酒 保 证 能 虑 老 部 复 权 请 发 平 惊 原
煲 毁 己 自 动 雪 父 貓 马 恐 典 觉 见 乐 动 最 镜 他
破 便 部 票 分 金 丝 雀 的 回 释 了 定 否 机 迟 了 驴
主 真 股 自 加 乎 护 丝 色 肉 查 桌 特 研 填 最 。 镜
步 亲 望 页 真 规 后 小 余 香 栏 恐 位 木 貌 直 中
稻 行 决 平 技 幸 小 信 彩 秘 傲 香 野 转 。 虫
保 电 袋 过 巧 袋 页 不 醒 木 心 伊 坠 透 的 烧
轻 微 不 差 环 型 保 护 想 几 因 机 面 秘 因 毁
本 查 镜 答 来 书 制 保 惊 马 增 伊 便 贵 热 带
泄 漏 信 量 村 出 造 制 惨 衬 思 机 坠 凑 望 页
饭 优 秀 肥 乐 信 礼 邀 雪 肉 镜 伊 决 灵 信 源
乐 蛾 了 号 肥 磨 亲 透 趣 丁 得 建 的
重 基 煲 保 胶 运 旋 况 丁 善 要 请
冰 電 察 肢 下 检 闲 驱 请 改 于 的
士 高 摇 保 四 私 水 讨 旋 噪 然 休 而 机 出 欲

发动机
的色彩
烧毁
熟悉
保证
检讨
狮子巧
技定位
金電
冰制造行
制步善定
步否漏
否改微
改泄原
泄轻鸭
轻平
平小
小
啤
酒

Puzzle 32

舞台
礼物
可怕的
片段
减少
现任
冲突
醒来的
就像
男性
敌人
负责
您选择
洋葱
退出
纠结
海雀
配备
聚焦
蟾蜍

自 磨 他 解 信 遥 您 坠 机 男 自 乃 现 车 蟾 梁 衡 先
而 亲 水 祖 乃 貓 选 虫 信 性 心 发 任 醒 蜍 蛉 香 上 醒
之 草 生 典 携 择 生 怖 音 休 老 携 栏 肉 乐 上 意 面
程 降 娱 观 状 股 惊 貓 海 雀 礼 瑞 雨 权 差 约 面 摇
的 特 心 自 复 透 倍 醒 高 敌 便 木 议 面 木 雨 亮 灵
考 复 项 袋 摇 露 本 来 的 人 碰 瑞 光 有 部 静 便 袖
片 段 邀 栅 排 煲 情 蛾 的 伏 父 蛾 洋 葱 规 露 考
日 建 典 记 舞 台 聚 焦 直 而 肉 子 观 诺 面 私 于 试
！ 水 部 退 出 可 减 木 记 噪 趣 镜 自 然 量 负 乐 远
行 平 惧 回 页 怕 少 水 滑 加 镜 结 水 心 责 行
视 木 的 议 子 的 趣 加 保 老 肉 降 程 面 物 事
露 加 娱 高 要 答 镜 摇 傲 不 遥 远 伏 负 乐 远
虎 透 人 顶 不 衫 就 蠕 子 纠 降 礼 责 研
饭 保 不 欲 泽 像 配 备 乐 事
驱 股 于 领 栗 重 上 肉 最 秀 面 ！ 研

Puzzle 33

香 图 栗 思 图 研 身 平 好 究 人 梁 摇 热 型 惨 肉
要 过 状 本 滑 的 谈 话 最 特 安 心 光 恐 试 人 修
热 面 飞 得 虎 主 试 过 露 秘 子 丁 信 野 果 镜 了
这 间 马 循 柔 机 龄 梁 面 人 热 因 果 马 直 试 察
然 样 秘 的 信 子 有 有 情 露 日 糖 皂 底 差 损 先
亮 驴 自 欢 要 稻 伤 思 况 人 落 里 书 的 异 出 傍
木 口 记 迎 粗 思 心 数 先 娱 出 形 则 老 要 举 晚
图 树 观 中 介 机 栅 况 许 眼 情 状 特 梁 余 草 媒
欲 专 觉 灵 介 迟 坠 自 他 完 需 柔 草 的 观 请 民
恐 门 惊 究 最 透 下 循 结 水 马 木 美 情 票 本 的
怕 乐 回 部 数 便 研 袖 构 媒 特 遇 倍 选 要 研 所
分 真 灵 紧 马 疲 马 肥 眼 中 自 > 貓 要 的 差 糖
趣 考 循 咖 民 顶 发 媒 特 真 直 完 美 情 身 查 粗
焕 滑 露 稻 草 人 人 状 性 行 真 直 趣 欲 答 雨 摇

情况
恐怕
专门
稻草人
傍晚
民俗
草晚
的谈话
欢迎
所需
糖美的
完咖啡
粗鲁异构
差样时心
结这伤
平形状

Puzzle 34

突然的
引进
最高
的好处
悲惨
愿望
成功
猴子
拒绝
及其展
发疗
医吸
呼泞
泥鸡
母切
的人才
确切
短暂
产生
保养

保 有 肉 保 活 重 树 部 不 马 泥 饭 地 乃 根 稳 根
养 过 摇 差 研 灵 真 野 介 蛾 泞 情 看 衡 > 从
引 进 建 类 摇 状 高 上 惨 成 上 考 安 修 子 丁
本 便 梁 权 肉 重 悲 惨 排 考 功 思 考 迟 优 木
惨 貓 最 才 人 望 然 突 解 平 热 票 视 存 自
诺 及 高 医 的 醒 的 栅 傲 介 特 息 典 最 生
股 其 究 加 疗 好 猴 飞 恢 损 切 疲 欲 礼 转
欲 动 幸 乃 处 子 项 则 确 虎 豆 草 平 情
了 摇 士 > 许 虑 动 诺 趣 呼 典 宜 幸 加
疲 凑 发 他 好 自 存 几 机 吸 呼 远 日 许
选 数 袖 的 见 平 信 觉 保 约 鸡 鲜 乐 人
根 水 貓 光 解 最 息 释 柔 母 望 秀 亲
噪 回 安 查 里 举 > 音 息 桌 热 增 下
木 短 源 行 有 租 行 部 保 权 想 顶 柔
中 旋 噪 便 便 拒 豆 了 本 树 发 顶 书 理 电
暂 里 产 绝 热 的 > 自 升 转 露 数
生 先 的 运 底 心 平 研 焕 电

Puzzle 35

优	了	目	稳	乐	也	梳	自	稳	木	持	好	防	卫	书	区	权
来	条	的	温	尔	雅	六	周	究	究	心	肥	释	便	理	迟	落
究	略	参	文	号	最	伊	损	许	见	遇	貓	木	他	亲	他	露
驴	书	碎	栏	评	评	许	领	稳	木	恐	建	栏	思	慈
研	热	安	加	租	估	稳	信	身	存	心	心	他	思	驴	规
雨	有	理	宜	女	医	药	身	几	增	不	秋	季	焕	发	觉
动	最	复	重	巫	解	光	虑	紧	秀	思	面	损	蛾	虫	紧
略	木	充	鳍	底	的	香	干	复	保	不	错	坠	栗	肥
紧	喜	趣	飞	的	休	虫	旱	雨	视	票	马	租	考	试
连	情	页	特	保	恐	的	飞	复	视	错	规	约	直	来	本
滑	拍	充	灵	摇	许	社	量	顶	雨	修	电	间	批	要
亲	口	页	最	许	成	碎	息	况	虑	惨	稻	瑞	动	判	滑
有	露	马	马	成	蛾	公	像	老	损	的	伏	恐	覆	盖	秀
祖	醒	绍	凑	为	落	民	他	民	看	泽	然	介	惧	能	放
升	稳	因	出	热	因	静	复	情	电	延	坠	地	栅	动	略	身	携	运	情	老	梳

发盖为巫估判民文略季。
焕覆成女评批公温策秋参防周医绽连干人目的恐惧
卫六药放拍旱像的
尔雅加

Puzzle 36

自	后	年	闲	然	己	保	自	恢	音	灵	人	的	木	了	间	余
水	士	龄	本	余	面	复	复	乃	怖	滑	看	煲	口	父	自	子
则	肉	里	特	醋	思	瑞	活	平	邀	得	到	桌	直	日
野	明	亮	绍	升	欲	树	橡	上	桥	升	信	年	乐	约
指	透	祖	损	龄	决	滑	胶	而	邀	球	入	皂
马	责	木	情	>	落	升	木	几	坠	足	损	厅	最
马	饭	邀	排	飞	基	撞	见	飞	况	蛾	出	毁
理	号	是	议	桥	坠	高	人	秀	蜘	摇	克	书	查
马	安	绍	指	持	慷	慨	日	蛛	信	马	父	人	真
磨	诺	望	动	袖	权	摇	摇	定	远	山	保
便	生	平	肉	皮	行	诺	热	好	觉	里	衫	几
梳	肉	村	亮	肤	而	绍	趣	衡	从	休	介	虫
试	心	放	复	分	草	书	本	自	自	部	乐	稳
转	里	养	民	肉	直	发	质	遥	然	身	情	租
静	租	肥	摇	墙	激	趣	袋	马	间	树	坠	查
			平	野	上	发	衡	视	余	的	醒	快

墙上质龄厅慨口胶主间表
本年大慷入橡民时指放足明山是最激皮蜘得到
士肉明透木
养球亮羊指大发肤蜘蛛

Puzzle 37

怖 基 尖 自 邀 图 驱 想 骄 型 查 运 素 股 权 试 信
瑞 树 不 尖 请 里 远 通 于 条 伏 之 香 乎 特 摇 惊
观 直 权 于 的 飞 倍 父 怖 飞 自 人 高 秘 趣 约 恐
行 宠 物 面 热 露 乃 叫 望 木 自 亮 高 下 研 约 行
傲 思 持 况 量 动 的 安 的 票 决 增 自 升 然 权 究 存
有 底 觉 的 状 遥 望 性 错 树 蠕 心 人 心 恐 于
真 焕 机 灵 摇 焕 量 观 静 略 加 视 西 息 源 碎 梳
绍 高 之 乃 的 约 快 信 持 镜 股 香 场 父 察 人
犹 破 热 老 邀 秘 人 灵 复 有 充 色 的 人 景 栅 滑
豫 子 区 错 袖 开 状 苦 灵 最 下 飞 情 本 向 持
摧 教 凑 升 玩 复 灵 带 角 型 导 热 底
毁 本 灵 因 笑 眉 填 必 色 下 子 带 几
摇 部 邀 活 貓 紧 情 社 栏 豆 璃 容
前 者 查 优 研 邀 龄 用 滑 树 裹 社
损 亮 好 好 民 社 慘 况 玻 介 容

研 究
东 部
邀 请
开 玩 笑
角 色 的
西 部 尖
尖 尖 豫
犹 前 者
前 导 向
玻 璃 叫
尖 宠 物 用
民 毁 裹 的
摧 必 要 场 景
包 教 师
必 要
教 师 的 的
的 场 景
形 容

Puzzle 38

恢 复 水 远 鲭 年 特 保 凑 得 的 坠 貓 定 地 喜 邀 伏
胶 检 查 电 型 自 增 祖 几 既 不 爸 撞 查 权 恢 的 理
自 愿 眼 性 梁 本 年 则 趣 爸 爸 页 之 面 地 人 况 龄
的 爸 爸 秘 持 书 破 四 士 典 打 后 高 保 绍 动 于 便 皂
几 个 大 的 豆 地 子 噪 损 规 胶 破 他 况 能 量 典 高 镜 迟
伟 记 录 行 遥 部 况 的 水 部 要 机 祖 未 见 饭
打 破 包 含 自 则 复 虫 伟 大 加 灭 答 分 树 煲 高 加
北 方 言 克 存 趣 条 幸 的 私 信 亡 父 循 几 肉 自
语 长 期 不 信 自 信 绍 主 恢 带 之 转 过 滴 平 露 息
既 对 面 树 因 北 方 活 口 解 年 情 书 醒 木
一 滴 自 娱 摇 想 本 远 持 想 恢 梳 驴 自 欲 蛾 毁 面 见 皂
得 分 自 乐 坠 包 长 过 复 愿 疲 惊 透 蛾 信 车
灭 亡 行 含 飞 期 记 录 不 自 袖 得 分 性 不 蠕 秘
未 能 检 查 落 面 对 语 看 言 高 近 乐 静 损 坠 稻 破 袖 桌 灵 人

Puzzle 39

特后特煲信马鳍便乐肥项远便＞请家出
仍亲决况直亲同情煤炭肥摇自因伙股露
审然风解有环觉摇人丁源乐便图眉的中
判运险的梁飞举频情高地里快取自后基
晚些时候和本噪繁肉高项子视的画的信
摇得鳍凑延马保的高票雪插决细笔快衫
身子了镜虑主醒貌碰因露入于乃人议察
的摇焕雨情部闲的合租凑日疲树几生人
因自研回持重礼雪作而丁出生复事答安
恢梁梁貌喜芹号因伙子面高行理事凑本
底马护蠕选重诺色稳苦身私价事查貌心
记来究领升欢倍灰身磨地驱格心本区情
身人释动走诺惊项回的远通音答查驴瓢
碰貓电复了研直也镜查答加香过别人瓢虫

风险
晚些时候和
灰色
煤炭
别人
插入
家伙
审判
走了
频繁的
同情
的画笔
水芹
瓢虫
合作伙伴
喜欢
细腻
取决于
价格
仍然

Puzzle 40

牙医
我们
等于
吸血鬼
误差
此处
捕捞
疏散
黄油
小说
温度
溜冰
文章
洽谈
雪花
五个
本
监狱
结论
辩论

眉近伊远介温决苦车！放露豆情坠虫此
黄油伊雨分度人存镜误雪花特欲本几处
项信看量人特议本子思究苦坠主宜号事循
得也伏修衡加好究远虑休鳍镜亲最面私坠
乐秘坠遇袋解心文章增休研回研况礼能延
衬放蔻介看行察灵过能主议灵本伏车凑
监狱恢洽谈碎喜疏子梳人思人研况考释
袋保好研亲得散回先年心吸袖毁
捕捞条喜来持衫散论摇本吸血能定礼车他毁
释高牙的桌坠己散自型人租鬼排延赂增亲
五辩论医典伊落型我们充自毁地理村重通
辩撞秀蛾查损放于增己摇选本加答透子焕
醋撞人典四亲复邀有的解毁本答举复
磨破村错不光快请小说面究等于平梁年转欲

Puzzle 41

护况重活己部桥基的间最骄飞的吸过思幸
士从人电错微地打直也带旋热乐取持清空坠
摇携本丁介小的招的恐设复请直部中区 >
类灵本请虎树运他呼伏部增最日车越栅
量差恐灵一直。看马野平秀稻来越栅思
自骄邀桌存先柔水自露衬思惨栅议噪
动桥则黄鼠他毁基相损闲老坠栅虎息
牙私瑞增眉类士页摇因类心破邀私肉
刷学野信号查护乃区他情滑后图野条自
面静号查护计马基型先亲滑优木修条柔
祖信村的计算他热基余露见邀肢眉理
的查护复受规本的希望的余绍年条柔自
车护计算复规本的希望的余露绍
行从算绍复规本的希望

信号的刷算呼越
他牙护士习招来越
学计打设计吸取
护打越设计吸添希望狼同
书设吸添加的黄相练小
吸的黄鼠教微空受
添黄教微清遭直地
的清遭一基
黄微基
清遭
一
基

Puzzle 42

肉豆蔻
遥远迟
延迟怪
奇怪花
棉花套
手套的
武器静赏
安静的乐
欣赏音持
的音乐滩
支持冰鞋
海滩的教训
溜冰鞋规写
的教训维护
法规习惯
缩写时间
维护习惯
习惯时间
时间

碎于亮木护数自邀高余旋时人蔻人加高
习惯几露焕人许伊自平决间醒刺猬秀士便
的教训衫缩蛾真余丁欲奇怪维护棉花便
衡驱了驱亮写释来衫权领肉面宜花武
过事选转马基约事遥伊豆出源的器
填延能高摇毁乐修遥驴蔻衬携支秀饭
恐查乐破回决护理出书遥携持旋眼
皂思音瑞亲噪不怖增书有远项栏摇
安静的状胶袖情回程稻栅光过票坠
便保摇要肥先回碎眉灵决过欣根
溜的环远肢动研不草近身赏雪不
香冰水议欲肉破研蠕灵转貌看试
存思鞋复眼热书怖心事倍欣雪看
余克邀升里怖下望来眉套马赏迟水
想行栏毁的四便研息考保手毁娱延最

Puzzle 43

情滑研排坠栏条介透保摇研来信替摇后
柔噪究好撞分诺旋得伏记了代肉休
倍例外宜下稻碰特煥惊从私复几
情人节升肉木情凑伏股镜中书考修
答状许心祖过情药生祖药美味宜攻
息干好鳍披挑数镜能下情行骄行击
骄子底不战露循年四亲泽选镜
邀恢有信得复面定查修快组合虚
子谨娱他伊坠于出稳解骄特于张
磨娱慎考理观项的保解滑击代
！肉肉赂试坠口放重起页谦替据
香鳍本监缘规热子据介自事滑合
子想左腿规测透梁驱下身便年味测
中顶信考透驱坠傲身望安的幸袋诺身
高电

不稳定
对不起节
情不人力
努慎物战入
谨力慎据萨
药升张合虚
挑披击味张
升谦代测击
谦紧替腿代
紧攻数缘据
攻美组外合
替监美味
数左监测
组边左腿
美例边缘
监外例外
左
边
例
外

电子书

Puzzle 44

摇栏桌马遥几面稻先不他碎虑决而老水
木验肢细胞虑答丁的村本虑休源皂本鳍
转经顶倍特摇栏惊构本高思凑思坠的
利济排信明确源第类间秘考理
润想乃驱真露马醋一有转标摇延几
己梳主蠕平柔惧心飞记镜身他
虑约心加晃晃悠悠摇情自柔的
状回鹿车典居民型动镜绝情
心了温信眉伊定己词对水
父磨水保露区磨动请来磨
充便恢野磨生请洗树的
雪貂驱得乃梳维绝护出则栗
野近幸柔不条素看护旋优基
幸信镜见几驴碰损页诺持
规的亲爱的况行间看损页况研

构造
标记
第一
维生素
手机
请求
利润
晃晃悠悠
动词
居民
亲爱的
绝对
洗衣
温水
经济
麋鹿
雪貂
明确
细胞
经验

Puzzle 45

野热主吸引力优选乎的烂灿光阳摇伏幸
焦典察心肉人心肢秘父镜则驴秘考树煲
选点环傲修一。二亲真树虑余水獭飞面
远马余的毁噪加光存的信>雨蔻特排安复疲携
反过来稳况秀的介自修眼护统租的不恐面复项
社惊看摇坠复增情远远雨露放几假充活况心差
醒危有秘菠菜充过高露最兴趣得复野蔻镜差根
保险最议桌袖驴考便保试先栅书人秘小坠的
复最吃饭骄议记北极先草成足够的碰而野柔
主吃面得镜远根之保栗成肥年乎循木有坠人
典面骄议远试本亮肥年乎平面而发人觉人驱
视得镜远根草成足够循小妻子活情的柔碎
平雪皂选试保栗成肥的碰而发人觉人驱碎
书亲议摇眼蔻肢眉的平面试！伏况转碎
修安宜草眼蔻肢眉的平面试！伏况转碎

修复
的父亲
高兴
极限
焦点
足够的
妻子
成年
反过来
北极
菠菜
的小狗
阳光灿烂的
一二。二
水獭
放假
系统
危险
吃饭
吸引力

Puzzle 46

美国
最近
传统
大便
俏皮
大声
性能
松鼠
具体
姐姐
操作
启动
掩盖
夏天的
错误
另一个
相反
改革
中断
一起

恐露祖排声大另一个携掩真具噪相出举
理心部理快便自生错盖图子体反中存
觉顶坠飞研摇中皂趣误了便傲伊飞护
本差平灵条豆傲断的绍的理重观增过
中项记行改革蔻区老增子镜循滑衬
间木乃的子人秘>祖>滑亲最饭领蛾
基试绍透许姐夏传统性的近豆碎动
肉衡紹操出凑天美国能租源本直热
噪旋后顶作秘面转落龄俏碰降
恢看松机心填亮的他遥幸不皮带桌人
摇号鼠休循真顶幸透中撞飞护上间也
村一起携情先透肥透的欲丁损音页考延
最眼电恙马来惧鳍自生摇保梳考
子亲安>绍磨也面查驱音填面电根
高蛾事亲信特的复他衡眉复疲本自秀升

Puzzle 47

```
绍 老 况 察 桌 面 倍 凑 因 虑 型 摇 优 远 错 想 情
最 规 心 情 木 保 蠕 介 性 分 先 高 差 分 驱 袋 先
一 表 面 破 克 余 龄 复 望 条 摇 露 怖 凑 采 访 摇
充 定 况 飞 貌 镜 事 而 马 行 磨 情 性 人 礼 身 落
延 研 疲 眉 人 他 下 驱 的 的 木 赂 素 想 考 笑 醋
本 碰 心 蠕 口 野 察 的 ＞ 乐 镜 他 研 远 人 了 的
公 共 苦 蠕 乐 面 坠 地 宜 充 袋 丁 理 亲 鞋 的 最
看 胆 骄 价 龄 书 焕 便 则 状 填 落 羊 的 西 重 究
教 室 约 值 己 议 自 加 规 趣 村 趣 东 伏 不 情 傲
室 理 栅 人 热 反 磨 条 出 他 平 出 茶 飞 他 家 眉
记 分 侣 反 然 应 磨 生 回 趣 野 肉 投 有 情 料 坠
飞 肢 情 反 源 文 源 息 后 页 茶 有 入 飞 从 危 虫
循 衡 的 排 文 面 复 也 人 毁 壶 眉 性 察 望 而 惫
了 丁 了 安 面 章 绍 衡 灵 理 自 虫 情 颜 重 镜 本
有 人 安 衡 灵 己 恢 究 休 试 中 机 动 摇
```

表公采茶投教的一人颜的胆
面共访了壶入机应室文章一定羊口值料东情鞋西侣小

Puzzle 48

```
承 的 恐 避 月 面 包 车 兴 绍 滑 乃 摇 的 发 保 滑
认 间 项 免 存 亮 尺 面 趣 桌 真 露 子 村 主 租 稻
喜 撞 觉 目 木 衫 寸 子 选 根 基 错 机 发 页
约 增 觉 议 格 式 一 次 滑 摇 栏 亮 信 发 保 放 稻
况 遥 许 便 坠 亮 醋 顶 眉 日 观 觉 自 试 怖 乐 保
本 电 驱 研 乎 心 平 子 自 子 票 惧 水 波 复 通 下
蜗 虫 增 年 观 升 丁 龄 趣 土 的 子 租 私 惧
牛 回 的 泽 心 村 稻 机 狼 页 趣 虫 考 填 保
貌 底 滑 查 环 信 摇 欲 的 伏 型 的 主 肉 瑞 研
准 标 栏 平 排 士 发 间 野 高 赂 题 衬 类 ＞
则 保 行 仅 仅 主 决 傲 自 看 看 灵 书 思
木 特 喜 下 自 肥 视 雨 恐 趣 携 绍 行 木 稻
典 思 亲 坠 答 答 啼 想 眉 查 梁 便 私 稻
状 租 坠 水 保 鸟 觉 远 龄 这 工 作 慘 破 保
自 况 事 得 遥 丁 撞 思 本 虎 灵 动 皂 薪 酬 状 木
```

主准兴承鸟尺水工薪月蜗避的仅一面这标格土
题则趣认啼寸波作亮牛免项仅次包种准式狼

Puzzle 49

口 高 邀 携 猫 野 叫 着 惨 理 于 便 保 ， 马 蛾 直
请 平 衫 人 环 座 子 近 论 本 豆 动 磨 票 约
> 心 素 亲 条 面 近 乃 露 上 差 余 物 蓬 松 雨 页
通 十 年 型 醒 的 鳍 望 秘 情 重 考 了 里 答 觉
丁 来 不 泽 携 条 高 祖 周 到 社 四 修 木 约
人 理 惊 高 要 快 最 然 生 排 猫 的 女 号 人 伏
的 许 好 直 不 落 音 社 更 梁 儿 柔 趣 有 碎
醒 灵 理 程 邀 思 草 己 根 好 上 乐 眉 数 士 虑
降 他 不 的 回 带 信 > 答 便 的 公 的 据 性 碰
理 岸 图 去 究 光 竞 争 落 租 胶 高 司 然 虫 栗
木 上 雨 除 数 乎 柔 信 入 身 胶 许 驱 放 升 定
环 红 村 研 身 降 衫 傲 股 安 有 最 思 伊 见 趣
号 萝 声 来 加 况 放 貌 休 分 事 选 页 试 心 的 试 四
远 卜 明 到 坠 祖 看 猫 况 镜 的 解 持
疲 乐 灵 灵 研 老 磨 下 近 特 快 分 循 便 四

重复
的女儿
声明
竞争
公司
周到的
猫座
落入十年
蓬松
岸上
的数据
红萝卜
去除
理论上
更好的
来到
最高的
，动物

Puzzle 50

崩 溃 身 驱 移 动 的 卧 室 活 雪 政 治 电 年 意 邀
胶 中 碰 放 根 而 于 保 幸 了 球 乘 法 影 苦 情 见
休 幸 也 碰 肉 子 醒 从 后 视 信 面 最 恢 木 子 高
遇 权 究 蠕 优 介 了 急 行 飞 情 人 的 泽 子 基
想 自 了 试 机 了 碎 剧 梳 开 的 基 露 存 降
间 虑 远 忘 宜 中 撞 电 先 的 启 连 然 行 书 从
况 瑞 音 记 桌 肉 赂 望 宜 礼 情 接 野 肉 项
坠 摇 观 类 坠 恐 露 相 关 村 克 保 思 余 碎
机 持 坠 磨 携 木 伏 稻 欲 灵 定 喜 迟 人
书 最 研 骄 通 蠕 面 诺 不 幸 远 迷 惑 坠 出
亲 肉 具 优 书 煲 坠 要 源 肢 礼 过 摇 属 护
便 倍 备 坠 乐 袖 号 有 下 驴 行 音 醋 于 四
灵 飞 。 行 素 部 几 遇 区 页 滑 转 释 保 解
租 记 喜 损 赂 心 午 自 傲 的 定 条 观 看 惊
想 自 露 光 诺 衬 衫 亲 保 远 碎 机 会 克 乐 亮

衬衫
自在
移动
忘记备
具意见
的卧室
属于
电影
政治
崩溃
相关
雪球
下午
机会
连接
迷惑启
开法
乘
急剧

Puzzle 51

邀 着 部 有 行 解 克 鳍 究 复 许 自 先 足 树 动 草
面 急 情 宜 衡 几 间 决 心 迟 存 旋 生 输 够 损 循
的 间 情 邀 口 程 来 骄 犯 存 机 有 本 入 主 本 察
特 降 木 根 解 票 能 心 罪 机 关 权 放 水 语 增 的
究 考 镜 不 型 试 了 选 研 复 了 电 便 不 音 帐 人
平 瑞 本 幸 解 看 之 幸 选 觉 情 车 转 复 增 信 因
他 趣 动 泽 面 几 里 克 排 祖 蛾 保 好 持 源 加 生
间 们 电 恐 试 ! 建 蛾 噪 父 不 复 页 复 紧 本 思
何 任 的 动 灾 量 他 先 情 ! 条 高 赂 过 源 加 人
望 远 镜 查 镜 欲 也 蛾 票 源 面 亮 马 恐 日 紧 加
最 凑 状 最 摇 出 先 情 约 机 趣 村 父 喜 袋 源 本
解 乐 车 规 直 树 年 先 程 瑞 主 型 复 错 的 有 驴
休 本 情 独 奏 重 姥 不 自 面 研 欲 不 分 便 子 虫
坠 许 资 格 肉 状 姥 维 醋 动 疲 研 成 不 日 平 虎
噪 票 驱 肢 > 面 栗 持 通 远 眉 成 举 不 饭

大 远镜
重 分 难
望 成 姥 姥 奏 生
成 灾 独 先 有 犯 足
姥 独 轨电车
先 有 够
犯 格 动
足 资 音 入 持 任 何 急 关
电 语 维 的 着 机 帐
他们的

Puzzle 52

辩
争 机 会，
国 际
外 国
外 壳 剑
积 极 联
击 剑 个 人
关 联 于
每 个 人
说 话 漠
沙 漠 种
水 葱 向
各 种 形
倾 向 色
无 形 入
黄 色 厅
买 入 程
餐 过 富
过 首
首 富

水 怖 人 野 坠 醋 从 类 亲 关 联 露 各 傲 平 型 惨
最 击 骄 思 雨 高 蛾 礼 野 情 定 稻 种 机 能 有
不 剑 解 遇 约 煲 争 不 凑 介 议 数 会 类 观 野
买 入 心 于 过 复 最 辩 之 运 无 > 几，苦 伊 香
袖 乐 黄 煲 光 状 飞 自 来 衡 保 放 马 直 素 数
豆 视 色 租 降 理 肥 稳 活 不 形 特 理 露 口 况
凑 填 然 村 人 镜 然 水 蛾 露 壳 国 际 人 心
增 马 遥 幸 量 首 虎 葱 便 泽 有 外 士 每 村 积
平 飞 考 他 动 富 欲 > 露 私 袋 国 选 个 老 极
惊 从 况 父 衬 保 恐 落 灵 规 况 蛾 惊 飞 区 复
电 动 稳 的 说 想 过 平 情 要 遥 马 恢 许 野 胶
傲 理 填 先 话 究 程 租 高 主 中 选 焕 雪 口 飞
滑 面 顶 草 餐 有 祖 下 素 介 雪 沙 村 增
程 里 倾 护 厅 答 子 香 复 龄 梁 漠 惊
香 飞 而 向 于 镜 摇 思 真 眉

Puzzle 53

水 协 桌 人 有 真 部 信 定 凑 鳍 的 望 本 绍 摇
见 议 条 人 出 树 摇 息 思 只 情 研 木 泽 秀 滑
最 ， 得 人 口 摇 息 从 信 噪 复 饭 中 羊 肉
飞 赂 人 镜 考 平 活 迟 想 循 通 宜 型 网 得 伊 闲 私
村 桥 电 肢 错 院 焕 木 栅 过 自 建 噪 虫 灵 伏 邀 乐
源 滑 肢 顶 同 决 露 下 权 填 私 坠 要 礼 老 项
充 足 的 察 不 保 休 间 ！ 建 磨 凑 股 乃 情
热 破 慈 摇 安 存 要 蔻 便 动 议 运 特 停 休
加 租 仁 肥 高 带 过 解 父 人 乐 惨 高 稳 顿 考
的 保 决 票 噪 最 磨 选 军 。 子 候 此 看 赂
怖 近 部 高 冰 的 趣 凑 复 选 主 眼 息
约 的 遥 冰 余 灵 通 队 闲 信 人 直 得 也 马
坠 貓 底 箱 行 煲 号 镜 凑 持 信 子 要 于 娱
乐 苦 复 杂 。 得 程 书 有 骄 许 恧 四 眼 看 降 雨
本 约 肥

保存
觉得
电影院
复杂
出口雇顿
解停句
此箱
冰候选人
军队
不同的
协议，
充足的
三只雨
降仁慈的
鼹鼠网络
羊肉

Puzzle 54

不 驾 损 能 恐 己 衫 休 子 根 秀 书 飞 情 地 飞 自
马 梳 车 发 通 试 因 息 高 龄 老 来 放 主 瑞 望
近 察 紧 言 蔻 回 撤 蚊 社 趣 露 然 电 坚 固
喜 貓 面 权 坠 滑 销 子 权 考 便 高 部 理 露 心
碰 性 趣 仓 行 护 信 度 循 破 书 自 主 疲 栗
子 有 秘 自 鼠 望 撞 获 分 从 充 出 想 祖 差 桌
几 袖 决 丁 的 间 活 的 老 海 热 肉 乐 虑 闲 肉
股 导 演 灵 填 伏 便 坠 己 洋 卡 车 平 充 携 摇 桌
虫 观 人 己 心 私 克 。 认 面 光 转 况 安 乃 的 选
惨 词 日 察 磨 意 飞 乐 识 四 增 的 重 文
思 阴 汇 视 遥 得 优 心 伊 保 解 远 凭
型 天 衫 表 图 益 下 先 前 柔 雨 请 子
木 典 定 况 有 数 坠 的 倍 动 区 香 底 秀
上 要 撞 口 草 露 身 试 见 作 保 护 不 中 增
来 部 克 梁 先 车 然 便 眼 究 答 身 倍 信 余 部 桌

意图
先前
仓鼠
驾车
动作
获得
词汇表
认识
阴天
导演
文凭
蚊子
卡车
海洋
发言权
撤销
年度
坚固
有益
休息

Puzzle 55

灭 绝 上 运 密 见 滑 己 项 究 的 虑 答 平 醒 平 约
舒 适 镜 不 邀 怖 旋 议 旋 于 租 状 号 紧 心 类 驴
快 肢 不 怖 来 热 子 事 子 程 轨 顶 人 因 决 摇 鳍
摇 增 下 旋 桌 泽 研 中 区 轨 道 豆 静 年 滑 理 撞
乐 事 本 的 独 运 发 解 抽 屉 底 主 觉 修 胶 存 身
桌 保 特 书 立 独 质 直 飞 紧 野 人 信 惧 菜 豆 延
人 答 木 复 物 本 复 疲 降 书 降 乃 从 趣 音 护 因
复 紧 小 四 后 幸 护 究 落 自 而 保 的 诺 毁 世 环
银 行 时 选 特 衫 车 升 社 衡 通 修 素 过 允 许 纪 面
参 与 者 充 权 升 虑 最 梳 伊 泽 野 保 便 许 木 热
通 了 休 伏 回 源 规 露 栅 驱 升 重 理 迟 惊 磨 摇
许 热 紧 面 最 子 几 解 面 恐 性 性 整 焕 讶 基 惨
。 肉 程 重 野 衣 甚 柜 香 部 的 了 条 惊 环 持 木
程 号 则 快 凑 试 趣 带 请 至 饭 肉 年 克 升 衬 磨

字词表:
灭绝 特惊 独立 舒适 抽屉 参与 允许 物质 银行 整理 蔬菜 甚至 密集 主人 衣柜 轨道 世纪 野兔 权 讹 质 时 行 个 菜 至 人 柜 道 纪

Puzzle 56

字词表:
填充
直升机
使用
爆发
柠檬汁
骄傲的
农民
制定
威胁
可以
消防员
超越
政策
原
问题
之前
因为
进一步
真相
的热带

惨 底 音 中 驱 带 有 分 程 延 的 野 携 复 不 分 娱
趣 增 放 不 摇 使 用 得 情 携 雪 思 过 鳍 袋 基
自 秀 亮 问 蠕 信 有 的 超 越 从 决 滑 电 伊 灵
蛾 规 存 题 上 的 心 的 热 子 欲 因 农 民 研 情
秘 年 露 伊 欲 赂 摇 带 基 欲 机 加 为 磨 制 碎
破 活 情 地 柔 马 息 还 泽 柔 乐 加 桌 降 定 马
书 后 高 损 循 远 子 可 原 威 龄 野 碎 遇 查 摇
柠 檬 汁 毁 租 一 进 以 有 胁 典 活 相 复 量 选
马 身 肉 真 乐 步 远 凑 直 约 他 乐 保 骄 特 了
政 策 举 情 信 的 雪 电 子 旋 最 的 傲 而 心
趣 类 破 视 灵 介 充 升 生 升 之 前 凑 的 村 真
议 邀 趣 根 破 理 延 填 机 记 飞 然 傲 理
型 趣 错 顶 稻 撞 的 间 充 四 皂 乐 落 察 面
的 因 爆 露 试 祖 消 介 特 衬 记 许 顶 他 摇
远 号 发 音 部 租 防 员 乃 马 决 坠 驴 己 本 不 型

Puzzle 57

本 一 点 雨 究 教 余 选 克 能 绍 来 得 的 电 雨 醒
摇 生 动 上 导 航 堂 豆 桌 解 要 身 运 逃 生 田 乐
于 的 人 栗 柔 研 的 来 信 降 绍 闲 热 遥 鼠 眼 理
面 也 图 里 因 则 谢 博 马 驱 来 调 信 旅 灵 坠 惧
袋 露 秘 源 虎 观 天 物 鳍 的 金 整 终 程 栏 栏 眼
栏 旗 标 木 选 安 谢 馆 飞 亮 香 武 于 恢 祖 性
栗 许 机 自 欲 子 地 点 间 电 的 士 料 好 老 光 人
草 旬 香 见 项 摇 露 点 信 士 排 解 修 共 同 息 他
不 察 下 瑞 露 树 蔻 理 鳍 野 复 的 飞 自 车 息 放
蠕 日 规 行 最 光 了 图 热 许 乃 心 的 量 ！ 察 摇
便 驱 于 坠 人 水 身 骄 底 丁 远 停 特 袋 书 地 迟
便 项 人 邀 四 子 自 事 便 上 摇 电 带 排 号 研 觉
标 之 稳 条 心 源 回 乐 的 。 远 损 坪 考 安 机 区
怖 志 放 心 地 惧 滑 过 梁 音 野 社 类 于 机 不
马 社 饭 他 性 摇 秘 人 私 考 社 过 过 口

谢天谢地
共同
博物馆
调整
武士
草甸
停机坪
教堂
郁金香
导航
终
旗
露
旅
田
一点
逃
标程
鼠
点生志
饲料
放心地

Puzzle 58

票 动 乎 视 数 透 本 桌 望 则 介 底 出 情 不 延 议
驱 泽 社 息 肥 乐 欲 重 貓 之 伊 祖 祖 电 恐 饭 情
安 从 肉 会 直 士 苦 猫 复 保 延 信 转 优 父 野 排
不 己 过 的 右 得 因 典 猫 举 袖 稀 肢 露 野 回 信
栗 亲 光 源 手 现 不 不 雪 毁 飞 缺 水 余 升 应 热 肉
倍 根 类 的 损 发 蔻 雪 鹰 的 可 根 升 长 士 研 香
批 虚 假 真 毁 况 欲 高 一 个 延 可 磨 得 研 口 情
情 处 真 循 植 奏 地 人 约 饭 可 牛 得 因 诺 身 蠕
亲 答 皂 宜 物 保 请 滑 苦 便 直 奶 近 真 毁 心
夫 人 息 观 泽 露 光 排 旋 四 摇 情 近 本 底 好
恐 通 繁 秀 部 碎 不 礼 紧 磨 图 恐 瑞 页 胶 稻 滑
议 醒 忙 驱 马 究 他 子 近 粒 察 近 凑 日 根 露 木
桌 摇 不 列 社 类 滑 之 图 驴 区
， 而 不 是 热 肉 车 己 有 克 他 虑记

延长
夫人
植物
牛奶
稀
猛
现
奏
可
列
右
虚
繁
一个
猫头鹰
批
处理
回应
，而不是
颗粒
社会

Puzzle 59

典便衫光查马面望镜几最乐秘子下知栗
保静动几乐性本因携休充书身思道要野
醋蔻信增苦因远骄摇租的议野有四貌秘
因的信滑思思扶近椅高恐下望面透条研
延的迟诺热扶量转摇高四社议根几透究
坠领煲诺猫贵秀后有幸坠的硬去记命生
白色损复典热建移存去贵衫命梁币研机
最睛看滑基绍程而秀摇记恢事高露回音
眼少友充绍邀！透察率事能修出肢回
亲数好状主急野护差镜定雪龄出不肢衬
摇不的行条便区祖优定从面剪剪坠乃
降部貓因心情坠摇镜记面雪刀刀衬乃
衬行数则望桌柔远源定基驴剪运乃
紧落顶平静欲幸远定热镜事光事运
角落顶损损怖规定热镜记基光事

研究生
致命道度落刀去的
知知角剪过天鹅距率数
程截功少缺乏的
友移好的贵色领带
白天转的高眼睛移手椅
扶白眼硬币
硬币

Puzzle 60

旋他便坠磨飞心生身来肥伏自！究部年
人口查瑞决透信乐安鱿鱼空以律师迟轻
骄的本觉遥平倍不坠解视泽中不及复惧虫
循密平梁脚脚蹼焕瑞放领释的不父坠事雪于
傲封上升升马心况的里栅蔻护则件栗回
人高过私中人！特飞性栅介授光醋便心条
思过的滑他！瑞稻行量授权苦学中肉静撞
动的近士女稻毁加宜人特苦本热生警了
秘便女孩女孩望自泽保本幸醒报细
驴租区能能亮雪驱有错程衡自自本节
面区秘秘祖图特便苦肥延自建泽
煲乌龟的特持私权只损高木
放木草部遥特光信私票重安胶因
介考乐飞近蛾肥，梁安每静马
心信回倍疲特蠕错术社摇泽介稻音碰

Puzzle 61

降 直 静 动 碰 发 情 恐 草 噪 于 水 余 马 况 亲 乎
放 然 摇 坠 页 卫 而 苦 自 他 远 日 看 的 他 > 醋
考 疲 栗 信 热 生 人 后 亲 请 股 底 疲 祖 乎 运 栏
露 野 分 差 散 子 最 试 状 高 解 部 灵 乃 错 > 直
绘 生 秀 自 趣 行 包 括 孩 巨 大 解 队 伍 充 数 带
带 画 自 由 注 乐 亲 观 定 迟 的 修 运 怠 灵 肥 增
惨 近 雨 木 约 意 过 自 称 出 建 他 直 了 条 雪 快
马 素 本 > 中 明 力 生 为 娱 损 马 行 摇 驱 丁 决
环 飞 人 存 日 星 人 人 觉 典 热 静 最 磨 心 动 请
近 面 环 中 日 况 情 喜 间 远 近 情 雪 肥 己 高 视
本 撞 宽 答 最 顶 傲 状 日 最 解 看 则 保 欲 机
休 厨 幅 行 信 基 日 远 傲 许 自 煲 的 私 视 构
肉 房 许 股 人 决 请 欲 虫 龄 自 情 恐 雪 机 损
木 顶 远 鳍 日 老 持 充 摇 袖 肢 摇 中 子 桌
恐 地 出 租 车 顿 时 满 宜 分 貓 豆 虚 拟 貓 运 损
煲

底部
亲自
出租车
称为
野生
自由
自充满
孩子
包括
宽幅
队伍
厨房
卫生
虚拟
巨大
明星
绘画
顿时
机构
分散注意力

Puzzle 62

的批判
语句
没话说
声音
冬青
小地
各兰
西花
大部分
理论
擦洗
鸡蛋
画笔
电视
帽子
平均
收藏
首脑会议
围墙
风窗

伊 秘 增 活 灵 最 水 举 蔻 理 论 选 不 没 话 说 礼 了
书 过 近 碰 疲 优 画 规 遇 复 性 露 本 衫 余 排 租
音 情 马 自 延 权 笔 最 小 泽 理 收 灵 里 花 议 蛋 碰
紧 便 介 蔻 特 面 复 近 区 子 平 藏 西 类 鸡 丁 之 日
四 热 风 有 驱 父 子 滑 间 均 驴 要 醋 程 典 观
怖 的 窗 首 脑 会 排 欲 的 况 趣 有 年 性 请
豆 祖 四 乐 热 冬 滑 鳍 士 察 真 心 修 上 事 况
衫 本 复 本 回 虫 青 雪 高 平 请 洗 之 醒 解 因
邀 眉 人 回 行 恢 书 自 遥 惧 遥 皂 秀 典 带
> 日 的 灵 填 循 安 望 延 权 平 便 动 大 事 图
损 幸 镜 情 书 丁 事 瑞 权 围 恢 情 直 解 复
邀 各 地 于 几 领 语 骄 句 迟 墙 规 本 鳍 的 肉
袖 的 批 判 快 乎 声 旋 老 状 电 部 分
书 镜 则 年 存 查 欲 约 心 秘 马 光 摇 邀 亲 排 电 视 的

Puzzle 63

本凑性了傲变香坠乎暂好上噪＞图则碎
蛾定趣股根查量蔻选怖停考木公园凑木虑
从地查活而泽想泽上复近伐的简介凑
泽解主撞恐谅原上生柔来步的简约虑
草月球底一蓝方镜先保基蛾通放骄
闲虫究排蓝色的私人保特瑞喜源见运坠近
日复＞好降研不袖猫部类最定雪环栅
思雪充乐日人股露答警看决特恢平坠
梦恢亮蛾热理破幸旅馆究空决灵存的马
袋想亲破性梳最邀情碰趣身冲实验遥
本循领根许动欲持约碰伏遥击放察
理领煲伏研栗好最约伏循音约礼衡
研中旋号真吸收好奇伏循情音克约肢而顶
型

蓝色的
梦想的简单
的奇
好公园
冲击察伐出
警步间收
公步排谅式
吸空原方
原最坏的
的实验
变暂的旅馆
的一年
月球

Puzzle 64

运稳试栗驰因数分间树约滑情部则典疲
煲息马考名察不乐坠貌人己龄惧克高
部乎快带部安子高高稳高破艺行
部量桌错事倍的祖类动究望答坠热
最书祖亲余情选保皂复飞海项
迟水信士安貓面泽南滑人动葵蛾
状热摇胶他护保亲热通坠息望
本了诺季运输保远排发子根野
坠便从度焕持醋自龄典根三
揭示衫望保真升己老复遇角
书恢秀柔观则平诺湿面心马
息衡追慘子迟凑煲气最貌解
祖滑增最私然乐怖不高欲
静香乡的蠕摇之护村便伴的
壁画区车錯排高运
热父基浴动
蜜定焕淋
蜂了运
周一三追逐

名自己
的壁画
艺术家乡
的度一
季周急示部浴
紧揭南淋动葵气
运海湿择蜂侣输角
选蜜伴运三追逐

Puzzle 65

已经恐便拉解蔻饭骄宜驴长王第真到老
携迟里技动便规过产品颈查室十达龄
颈蠕虑工高傲木规存骄颈鹿便情灵驱身
部驱告诉高不年傲疲驾便鹿心答木村放
。士摇真页私桥木决可的部存碰申请地丁落心
查迟近马页存雨可恐的部上破书有顶直程
镜数觉里存秀决年的蛾貌稻然从决车保
领素苦约视存则乐的号落法信调查父的差私
毁苦介研趣通雪得消号伊。请查决类号镜
鳍护则带见化年子梁乃信优升生存
子人自野实事子克排邀乐通源
高热考下化事得虎肉本飞分活袖
苦恢量老焕循虫欲过飞心鳍保下部分出

颈部
可能的
第十
拉长
技工
驾驶
王调
办到
生实
消明
申告
产事
已

动颈鹿
查法达存现化
请诉品实经

Puzzle 66

> 考定发遥情桥侵略性最宜疲唤里环况
视诺惊转野主梁情通透摇滚程醒查光村先
碎举虫行撞余便部面后肥镜心煲老环从
受害者面书克答背来袋下马排人人音
娱肉后的自紧本借部信柔凑胶心行数 > 许
惧许可行而要给主优幸特心理页丁摇
饭也事了解士 。类状水别飞镜上亮远动
选人的议面替代填增静性页胶肢几日凑直
祖醒桥木亲水衡不票项飞鳍运摇远亲
储备想定焕他复最程想好焕考举
秀灵碎热袋没有视情露透不 > 的酒
定量骄四查事激延高保特流行音
的滑书瑞子面静最惊复平因 > 后
环解的了亲惊烈士摇乃地克梳警
香放坠滑迟最桌子摇儿子碰梳警告

Puzzle 67

```
名 词 思 木 灵 高 加 建 自 远 望 子 复 面 根 安 露
摇 飞 则 损 木 本 从 四 阳 台 的 扑 坠 蛾 镜 滑 特
心 行 动 究 股 音 皂 灵 露 通 飞 有 升 虫 有 马
信 幸 项 最 价 展 基 优 虫 候 复 光 恐 他 梁 豆 程
租 回 己 评 患 示 肥 皂 放 图 素 露 磨 直 野 蛾
望 透 傲 远 况 热 图 领 水 介 优 自 他 欲 程
量 露 社 全 情 见 车 凑 信 乃 运 露 好 惧 部 蛾
视 过 镜 球 老 书 记 真 平 皂 貌 解 胶 口 修 况
于 解 决 方 案 指 错 近 苦 释 祖 高 介 虎 实 欲 惊
。 复 过 便 欲 甲 情 影 不 解 口 礼 焕 活 草 蔻 践
复 傲 的 绍 摇 错 香 灵 解 高 便 秘 栗 部 伊
傲 息 恢 的 间 远 木 差 蜻 牛 仔 也 露 近 惊
灵 建 > 要 介 究 解 后 疲 蜓 仔 作 礼 远 幸
思 机 乎 有 奥 秘 怖 泽 坠 的 乐 存 余 士 况 伊
```

书记
牛患
价秘
决方案
者仔
评奥
球甲
通台
践示
候皂
词杆
响蜻
解全
指扑
阳实
展时
肥名
蜗影
蜻作
远
近
水

Puzzle 68

```
中 举 优 压 达 父 充 图 程 最 下 领 类 伊 乎 转 部
乐 。 信 马 低 成 袋 思 自 怖 将 来 情 下 摇 的 动
胶 增 梳 有 紧 破 一 他 社 面 信 观 身 驱 的 公 式
的 想 紧 栏 看 决 恐 致 平 急 稻 秘 基 情 恢 赂 答
优 出 延 飞 余 明 安 眉 蠕 许 自 貓 数 加 父 目 标
之 行 光 蛾 加 智 况 本 权 释 瑞 议 行 复 乐 信
答 妈 顶 洞 间 惊 女 摇 肉 飞 也 下 他 衡 本
木 妈 洞 穴 注 到 人 的 介 票 中 股 便 保 四 诺
领 发 栅 之 意 保 奶 介 人 灵 增 雪 肥 书
研 动 人 条 觉 倍 奶 旋 椭 爸 生 远 野
放 果 本 本 马 况 特 圆 爸 则 要 根 来
煲 冻 本 则 梳 露 形 飞 权 苦 衫 眼
马 肉 乐 驱 克 滑 介 观 来 思 日 的 灵
根 人 惨 得 去 运 式 研 研 醋 露 惨
阿 姨 摇 想 年 衡 栅 旋 休 眼 煲 视 特
```

眼镜
女人
奶奶
妈妈
公式
爸爸
压低
去年
阿姨
将来
可能
洞穴
椭圆形
明智
达成一致
目标
星级
果冻
注意到
形式

Puzzle 69

肢 量 环 破 栗 露 察 激 过 增 心 放 存 飞 自 伊 栅
惨 的 余 理 看 请 丁 保 励 心 口 邀 貌 通 乐 惨 栏
貓 选 飞 父 袋 蛾 理 本 究 趣 礼 视 素 摇 量 延 机
重 图 蛾 子 心 优 木 面 人 向 答 生 特 理 马 栏
直 某 处 露 炎 年 社 要 建 望 袖 情 存 信 究 马 栏
心 电 话 排 衬 热 增 碎 车 欲 乎 灵 运 气 人 秘
差 饭 之 趣 迟 自 来 野 建 泽 主 电 量 触 落 衫
根 之 便 煲 则 动 诺 信 虫 泽 得 豆 增 因 摸 底 答
碰 察 听 情 发 行 了 有 解 眼 也 桌 素 根 有 户 发
观 蛾 飞 社 中 驱 护 权 驴 迟 四 快 祖 思 野 龄
子 子 社 运 护 乐 信 本 素 耀 书 人 息 镜 他 亲 持
很 疲 子 项 信 通 灵 过 虎 闪 护 摇 直 落 鼻 子 己
少 倦 顶 高 灵 过 想 亮 人 建 书 便 热 袖 祖 定 带
毁 梁 四 高 通 灵 过 想 亮 建 人 规 蔻 貓 信 放

栅 栏
因 素 察
观 息 热
信 炎 摸 惰
触 懒 明 户
证 证 任
落 倦
责 子
听 向
疲 耀
鼻 话
方 励
闪 处
电 很少
运 某
激

Puzzle 70

恐 怖
大 师 片
照 数
多 威 力
拍 摄 狼
狼 失
损 有 趣 的
双 亲
承 诺
骑 自 行 车
消 息
清 晰
经 常
个 人 时
有 似 乎 界
世 界
图 片

租 老 摇 貌 清 人 旋 复 赂 经 草 究 四 豆 复 倍 生
而 双 亲 承 重 晰 有 的 常 便 幸 介 肢 存 乐 直 几
机 蛾 树 诺 休 研 趣 树 了 诺 地 源 摇 观 邀 乃 柔
木 观 护 则 转 损 光 释 从 面 差 释 落 来 定 平
栗 书 考 雨 复 中 失 复 休 有 介 重 观 分 撞 亮
桌 息 袖 野 摇 书 察 举 错 拍 摄 磨 损 恐 怖 世
环 自 要 闲 照 定 坠 先 己 加 平 醒 马 携 破 界
毁 理 日 几 片 驱 得 图 图 消 类 驴 保 碰 充
镜 人 自 页 下 灵 礼 条 秘 息 观 升 介 最 便
狼 狼 肥 复 威 主 自 行 车 平 老 不 趣 降 肉
蛾 情 转 自 力 骑 社 情 袋 事 己 个 有 本
喜 煲 面 肉 泽 决 来 老 丁 便 能 人 放 木
好 摇 蠕 大 不 望 似 乎 静 项 自 能 观
想 建 了 礼 肥 增 循 柔 欲 旋 远 醒
图 片 遇 远 乐 多 日 破 紧 后 亲 错

Puzzle 71

娃 拓 雨 理 坠 失 望 的 丁 因 趣 类 素 看 过 面 自
娃 恐 展 况 灵 邀 拘 私 件 事 的 的 日 在 时 滑 足
蛾 记 权 主 蔻 捕 营 提 供 的 能 生 本 橱 许 宜
有 草 衬 透 滑 动 程 真 量 源 龄 ！ 复 柜 娱 父
性 高 老 士 绍 特 主 保 摇 根 邀 人 凑 遥 祖 蔻
迟 潜 水 持 号 规 凑 骄 貌 马 邀 四 观 泽 请
典 情 他 人 诺 能 活 绍 柔 四 坠 状 视 祖 士
肢 答 们 放 环 乐 秘 碎 马 基 情 他 信 便
间 部 票 视 雪 带 底 充 特 不 饭 平 源 眉
规 察 性 于 栗 下 则 士 朋 想 衬 错 研 有
人 主 状 远 需 建 筑 物 友 惊 条 顶 马 绍 要
他 疲 乐 马 老 要 则 根 己 衣 远 磨 地 机
因 的 碎 乃 则 人 究 选 心 他 宜 服 修 而 增 源
携 子 通 露 克 根 保 数 租 人 修 心 木 特 赂
栅 己 鳍 排 克 根 保 能 排 平 恐 野 排 赂 加 桥 错

词表：
的能量
娃娃
私橱柜
拓展
拘捕
提供
财产
的生日
的事件
滑动
失望的
朋友
需要
他们
潜水
建筑物
衣服
在时
满足

Puzzle 72

词表：
尽一份
夹克
外套
自然
战争
元年
婚礼
太阳镜
资源
的方向
小数
各方
质量
鼠标
古董
无意义的
新闻
圆柱
栗子
晚餐

焕 破 望 余 怖 选 理 基 通 特 雨 源 骄 优 亲 行 人
决 最 草 有 排 元 损 栏 热 秘 遇 乐 复 婚 摇 源 肉
保 心 村 欲 太 年 梳 行 战 循 特 行 本 礼 议 生 况
分 性 焕 亲 阳 见 根 租 争 不 眼 貌 高 质 复 胶
人 尽 一 份 镜 自 新 乐 举 转 磨 赂 私 餐 父 量 试
自 然 的 存 向 光 闻 快 光 主 稻 夹 桥 权 远 父
草 安 豆 各 方 好 旋 面 本 蠕 克 落 高 恐 性
人 坠 遥 飞 的 义 意 无 鼠 倍 标 摇 数 晚 信 私 欲
乐 凑 木 地 便 电 口 修 因 蠕 摇 领 来 信 情 水 滑
马 父 上 复 基 栗 子 究 答 梁 有 便 紧 柔 间 苦 貌
观 口 决 下 要 能 皂 碰 饭 保 动 赂 惊 圆 热 行 远
情 栗 心 摇 虫 信 有 间 桌 人 欲 子 闲 柱 虫 事 趣
究 究 来 存 不 遥 外 资 修 镜 栏 本 灵 动 错 研 便
干 型 趣 紧 古 董 复 书 自 坠 直 貓 热 察 秘 定 部
摇 子 自 的 上 喜 复 修 平 人 区 特 坠 栏

Puzzle 73

磨 稳 摇 存 驱 幸 介 介 惊 提 息 蜡 雪 防 检 状 热
失 去 了 在 驱 有 延 滑 的 交 运 烛 子 私 止 查 >
邀 租 直 怖 落 趣 后 排 需 沙 治 疗 思 观 > 加 中
有 雪 从 遇 直 毁 摇 情 求 堡 士 也 人 错 迟 举 损
克 豆 特 重 视 礼 本 栅 ！ 余 心 许 后 动 程 镜 肉
转 透 皂 柔 蛾 碰 科 存 梁 降 望 马 不 错 栅 高
村 升 稳 保 有 直 有 学 热 自 快 望 伏 成 害 察 心
的 重 > 亲 胶 了 疲 直 迟 饭 便 直 熟 亲 一 肢
磨 损 碎 说 乐 子 栗 有 皂 摇 顶 生 羞 二 二
醋 车 虑 明 远 最 查 倍 焕 况 研 下 降 眉 亮 信
况 的 护 瑞 征 特 他 先 考 研 驕 坠 亲 一 瑞
容 易 蠕 貌 紧 远 亮 优 也 察 型 破 动 二 焕 理
近 差 心 研 肥 毁 栏 的 赂 衡 建 眼 醋 苦
镜 毁 部 模 息 活 动 恐 貌 不 书 丁 升 焕 眼
飞 车 ！ 式 出 瑞 息 本 音 答 面 驱 祖 滑 安 眼

磨损
也许
检查中
科学
重视
模式
失去了
成熟
一二二。
说明
提交
存在
沙堡
容易
害
的需求
防止
治
远
蜡烛

Puzzle 74

地球
的兄弟
特异性的
总线
份额
无线电
父母
婴儿
的球员
学术
赛季
动物园
沙塔
英里的
的专家
阵风
那么
开始
羊毛
通知

沙 面 填 秘 的 羊 毛 看 破 马 于 的 球 员 英 里 的
塔 的 迟 皂 专 性 伊 持 动 物 园 究 条 安 露 衬 梳
根 娱 安 思 家 想 异 理 惊 老 凌 欲 伊 决 滑 上 克
要 音 损 宜 士 查 特 亲 虑 雪 野 的 损 考 顶 特 通
性 书 特 望 发 看 口 遇 老 飞 野 考 趣 遇 傲
欲 典 部 露 几 了 雨 肥 携 情 充 鳍 年 数 近 情
下 饭 那 衫 亮 直 通 生 虑 保 通 得 遇 季 衡
直 领 么 撞 蛾 疲 丁 循 素 亲 通 发 排 约 基
状 转 亲 循 保 自 的 秀 增 衫 泽 权 身 选 子 发
特 婴 保 了 撞 乐 循 增 私 子 要 的 野 疲 的
介 儿 休 租 碰 木 自 便 己 份 开 始 有 转 草
延 口 亮 见 马 况 稳 露 份 信 望 马 的 香
闲 泽 总 电 马 地 桌 衡 本 蔻 通 回 高 的 坠 兄
人 解 坠 来 研 球 股 他 选 量 则 源 阵 动 弟
愈 保 来 无 父 母 飞 也 驱 栗 野 术 风 约 恢 旋 他

Puzzle 75

电 中 欲 部 士 海 拔 保 护 鳍 柔 > 修 顶 赂 权 则
重 量 犀 亲 闲 型 充 信 破 解 权 图 秀 野 人 升 护
安 本 复 牛 高 有 栅 心 察 有 不 保 究 书 傲 重 生
男 。 损 状 四 观 她 的 平 放 条 惊 察 查 建 重 产
孩 子 心 图 顶 远 乐 乐 特 醋 公 他 眼 紧 音 视 类
己 解 状 典 闲 貌 要 露 况 间 机 摇 性 水 乐 别 然
木 赂 查 醋 日 保 携 保 近 通 路 动 部 重 欲 碎 事
运 能 了 自 自 栅 远 了 钢 区 用 错 便 心 音 肉 察
考 面 洗 许 自 出 见 他 琴 存 回 号 别 放 不 视 观
雪 部 涤 便 便 坠 决 钢 观 过 略 极 约 音 根 赂 考
橇 后 得 静 碎 胶 琴 车 大 的 的 亮 乐 不 约 状 信
动 欲 自 傲 伏 出 身 欲 怒 心 思 书 视 定 情 复 规
地 音 请 灵 直 鳍 他 奢 情 品 破 蔻 回 情 焕 复
己 桌 要 真 记 活 基 撞 怖 本 蔻 股 复 持 状 信
汽 油 不 观 马 重 况 遇 有 运 觉 露 捍 卫 量 虫 规

词表（右）：
保护 大重 她犀 捍公 钢出 生奢 男汽 洗海 雪音 雇个 极
护怒 量的 牛卫 路琴 血产 侈油 滗橇 乐用 别其

Puzzle 76

词表（左）：
树莓 疯狂的 地面 大家 的关注 物理 环境 水平 精度 即时 水果 法官 咆哮 的实际 游戏 的产品 真正 衰 查找 的移动

游 > 真 正 上 过 许 究 撞 凑 摇 衰 坠 信 撞 查 亮
保 戏 亲 地 镜 自 区 便 趣 遥 眉 变 驴 > 找 光
毁 活 考 四 答 自 肉 页 滑 过 树 瑞 升 约 稻 热
蔻 近 约 本 约 露 重 人 试 数 祖 直 权 号 柔 分
树 ! 便 条 最 间 诺 静 恐 己 地 面 典 > 娱 护
即 况 衡 循 领 龄 好 信 祖 怖 果 落 究 行 股 水
几 时 环 衫 情 远 桥 驴 树 面 水 有 鳍 循 瑞 惊
不 真 境 饭 > 注 噪 主 动 平 能 大 程 皂 从
咆 哮 损 租 。 关 滑 规 移 草 子 家 解 转 发
伏 发 热 里 法 官 实 际 领 煲 栗 过 疯 的
亲 重 木 放 带 的 秀 事 的 保 摇 增 狂 的
余 凑 亲 举 栗 栅 条 本 产 型 己 虑 则
恢 票 士 过 究 底 的 回 品 携 解 的 书
凑 延 树 视 回 雨 余 物 本 的 秘 士
四 露 上 部 图 本 况 理 发 惨 过 的

Puzzle 77

春 保 胶 接 优 的 部 橙 色 老 增 野 后 梁 望 人 高
倍 天 摇 受 亮 克 设 保 日 数 带 惊 权 飞 欲 摇 环
丁 见 露 息 情 延 运 日 解 遥 觉 雨 降 乐 租 运 镜
股 量 豆 远 马 页 行 袖 信 亮 放 克 好 回 性 宝
克 护 草 放 乎 马 日 高 明 显 领 观 增 运 静 宝 心
滑 保 眉 虑 宽 数 食 品 重 碎 页 增 柔 的 稻 喜
恐 迟 休 旋 眼 蠕 香 携 也 地 父 简 化 肯 理 保
通 惨 不 木 答 袜 子 倍 扭 不 遥 四 复 要 皂 票 势
的 修 高 士 衬 平 保 特 图 数 人 便 村 建 答 优 摇
田 高 错 礼 行 书 雨 袖 直 遥 合 收 喜 而 娱 排 欲
区 径 略 事 提 的 许 迟 特 股 士 机 撞 心 怖 望 惨
秀 保 平 身 醒 豆 特 增 项 远 保 上 介 焕 飞 来
内 部 私 的 释 于 平 的 日 根 火 炉 梁 不 衣 龄 虎
素 惨 摇 释 于 平 的 日 后 梁 不 虫 恐 眼 摇

火炉
扭动
简化
的设计
联合收割机
橙色受部
接内宝径
宝田放宽
放提醒天
提春显品
醒明子势
春食优定
明袜肯运
食优行
袜肯上
优运衣
肯运
运上
上

Puzzle 78

有礼貌
基本
作用
骨折
老鼠
估计
视觉
招商引资
大米
刚性
猕猴桃
的官方
反映
毛衣
周日
甜蜜
看到
那些
能够
出色的

机 降 有 稳 快 招 基 本 他 充 梁 情 蠕 便 社 远 程
遇 袋 号 礼 人 商 安 研 镜 磨 特 间 源 究 安 环 飞
理 父 喜 从 貌 引 傲 介 升 欲 书 重 伊 心 升 马 基
猕 部 信 肥 亲 资 于 特 真 苦 得 建 口 碰 保 怖
出 猴 自 本 马 填 衫 子 毛 损 错 镜 安 有 后
规 本 桃 镜 典 乐 > 人 亲 衣 出 的 胶 飞 栏 水
噪 音 甜 蜜 作 用 宜 特 环 顶 约 梁 转 放 的
乃 子 礼 煲 树 底 虑 升 增 余 页 稳 书 日 滑
他 心 宜 刚 性 龄 上 有 木 重 镜 观 周 不 放 上
带 乐 考 栅 能 喜 衡 不 醒 分 定 绍 愈 社
透 邀 的 官 方 够 毁 看 到 恐 摇 能 灵 填 面
音 之 紧 估 老 休 看 梳 惨 坠 眼 情 愁 真
绍 邀 考 礼 恢 况 虑 情 骨 建 最 基 子 中 自
人 票 答 顶 环 大 回 折 增 闲 本 凑 能 觉
见 重 那 些 反 映 雨 地 袖 保 答 面 不 坠 貌 视

Puzzle 79

高 喜 情 信 区 桥 秀 程 顶 的 差 的 便 视 理 连 量
类 复 自 恐 试 主 不 因 动 源 秀 心 的 降 理 续 桌
凑 系 自 诺 释 标 状 支 源 头 的 肥 邀 记 坠 远 两 个 子
理 列 类 最 事 亲 题 出 私 发 发 磨 宜 面 律 项 娱
平 热 视 疲 人 领 气 气 股 增 头 研 情 坠 直 紧 情
乐 甲 特 地 镜 动 驴 从 回 诺 复 倍 感 图 最 决 处
损 虫 后 基 口 事 状 部 子 条 议 稻 情 法 律 视 木
测 后 灵 口 的 文 状 里 的 谎 言 观 露 柳 损 均 介 马
量 建 根 转 源 本 克 忿 视 股 老 自 叶 护 考 协 素
坠 从 的 亲 页 最 发 增 数 毁 望 肥 上 几 号 助 素
面 的 条 约 排 和 年 闲 醋 毁 保 口 眼 柔 修 息 趣
面 醒 约 村 子 思 栗 平 请 因 填 醋 老 顶 透 回 车
乎 坠 子 飞 梁 的 情 几 填 醋 老 上 修 动 乐
分 伏 虑 他 的 情 因 桌 贫 困 梳 年 滑 透 回
票 飞 虑 他 梁 的

约 发 情 处 题 助 味 困 列 言
条 头 感 好 标 协 气 贫 系 谎
法 支 和 文 甲 两 测 均 柳 连续
律 出 平 本 虫 个 量 匀 柳 叶

Puzzle 80

定 填 业 专 的 手 指 噪 苦 面 白 菜 祖 宜 酒 饭 面
遥 静 坠 迟 情 面 饭 伊 差 信 什 么 鳍 邀 吧 部
也 祖 摇 趣 肉 乎 数 答 事 蠕 私 决 复 诺 领 摇 试
先 虎 最 肉 虑 解 租 车 老 坠 项 中 整 父 观 摇
了 肉 稻 上 蔻 镜 保 书 草 不 而 齐 类 星 看
有 本 亲 看 眼 镜 出 幸 猎 遇 情 貌 通 期 查
伏 源 自 素 息 衡 伊 举 思 野 骄 苦 然 保 理 倍
得 水 决 了 下 想 先 复 记 了 伏 行 优 余 子
摇 研 娱 恐 。 露 典 况 栗 几 有 带 蛾
骄 后 凑 瑞 飞 蠕 决 绍 填 错 答 护 号 磁 栏 虫
活 信 赂 水 想 碎 子 村 最 的 骄 喜 早 有 的
的 的 噪 水 干 噪 眉 电 答 情 他 年 餐 蠕
专 的 对 手 面 建 权 升 车 礼 在 试 铅 笔
家 活 豆 不 醋 鳍 事 书 驴 生 镜
升 得 下 于 过 驱 的 坠 肉 牙 膏 姜 焕

事 指
差 手 型
苦 的 手 型 得
典 记 牙 膏 猎 对 笔
的 记 牙 狩 的 铅 笔 家 升
铅 专 对 家 姜 手 升
专 生 的 姜 年
的 在 去 举
在 选 星 期
星 什 么 菜 齐 吧 餐
白 整 酒 早 磁 带
餐 磁

Puzzle 81

```
建间村祖图上答领怖乐父再举迁也草镜
延存循究身原排伏的稻次车移私苦静子
决食用鳍碰因社特醒究乎香有请宜最最
心的闲行绍要野恐平过过人自肢虎释惧
他赂能许情况祖祖面凑树情酸大象中事
得转快桌人票上高秘上场余恐牛增理惨
素邀蠕平树素护肉下面考考一柔臂菠介
祖祖发生坠树发滑功望景身议个回萝要
热祖回状私摇面能望考身究部过祖复过
察远电虎的携复先身驱虑闲私典马复书
电真损>碰头年研木私貌图修坠迟
分支紧恐便排请水雪典的的基便>！
休书特息的脑他恐富私人远行记保衫
音平虑试一切！树坠过含真正的鳍丁解疲
电克试部约透究恐富含真正的
```

```
下面奶
酸牛次脑
再分支象臂含因
头大手富原菠复能生正的一切
发真的一个复望移景用
下回有迁场食
```

Puzzle 82

```
香菜
快火
冬野
自现
现
关系
始
温暖的
豌豆
巧克力
市中心
鹿野
小麦
新的
条件
继续
破坏
```

```
鳍安袖复情快复马现豌巧眉。真关放约的
自静肢转不递蛾代豆克事热自查系麦毁信
马身摇遇苦驱露便克市中心小条件诺错
摇况光眉驱桌摇复力不野鹿皂带遇素静
诺摇试考鳍丁损情觉木鸡约肉自复
紧电自年生考降驱约火权子究
摇滑的紧蔻温里暖新约克飞坠稳
记平之破看音的差约貓根重部
坠驱>坏过见紧了现号延露木
香貌便决胶静露欲票冬思平活
菜袖鳍运水保几增充虫建怖面
区面情趣高露信复天源型运
继续视喜答醒则面皂柔了便
肢醋动碰柴遇怖过性循终士复
克间煲运豆回填皂理本差紧
```

Puzzle 83

笔 记 本 护 瑞 释 雪 落 条 赶 醒 他 惨 镜 俱 环 本
远 倍 复 状 车 情 情 不 路 趣 动 木 考 乐 绍 驴 灵
于 领 议 不 遇 一 静 休 路 况 虫 回 定 > 部 雪 惧
程 底 急 行 情 便 声 特 磨 也 回 考 护 雪 修 撞 的
木 交 间 。 一 也 上 权 有 保 作 机 本 本 有 有 眼
记 亮 。 保 喜 页 玉 究 蝙 本 者 水 栗 袋 成 功 测
底 菊 村 的 玉 损 部 有 蝠 父 露 决 基 数 恐 检 好
信 项 重 他 花 延 增 蔽 保 肥 泽 车 数 苦 袖 测 问
迟 午 餐 惊 的 通 话 延 礼 许 介 稳 票 加 基 复 风
书 子 书 坠 出 发 出 情 蔻 人 区 丁 亲 也 坠 出 私
研 闲 降 怖 他 研 袖 解 通 修 蔻 饭 袖 而 蔻 泽 自
直 衬 遇 车 亲 衬 欲 活 况 解 通 乐 趣 要 研 面 分
回 最 释 醋 焕 保 磨 有 有 惨 后 亲 情 数 租 复
整 洁 的 情 骄 增 雨 远 利 况 活 动 肉 量 乃 出
选 袋 袋 息 泽 降 的 理 焕 木 决 了 举 动 运 村 信 想

飓风
作者检
俱笔菊玉整请成发午赶的一有交数蝙通话
部本花米洁的问功的现餐路块声利叉量蝙话

Puzzle 84

碰 撞 焕 行 了 视 条 饭 骄 年 现 实 依 士 身 占 书 父 源
地 理 领 过 直 桥 曾 邀 近 从 顶 自 赖 自 动 据 远 不 事
职 责 蔻 野 图 灵 经 便 灵 也 惨 稳 袋 稳 袋 父 信 类 试
休 闲 心 考 远 记 领 衬 便 心 野 倍 绍 捕 增 , 除 携 几
依 赖 的 作 用 图 透 能 水 豆 而 几 子 获 子 信 了 私 焕
冷 冻 醋 察 图 行 几 龄 马 露 梁 恢 比 秀 除 图 袋 赂
天 击 理 活 加 追 解 然 能 信 许 高 较 滑 了 直 下 理
打 实 地 龄 天 求 栅 程 研 驱 信 蠕 闲 能 动 书
现 据 址 士 气 图 解 村 马 醋 乎 怖 电 职 责
占 获 快 远 降 想 杉 之 冻 碰 情 顶 趣 灵
捕 子 特 理 增 解 父 口 胶 放 喜 机 栏 状
男 较 飞 秘 龄 远 眼 行 胶 袋 虫 保 子 傲
比 撼 趣 震 延 信 礼 见 人 素 分 复 增 宜
震 鹤 震 撼 水 远 数 男 书 研 回 分 介 约
鹌 求 余 饭 升 恢 息 子 觉 倍 的 噪 鹌 复 运
追 地 请 镜 增 出 选 面 自 打 平 鹑
地 址 出 虫 马 状 量 望 。 定 傲
, 除 了 考
的 作 用
曾 经

Puzzle 85

理 了 余 总 然 天 第 二 时 急 出 人 决 马 便 信 袋
平 虎 热 统 部 使 查 自 刻 于 休 量 飞 煲 煲 口 保
驱 灵 特 平 发 伏 研 镜 娱 考 特 直 本 直 远 便 子
主 面 机 上 胶 马 眼 情 亲 的 决 平 考 的 视 亲 碰
祖 根 栅 中 自 错 克 书 研 带 重 人 想 放 秀 游 音
票 公 光 自 高 考 最 究 焕 平 论 底 到 举 的
宜 布 护 能 技 察 碰 记 来 正 是 水 文 ， 直 接 特
亲 错 露 驱 面 部 光 丁 复 貌 持 幸 栏 到 收
虎 性 乎 了 考 木 露 趣 规 闲 香 见 保 蛾 木 究
复 子 乎 乐 丁 高 票 高 滑 况 觉 马 人 眉 虫 页 非
泽 风 筝 贤 他 中 最 本 况 怖 的 克 填 桥 常
灵 筝 面 人 要 活 便 察 惧 己 貓 根 杯 祖 草 项
面 祖 排 柔 也 后 阻 止 部 圣 事 发 摇 便 修 坠
典 碰 擦 信 便 不 稻 信 灵 诞 胶 苦 音 顶 喜 因
橡 皮 擦 便 不 稻 信 灵 诞 胶 苦 幸 思 便 乎 不

圣诞天使橡皮擦，直到总统第二布文人是艺收止发音
总统第二公论贤正技接阻的时非常游马急于风筝
马克杯音游泳克杯

Puzzle 86

然 虎 租 权 他 中 撞 忽 考 肢 磨 音 数 典 飞 野 领
事 增 醒 通 诺 村 机 略 的 趣 理 顶 磨 驴 查 便 望
项 服 务 礼 驴 领 觉 信 傲 村 奖 四 > 理 袖
顶 伏 饭 摇 野 增 桌 灵 项 本 露 大 金 紧 行 朝 着
勇 敢 型 图 信 远 顶 素 特 盛 携 肉 龄 下 香 有
自 最 研 貌 请 幸 记 疲 像 惨 摇 虑 高 灵 类 袖
动 诺 察 运 区 梁 源 图 木 木 村 请 错 醋 热 闲
四 间 快 社 举 确 热 四 倍 桥 权 蛾 有 复 静 伊 灵
间 主 虎 树 木 私 破 过 稻 生 领 亲 究 虎 树 优
欲 虎 愈 重 理 子 皂 页 车 邀 思 通 面 图 虎 蔻
的 互 动 香 衬 克 重 约 量 年 约 貓 选 原
己 私 音 黑 平 透 年 要 动 秀 恢 国 子
自 光 加 色 循 只 型 丁 虫 动 豆 解 考 > 王
混 合 亲 秀 欲 填 有 虹 自 然 观 恐 权 事 袋 平
页 乐 身 坠 社 落 便 能 远 的 木 修 皂 热 的 考

自动忽略项而贺金敢子己的
忽事然祝奖勇原自只混的盛黑虹服图确朝国王
动而贺金敢子己的动大色膜务像实着王

Puzzle 87

父 有 水 焕 的 豆 摇 答 光 黄 乃 释 要 上 年 楼 赂
龄 栏 型 遇 恢 保 复 议 荣 瓜 驴 恩 心 伊 幸 梯 介 能
高 看 碰 骄 透 身 来 特 驴 动 定 居 爱 者 自 携 能 眉
肉 余 乐 木 息 状 余 衡 心 龄 考 飞 撞 延 休 眉 顶
雨 要 地 上 素 先 典 试 保 行 书 遥 镜 信 摇 保 间
灵 喜 快 选 不 不 则 考 升 木 猫 行 生 然 恢 蔻 蔻
飞 放 子 特 远 要 迟 龄 幸 镜 村 通 子 电 骨 答 马
行 桥 鼻 司 机 算 计 有 主 磨 的 碎 好 增 架 娱 灵
拳 滑 的 图 象 保 心 观 心 释 娱 发 情 蠕 伊 建
领 击 考 灵 近 外 休 响 应 查 磨 煲 骄 煲 恢 议 近
乃 望 答 复 降 户 没 气 型 龄 苦 磨 文 恢 摇 恐 摇
望 股 远 部 议 有 宜 源 候 文 口 化 凑 情 像 头
究 情 上 怖 定 研 袋 的 后 桥 面 遥 望 倍 便 身

词表（右侧）

议 爱 架 梯
建 恩 骨 楼 外 击 观
户 拳 外 光 荣 候
气 计 算 像 头
摄 定 居 者 鼻 子
像 的 葡萄 有
头 葡萄 司 机
没 文 应
黄 的 图象

Puzzle 88

词表（左侧）

幸运
你 自己
考 验
香蕉
部门
花园
军事
劳动
大量
从来没有
单元
水牛
故事
身份
的 干净
放松
过程中
无聊
坐在
统治者

字阵

社 鳍 存 伏 落 单 统 坠 部 门 先 马 马 飞 香 宜 有
军 静 优 况 坠 元 治 充 恢 泽 请 泽 项 蕉 本 私 的
事 故 事 的 特 草 页 好 余 然 豆 衬 你 自 己 乐 坠
部 龄 马 放 松 本 量 坐 在 露 煲 梳 循 遇 书 先
自 想 议 心 复 大 香 情 社 的 静 口 欲 不 心 股
稳 克 子 栗 活 香 况 眉 本 考 验 里 私 考 苦
好 也 怖 望 想 落 貓 而 查 有 趣 恢 典 平 恐 区
基 理 降 几 惊 平 通 排 考 绍 他 肢 心 里 了 丁
眉 思 的 几 喜 遇 心 热 摇 落 露 劳 煲 动 而
研 稻 好 干 衫 饭 书 花 本 落 究 坠 保 貌 迟
先 高 建 碎 净 决 近 园 生 过 然 中 保 稻 类
身 份 赂 伊 理 丁 便 理 野 议 苦 野 镜 肉 运 面
本 趣 直 书 眼 野 ！ 充 惧 决 也 村 数 撞 后
秘 坠 克 恐 遇 损 娱 决 远 然 究 牛 保 灵
！ 克 况 本 摇 乎 坠 充 士 票 水 村 理 马 幸运 音

Puzzle 89

的 通 则 袖 怖 介 高 伊 朋 顶 息 兔 驴 的 虎 父 马
部 心 闲 约 灵 过 面 情 友 眼 究 的 子 考 稳 旋 出
复 平 增 选 根 约 稻 的 眼 究 重 车 的 虑 木 的 的
市 权 票 车 加 稳 从 等 的 重 合 宜 票 士 便 桌 子
场 首 都 理 量 保 答 类 待 运 胶 程 噪 老 带 权 肉
了 不 增 程 复 克 案 乐 重 礼 运 喜 不 动 也 眼 草
了 碰 飞 趣 趣 息 眉 似 重 间 最 热 量 不 雨 视 素
蚂 举 员 素 看 灵 权 信 选 数 心 心 安 马 马 面 眼
蚁 飞 演 平 查 复 豆 理 飞 顶 数 携 能 运 伏 马
分 离 的 类 然 秃 条 因 他 特 得 于 特 权 发
胶 伏 宜 人 人 里 树 自 焕 肉 优 得 特 心 通
趣 约 泽 过 设 心 保 排 源 日 区 许 疲 领 人
考 疲 过 匆 的 保 工 况 想 露 第 不 劳 来 豆
地 心 摇 父 镜 工 作 人 员 衡 蛾 个 喜 栗 人
趣 遇 情 了 木 自 后 ， 记 亲 趣 老 假

考虑
分离的
第三个
首都
后，
兔子
请 假
的工作人员
等待 有
答案 鹰 匆匆
秃 匆 似
匆 类
朋友 的
合格 的
的市场 演 员
蚂蚁 场
不当 蚂蚁

Puzzle 90

社区
建造
一次性
忠诚
培训
傻瓜
苹果
骆驼
草莓
动机
赢了
话题
探讨
昨天
较差
自行车
地图
的研究
往往
饮料

考 静 自 眉 直 透 的 较 私 探 摇 往 绍 的 性 眼 伊
票 建 造 携 豆 碰 饮 差 话 讨 滑 往 地 研 虫 马 日
升 忠 诚 之 惧 皂 料 不 题 昨 天 自 图 究 高 运 镜
傻 瓜 豆 信 最 亲 释 木 情 子 倍 介 镜 日 他
旋 诺 优 萃 香 马 心 研 信 则 乃 转 复 屯 柔 观
遥 理 培 果 行 考 香 票 音 四 心 视 他 欲 损 释
典 电 训 赢 静 桌 觉 电 约 坠 骄 伏 机 欲 肢 望
> 转 人 了 老 迟 私 醋 下 动 根 望
休 蔻 露 子 行 自 老 胶 滑 露 野 有 发 基 平
加 过 礼 因 面 填 坠 究 眼 一 复 基 于 因
图 马 不 上 条 解 修 自 书 过 次 水 滑 肥 最
悫 赂 后 了 趣 赂 最 喜 行 车 性 电 状 情 区
醋 旋 行 草 宜 梁 然 胶 村 丁 瑞 衬 噪 骄 社 本
人 私 蔻 栅 怖 重 好 栗 自 子 音
邀 日 有 平 丁 本 > 程 素 想 解 惧 究 四 噪 驼

Puzzle 91

亲状租人怖情凑雪动素不衡环生恐邀里
考面虑中最眉傲虑袋足有心恐觉的便
身程摇树大因近理看的近感诺感觉便
生量情皮的醋柔复损视祖根热紧
紧活抗的私噪桥复光据热紧
驱闲拒机傲秘人降差乃今据最
水壶的想解不心今面飞身
护热重马解不雪究天乐错香出
自怖差他草股草飞镜人心曲保下流
雪领水释机优音露量西规底体
回热水倍选考秀摇倍水循眼欲保
家了根选袖私邀惨远柿絮栗持出
发释士撞过有!考量则面心傲信几因
望送损性情放雨自醋柿心想信便
远号镜有!考量则面心傲想信便柔

不足皮絮决觉心
根据柳判拒爷医生
树皮柳感抗姥
判感抗的水壶体
柳的水流错过送柿
感流错发有信的
抗发有回家红曲
的回家西今天线
水西今最大晚
流错最今晚
发曲线

Puzzle 92

解决
噪音
的视线
奶油
樱桃
光泽优质的
鲜花
定的述
描述
的机会
疼痛
局限业务
青国蜥蜴
侵入肉桂
建立

优质的行亮泽光动柔修了描延业务乐环
类眼马充快真泽间型保有述因平特摇活
情本急人顶型鲜规的苦本旋基局限口情
复活观里煲电花情衬观书素况信袖决
快面子的情保慘泽水素了马热基
祖息人情木乎灵噪青驱人损伏虑
事栏不带看情性复龄蛙损定破基过
了心奶情噪灵>行衡部定的几介本
增情油恢远下规欲衡侵几旋约面
光素>号觉规蚂的的入主的亲
的视机会国蜴安水主子栏桃中
素线子肥家蜥电落滑循最
本趣携灵典士肉的樱带雨
保落遇环先露桂秘答保煲惨
出解稻衬野人特议决保煲也
状差四决秘保最

Puzzle 93

远增信闲有区保激怒冰先飞袋得粉员工
下加亲撞觉的看年租柱而乌而过破红的子马摇
研滑心毁来的先差滑信乌鸦而环过桌色马自便
滑部稻遥自诺出光身梁因领干复究秀部木解的
父用品恐正的察静况碰区驱桌后人香自见木肢老
生行木貌有信看信撞也领雪续理自记亲本电
行凑秘梳乐排梁看的面最眼转区人马稳页复望
撞有貌最差子几秀实滑根识区远稳复性质
趣之豆肉专况程梁之马雪不识别肢丘特
好的性乐态转光秀之马雪复不排磨了桥质
许排升数度试惨趣雪复携下近察基乐本
热摇情信子皂放周理排想研了赂灵遥书
肉充情带来上驴末的想研了赂灵遥书

乌鸦
大专质
正确的别
性识别
冰柱
好的红色
粉品
用员工
员鳄鱼
鳄鱼末
周比
丘续特
后实际来怒
实带激最好的
激带树干
最态度
树
态
度

Puzzle 94

平带车活镜解信衫骄破解活碎环境书碰
便来发余本灵苦真一些篮雇间选性来便
重了虫现举梁解程旋球在私主礼升下
会见豆摇趣介增身研这出礼得活
页闲图介高保先丁里蛾子灵水公
皂虎遥项投菊二摇饭驱栗的鸡司
遥行伏投票约人领解乃发马
学习乎梁，直号便持错优柔发坠
瑞始趣自胶过诺增股书的也安
袋地礼秀肥典稻社况柔平得
最毁碰觉议了乐远羊能察人邀
趣滑的特。程部选循自程要地
衬本量远看租虫破自复余也他

一些
在这里
带来了
公鸡
礼服票
投见活
会灵球
篮学习
的羊
公司
解雇用
使环境
始终发现
菊花第二
，直到

Puzzle 95

稻　图　复　因　坠　几　身　马　复　草　肢　也　蛾　蔻　野　豆　回
不　子　视　保　充　亮　子　剥　夺　莓　的　滑　雨　秀　电　部　灵
人　中　的　图　远　不　碰　出　莓　型　噪　幸　水　优　野　视　噪
里　趣　损　恐　充　根　理　毁　虎　落　延　看　之　木　充　填
行　飞　区　活　于　出　栗　作　息　不　自　老　条　的
闲　激　栗　特　远　有　合　怠　租　复　肥　视　袖　野
上　赂　生　磨　镜　虫　损　蔻　领　忘　解　号　典　有　决　泽　带
高　加　静　损　他　年　自　基　试　记　过　露　点　究　程
察　蠕　信　权　上　四　紧　醋　余　倍　身　最　雪　记　带
遇　信　太　书　遇　的　考　高　管　平　社　幸　梁　领　其
村　子　灰　阳　肢　迟　野　自　村　过　破　点　带　回
衫　亲　皂　镜　原　直　加　不　马　傲　灭　滑　许　考
安　全　循　了　区　谅　研　幸　不　幸　基　绝　滑　主　瑞　环　他
幽　灵　眼　机　后　发　破　大　然　便　飞　程　乎　驴　亲　余　父

<side clues Puzzle 95:>
剥　夺　作　子　全　管
合　合　其　灵　他　色　便
裙　安　高　其　灰　大　忘
幽　其　灰　灭　露　记　绝　点　领　带
灭　露　的　平　原　太　磨　草　激　怒
平　原　太
磨　草
激　怒

Puzzle 96

平　区　差　研　信　苦　所　人　马　虎　平　动　真　摇　他　＞　本
桌　考　子　思　的　问　需　社　旋　倍　自　而　从　坠　了　梳　旋
放　滑　词　栅　复　信　题　伴　类　卖　外　家　栅　木　粗　心
举　觉　看　汇　季　平　试　侣　下　股　观　音　部　项　蔻
动　优　几　儿　度　貌　发　信　醒　视　况　娱　许　剪　辑　页　底
树　休　保　子　行　焕　动　究　老　宜　化　直　填　眼　议　解
莓　祖　书　栏　胶　号　机　本　亲　融　研　的　马　摇　许
摇　肥　标　准　差　能　肉　桥　袖　部　＞　根　磨　能　撞
间　赂　滑　循　子　活　过　乃　加　亲　研　草　桌　醒　滑
的　任　何　有　身　坠　静　便　肉　的　修　最　情　要　行
坠　老　马　通　秘　便　赂　摇　过　区　摇　后　从　静　本
项　情　页　保　差　看　亲　静　也　信　考　驴　子　环
然　马　升　梳　循　趣　日　赂　蠕　秀　人　自　设　有　人
复　虎　素　傲　而　木　顶　数　增　雪　书　野　经
的　眼　究　车　远　息　书　地　动　恢　欲　父　循
　　　　根　丁　环　板　焕　条　充　喜
　　　　虫　香　乐　煲　喜

Puzzle 97

人建情的运地惧醋梁桌噪分皂惨伏衡的
赛季原帐气权噪书状音股最机光喜木
醋礼子篷究社他亲滑网安热介基眉
许看量介雪他信己前络香加己乎貓
欲复车的皂眉便思事香会研远
便保机鼻发栗转甜觉复行干股热
桥马地子豆驴栗蜜察雪而乎眼降驱
必须面野明决雨本上他直研解息
亮皂觉的星思灵信解欲子眼自休
雨直眉一复稻趣仅恢乎保加便修
露举落切活号号点不老区娱错打
试典毁本亮带不因观研娱充望破
余他持身克子伏宜程有树延性
年损不皂子不书私撞乐源安欲
露页地于焕书私撞乐见源安热倍欲子

上亮香必前打仅兴帐机网明运赛地甜的原子的鼻子噪音
点肠须者破趣篷星气季面蜜一切原子的鼻子

Puzzle 98

池塘周三特的可缓海连秋季。教师审遥雪电缺暂威学用品
二明征的仇恨爱解雀拍判远球动乏停力术
治恨的解雀拍

根！本的安驱存休摇肥飞泽衡教恢不有
衡视自充理亲看惨缺观高审惊师露老落
。学肉醋源连拍蠕最量判虫面特约热
试术碰倍摇动遥远乏查落驱落损类
心看休领有增信幸驱静光型特落伊醒
落则怖欲乐答租试心情快爱用池本
秋季。里机诺研袖股基可仇品塘信
出骄生修私源坠缓解马威恨的心增
雪规复页喜撞驴马运特恨不理雪
疲球苦趣错自解驴袋征衫租信情
增袋鳍心电要落鳍议蔻煲草稳
直究热露动伊落衡举柔父人礼
差要驴伏情遇的自然摇海马二损
的碎底降典答光活暂倍车行先
直介雪稻私许解典里三明治查状生毁

Puzzle 99

倍 带 之 机 树 条 有 看 约 光 观 飞 蔻 图 协 饭 延
能 的 袋 个 > 介 无 聊 转 旋 虫 噪 议 丁 持
人 蛾 于 邀 快 差 梁 得 秘 下 不 愚 泽 草 也
焕 苦 则 镜 便 的 理 皂 便 超 梁 明 蠢 不 伏 项
请 出 究 貌 绍 比 部 惧 醒 越 幸 的 公 草 机
进 查 驰 骋 。 记 项 于 车 见 衫 息 南 也 交
入 错 增 想 的 建 书 回 增 雪 公 条 部 顶
回 信 碰 考 营 较 修 答 下 地 通 余 南 机 部
人 信 马 则 养 充 保 实 马 排 日 灵 公 高
提 供 约 思 里 型 从 现 傲 选 也 闲 外 顶
老 情 蔻 人 衫 幸 木 降 衬 亲 生 情 醒 部
规 本 区 议 考 年 栏 亮 树 平 滑 私 视 高
噪 动 犹 也 察 而 保 秘 鳍 飞 露 复 本 研 >
的 趣 豫 检 乐 稻 周 人 遇 煲 估 中 考 摇
碎 降 放 思 验 摇 了 滑 也 查 迟 通 解 携 休 书

驰 骋 的 营 养 入
愚 蠢 的 入 验
的 进 个 公 路
检 的 六 豫 个 交 部
百 公 外 协 议 越 部
犹 周 超 越 部 现
协 南 南 年 供 计
超 明 实 现 计 较
南 实 提 供 较 聊
明 估 计
实 比 较
提 无 聊
估 比
无

Puzzle 100

循规蹈矩
参加的
挽留
预测
冒险的
长度
汽车
公民
替代电子书
启动
政治
灾难
重大
无形
椭圆形
有时
精度
的设计
大象
冷冻

自 研 悫 光 亲 机 。 > 建 观 能 状 悫 撞 动 幸 排
解 绍 的 袋 桌 错 记 数 先 差 恐 况 的 过 自 里 有
试 乃 肉 乐 人 查 循 图 情 滑 而 的 眼 看 邀 > 放
平 根 秀 安 大 重 饭 身 远 近 的 趣 下 看 遇 预 栗
骄 解 平 人 象 主 貂 虑 问 怖 图 摇 高 汽 不 测 面
有 时 长 度 椭 > 凑 得 考 图 便 车 预 觉 人
蠕 社 幸 精 圆 要 稻 马 迟 苦 类 之 远 股 议 瑞 稳
损 之 的 苦 形 诺 先 真 持 苦 貌 人 议 高 便
因 灾 请 乐 无 素 查 蛾 循 伏 冒 股 观 政 上
子 难 考 因 撞 露 村 士 规 虫 草 险 启 治 观
事 信 的 柔 最 状 宜 欲 替 闲 介 公 的 动 则 许
先 冷 欲 秘 貌 的 士 露 平 衬 根 民 加 项 碰 持
存 凑 冻 持 礼 选 悫 撞 秀 代 源 矩 参 他 最
袋 间 研 动 型 的 驱 发 遥 解 电 保 野 权
理 介 典 情 凑 设 胶 野 怖 乎 肥 子 书 余
噪 计 挽 马 部 蛾 数 年
煲 留 袖 闲 环 况

Puzzle 101

惊 疲 况 移 位 小 草 图 的 量 野 貌 过 光 秀 填 觉
木 考 股 身 置 蠕 型 书 怖 肉 伏 几 怖 面 放 稻 摇
短 理 优 草 错 碎 露 荒 主 情 要 根 升 光 程 焕
秀 暂 便 票 喜 语 的 理 答 直 面 坠 过 落 胶
暴 发 俏 看 秀 言 苦 规 视 溜 貌 趣 试 试 飞 柔
躁 不 看 亮 凑 先 的 伏 冰 安 高 权 栅 惑 也
研 意 栏 视 滑 坠 则 本 上 灵 自 快 信 的 乃 惧
租 见 虎 雨 行 野 机 绍 阿 票 乐 伊 活 出 出 机
雨 虎 雨 本 型 驼 区 姨 快 分 根 香 重
坐 在 权 见 放 鹿 类 认 活 下 饭 延 静
威 胁 权 虎 静 摇 分 复 为 皂 撞 信 窗 解 本 股 静
释 本 视 考 树 树 好 傲 克 有 香 惧 本 事
回 应 动 虎 爸 爸 豆 蠕 护 飞 恐 修 灵
于 况 眼 马 高 自 趣 面 于 花 费 皂 瑞 木 望

单词列表:

位置
的荒野
位移
暴躁
费型鹿
花
小驼
认为暂
短语
溜俏
迷意
威回风
阿爸爸
坐在
言冰皮惑见胁应窗姨

Puzzle 102

驱 面 危 险 不 遥 情 里 议 近 苦 答 觉 老 马 肉 本
运 不 梳 虑 观 他 人 环 鲥 根 来 复 答 保 理 露 ！
修 梁 娱 坠 财 宜 利 想 镜 差 事 主 运 属 于
请 妈 妈 重 自 产 有 而 虫 页 通 充 风 紧 几
顶 草 人 复 规 驴 己 震 行 镜 最 欲 野 分 懦 磨
部 龄 滑 建 护 伏 介 撼 镜 保 转 桥 况 夫 醒
底 闲 远 的 环 倍 底 行 水 自 养 建 专 部 发 观
考 过 觉 理 他 出 租 马 高 书 秀 门 惨 情
带 领 水 撞 约 自 人 稻 豆 心 源 栗 猫 理
请 凑 凑 身 老 先 恐 高 柔 皂 面 有 柔 伏 排
运 理 心 香 直 灵 稻 滑 生 议 观 研 欲 的
间 老 批 的 镜 行 转 不 柔 日 约 幸 破 虑 因
碎 里 判 镜 解 坠 车 复 本 运 制 造 亲
转 然 护 雨 生 磨 口 邀 平 男
状 护 本 父 梳 解 服 务 焕 怖 乐 德 的 先 乃 性

单词列表:

顶部
懦道
柔制
专保
批海
危属
妈妈
的生日
财产
男孩
有震
风服
幸运
利撼等务

Puzzle 103

苦噪身可带秃活泽行了赢性摇情然查闲
肥部份笑一最鹰菜花解持朋能日紧急察奇
驱心乐的起察欲息！栗伏友定近转怪的伊
蛾克状态也野飞见乐士遇本理日行趣带
自热滑香类遇心考落直遇电近过热有要
干信向素遇日真水>胶研究泽迟动紧
凑祖梳日静透乐状循撞性究飞疲袋
父桌稳解携情复加旋想理力炉远栗
桌碎乎部面而活上保自封信火掩倍
！坠趣高年过旋解的封惧旋盖增
身豆颈环四物惧驱。信能信方落马解
解亲颈的升秀循坠议页骄木摇掩
保本豆情滑木皂活老状想稻盖
降本究条木皂恐秀！状想稻草

能力葵的
向日怪花
奇怪菜的
菜可状态
可笑一起
状态掩盖
一起密葵
掩盖海部
密海颈解
海颈了趣
了解有的
有趣的方
的方物理
物理炉向
火炉身份
身份朋友
朋友的的
秃鹰鹰
赢了了

Puzzle 104

道歉
干扰贸易生权书心建要部秀放里记人破信娱
便士不遇蛾信许最根稻部信袖携马行高饭约
当前先父看从野衡皂野衡怖亲热几考蠕真加
贸邮件滑乐马部携丁介衡特飞滑息书素告
的水部木目标怖面车介自不增消桥主告诉
洪东部号私怖号飞坠望虫醒柔年乐平
东风险理况便情转之高几见旋息碎顶
风的情侣村绍士乃趣乐前存区柔余克干
的沙漠疲状摇区排恐风野本镜果扰
沙此句环动坠信携伊险举然查自
漠之前驱人考中邀子持邀灵惊
此形式>考出主漠情灵观件查秀权
形目标热面貓请分醒碰。趣最蔻
目消息便基乐闲高典股的的保
消息二面虑遥鳍最趣降毁存典
一二。书摇洪醋高当绍看持怖蔻
部门水他衫的前基看怖典
苹果

Puzzle 105

野 。 恐 人 袖 观 驱 号 噪 先 理 的 书 武 顶 的 顶
中 子 电 增 村 幸 余 社 考 理 惧 底 况 士 页 秀 事
车 想 作 碰 父 来 素 携 玉 答 亲 快 自 没 话 数 存
后 惊 飞 用 露 下 排 领 米 蘑 醋 私 > 丁 保 周 皂
定 好 租 马 分 信 栏 老 优 肥 > 建 过 外 权 之 解
有 礼 貌 试 答 的 面 想 菇 最 博 物 馆 草 壳 子 伏
没 而 木 欲 稳 领 栏 况 > 信 考 之 坠 顶 类 秘 人
怖 之 丁 诺 驴 虎 肉 看 本 决 状 电 面 答 心 快
特 紧 直 电 图 于 心 动 中 稻 伏 巾 诺 人 加 傲 遇
事 梁 活 草 然 目 > 己 解 便 护 紧 通 权 余 程 通
驴 地 摇 眉 重 的 便 列 查 遥 最 遥 转 余 惧 摇
人 热 人 静 余 府 过 车 思 研 遥 素 循 恐 秀 研
子 根 倍 泽 欲 政 子 本 趣 眉 修 约 究 安 生
本 语 野 他 不 面 辩 论 项 过 近 稳 主 社
权 英 速 电 视 爱 好 暴 力 项 过 究 稳 > 主 社 生

词表：
速度 政府的 英语 暴力 爱好 围巾 蘑菇的 目的论 辩论 外壳 武士 博物馆 列车 电视 电话 说一 作用 有礼貌 玉米 没有

Puzzle 106

他 也 信 遇 见 遇 然 有 亮 侵 略 性 秘 饭 虫 乐 眼
社 修 自 于 蔓 延 生 父 邀 转 肉 填 顶 子 貌 的
父 余 损 他 顶 租 摇 快 过 遇 宽 热 间 之 绍 发 宜
延 安 选 皂 肢 栗 袖 马 转 优 幅 远 汽 急 降 顶
理 破 理 野 间 > 不 树 乃 保 惧 平 车 看 电 自 惨
面 份 的 领 不 信 顶 眼 项 磨 之 旅 乐 远 环 真
鳍 部 额 趣 降 增 办 睛 公 桌 来 肉 馆 复 性 而
怖 稻 复 理 的 饭 老 黑 亮 伏 研 见 暖 障 过
修 移 了 类 身 量 直 色 降 木 不 水 的 碍 马
高 不 动 高 见 身 ， 虽 然 自 特 增 驱 的 蜥
回 答 丁 度 的 稳 镜 页 然 煲 静 能 底 扑 蜴
遥 请 心 稻 复 远 沟 消 行 袋 滑 降 安 通 蠕
平 木 举 本 亲 便 通 理 消 加 貌 状 存 的 坠
差 降 增 绍 桥 水 也 错 失 袖 皂 诺 乐 觉 究
子 自 行 车 单 独 发 虎 差 高 贵 噪 > 伏 几 肉 填

词表：
高度
障碍
消失
汽车旅馆
，虽然
沟通
高贵
办公桌
单独
蔓延
移动
眼睛
宽幅
侵略性
扑通
份额
温暖的
黑色
自行车
蜥蜴

Puzzle 107

装错肉恐手机块余落类赂婴儿恐灵动举
回配类年成图的请增损老香热礼乎瑞木皂丁源加
亮肉类放度典袖欢赂子亲纠子回乐热木情乎热宜豆请加举
毁请便而衫栗信排毁决结回考坠热人研节村举乐同
尽管信私饭错本邀部皂复记许坠面请考村的
子回理护急镜间邀护日特亲本绍升礼同村的
选欲桥存条决决延书规便研考本加煤炭趣决远
降貓高得情光破延的摇眼从许地不释考本苦水克礼人
摇衫标傲惨急的摇坠解秘车研运环袋第十自蜘礼人
参行与志破摇餐图中秘举眼集休顶>建苦最蛛礼有
考礼者磨驱厅毁集镜胶光的>苦最飞不蜘
好有焕信项的望保旋便理紧木类面灵礼

尽管配类结欢迎
装肉欢结蛛部炭人节
肉纠的迎蛛部炭人节年
的蜘西机厅度集
蜘煤情手成餐年密参与者
煤情手成餐年密参标共同志十
手成餐年密参标共第婴几块
标共第婴的块

Puzzle 108

晚饭
快速
欢快的
躺在
面包
定制的
计算器
交融
陪
绽放
去除
声明
机关
积极
觉得
允许
的独立
的产品
感情
阻止

出便面图型自下保究填增惨来过情远情身真
肢介祖便品得毁上噪的放子填情降肉源自快
心思遇请产肉>噪思亲增紧情降活延
机关欢快的制定之傲放思栅绽动幸延秀事安
修几请车木持书放幸亲坠从放疲秀事安晚
陪审团计算器栗交飞坠音秘过答饭
肉>乃部肉素独交豆携不野请图
桥欲蠕梳明去立飞马亲阻延皂私
余规看自傲机书衫本止类得心
野宜露号循社特而父允许高觉性
快野惨而社加镜生凑修躺查理循
速积降诺虫保感情近在面考口释
根带极错虑雨动衡存社面包循
摇驴亲社填因马。赂露怖几环释

Puzzle 109

本士分坠交易便遥乃年则趣考遥很少运
欲休之书的飞直木口票村邀充传统己余便
马摇坠眼回分光修有水顶介修性观行发
信也 > 透研伏保本静排面究桌身坠日肥号醒
信根释磨查延运乐于向倾凳号番紧茄柔几
梳商业的趣股子循煌息介究斜木信股恐区大
重伊名词股亲活介惊究得紧信灵部测而
貓惊票子保事由噪区视灵书授灵测情选区
的灵远保自循伊了教要错欲修权事因稻欲基
要专业研最伊紧乐书练遥泽选于书号的
梁便业碎社婚礼任肉驴错遥了过请的的
衬选人填遥碰雪何肉最貓肢循号请绍
信项不携遥静雪趣要衣他信议究栅桌落
答的要答便趣上衣他信议究栅桌

辉煌授
教授的
商业易
的斜
倾种
交何茄
物茄练
任番传统
教练向
传倾于
倾词
自由少礼
名婚衣
很礼专业
上检
的测
检急于
急大专
大

Puzzle 110

响亮
泡打粉
小心
绿色
禁止
一般
惩罚
引进毁
摧毁期
长期捞
捕捞机
危机销
撤销热带
的地
各句
语存
生冻
果言
谎鸡
火

情捕发栗泡打粉况答特而的的部灵。特
典捞最旋信量了要摇情小心本觉欲他自
宜语句的落年下绿生年思存胶情撤
> 生蠕袖生错规色书重香议租本人销
情木谎子火不镜不存香私平增有欲醒
答考见言鸡毁皂水惊条恢马保惨飞
休遇摧毁持规觉的栏人复木复好礼雨
思信迟人释惧一热带底子区了因
保各地他上宜伊般响驱灵复研项父
不动野远皂果！况排底栅心先远有高
噪凳栗股桌望梳然亮期引进存欲
填上虑发恐危机性他惩面水环
私滑填考亲的运休罚票貌素
禁止延焕子父见中优存快
的望发飞不活栗便傲貌私底环情闲

Puzzle 111

衫从的场景权角摇欲研平望究乐情存动
约碰研股伏落型究瑞介愿瑞音愈礼卜
间高答骄安最自生鹿分离的空萝安
灵私观攻不缤纷鳍加木区野奶决本遥
项情击毁页马口源羊热滑酪要口来自
环性滑股损也图源礼答灵子类镜充磨车
事肢循本则因票复高差本事远袖特摇
信社也领环觉心项升野的作延秀电
衡然差环修己政策投入错准人请转
充恢情究柔请政书亮伊行科来的典
驱的的面知面灵书己投事学家了书
高面桌亮类香看日丁条滑自梳贤驴
典了领究迟定迟面类香看日丁条梳人快的人灵
焕觉雨定类香看日丁条梳人快的人灵
＞觉雨定类香看日丁条梳人快的人灵

的愿望
萝卜
萝缤纷
科学家
奶酪备场乐
的音击入
的攻投肉
羊政策落道
角知生
研究间野
空鹿的作用
的贤人
分离的

Puzzle 112

己肢过号整充活镜持复望高压貓旋通本
便来谦虚齐记他宜乃雨皂级低类迟衡快
喜信雪机礼于恐带结子坠部机心苦
复自面则亮边存草论社记灵究口通
约乃蛾心望境摇醋倍野马究的本落
页凑加填思后草桥私根遥的定带号底
思股通己增有好机人不数保快雪近
土狼的小胆携骄衫光得延考定诺转乎宜
自答欲究人延的宜性他马一狮子子
噪的过橡考宜貌况恐肉诺杂到致命
焕木露！胶本皂区貌木自香驴志看介
落面决有复旋乃存隐眉到醒成本雪
典平适答胶性平栗信杂动达得近
研音音技紧遥社量蠕理便观重望
邀音音技不平社量蠕理观护宜

Puzzle 113

底 摇 也 逃 生 宝 的 亲 素 碎 遥 袖 乃 中 性 蠕 心
。 牙 齿 露 宝 草 豆 增 稳 而 邀 下 瑞 疲 能 发 规
保 露 型 理 宝 生 煲 而 带 司 导 机 木 闲 肥 自 自
源 部 页 过 人 究 复 领 特 他 演 的 里 休 信 而 后
灵 遇 重 的 梁 特 复 特 持 理 月 衡 皂 眼 便 欲 蠕
复 上 本 功 通 便 机 作 电 雪 恩 量 亮 素 温 梳 答
上 毁 为 行 便 桌 观 月 复 爱 夕 充 策 计 度 状 菜
紧 平 醒 日 延 草 心 电 己 夕 阳 排 略 温 好 芹 条
好 有 的 成 出 肥 保 恩 保 光 排 优 蔻 填 恐 树 眉
的 坠 木 移 草 自 复 爱 排 讽 热 自 情 梁 马 最 地
增 不 记 迁 稻 奇 亲 嘲 事 约 息 驱 过 余 顶 破 毁
本 飞 余 骄 虎 怪 衡 讽 热 安 私 口 解 休 存 降 电
摇 热 况 复 车 子 肉 约 息 虑 ... ...
主 先 四 。 宜 而 坠 排 安 ... ...

芹菜　夕阳　温度　行画　讽刺　嘲牙策　奇性月　导逃功成　的宝迁司恩
（齿怪能演生率熟移宝移机爱动）

Puzzle 114

乐 自 眉 开 滑 礼 年 动 心 平 最 木 飞 行 行 风 懒
雪 举 便 始 幸 发 护 惨 乐 有 马 栗 人 车 暴 惰 源
惊 约 租 子 出 自 伏 虫 疲 约 底 品 野 拘 捕 考 破
马 梁 保 租 行 差 泽 伊 转 车 土 种 约 根 选 诺 心
苦 的 数 典 色 决 便 亲 乐 蔻 地 秀 信 欲 心 要 主
进 一 步 的 规 菠 也 间 保 间 能 远 请 间 事 蔻
面 旋 信 轨 道 可 重 频 复 倍 动 情 升 的 记 解 树
西 兰 花 余 见 老 繁 书 四 最 露 人 错 量 理 地
晚 伊 最 升 音 虎 紧 见 任 要 木 带 娱 视 况 间
破 上 稳 入 了 恐 的 狼 而 命 解 图 人 宜 填 面
撞 马 骄 底 栅 然 袋 野 木 降 镜 错 本 了 乐
面 先 子 本 型 秘 露 社 信 豆 而 水 北 恢
电 考 页 身 桥 雨 慈 建 过 复 镜 湊 极

晚上
品种
可见的
风暴
任命
土地
频繁的
紧张
升入
北极
轨道
进一步
画笔
西兰花
懒惰
狼狼
拘捕
开始
出色的
菠萝

Puzzle 115

苦 > 壁 存 建 恐 车 灵 情 恿 灵 驱 根 过 落 衡 远
特 滑 手 炉 议 爸 爸 的 基 信 出 条 紧 发 露 龄 有
第 六 查 套 野 摇 几 记 滑 露 地 分 村 此 处 肢 电
环 镜 栅 信 复 增 马 忆 上 考 宜 的 亮 觉 本 撞 充
士 克 马 貓 活 加 眉 肉 选 然 虑 貌 回 充 撞 本 介
干 察 士 活 繁 情 木 分 滑 机 快 的 股 野 复 克 型
动 物 园 繁 忙 票 欲 士 理 票 顶 撞 的 高 祖 马 行
栗 紧 伏 不 安 雪 年 回 根 一 份 充 闲 选 信 上
袖 欲 衫 修 细 胞 出 乃 携 略 几 恿 雨 木 衡
坠 量 龄 改 面 情 而 泰 迪 熊 蠕 克 规 梳 桥 老 私
价 转 胶 真 周 三 性 栅 灵 票 条 桌 通 龄 页 环 人
驱 本 获 牙 口 醒 平 觉 马 息 蔻 分 护 底 栏 特 况
光 值 得 膏 镜 理 看 马 区 的 看 喜 伏 眼 骄 人 升
休 热 定 复 携 雪 平 桌 抗 拒 人 主 理 民 族 降 研

周三
第六
泰迪熊
壁炉
民族
的记忆
修改
的爸爸
此处
手套
细价值
获
野
繁
尽一份
动物园
牙膏
建议
抗拒

Puzzle 116

质 解 近 情 光 行 不 望 肉 放 心 地 源 摇 村 理 主
胶 量 信 感 程 事 增 见 错 下 栗 活 子 损 雨 迟
惨 邀 息 的 则 水 试 乎 乐 议 龄 后 看 除 木 类
了 从 的 车 记 间 趣 平 噪 得 本 本 损 外 伏 水
然 许 恢 整 洁 虑 定 行 余 平 快 社 了 的 不 增 电
充 苦 赅 毁 而 差 类 虎 面 探 > 动 况 亲 遥 地 本
马 今 大 眼 热 损 士 幸 讨 极 其 平 他 > 图 有
而 晚 胆 > 保 查 马 旋 趣 增 修 伟 便 凑
保 欲 升 梁 的 肉 安 衬 说 不 涤 大 的 马
以 持 自 镜 子 幸 蛾 特 延 话 充 情 视 人 租
及 几 军 碎 煲 放 静 欲 息 四 两 图 大 丝
碎 生 队 豆 里 举 书 的 噪 特 边 草 金 恐
后 电 摇 自 皂 桌 型 发 直 碎 理
摇 本 摇 平 栗 面 镜 丁 梳 马 野 乐
心 事 图 转 平 鳍 毁 伏 基 里 错 中 摇 定 貓 领

除外
平面
情感的
保持
两边
大胆
金丝雀的
伟大的
说话
军队
放心地
以及
信息量
质量
极其
洗涤
整洁的
地图
探讨
今晚

Puzzle 117

虫 况 项 遇 私 蓝 色 的 自 冲 音 典 的 看 人 状 镜
摇 保 马 凑 树 赂 喜 查 下 突 研 见 急 阵 程 透
面 貓 稻 情 情 伏 许 基 喜 绍 来 数 优 风 摇 草
有 饭 绍 见 伏 干 人 灵 的 义 便 快 娱 型 栗 乐
骄 优 议 运 动 领 增 子 定 诺 测 中 光 谨 慎 草
桥 议 真 股 雪 间 而 私 复 休 要 之 娱 行 醒 想
大 撞 ＞ 醋 息 有 自 监 的 忠 最 本 遥 则 私 也
远 厅 恢 观 栗 未 来 发 视 诚 亮 号 书 信 克 复
看 怖 请 型 ＞ 饭 噪 运 亲 恐 书 包 柠 檬 汁 碎
想 约 白 色 究 木 滑 远 考 眼 高 况 梳 携 有 自
虎 亲 几 貌 错 摇 错 鲜 花 日 而 理 人 毁 加 摇
行 建 于 栅 滑 衫 因 回 亲 保 自 转 信 恐 豆 肉
部 傲 眉 也 貓 村 有 尤 坠 想 降 的 升 从 摇 人
改 变 坠 研 项 飞 聚 其 是 尺 好 肉 疲 扭 回 宜
邀 典 底 父 建 野 焦 不 蛾 信 寸 己 部 持 动 加 图

改 变 来 包 义 是 焦 突 厅 测 慎 风 动 己 的
未 书 定 其 聚 冲 大 监 谨 尺 寸 柠 檬 汁 的 色
柠 白 蓝 阵 扭 自 己 忠 鲜 花 树 干 诚 风 动

Puzzle 118

相 拥 漂 亮
更 府
政 速
迅 分 析
分 官 员
官 地 毯
地 粗 鲁 算
粗 计 迟
计 延 分 示
延 成 镜
成 展 栏
展 眼 师
眼 栅 的 事 件
栅 的 兄 弟
大 水 平
的 赶 路
水 非 常
赶 路
非 常

破 之 充 虎 地 想 野 股 回 分 飞 不 凑 活 栅 马 栅
中 栏 觉 项 迅 子 的 袖 排 底 眼 秘 过 充 肉 摇 源
眼 村 乐 克 速 醒 政 大 降 因 携 增 部 地 毯 考 草
运 镜 平 况 秘 疲 府 师 情 情 解 水 平 增 栅 父
相 拥 顶 慘 宜 的 紧 觉 欲 信 先 保 子 栏 衡 信
票 透 研 了 典 滑 祖 情 之 蛾 镜 存 信 的
然 解 保 究 光 了 觉 醒 也 迟 粗 乐 源 典 远
闲 日 损 答 成 克 他 想 雨 官 老 鲁 机 见 伏
记 主 分 分 露 肢 撞 桌 镜 非 自 有 有 坠
私 情 环 请 图 数 。 眉 增 趣 常 倍 算 坠
噪 栅 好 灵 趣 许 信 的 光 了 凑 信 醒 研
有 人 携 乃 几 恐 的 怖 镜 弟 兄 的 后 程
赶 保 复 部 远 恐 电 的 运 过 更 究 事 了 草
直 路 展 驴 页 醋 真 马 趣 漂 出 人 持 观
最 近 示 复 了 记 高 领 情 下 亮 息 复 加 几

不 凑 复 栏 而 老 则 近 平 蛾 ＞ 的 遇 也 栗 型 桌
美 国 平 子 私 衫 妖 虑 。 延 理 入 口 子 的 动 视
稻 村 人 领 精 神 书 规 秘 源 从 喜 察 热 亲 老 觉 线 便
出 加 倍 磨 颜 灵 雪 乎 信 喜 爱 摇 镜 龄 察 图 顶
研 通 家 决 领 ！ 人 小 的 不 理 摇 的 倍 醒 雨 自
差 看 视 傲 错 选 请 说 理 安 考 木 摇 驱 号 许 本
虫 约 遇 灵 情 信 延 升 假 觉 静 保 木 通 典 最
存 车 露 秘 的 约 公 信 保 克 解 子 带 号 秘 信
来 相 的 心 虫 亲 请 马 访 倍 问 滑 发 乐 摇 降
面 关 好 虫 理 请 父 小 克 要 考 克 填 自 日
木 了 带 奇 几 品 图 狗 乐 干 梳 驴 主 出 光 况 特 来
了 回 远 便 过 丁 区 桥 生 转 性 下 村 保 疲 胶 破 号
回 项 慈 亮 不 建 释 社 煲 查 傲 填 定 好 平 香 萨 披 信

家 庭 爱 问 精 神 生 旱 口 说 萨 小 国 料 奇 品 子 路 假
喜 爱 问 妖 精 出 干 入 小 披 的 美 颜 好 产 栗 公 请 的
访 妖 精 出 干 入 小 狗 料 相 好 产 公 请 的 视 线

肥 的 实 肥 典 区 带 香 行 减 海 着 猕 望 最 望 望
增 研 几 践 胡 柔 真 梳 倍 少 洋 急 乐 猴 娱 研 答
分 究 远 领 萝 噪 增 究 泽 疲 带 衡 信 桃 平 泽
散 虑 噪 父 卜 惊 怖 高 填 升 桥 之 胶 释 最 数 衫
注 程 电 特 有 类 木 环 之 虎 转 袖 药 不 答
意 条 电 乃 宜 理 因 龄 量 树 滑 灭 循 物 顶 项
力 睡 头 标 记 运 充 复 。 面 亡 衡 疲 诺 过
亲 眠 部 发 破 地 得 眉 于 特 察 视 蜡 笔 请
人 灵 电 镜 察 增 麻 便 四 远 的 教 育 申 理
梁 碰 权 落 运 行 灵 烦 护 肉 最 量 增 桌 乐
貓 欲 瑞 通 放 先 遥 想 他 过 瑞 栏 光 理
差 赂 木 过 日 衡 回 上 伏 露 闲 下 皂 透
试 发 程 信 况 试 村 租 真 自 护 行 况 则
听 碰 的 衡 决 特 想 举 自 底 上 量
记 租 里 因 状 疲 觉 回 带 情 口 飞 不 部 面

试 听
的 睡 眠
教 育
蜡 笔
麻 烦
胡 萝 卜
减 少
灭 亡
药 物
标 记
着 急
海 洋
分 散 注 意 力
底 部
申 请
蜻 蜓
实 践
猕 猴 桃
头 发
的 研 究

Puzzle 121

貌源稀缺也鳍＞特乐镜貓恐支马放的则
镜生医紧心区方主书自滑本出保滑基究
老秘基药紧焕＞面增冬况老虎天遇龄时候
从保区迟坠幸文貌究遥老虎天从损复有驴部蹼主
恐鳄自护虎泽凭眼请充龄娱号保车眉骄部马去举
从鱼鳍来差主情袋放滑树行水面乐滑部马在存
滑观柔领情特余谢天谢地自觉机四光面
日遥电醒村近驱本余谢天谢地怖的的喜
摇法规则第三个摘要维生素恐树的年休稳破父平便马类凑紧发
亲息分错碎平增肥不得身袖心环紧运乐主本撞信桌伊源袋看约凑

紧凑虎面要药规
老方摘医法溜冰鞋素
维文谢天谢地
稀脚蹼变时
支出去年第局
鳄鱼

Puzzle 122

思倍欲葡萄本信父机书冬青心社雨项释
动。怖豌豆复木情热木然理士运目娱
诺页诺亮马查心间发滑子镜然及他
碰乐情解克某处野上抽快涉理区人
则填自欲底加究通查束然音类
动袖究倍旋村研摇柠屈刺话动
滑的人心克特车中檬越克收绍
自醋望出日根过休社况蛾藏惊
究类复考日真书虹别存野肉
野露中乎表撞透便考回的飞
破蛾行喜白排顶本思噪虑
惊衡远乐乃携总伏亮舒梳眼
摇雨动信释私于事肉撞不理虑社惊携

结束及表谈柠项醒越刺抽舒收冬特某拓豌总虹葡
涉白话檬目来的越来越猬屉适藏青别处展豆统膜萄

Puzzle 123

的 决 损 思 露 光 行 高 动 携 怠 出 秀 傲 迟 肉 状
恐 好 秘 于 最 转 究 而 增 胶 程 建 重 力 先 克 便
静 灵 处 舞 得 心 伊 滑 面 行 栗 祖 特 心 从 肉 延
本 则 惧 台 热 情 程 定 傲 远 他 号 乎 复 身 心
地 址 趣 喜 活 袋 里 滑 行 不 苦 ＞ 远 便 礼 摇
乎 活 损 镜 心 来 根 票 转 人 请 恢 噪 坠 重 摇
本 地 图 像 伊 持 环 栗 素 月 娱 中 号 几 过 平
梳 自 紧 快 赂 乎 音 环 理 也 ＞ 议 解 状 子 面
人 子 乐 有 延 音 版 后 书 私 马 月 视 优 驱 里
间 上 升 紧 蜗 本 草 日 规 的 复 内 容 要 来 行 秘
便 衡 也 摇 杆 娱 维 遥 增 高 究 护 股 小 情 野 好
破 因 行 损 况 维 护 闲 袋 整 个 基 想 数 野 缩
保 坠 素 中 的 上 撞 带 特 填 保 想 凑 浓 加 蠕
重 型 乃 肉 安 思 尖 损 息 他 的 存 豆 飞 镜 好
动 修 晚 餐 思 尖 叫 损 息 栏

基 金 力 缩 本 处
重 浓 版 序
的 版 内 台 好
恐 程 容 叫
维 的 舞 护 个
整 舞 的 球 察
月 尖 警 素 杆
警 晚 蜗 餐 数
蜗 小 因 晚 地 址
因 地 小 图 像
晚 兔 子

Puzzle 124

能 煲 蛾 袖 滑 亮 便 降
况 肢 究 来 书 村 礼 滑 的 为 人 星 级 不 通
优 势 高 丁 降 增 则 况 日 飞 灵 成 式 出 信 苦 驴 过
摇 娱 通 保 携 袋 车 特 量 克 本 格 粉 错 请 磨 过
龄 骄 静 行 疲 举 乐 准 见 驴 趣 后 因 马 梁 子 的
考 存 释 四 礼 重 笑 望 基 本 眼 他 热 理 子
保 欲 填 电 的 肉 了 信 查 持 草 稳 汁 野 步 伐 行 放 行
人 差 书 柜 惧 放 磨 权 蔻 过 究 摇 果 答 最 高 行
年 事 动 乃 香 饭 克 特 填 煲 下 雪 日 破 情 栏 。
社 量 摇 快 术 过 灵 察 的 秘 典 蔻 袖 延 蠕 马
镜 处 子 艺 休 口 员 碎 疲 的 人 克 飞 专 家 柔 稳
排 好 特 克 艺 过 灵 察 特 的 秘 典 豆 袋 回 秀
丁 快 生 况 快 旋 演 恢 的 人 克 飞 专 家 柔 稳
回 见 的 子 复 鞋 的 过 木 女 ！ 之 条 票 书

手 册 柜 家 汁 粉 为 鞋 了 式 则 的
书 专 果 面 成 的 笑 格 准 最 保 步
艺 星 女 优 基 好 的 演 员

Puzzle 125

安他音特帽套远惨过理邀底后泽趣携三
足优议子子香索视喜打眉肥栏漂自运角。
转够决息选高好条身招活查命亮究调延
马不的于典碰见几招条几中持的查虑热
紧能思升人马胶秘呼闲诺山人私况顶
野信凝马鳍平摇之保延觉面修画伏状
平树视存栅秘的噪延特恢错山查便试木
社部然书几先动衫错信复一面究恐顶错
梁信的木龄研热幸运衡运信目落然观
的不损答股要复遇犯也运袜蝠丁货余
伊虫皂号礼研有罪疲摇子目了试车
衡也人增自马保充社肉娱分人然木
亲亮放携镜马赂滑面携乐皂决定错观
摇！醋恢余近热木醋音而社己宜怖！余
他自平亲信本木醋音娱升菜卡车惨余

韭菜
凝视
套索
条款
命中
货车
漂亮
一目了然
山羊
打招呼
足够
错误
犯罪
卡车
帽子
三角
的
壁画
调
查
袜
蝙蝠

Puzzle 126

菜肴
便携式
艰难
乐趣
叔叔
吊着
男性
可怕的
几个
插入
一直
遭受
习惯
停顿
亲排
特场
男子
黄瓜

子露黄加习惯远电了选骄伏存动木心蛾
况观瓜亲察衡的几骄情保骄疲克镜人性
村地趣典近马惊好个亲欲一直请的遇
项循持充菜里研自皂运究页子信
心错坠眼的亲护研撞虑有欲性面
究飞举损复稻基男远皂摇则安静
伊通皂护特傲典焕性飞情礼重坠水
性蔻叔遭受镜观活衬面余父安社
年马叔>心插望野况也恢眉降本理
可股心入肉摇恢克社迟复旋！页
怕排日图能静究难出男子便携乐不
的出图肢活克秘也艰最静露梁携式趣型
性疲电了典研衫休休静露吊着研看而
异恐幸停特从梁休休着于树记分来树
特差量请顿煲摇梁休休着树直数项通

Puzzle 127

光选惨村能最信貌面行子汉四租树！优
状亲能性透撞衡情日噪手柄堡紧骄地雪举
迟泽镜栅答考露心摇部有眼包！研在肉
老鼠介虫子最秘活之携极况思！傲肉页
承认草然那面得桌型限的出在楼先
梳醒轿那延延动鹌焕邀口醒绅下丁解
保私跑种升了性主情紧鳍真士规己父
皂事车摇从长周的摇似便透虑口
他型他胶分父损伏幸型建也父
有平从最素过骄息泽稻议撞略页
约最丁记部人想侵克议欲子衬趣
蠕虫的根秘露想胶生遥降素
小迟况最考思信好落坠灵恢
狐狸现实直乐。入的饭栗填护悫

长
周狸绅士
狐的马
的手子
手柄堡楼
小马楼下
脖子跑车
汉在限
分轿限长
那种续
极认鹌
承长实
延老鼠似
鹌连侵
现续入
类鹌
侵实
入类

Puzzle 128

规蔻雨机惨子滑闲他许余镜回香口理间
动村>真情部定坠权静>田鼠近状远发
他噪护娱便选香书音伊区的研余
部马觉项条香瑞灵息伊复娱次瑞水醒
匆匆肥柔身瑞皂里修喜多面活优
条恢社马私蕉磁理高诺雪释口折
升虎解从复指复驱马星老柔要坠
情性情请傲责人规保伏香稳伊
桌摇挥回来责带肢考亲理人本
四型杆议因村许过出私惧肢
试凑判急落复察部本子香草秀
雨请决警稳桥情介息香坠租思
区问拉告眉人礼麋遥摇面降
观见动类也了衬复复似坠创担
滑许增煲动驴乐妻子究造木
增有排肉欲虎龄保承
地鳍便肉复车

星期五
创造杆
挥多次
多承担责
指鹿子
麋妻衫鼠急
衬田紧告平
拉警折
似骨带
骨磁问
请香蕉
匆匆
判决

Puzzle 129

发看便野想现撞好稳远近邀答磨热不克
释发不秀后身代释木书数类股木袖年的
乎飞摇鳍人进行袖蠕环社顶热最平栗煲
！光休愆差循心保理增撞热复温水热马
有数状面碰考摇稻平蔻他香建举举苦栗
速度量保重飞领＞疲瑞然欲究摇她肉的
完的龄延考己请领息情转破升后动雪碰
美面丁人摇回远旋护要股答开情里她的龄
噪情可以飞想自碎定答信滑情状乎雪好
决梳人稳回上碎真丁的碰开错转迟面面
源视恢伏想考想约追信亮转海拔自自行
事于的悲快撞露追信逐磨来拔间号自带
量试数察惊自几信磨骄乐身鳍脑雪便
转栏有行古董欺自乐怖。兴高直亮灵愆便
移虎解。乐欲骗眼

高剧
悲骗
欺行
进度
速美的
完水兴
温启
高以
开移
可逐近
转的董
追脑
远代
古量
海骆驼
她
头
现
数
骆驼

身

Puzzle 130

情角色己观书自过乐价遥生项木规修摇
野行观有研复极牛格姜貌傲通优
日幸决坠源填奶票英桥礼野高
疲倦公布宜惧想地日姜寸静恐鳍
便焕摇祖乐的间马复伏马子
中素草磨木宜猫携香请克欲
眉试栅素回灵便望子记木排
误差于诺环根发展的迟断不乃
心不选的下欲香介高股久定
摇记近解望人亮先噪老生
乐遇袋！音区差完傲自摇
蜈蚣驴娱快桥看肉中克野先虑
想水饭驴野惊喜律回马的马野
释蠕况土耳其碰律加野视子有人
树高四乃信信的师人底股然撞袖

蜈蚣
不久
极地猫
英寸
珍贵
土耳其
完整的
发展
必要的
角色
价格
误差
中断
的文章
牛奶
律师
惊喜
疲倦
生姜
公布

Puzzle 131

近 程 欲 貓 邀 心 差 醒 倍 量 源 过 衫 吸 秀 特 类 摇
的 脂 肪 情 秀 复 小 子 股 骄 修 肢 露 引 顶 力 诺
保 项 人 确 还 察 特 究 闲 选 间 信 他 不 信 不 坠 乐
护 摇 护 定 原 平 平 衬 自 稻 息 保 恐 望 于 便 康
遇 盛 选 快 社 查 观 自 想 的 真 游 泳 遇 天 过 有
便 大 恢 携 秘 权 木 间 回 能 正 特 特 今 球 赂 下
傲 地 透 发 用 露 降 心 镜 量 紧 的 足 摇 来 电 信 祖
等 项 食 解 基 木 错 来 静 柔 宜 飞 球 远 电 趣
于 而 保 差 行 了 觉 撞 雪 许 循 增 形 状 信
答 他 保 转 基 恢 快 延 拳 考 类 状 复
他 衬 恐 活 加 得 保 稻 袋 击 镜 子 顶 栗 乐 生
恐 活 袖 惨 马 释 饭 貌 平 马 情 底 损 型 填 信
活 袖 约 型 桥 乐 最 肉 热 不 苦 乃 梁 惊 下 部
木 约 马 桥 袖 动 行 真 坠 活 饭 望 答 沿 着 慘

右侧字库：
的脂肪
执行着
沿健康
确定状
形足球
等护于
吸小士
的保引
真食子
游盛能
盛拳护
今天

力量
行
用正的
子泳大击
能
护
正的
大击
今天

Puzzle 132

静 碎 野 规 圆 柱 狩 增 诺 > 饭 乐 差 下 充 恢 分
木 俱 乐 部 近 音 露 猎 规 复 己 不 毁 股 滑 虎 加
理 典 例 于 稻 息 情 的 柔 请 人 露 升 特 便 破。
滑 票 外 股 喜 袖 本 加 程 镜 自 人 最 驴 租 情 香
栗 本 本 保 望 程 乡 优 信 介 草 信 摇 孩 子 生 热
恐 幸 本 要 条 特 家 宜 克 面 滑 护 情 泽 碰 高 四
定 遥 傲 无 意 义 的 望 状 野 任 现 究 栏 在 马 页
骄 遇 滑 闲 骄 傲 的 社 眼 学 最 何 人 存 数 公 草
紧 考 测 乐 。 他 桌 亮 摇 生 充 像 之 底 持 鸭 草
自 不 量 状 地 升 坠 高 理 人 增 旋 坠 露 衫 本 介
口 香 口 摇 决 村 欲 年 的 迟 考 木 便 称 貌 为 便
环 因 有 镜 ！ 信 光 虫 轻 解 则 有 自 远 要 煲 娱
因 丁 源 最 好 的 疲 柳 絮 视 > 便 远 间 充 摇 根
己 年 栏 社 介 蠕 平 环 他 露 慘 坠 栅 许 分 胶 安
子 草 思 泽 增 貓 乎 存 貌 也 的 究 间 栅 许 分 安

左侧字库：
任何人
公鸭
现任
人像
例外
骄傲的
年轻
学生
孩子
称为
的家乡
圆柱
无意义的
存在
测量狩猎
俱乐部
地理
柳絮
最好的

Puzzle 133

动 疲 社 基 恐 发 情 加 想 权 桌 有 感 觉 疲 凑 复
马 亲 绍 理 子 面 损 信 日 赂 摇 典 自 从 野 的 量
他 修 便 眉 乐 摇 后 高 排 情 乐 号 要 议 欲 恐 三
领 的 数 据 私 机 复 秀 伏 皇 后 扶 镜 黄 鼠 狼 只
事 好 视 数 填 试 通 通 果 通 下 源 手 身 仓 租 秀
音 很 豆 香 怖 马 究 了 本 自 况 时 刻 椅 特 香 好
特 心 蛾 私 四 沙 发 苦 约 间 几 平 高 差 日 视
信 查 雪 情 错 醋 新 村 顶 降 面 恐 自 本 蔻 喜
充 来 票 硬 币 降 思 貌 望 保 高 疲 蔻 要 导 破
走 了 急 先 > 摇 研 肉 鳍 豆 野 高 直 私 向 状
觉 动 不 稳 买 入 音 毁 镜 书 露 金 有 碰 坠 骄
考 平 柔 正 有 上 升 坠 露 栏 保 觉 透 人 乐 欲
典 恐 是 身 状 类 日 不 最 则 书 有 出 露 放 口

很好的
发后果向了鼠数据入
沙皇糖导走黄的买三仓硬扶新碰时正奖过感
狼
椅
刻
撞
闻
手
鼠币入是金程中觉

Puzzle 134

透明
类别
辣椒
严重
产生
晃晃悠悠
的项目
乘法
维持
黄色
衣柜
小时
旗标
教堂
蜜蜂
摇滚
接受
作者
职责
水壶

地 年 晃 眼 貓 四 瑞 先 平 休 坠 灵 衡 人 摇 中
类 租 晃 音 顶 社 领 间 书 灵 也 循 树 而 平 损
社 木 悠 不 香 信 肢 热 来 心 出 中 活 凑 的 页 得
绍 增 悠 透 明 增 增 先 书 木 口 严 性 底 情 错 远
己 草 龄 研 恐 平 骄 自 心 行 坠 重 乘 法 驱 欲
辣 转 光 便 柔 鳍 心 秘 带 透 主 雪 自 灵 信 源 恢
椒 雪 小 时 摇 复 的 趣 驴 幸 之 产 然 栅 性 生
议 情 存 考 热 记 充 热 约 豆 瑞 生 遥 不 想 蛾
心 身 接 受 黄 错 作 镜 旋 信 优 主 情 滑 职
教 重 摇 规 色 最 者 图 马 紧 木 喜 素 况 责
堂 摇 滚 类 的 号 项 主 高 的 了 蜜 蜂 乐 滑 性
携 滚 动 趣 桥 目 亲 复 环 电 口 水 摇 票 类
栏 毁 梳 伏 本 衫 不 生 静 不 袖 壶 他 社
礼 思 衣 柔 遇 延 喜 也 镜 肉 平 的 票 根 热
解 于 柜 雨 自 便 程 野 维 标 持 的 项 面 行 凑 倍

Puzzle 135

```
解 喜 中 考 而 老 雪 橇 雨 左 五 主 坠 趣 近 摇 赊
乐 梁 虑 肉 飞 带 他 技 腿 个 年 电 影 也 碎 袖 解 动
桌 动 状 权 栅 子 中 巧 伊 租 情 想 虑 桥 底 秘 情 研
约 闲 条 真 激 安 权 动 自 年 情 生 梳 保 的 究 梁 究
了 也 考 饭 发 乃 想 乐 洗 子 丁 村 眉 心 降 人 光
望 特 来 加 约 信 的 有 通 口 许 社 静 瑞 请 余 究
带 来 好 程 试 联 疲 树 醋 肥 社 会 息 的 充 快 保 赊
树 记 乃 岸 过 合 村 最 放 栅 介 项 不 木 试 特 摇 肉
森 林 袋 上 割 技 面 觉 子 查 他 瑞 护 香 数 考 拍 木
飞 项 之 ！ 夹 机 巧 镜 飞 选 噪 惊 露 平 升 摄 静 过
一 理 力 破 不 村 诺 雨 肉 心 则 本 可 研 栗 租
村 毁 滴 ！ 野 而 性 休 亲 眼 水 平 票 本 能 修 部 许
怖 损 源 猫 子 思
```

森林
野猫
技巧
激发
一滴
个腿
五左岸
电影
社会
技术
擦可拍
夹雪
联合收割机
条约
巧克力
带来

Puzzle 136

```
露 雪 行 转 票 马 顶 过 秀 增 破 人 许 条 秀 间 确
从 秘 不 子 修 坠 旋 豆 士 皂 貓 稻 身 幸 终 于 切 的
先 主 衡 页 项 坠 究 碎 > 表 明 理 过 因 野 地 龄
况 子 恐 桥 从 村 子 栏 之 外 镜 复 自 类 直 近 的 条
面 貌 马 露 平 源 桌 滑 望 飞 请 重 行 诺 宜 真 通
建 造 了 肉 疲 知 错 描 疯 狂 的 飞 车 之 保 的 远
面 最 里 木 私 识 便 述 考 乐 一 木 己 典
释 蛾 大 啤 酒 能 定 租 喜 重 二 加 露 心 礼 之
凑 主 最 的 落 顶 数 摇 亲 面 活 面 露 看
本 噪 要 研 然 瑞 摇 龄 延 号 规 情 有 梁 近 典
建 筑 物 究 数 直 灵 情 复 心 则 保 票 紧 系 举
决 息 苦 磨 息 衬 发 栅 身 邀 飞 秘 条 联 修
柔 口 难 许 息 重 遇 植 占 举 特 动 情 虫
带 破 复 己 放 况 热 了 物 要 恐 据 领 水 放
地 香 带 伊 最 也 书 恢 性 灵 部 究 马 灵 能 醒
```

Puzzle 137

肢 安 研 垎 号 领 梳 悫 充 思 便 结 放 养 乐 噪 复
环 ！ 龄 提 警 定 思 野 栏 动 > 果 带 飓 下 事 伊
亮 稳 梁 醒 报 子 居 口 袋 野 看 的 息 风 有 乐 胶
木 也 优 复 破 木 平 便 的 坠 年 木 能 己 的 柔
父 然 醒 破 热 自 权 木 栏 趣 间 最 幸 福 存 后 特
权 情 权 飞 量 因 本 行 动 出 现 亮 野 转 了 见 损 露 股 护 领 栅
镜 释 票 迟 后 部 解 衫 护 发 条 票 简 单 考 权 租 过 远 最 立 项
电 疲 旋 口 饭 状 幸 热 类 驱 驴 发 源 蛾 远 得 面 延 损
疲 > 欲 恐 马 坠 带 顶 通 条 蚊 子 单 考 权 马 柔 各 近
觉 活 乃 从 稻 柔 泄 漏 件 遇 票 真 行 虎 泼 远 最 木
情 解 来 美 柔 类 袋 能 衬 醒 携 存 妇 真 反
延 磨 野 人 味 柔 驱 肉 法 院 望 龄 动 欲 映
加 野 骄 马 程 士 袋 能 携 真 反 机 不
建 恳 举 不 不 貌 日 桌 伊 图 人 安 子 近 木

泼 妇
法 院
出 现
口 袋 幸 福
最 果 漏 养 味 种
结 泄 放 美 各 种 子
放 蚊 警 报 简 单
美 的 提 醒 映
各 反 条 件 风
蚊 警 居 元
警 的 者
的 提 单
提 反 立
反 条
飓 飓
定 定
单 单
建

Puzzle 138

精细
性格
职业
逐渐
快乐
账户
醋栗
时间表
宠物
晚些时候和
过程
降雨
出口
甚至
截距
替代
天气
楼梯
统治者
后续

来 后 衫 因 祖 天 树 则 职 先 晚 好 醒 栏 乐 从 而
察 续 直 他 复 甚 气 心 业 遥 定 图 不 肉 运 克 不
灵 精 细 恐 毁 至 行 逐 性 格 些 时 梳 人 心 木 地 自
四 虫 有 选 迟 机 保 渐 性 老 候 统 治 者 衬 区 野
焕 柔 介 答 机 村 有 的 地 信 和 号 记 类 老 欲
驴 解 苦 透 倍 真 驱 撞 眉 得 远 日 坠 规 趣
旋 恳 趣 树 重 疲 树 定 快 乐 约 过 破 觉 蠕
环 过 父 则 人 建 于 降 雨 区 镜 了 饭
查 信 栗 楼 桌 宠 保 下 乐 宜 本 出 生 顶
自 转 的 梯 肉 替 物 蔻 理 则 解 泽 恳 素
虫 撞 出 出 回 代 来 议 醒 也 损 护 特 趣
便 带 行 账 桥 貌 几 能 摇 桥 权 摇 身 看
树 截 露 户 记 好 区 时 衡 数 不 村 带 安
蛾 查 距 放 书 驴 衫 蛾 间 况 遥 间 自 环
解 书 降 貓 栗 望 恐 顶 部 表 秘 己 野 能 高 举

Puzzle 139

凑出女性树马介面绍增差心约票股祖泽
醒分夏的的得填看灵得建里真惧本机剩余
存木的要露心素看摇得建里真惧本光太阳
镜最复梁护鳍毁通头建中保双亲女性苦
快生的村倍蔻日因飞取进木独遇聪明口
发焕根欲热上之梳信飞取建草延进头头
年基察虑发区乐通马号类行栗坠锄自鸭
蓬社眉摇程底马记继桥磨建遥下独璃
松摇事项人稳项续雪建遥小决
聪明水乃同稳填转乐先之碰玻情
修环存典情惊升便皂先况望璃于
便而倍试书遇惨转先邀书野醒取天的
玻上小赂能信肥荣邀书近规树同镜
貓璃旋噪充优光剩余近瑞驴快夏亲
娱特旋噪充优光荣剩余近瑞规驴下树望继续事光青

Puzzle 140

(left list, Puzzle 140)

行星
证据
停止
谈论
一分钱
指望
军人
定位
清空
相反
薪酬
重复
足够
批处理
夫人
解决方案
各方
生产
柳叶
发送

(grid, Puzzle 140)

一分钱虎自生产衬喜事图飞惊虫议重亲
记滑木里保定护苦底基图的指面有复中理
心好驴亲批位透复不碰想回望各袖草眉
错高图滑几处主书数＞肉焕柳特方面虎自
幸蔻余中休理袋证野军人叶建惧号
悆规护热肢焕树据静人胶行遥便最回
热煲而条秀的损薪规礼肉子遥行增填的
摇旋远请稻情丁酬行许便特父栗人清
滑倍号破观因状遥中水傲私约行空
平雪相夫书骄克趣延撞心马觉袖典
饭胶反人解决方驴便案停怖顶考而来
发摇落衡衡自野案之止情延桥乎
亲填带紧有运修转根镜露绍
惊送典谈饭面面趣香后幸树
延请口论静口环坠得于雨书条

Puzzle 141

```
免 性 便 宜 的 人 本 通 循 人 日 了 保 傲 衬 欲 解
费 号 一 镜 错 幸 然 幸 来 便 带 充 亲 醒 肢 豆 过
虑 四 声 高 看 摇 平 书 素 子 充 于 情 心 惊 滑 幸
性 监 最 决 士 电 视 平 携 丁 绍 肉 复 破 自 肥 决
性 惊 狱 放 马 影 定 木 泽 木 能 恢 木 肥 然 决 延
闲 发 公 式 试 激 典 大 量 毁 护 音 醒 约 则 区 磨
厨 房 情 区 来 励 院 他 木 娱 况 噪 老 乐 豆 典 看
观 根 木 面 栏 明 亮 膝 眼 体 育 瑞 朝 袋 考
底 运 飞 中 面 形 容 盖 乐 毁 观 碰 转 排 顶 眼
租 惧 热 上 社 宜 衡 乐 携 活 乐 诺 破 着 决 考
的 先 撞 本 区 袖 能 火 乐 箭 环 梁 木 先 建 答
车 破 趣 骄 面 举 先 飞 音 业 蠕 事 采 访 型 眼
权 经 摇 部 分 好 后 机 特 举 租 先 诺 飞 答 看
眉 营 考 好 皂 放 情 几 复 不 修 页 素 便 草 决 乃
建 察 皂 放 复 想 息 坠 过 选 四 木 木 雪 选 噪
```

Word list:
```
免费  体育  火箭  经营  膝盖
便宜  明亮  形状  监狱  采访
电影院  厨房  公式  激励  典型
分支  一声  着量  朝大  业务
```

Puzzle 142

```
灵 之 回 条 眼 上 素 胶 礼 想 的 崩 溃 镜 马 下 权
面 差 驴 焕 举 私 秘 马 信 许 类 来 许 两 查 差 心
回 推 迟 观 加 直 落 觉 飞 也 存 的 宜 释 个 面 野
秀 至 少 信 休 充 个 人 平 权 飞 工 桌 骄 稳 疲
源 查 里 羊 橡 条 坠 从 邀 人 想 员 作 源 带 有
规 便 举 毛 灵 子 过 避 野 线 曲 喜 事 鳍 人 休 乐
动 摇 试 摇 四 转 蠕 便 免 典 水 究 祖 镜 遥 员 觉
煲 况 增 蛾 略 约 碰 直 查 先 优 基 的
不 落 女 理 环 充 要 持 信 奥 书 碰 趣 安 鳍 草
四 户 巫 项 怖 旋 诺 顶 滑 秘 填 情 余 凑 撞 通
秀 赂 有 私 热 袖 增 几 重 理 里 倍 白 幸 领 衡
情 行 自 因 柔 趣 真 露 动 口 胶 菜 诺 飞 子 理
息 快 上 蛾 书 音 信 释 伊 不 请 恐 乐 碎 野
上 人 最 书 雪 水 觉 电 克 运 请 素 本 袋
述 豆 近 看 人 要 亲 考 摇 人 便 全 球 静 ！
```

Word list (Puzzle 142, left column):
```
至上橡推祖女最避崩全奥落个羊两白休的曲员
工作人员
线工
```

Word list (Puzzle 142, left):
```
少述子迟先巫近免溃球秘户人毛个菜闲工线员工
```

Puzzle 143

捍卫存人项不！了数肉有近特落骄娱的
机排类木从稳！许他面回介分己秘便的
票降乎一增定乐解均的操作闲喜热了
有娱远次秘觉记伏栏匀自解绝紧本有袖
滑梳水性自机蛾露自里源坠猛地胶究
父努力波基会数护里程对静保部保
鳍型乐情型人露游水醋音坠略树证
马有增肢子近信热降领喷亲便况解典
修制理理肥方图观填源泉信部复他定
虑落定的行怖觉公泉母熟野欲皂皂
高高亮于镜究构加亮议心闲典袋
不则静驱解造栏延伊升驴降书滑
能心条蛾差底柔通草通增成猫
约延紧素的增思亲噪高错因页根功

（词表）
的地方
分母
的操作
喷泉
保证
成功
努力
不绝
构造
公共
水波
机会
动作
制定
猛捍
游戏
均匀
一次性

Puzzle 144

的自图带摇心。不释复究往定宜平之型
医究骄能倍眼车乐社研股往觉回释苦趣衫
生心约栗＞家眼日露部骄保建运苦子记
素国社苦了查伙记得摇究解环人区情
噪际项平丁愈环损碰梁报能栏事查持
野己蛾类皂滑请量重究告乐龄紧碎
甲虫保面醒热号建处循野慧木表
票特远私选紧直了旋飞坠区决眉条现
复蔻出伊最心状性坠信分＞从桌欲礼
来高地的。坏情静书士衡饭仍情
闲基条决动视研油落冰眼然滑
故亲根想性静可漆焦电平不衬
行障子网便野衡祖子恐的自龄
根定年球皂组决人凑貓携想重顶
便恐娱秘最合决别人凑携想要丁

（词表）
报告
油漆
的重要
表现
网球
故障
冰雹
仍然
家伙
别人
组合
焦点
国际
可坏
最得
甲虫
记的互动
往往
的医生

Puzzle 145

澄 清 粗 先 素 的 闲 绍 权 言 发 生 特 间 最 树 子
复 鳍 细 人 马 栗 落 带 充 况 环 不 权 衫 欲 决 栏 一
桥 。 机 悆 特 透 情 后 己 真 疲 带 稻 皂 最 野 醋 次
四 本 查 树 悆 飞 落 镜 龄 身 趣 乐 噪 安 好 的 滑
上 坠 持 平 衬 好 亲 礼 观 马 填 区 皂 复 的 状 远 加
坠 疲 余 老 惨 摇 有 日 ＞ 透 人 回 家 办 条 答 大 衣
疲 豆 信 便 循 观 栅 疏 底 老 雨 骄 信 法 草 亮 碰 镜 延
信 过 因 升 车 噪 ＞ 顶 惊 增 社 持 骄 ＞ 袖 独 奏 坪 苦 权 袋 娃 娃 露 骄
驴 露 存 亲 量 息 滑 眼 梳 宜 现 带 过 要 上 木 人 升 察 典 独 ＞ 的 驴 真 况 事 发
修 升 胶 况 动 醒 灵 放 出 遥 透 的 自 幸 量 桥 梁 情 毁 于

衣细事情
大粗的草坪
澄清况散
情疏的一次独奏
发特办桥娃娃橙苦发现回家
权言法梁色差事
权
东西
权

Puzzle 146

奇迹便虫虑见上票水部理乐草人定
显著礼镜欲查远信马落况典特能
到处窗帘的运他栗袖定恐野自领
毛巾袖近镜体得存看动摇噪情领
窗瑞典人接媒覆醋摇雪花保分自
领接媒体盖雪领花的下子木法图因
北方雪花叫着他们的驾驶
刚性法律系列笔记本定的

之秘复音条本遥迟恐笔领乐复究过显奇
的驾驶视余人摇乎也记袖到处窗著迹
木休觉平飞议考股动本幸事帘礼便
然雨图欲最考保之解考的定的镜虫
领他们介北方携于水面祖乐不镜欲
宜的驴撞携建马驱携特心下动存查见
规皂自坠情。的携绍里栗上
存雪行貓视决伊草状媒柔袖信票
柔增保肥亲护直毛香盖醋定马水
分骄貌究基护马趣中雪情恐落部
他条间有泽瑞典人恐花的分况理
旋碎事许毛见自动望坠保自典乐
基请坠稻桌刚醋虫社他木近野草
生况事重性桌亮好望乐袋接律图人

Puzzle 147

错 镜 条 高 电 热 间 不 的 人 驴 型 见 娱 恢 姥 露
先 鳍 摇 丁 祖 远 电 宜 人 先 部 间 趣 的 姥 伊
信 前 私 怠 见 桌 伏 保 先 乐 心 安 情 什 灵 诺 充
部 社 肉 蛾 量 貌 坠 栗 橡 趣 恢 四 远 性 车 便 诺
特 降 衬 突 野 滑 复 研 皮 紧 通 试 情 肢 学 心 理
信 信 喜 然 四 生 草 邀 擦 思 而 紧 怖 摇 苏 皂 私
自 马 胶 行 乐 潜 热 豆 部 柔 野 桌 镜 学 真 等 请
心 连 遥 栅 有 水 心 倍 栏 乐 情 坠 量 校 打 待 醒
心 倍 接 部 信 反 撞 来 马 基 坠 主 木 现 水 他 奶
克 试 好 不 向 料 便 排 见 主 机 肥 趣 场 倍 老 栅
发 好 赂 决 行 答 骨 要 头 闲 保 高 恐 视 行 理 高
焕 醋 书 考 请 清 头 周 到 的 出 高 出 现 场 我 余
根 丁 亲 便 项 最 赂 项 考 瑞 疲 运 怖 源 倍 降
心 本 梳 静 恐 素 记 考 蠕 究 运 从 慘 股 敌 人 坠
运 闲 己 量 约 选 区 坠 从 慘 股 敌 人 坠

骨头
学校
打水
苏
反向
突然
敌人
我们
周到
姥姥
先
饲料
现场
奶奶
清晰
恐怖
潜水
什么
橡皮擦
等待

Puzzle 148

推出
愤怒的
的结果
生命之
受孕
模拟
时钟
母鸡
温度
菠菜
充足的
填充
奏请
出租车
冲击
听到
衣服
功能
周末
识别

图 保 填 母 加 自 亲 绍 平 周 定 优 听 傲 乐 冲 愤
受 情 充 鸡 先 决 活 研 加 末 噪 高 模 到 顶 击 怒
修 孕 中 士 思 乃 回 高 情 > 镜 慘 拟 生 命 之 的
豆 后 想 虎 光 情 的 日 研 飞 木 情 秀 人 源
部 议 定 温 充 足 的 约 出 建 坠 欲 野 股 倍 不 乐
书 音 马 度 衫 毁 解 人 租 。 喜 木 升 基 情 便
看 推 丁 赂 蔻 车 亮 喜 存 活 的 醋 优 野
不 出 时 宜 摇 秘 研 香 面 衡 基 的 结 奏 凑 根
想 子 页 梁 降 重 趣 私 存 的 露 的 果 果 请 而
虎 遥 年 子 身 信 伏 事 功 见 生 心 破 不
生 菠 上 恐 欲 延 增 坠 能 灵 乐 识 研 老 愈
木 菜 疲 闲 错 傲 赂 香 趣 别 身 里 议
衣 驱 > 地 社 图 > 转 权 邀 士 乐
服 木 自 平 衬 面 的 鳍 动 远 日 诺 权
亲 龄 理 雨 视 闲 苦 部 动 紧 里 真 身 心 心 差 面

他 户 外 不 ， 木 驴 权 放 倍 亲 增 毁 克 旋 不 遥
撞 选 于 的 赂 因 镜 则 事 出 环 加 毁 自 序 列 页
休 息 活 称 定 此 最 解 落 经 查 磨 口 序 坠 虑
信 心 滑 复 差 保 先 人 的 性 野 出 好 本 的 稳 损
股 然 底 倍 乎 平 型 礼 破 性 信 最 衡 情 性 之 升
带 灵 貌 乎 优 驴 注 关 的 究 露 象 想 生 理 余 解
源 趣 的 优 木 坠 老 心 程 伊 电 租 象 撞 本 国 家
恐 的 益 平 条 栗 里 延 旋 建 转 租 近 权 远 音
的 爷 邀 行 需 型 雪 木 马 自 心 则 马 过 信
爷 顶 蛾 修 边 车 欲 衬 最 他 信 虎 加 仔 灵 回 飞
请 蛾 环 缘 野 的 过 鹦 老 放 的 滑 幸 袋 回 马
的 条 情 坠 中 况 亲 释 伏 ＞ 的 望 视 鳍 飞 视 的
视 球 幸 回 的 底 研 看 的 本 电 过 噪 修 回 视
约 动 员 的 素 音 露 赂 酒 吧 来 噪 视

鹦鹉
序列
，因此
称定
关心
的 爷爷
想 象
边 缘 验
经
自在
先生休息
有益 要
牛仔 的关
需 球员 注
要 酒吧
的 户外
国家

手提箱
达到
讲述
唱歌
叫声
压力
包含
细腻
相同
肉豆蔻
争辩
颗粒
队伍
作家
闪耀
的专家
招商引资
快递
确实
考虑

了 约 肉 特 子 真 顶 也 龄 惫 本 携 木 虎 干 的 下
上 心 下 惧 恐 栗 老 胶 高 噪 傲 考 碰 保 飞 热
图 惫 情 趣 典 觉 颗 压 状 人 噪 虑 自 信 祖 领
滑 醋 远 有 的 赂 趣 力 骄 叫 源 加 木 复 特 桥
队 肉 豆 蔻 专 建 唱 手 提 箱 运 情 露 从 活 树
磨 伍 面 迟 家 机 歌 请 的 稳 破 雪 余 安
快 递 要 理 光 煲 电 欲 人 慘 宜 闪 便 试
他 确 面 带 慘 来 口 安 有 携 邀 坠 特 查 丁
赂 实 细 作 不 磨 秀 社 决 重 股 选 的
了 下 腻 家 领 达 泽 自 年 权 噪 票 水 答
水 增 包 情 里 到 皂 雪 稻 秘 闲 招 面 望 野
典 增 介 含 欲 举 磨 放 察 邀 商 引 醒 携
动 伊 基 最 醋 袖 滑 日 光 远 子 资 胶 驱
保 坠 复 驴 日 雪 介 升 保 增 复
觉 动 平 马 究 光 争 辩 祖 见 素 同 噪 特 研

Puzzle 151

```
倍 饮 惨 望 平 表 虎 余 栅 中 撞 租 行 阳 光 关 系
结 料 木 条 光 复 达 导 的 社 士 身 面 雨 真 定 龄
高 婚 恐 的 落 而 本 地 旋 秘 醒 包 情 自 傲 剧
摇 几 醋 衬 真 人 皂 球 农 主 车 本 真 父 豆
焕 身 也 梁 里 乎 平 携 自 错 携 子 伊 子 坠
见 总 总 生 查 最 乐 肢 喜 先 子 情 子 肢 后
蠕 慈 保 动 票 几 遇 自 闲 人 自 环 父 升 素
人 他 闲 袋 究 保 恐 子 木 滑 而 评 本 地 顶
鳍 亲 复 面 高 息 亲 泽 噪 观 数 价 疲 分 望
情 虑 貓 的 机 树 程 子 木 典 年 本 先 因 蠕
伏 放 的 最 得 举 恐 鳍 伏 介 苦 存 损
量 紧 了 父 最 袋 重 回 滑 好 的 透 降
行 乐 责 底 约 露 便 语 平 红 萝 镜 桥
要 得 约 根 解 快 性 音 电 时 卜 里 自 循
信 约 任 远 视 里 乐 况 书 保 望 的 远 自 焕 损 桥
```

主
车
卜
的
任
线
球
系
料

剧场
阳光
农场
结表
平年
本面
红语
导友
评责
总地
关饮
料的机会

光场婚达时龄地包萝音航好价

Puzzle 152

特殊
高峰
这些
第七
西瓜
也不能
昂贵
可重复使用的
退出
动词
落入
一点
少数
大米
协助
小麦
圣诞
首都
话题

```
中 平 胶 落 傲 衬 则 考 延 摇 的 蔻 面 退 动 香 也
望 排 状 入 遇 股 转 他 露 苦 状 祖 况 出 乃 词 不
！ 欲 滑 高 性 转 则 大 米 一 蔻 转 ！ 想 觉 能
上 身 损 有 机 持 车 高 峰 点 虑 滑 瑞 桥
查 噪 凑 傲 赂 最 这 些 落 高 先 乐 休 便 露
人 底 心 破 骄 社 释 优 疲 镜 飞 第 理 升 袋
雨 机 焕 过 己 运 人 动 胶 了 几 七 基 趣 胶
增 查 转 他 过 差 碎 皂 凑 车 话 重 社 研 高
他 了 乐 瑞 充 息 可 诺 蛾 源 题 子 于 行
。 释 升 乐 衡 重 碎 首 生 之 加 程 摇 肢
损 发 雨 昂 情 都 几 光 下 伏 圣 蠕 了
平 有 木 贵 复 不 龄 视 滑 伏 西 诞 丁 乎
少 祖 草 醒 使 几 本 肥 疲 思 瓜 肥 栏 增
数 机 排 小 携 用 页 闲 量 便 动 菜 蔻 马 号
书 充 信 运 便 特 殊 幸 电 研 栅 则 貌 香 礼 趣 子
```

Puzzle 153

愿望梁填滑坠旋自上眼克安转循试考的
满因子主运看情租于增许顶下根延赂谈话
足＞为地亲底衫娱树幸约最情储较血型乐灵
父保便坠循先紧恢情保循信远备低不行灵定
循撞身便定举选动栗卫肉静丁的定充定典蠕
观倍来子介查地复滑自趣傲焕觉先最骄发生
肥皂水顶梁生恐页优稻磨龄而野充觉娱衫
光秘！梁升本特醒肥错安下质票心战争记村
世纪不过质性加音最摇能服人最娱村蔻
碎安从摇查区日热觉灵饭延从本醋而记摇
则饭香里旋天空摇之的磨也碰部村蔻
几乐乐类破。典稻远身回他轻微棒球望摇
趣上豆蛾幸私祖惧得傲伏研子动从从了

服从
循环
较低的
棒球
天空微
轻的谈话
的愿望卫质
防本为择
世备皂水
因选足
储肥争血
满战选举
出优质的

Puzzle 154

的伤害
滑雪停留
停距离
距伤心
伤尖尖的
尖牙医
牙雪貂
雪十年
十大部分
大私营
私个别
个水果时
水即
即毛衣
毛文本
文下一个
下依赖
依马克杯
马态度
态度

滑究也文最飞自区热面运真尖私增鳍真
雪地悫本摇马静栏心＞理尖营降有基衡
态度差有凑雪香噪事马的即时祖也股填
四坠热过摇复貂离察克出磨闲的凑
伏秀根性噪信的音社携皂宜停别根高
见人村喜信信损保蛾之大蛾肢旋留书
四坠惊要皂人下十依之部转水个。条梳
股蠕露分牙秘一年害分虎果草本建发
马运马毛医个车赖伤心保便虑顶袋持根
部回上衣优祖租父的＞焕出举究邀恐
答傲顶行活领静心趣车欲规木领许
思肥栏介肥士排息热蠕恐了乐皂许
于落便桥镜怖根他情人过身定通
乐有亲便恢况马余保心灵紧木息选
高醒平自泽情栏的木落士息苦然

Puzzle 155

恐转直骄社！填惊视循他热滑稳研社类
持娱骄车子想于老私，也没有数旋远填
貌日部成人的得觉阳家具豆股延四来心
填没特事类长疲遇光子信便雪保落貌
里丁事人长才人木号的栏的心有秘蝇
心根木吸收的驱根人肥惧配虑既不口
息面举放想书日解要苦碰梁加数衫
增磨稻恐马车日类选书遇水野查虎怖
系顶傲书亮露音分坠子坠秘之镜
统要中步露常心袋放梁而平中平
观部数摇通醒间音放了勇释心平的
自惧幸远醒事娱貓亲人社降基怖余
雨虫紧修复树行生饭排摇稻则悲行
衬决见修复树行生饭排敢社摇稻修栗摸。

，也没有
苍蝇
配对长
成通常
步行人才
的悲既不统
系
阳光灿烂的
家具
顿时收
吸没事摸
触对
的勇敢手
勇放松
放松
根据

Puzzle 156

温柔
管理者
几乎是
神秘
拒绝
得到
自娱自乐
来到天
阴意图
银行
授权背后片
图重视
查找显
明标题
铅笔
从来没有

况基本建便桌思排源部的号损心自项惨
的＞后下情肥摇落请况信本光型子几稳镜授
保骄肉生雪填袋理村衫增迟好年栏权
自机的顶查绝明情底心视平图片宜保口
飞活况充不找亲乐显程护煲几水片老真休
惊况衡信了的活村心护余数绍信光复
修欲能桌肢毁股乐差丁本余野视鳍衡
骄雪放迟镜滑祖信自本傲背从从
车灵休几中肉乐得管源后柔到
秘四紧乎源野特银损者到得
生神面是况好中铅乐乃损转
碎秘露地疲携傲笔马理复自
页重视！究出图降便号休
差环伏。虫研蔻醒阴天股水议面

Puzzle 157

升的坠见年虚拟乐于紧了凌>欲衡充充最部持保
便息直光口肉虑木焕木主眉丁乐虎
人领不娱回保巨直大柔苦观劳动试人最
雨栅行虫迟恢复机人略高的试碎有机情信蔻社部
最恐怕约透！恢雪饭恐稳倍子滑寒冷则余的转灵遇保
伊怕约车！迟复饭人个主略的试碎有
滑社地规自貌重噪决趣露醋士恐则延尘镜转
高私自貌重稻蠕恐保规带寒则延余灵遇
来雪动自复保稻决答考增环树目查条
股灵动他保状页重答露环延尘
绍四气口状驴重遇特虫答想信余前坠有
间周生落衡页然里遇疲私答想余息静坐
破周蒸建社发四老时遇特视破面查有坐
运年汽菜社！老时几破则前底
恐真拼邀克虫自热袋防生摇人静高
不正素升释四分静遇降人光
包裹破水倍绍休分想遇降人光

Puzzle 158

写拼
灰尘菜的
生大冷的
巨前球
寒目气汽
蒸周年
恐包怕
时裹间
每虚个
每实只
虚防拟
实真验
防自止
真劳正
自动动
劳

的金子工具报纸详细早晨收集水的操茶更水许损咆周和有祝实际
金工具纸详细集獭父壶好葱可失哮日平望贺实
子纸晨亲的

Puzzle 158

活乃马坠伏梳摇看蛾类惨复周的咆哮息
虎议子活祝贺循休紧雨许日信虎介虑
规梁高携究醋袖栗解木饭究部落
旋惫举降通露损失则破而摇高
觉便记透苦豆父有过心来坠损了
详的数票研子怖马面循秘研
细实梳瑞排研好加稳野亮人许
克飞！程碎更许木惊人滑乐
子际望于的人加碎老栗水皂
金有因光带虎私可年远葱香
的父亲然工恐机增滑衡查
稻活亲乎具旋的和透增遥
解发因租建栅权平记了增
量研收面息行从礼纸好
礼倍事集茶类信旋转

Puzzle 159

资格鳍源平蛾醒底花约规凑秘貌坠了保　　范围内
父选下间认识稳园音野心有便醒票人　　关键发善
分发惧想梁焕延绍磨最木欲因醋根　　　分改讨毁高
自观磨迟范烧毁，磨动高闲趣遇木理于　改检查花
噪况持远镜望围租内善程物书规类安部栏　烧最动物
持解乐面胶去了父瑞面赂出邀介不天关的　检棉鹅
解下察损页型区绍社状草摇秘键虎　　　　棉，识生
下乐蠕考验己发保疲约花眼高条决　　　　，资征
乐研露检讨便栏能子亲热延记检损他　　　认格
研露衰变也驱光量飞复音型查坠四　　　　天识去乐
露检衰的虫究过几毁动查议光马增面　　　野生变
检衰的因复梁愈便电不信人怖身伏碎地自　远征园
衰的因　　　　　　　　　　　　　典　　失去了
　　　　　　　　　　　　　　　　　　　音乐验
　　　　　　　　　　　　　　　　　　　花衰
　　　　　　　　　　　　　　　　　　　考

Puzzle 160

的舞蹈　　　谈有轨电车后，余平泽的恐灵基视望间
不规则　　　觉到之旋＞医疗普姥爷豆最栏延乐排撞
谈到　　　　量龄根野鸟类雪通飞欲皱纹调搜索肢子
讨论　　　　从行状程情啼特页龄梳蛾整信的视衡
搜索　　　　碰子性老书马热雨选士升的袋镜
皱纹　　　　了自特生保情肉近充。亮愈视分
区域　　　　从地娱不醋雪况理不平闲撞雨主
普通　　　　于绍人口试心的邀飞喜过余人
说服　　　　子马数蠕注机带升典部眉不祖
医疗　　　　疲信毁定意好思野碎平草规人
人口　　　　＞桥虎栗破理灵排伏衡的则讨
鸟啼　　　　的苦觉意到礼摇瑞飞不人思论
有轨电车　　议＞貌区因欲电说保不自瑞乎宜
草甸　　　　身不露域便看有静部飞马龄乐
调整　　　　增＞静部草典携口图后胶草了答
流行的　　　　　　　　滑面磨后远焕电不当类
注意到
不当
后，
姥爷

Puzzle 161

持续时间持回马人了私的肉木机雪娱马
社静考己远泽吃水便情茶理人紧来间走
决思乐分娱直远音鼬父许论型尝试建廊
记惧看私答特肥上上之基行的喜定苍鹭
录屯高图举不行袋坠肢则冒犯草破规亮尝试
老口最肉梁建损镜地直露身间平趣底持
绍信亲然而冰生惨的乐行分转增情过决父报发
袖合事型碰霜口要猫座鲹马情面遥冒犯
降出作伙察野情树程栗转袋升木冰霜
理几不思村苍解后蚂电诺记录
的最思村伴鹭面规蚂持遥木乐合作伙伴
自观马得乎遇医平子旋中有吃饭论上
的稻蠕年克领主院破克研租丁理猫鼬复
秘报亲旋便快四绍回。木坠皂豆飞热光考然而蚂蚁

增加
医院
的茶壶
走廊
苍鹭
尝试
持续时间
报价
发布犯
冒霜
记录
合作伙伴
吃饭
理论上
猫座鼬鼠
回复而
然
蚂蚁

Puzzle 162

驾车介豆结石出祖觉稻。考惊雪约也区
豆增秀望自乐动梁后有高的摇人栗见许运
破人主情士虫惊栗克镜傲礼喜飞请摇摇
破己心伏年瑞规近野不>损碎请摇喜平
透乃柔的飞分典遥不增加驴梳书性稳
考桥查的袋衬遥环袖子私的书平木摇护
落！许建丁带错携木车剪股从先热
转活袋>状本请人充满剪书平剑自肉胶
复傍介泥汀有答护从雪倍肉撞水
程晚虎肉直的解面对礼平私
源权领噪趣成蠕面乐自肉恐私修
马桌特后真功心祖看面事己人
源考亮人水的饭书要面己细热
中旋蔻日瓢保伊栗稻自秘节胶
心重飞暑视而！觉雨四于具备秘细水

石人暑业晚泞对水虫备剑车刀度节满来许
结雪日行傍泥面胶瓢具击驾剪程细充后也成功的你自己

Puzzle 163

选他自分坠骄磨项怖邀能想水野表遇方
相碰保号碰素他日类请通木部貌加面式
便信想＞最察虎底面伊父木水露面安醋
驴私趣延地摇马电鳍利润最热远惧优的
错蔻复书本带条机碰遇而正充遥请礼项
雪蛾四迟骄水！构车镜消式信虚物休醒
心乎的个衬加肉坠子化亮重假来持祖情
解性慈肥究肉科本延透记考复存况情鳍
破之仁然息外马学巨木藏损部乐摇瑞要
喜行野心摇恐国高信参加红稻自摇画欲
保眉碎延落的余信安野花克稻不画巨自
解降人子部出来特出邀复复数凑发优有
＞见究之心延中过蔻面考眉面凑焕发优
究带蔻虎木数宜面考眉面凑焕发优自

的个人
藏红信花
相信子式
镜正物加
正礼加发
礼式物请
参构润面
焕构国慈
邀仁的假
利表假构
表外画画
外仁虚大
仁虚机式
绘机绘化
巨绘巨方
方巨方消
消方科学
科学

Puzzle 164

要人梁快好究乐来条好草基怖头考女下
娱子的乐军事马里余理不的部坠孩毁闲
的过约己好事坠仓上重复深理闲梁闲放
视驴邀定军定饭民重自流心眉木孩不错
摇错的典喜欢优主升体领地迟增女人人
柔性年喜出环活衡情许遇乃自先士差
树木来高情高信因要迟幸灵思去修
。衡机旋胶虫号不规马察规去肉驱
股性便最释许梁权欣便欲自身的
之行娱护马事过乐面增醒桌先心
旅行木噪栅下增恢赏情欲秀日的
最衫喜情研镜长项远增人骄去
伏树出飞察解豆柔许蛾野遥肉
居人动机噪管先重自项绍年的
欲民衫桌欲诺理衡伏迟滑心

长仓旅深浅
增谷之理部
谷的部主欢
的管头号赏
管头主民的
头民喜去升
民喜信孩孩
喜信居年年
信居过化化
居过上身身
过上女事事
上女去机机
女去简军动
去简自动体
简自军流
自军动
军动流
动流体

Puzzle 165

项 泽 露 顶 梳 过 您 之 马 租 根 赂 乐 坠 肉 情 状
自 可 野 碰 梦 出 选 醒 肥 型 行 动 下 增 恐 间 请
排 能 情 信 想 突 举 肉 型 惊 况 丁 完 泽 貌 号 栏
损 的 昨 驰 名 然 平 肢 书 野 条 钢 成 貌 特 乃 了
解 下 高 最 降 的 饭 真 则 过 中 醒 琴 乐 光 袖 貌
专 家 升 凑 本 疲 爱 真 股 > 卷 醒 性 复 快 桥 休
栏 主 解 里 露 决 惨 亲 请 的 中 号 便 灵 光 记 部
真 礼 那 考 露 查 乐 趣 升 私 野 风 光 望 秘 醒
龄 趣 么 而 视 保 研 租 型 亲 行 旋 驴 许 降 水 研
好 眉 坠 便 柔 皂 根 龄 存 旋 驴 顶 他 人 地 滑 余
袋 恐 奉 香 > 静 行 选 口 顶 他 约 来 定 股 受 不
生 顶 见 献 父 不 不 情 本 老 坠 图 放 宽 害 露 野
联 邦 排 便 视 王 子 想 虫 惧 错 则 绍 于 者 骄 坠
排 平 看 噪 修 号 肉 条 能 栏 镜 究 领 心 股 议

联邦
风格
王子
完成卷
奉献
您选择
突然地
亲爱的
梦想
驰名
可能的
唤醒
受害者
那么
钢琴
放宽
专家升
昨天

Puzzle 166

味道
宏伟
看了
困难
汽车保有
离开
肥皂
木乃伊
复杂的
咖啡
皮肤
不同的
词汇表
说,
的旅馆
揭示
达成一致
自然
再次
肉桂

离 身 木 宏 伟 情 复 环 子 达 眉 保 程 运 从 考 貓
开 素 乃 想 焕 父 杂 保 日 成 释 镜 解 他 噪 心 眉
闲 释 伊 肉 馆 旅 的 同 人 不 通 。 出 子 不 发 研
老 号 余 运 桂 信 事 困 顶 致 项 放 考 有 远 焕
撞 皂 咖 破 旋 程 程 难 秀 优 摇 子 本 请 快 蔻
事 娱 啡 基 的 决 底 理 虑 究 动 亮 租 保 热 木 乐
主 邀 旋 自 修 重 看 傲 秘 研 页 衬 破 数 袖 私 再
虫 行 基 状 带 了 机 增 回 汽 保 词 次
远 便 真 排 机 热 观 祖 草 快 解 区 车 有 汇 惨
亮 绍 邀 错 滑 建 心 肥 摇 说, 摇 表 乎
基 袖 票 后 领 差 理 本 皂 皮 己 马 便 基
情 的 克 保 煲 平 伏 不 远 野 肤 过 选 子
惧 亮 加 保 旋 面 的 子 慘 页 袖 示 则 过
蔻 自 然 苦 梁 平 保 > 试 热 恙 素 饭 热
肢 他 的 源 音 己 动 特 诺 心 里 亲 袋 看 保 底

Puzzle 167

之	况	降	休	部	的	恐	袋	驴	驴	研	远	主	伏	丁	>	修
年	快	亲	坏	欲	查	定	欲	滑	欲	>	程	雨	如	惫	不	规
填	坠	当	看	稻	栏	>	页	肉	的	坠	遥	书	最	何	好	袋
秀	间	然	程	差	伊	本	循	貓	部	破	了	方	主	衫	四	之
碰	恐	状	捕	建	究	条	龄	看	究	机	芹	向	加	根	技	工
梁	特	年	获	镜	龄	分	定	无	光	豆	水	包	息	的	心	貓
镜	释	部	亲	木	破	号	事	名	最	树	牛	自	子	感	谢	>
人	权	桥	乎	类	生	树	件	指	大	破	光	透	情	性	乐	恢
发	后	面	碰	平	合	格	镜	优	保	主	坏	想	面	袋	野	赂
滑	衫	交	叉	程	究	见	则	存	苦	便	见	释	>	衫	分	分
喜	素	身	编	口	欲	规	音	远	因	怖	股	私	雪	租	。	骄
见	虎	底	辑	于	生	的	己	思	面	增	存	镜	心	升	能	性
肉	急	剧	错	过	老	发	口	记	检	况	秘	欲	便	运	票	究
村	乎	因	四	旋	间	况	过	绍	查	重	行	稳	亲	趣	平	惊
蛾	他	肥	骄	本	考	充	况	衫	中	自	的	便	遇	虑	本	讶

如何
当然
编辑
无名指
感谢
包子
最大
水芹
急剧
惊讶
事件
技工
方向
检查中
破坏
交叉
捕获
水牛
合格
错过

Puzzle 168

精	灵	决	镜	于	书	醒	灵	条	趣	静	理	年	身	的	的	郁
马	栅	绍	自	远	不	热	栗	先	娱	察	电	缩	写	坠	重	金
活	页	醒	保	请	证	规	有	记	>	间	特	响	子	使	出	香
飞	错	得	直	龄	明	加	驱	稻	真	行	图	碰	应	皂	凑	的
教	室	量	赂	本	文	年	损	滑	木	页	况	坠	煲	乐	保	排
带	欲	查	自	肢	然	化	碰	近	能	余	最	请	飞	得	回	许
研	疲	试	粉	飞	落	电	理	页	这	样	选	的	来	环	肥	落
肥	持	携	红	音	出	最	礼	观	增	后	傲	手	便	底	试	信
便	主	题	色	便	露	肉	间	分	性	建	修	指	光	恐	察	香
情	承	延	露	电	绍	便	素	蔻	秘	快	的	的	醒	私	差	飞
携	诺	复	面	袖	諾	通	话	挑	士	沙	飞	批	镜	借	给	究
人	理	填	！	条	破	祖	祖	战	研	塔	摇	坠	判	肥	马	本
香	礼	趣	欲	几	答	衫	建	答	树	逮	捕	量	持	特	部	绍
充	露	约	有	议	母	亲	自	摇	信	肢	于	书	露	心	>	填
真	之	释	四	有	惊	快	肥	本	降	电	热	坠	素	虎	复	破

母亲
使出
精灵
逮捕
这样
缩写
挑战
教室
主题
郁金香
的批判
借给
证明
承诺
沙塔
的手指
通话
响应
文化
粉红色

Puzzle 169

基 泽 中 惨 不 撞 宜 直 曾 祖 性 出 情 醒 野 衫 绍
究 况 运 碎 高 午 餐 书 经 阳 滑 四 父 邀 骄 倍 热
信 护 远 动 恐 试 热 持 灵 台 研 议 马 携 日 惧 运
的 了 则 看 高 选 性 惧 眼 情 > 老 雨 休 身 情 动
的 自 权 数 子 他 洗 迟 理 最 情 自 香 雨 过 损 想
有 余 况 日 分 几 面 于 论 栗 架 年 约 保 得 旋 士
区 信 物 质 存 典 惊 本 因 自 磨 混 建 的 迟 重 远
赂 出 心 真 过 碎 栗 骨 架 降 肥 合 部 行 虑 惨
票 遇 自 雨 紧 解 有 静 亮 面 面 瓜 来 衬 灵 运
电 伏 面 行 ！ 类 近 孤 独 傻 蠕 赂 灵 视 运 动
底 委 历 史 愈 情 充 区 村 克 特 滑 转 马 复 新
通 员 有 豆 重 身 的 教 摇 里 有 活 票 遥 些 优
的 会 香 雨 无 疲 静 训 灵 从 究 口 ！ 更
马 稳 重 中 线 摇 安 看 电 区 栅 灵 先 增 信 安 蔻 有 项 见

更 新 独 鼠 员 会
孤 袋 委 史 教 训
历 的 静 的
安 洗 质 论
物 衣 动
理 运 台 线
阳 无 那 些 餐 电
曾 午 经 合 架 瓜
混 骨 傻
有 信 心

Puzzle 170

怪 木 保 栅 不 马 龄 望 部 来 肢 不 蛾 条 静 有 旋
亲 物 恢 答 旋 号 则 观 分 地 约 灵 书 便 无 饭 衡
因 摇 运 坠 选 乐 自 肢 口 增 眼 祖 柔 转 效 自
本 中 遥 灵 柔 诺 后 傲 遥 他 们 日 透 撞 中 亮 想
究 坠 苦 情 本 然 不 秀 > 定 坠 护 高 虎 己 究 来
宜 动 自 己 议 真 机 父 性 质 保 分 自 愿 鳍
介 倍 大 家 修 祖 定 艇 降 乐 绍 紧 部 分 的 的
子 闲 重 子 情 观 体 之 护 发 过 将 来 错
事 解 子 本 号 下 日 牛 马 煲 欲 滑 项
举 实 素 日 复 面 疲 蒡 后 乎 究 顶 倍 樱 桃
项 坚 栗 最 豆 平 存 民 俗 本 煲 存 苦 输
惧 固 好 里 子 马 研 安 乐 优 加 股 野 页
亮 他 市 对 升 情 醒 宁 排 定 况 的 手 表
疲 最 场 情 欲 虎 遥 士 落 性 休 动 遥
碎 行 类 虎 不 面 遥 梁 碰 因 乐 丁 心 能
行 起 试 几 便 之 野 分 程 视 解

安 宁 无 效 牛 蒡 的 手 表
的 物 体 分
怪 艇 部 分 俗
民 自 对 愿 不 起
输 坚 自 事 入 固 己
将 他 大 市 樱 实 来 们 家 场 桃
性 质

Puzzle 171

亲 中 鳍 怠 农 民 栗 的 自 排 规 幸 噪 。 主 释 修
部 艺 术 决 破 衫 丁 图 笑 最 主 喜 虫 安 亲 心 年
典 术 决 乃 理 乃 延 关 微 笑 己 衡 项 见 信 坠
特 家 性 地 通 安 增 特 徽 章 购 富 得 世 有 情 公
好 人 水 乃 底 型 特 复 野 心 购 事 动 升 界 的 园
复 股 骄 马 修 复 存 野 心 直 信 下 礼 遇 秀 决 源
然 了 乐 恐 查 伏 音 破 则 栗 能 息 保 举 决 鬼
素 他 源 有 蔻 肉 羞 瑞 饭 性 定 恢 分 貌 真 然 也
本 自 恢 马 紧 填 亮 蠕 人 典 书 平 根 望 配 心 心
本 要 祖 的 不 究 情 犀 牛 之 伊 趣 袖 带 快 股 项
声 好 泽 而 后 请 衡 蠕 牛 典 伊 情 摇 木 有 数 音
音 马 化 妆 带 型 的 犀 之 子 余 貌 得 快 量 修
来 泽 摇 增 解 桌 远 噪 地 环 得 > 马 欲 有 修

Word List (Puzzle 171):
徽章　艺术家　野心　分配　购买　微化　否　修　关　声　世　害　富含　的图象

Puzzle 172

Word List (Puzzle 172):
蛋糕　的生菜　围栏　独立性　篱笆　买得起　随机　心脏　斑马　猴子　温文尔雅　慷慨　民用　反过来　元年　容易　提交　市中心　的发音　忽略

Puzzle 173

趣自释的竞饭复下源面答几热乐条直摇
加租中修争自的得转龄醒充循恐完姐姐
宜察赂碎规的餐过摇本财政骄虑全栅远
惊票察惨不持升星期选野则保柔分查平
祖然欲便雪底飞迟填填透面湿气复栏滑
熟灵坠填面于行水余镜的塑料的地书读
悉坠发面滑诺运里携而查考傲栗坠记
亮信发信候选人肉直滑社父雪四查摇稻
驱光泽记图复醒动直的人喜规响龄蛾
村灵心苦过里激村数的秀宜便雪凑解
信傲撞另坠工充烈醒停机坪想本解股
傲活音摇一作充烈醒惧绍露之栗基飞
活亮于地碰个察后生乃醒要不亲复放请
露损苦情秘况过生乃醒要不亲复惨

财政全书料悉另一个姐作争选人坪气烈响记动餐期泽
完读塑熟姐工竞候停右湿激影书滑早星光

Puzzle 174

过透稻手答思坠追求环肉发坠露的量通
虫鳍不信祖平原主复焕中源发几型凑
年数光臂最心乐亮究心欲票子乐四情泽
的的论文祖指虫稳得惧遥凑量状查
信源飞源行标欲袖心虫柔喜存顶自
亲克克复然高匹的进展本眼磨
坠遇思呼过摇配自秘究木释上
高而举吸研苦持区喜稳透的克
年票性蜗结增股碰答袋循下
落伊过牛察贸身增事种毁面
究水举活动口下票稻机已数
重泽龟倍了电自安要性常动
转试瑞自克话息充趣片近
来肥过图直究保过理复鱼段基

股票勾指匹的活平片结呼这蜗鱿鸟已电经手追论
子标配进展动原段构吸种牛鱼龟经话常臂求文

Puzzle 175

奢 侈 品 的 号 乎 真 智 慧 眼 私 页 绍 答 年 坠 近
光 高 的 希 望 建 口 见 自 复 自 于 击 树 能 野 秀
梁 透 身 快 镜 野 部 的 视 自 香 败 人 租 复 然 桌
他 伏 灵 乐 一 个 运 坠 情 书 破 ＞ 饭 显 想 灵 考
桌 际 实 的 信 碰 行 上 自 衫 肉 了 量 着 好 焕 运
快 恐 怖 新 泽 豆 程 情 书 灵 了 放 多 水 数 规 稳
面 反 能 远 木 雪 评 摇 娱 肢 恐 事 的 区 的 遥 情
情 灵 应 略 研 树 估 修 克 桥 的 祖 恐 遇 干 情 量
醋 中 毁 安 究 后 了 雪 驱 事 底 思 牙 慈 不 马 马
音 然 马 恢 紧 后 区 充 飞 迟 皂 请 刷 延 远 车 动
察 安 复 复 迟 携 虫 ＞ 动 祖 本 上 事 然 亲 型 娱
重 马 不 虑 最 面 草 飞 思 上 雪 特 车 类 动 卧 室
幸 查 望 察 蝴 请 四 得 请 电 露 思 武 的 特 亲 保
自 马 心 倍 型 想 最 有 木 底 雪 上 器 瑞 的 卧 增
惧 条 不 的 想 存 醋 持 蠕 携 泽 平 研 机 静

击 败
，但
蝴 蝶
快 乐 的
智 慧 显 着 估
显 评 复
恢 的 希 望
的 牙 刷 室
武 器 侈 品
反 应 的 实
的 一 个 际
多 奢 侈 运
的 品 行 的
运 的 新
好 的

Puzzle 176

决定
控制
河马
赛跑
摩托车
牛奶
类似的
任务
打法
邮递员
应该
下午
冰箱
包括
长颈鹿
洞穴
观察
肯定
培训
不足

视 损 邮 自 赛 静 应 坠 心 旋 本 观 察 滑 远 举 量
究 根 递 鳍 跑 四 该 复 信 得 不 远 洞 飞 梳 基
电 的 员 心 部 行 秘 日 平 皂 存 栗 研 型 木
滑 喜 车 面 苦 考 诺 噪 木 摩 不 高 穴 肢 有 摇
选 先 凑 栗 情 也 紧 安 肉 本 托 看 车 租 怖 老 镜
栏 栏 镜 衬 情 木 乐 试 车 傲 高 热 分 于
长 人 虑 安 坠 定 类 静 野 通 皂 木 豆
颈 间 飞 后 不 撞 平 决 似 的 下 冰 状 摇 倍
鹿 试 便 伊 稳 考 子 社 情 直 年 箱 灵 镜 的
任 务 充 回 量 建 控 升 最 释 雪 观 的 毁 于 延
运 摇 滑 倍 则 豆 制 降 号 衫 摇 选 本 摇
人 护 排 加 思 了 胶 河 破 稻 镜 野 马
虑 怖 心 觉 灵 察 之 最 心 马 研 典 修 情 几
建 心 祖 乃 焕 赂 排 考 不 足 书 破 快 龄 惧
保 士 得 答 牛 中 增 培 研 定 典 选 打 权 打
自 ！ 迟 循 栗 心 滑 落 运 约 排 包 镜 法 法

Puzzle 177

分树皮举亲排 > 上也之柔优欲顶羊议松
间钟鳍延下增消防员 。乐遇解究群围鼠墙
错眉安赂社解权肉梁发可移植乎许貓的心
虫自亲基自子里疲议心过究差沙堡紧活
欲忿情焕信考虑己心差后雨差部分丁规光
蟾蜍树根醋栗驱租摇信稳饭乃噪飞心事建决
惫的树理动梁真采请事镜量及其秘趣复要查豆
研私年马飞闲父生社柔行延条马延遥查豆图
乐情理有面木衬学忿者重栏主近镜口得平而
人研明说排便烛伏桌驱书部口马醋略袋了自

摇篮
生物学
信任
可移植
分钟
采用
羊蟾稻及松主消围王患蜡沙说树
群蜍草其鼠人防墙者烛堡明皮
人员

Puzzle 178

思的！社情动本于春天碰环虎光衫邻数
蔻惊理区性口真 > 的情肉本蔻瑞运居
查本机研源源最高贵的虎人程惊输肉
滑伏环部查特顶自许近见摇请求面兰
状面乎欲充主遥情帮坠草回来
惧撞项赂士分过保源助木小苍怖
保不煲循答放惧排重放顾母况田
而人食对身冰柱乎情究数鳍通径护
考建有比镜记不察子约因乐
本梁票度旋乐野选野直许破蛾泽
高毁携磨休醒不见傲便破介花
数情袋灵决滑想转木惊木喜蜜
栅信本袋发议心复滑直惊迟像头
克行能够选他克之部亲针衬特最保

针对
帮助
见面
花蜜
对比度
邻居
小苍兰
顾客
支持
请求
高贵的
运输
父母
食品
春天
田径
能够
摄像头
社区
冰柱

Puzzle 179

明 天 得 息 察 礼 怖 疲 不 循 机 热 惊 恐 图 转 信
候 时 的 行 复 滑 远 鳍 近 高 况 野 间 喜 龄 摇 热
护 噪 干 复 杂 的 举 蔻 袋 况 农 首 脑 解 源 议 的
好 运 净 迟 桌 蔻 情 坠 可 行 场 碎 决 喜 的 行
基 条 桌 平 雨 类 驱 靠 号 欲 根 错 先 想 本
赂 安 肉 丁 况 发 柔 袋 秘 光 宜 的 记 趣 乎
下 特 然 然 桌 热 的 落 煲 野 发 自 票 子 光
定 的 见 运 复 书 领 露 升 衬 他 照 活 想 人 携
权 赂 错 素 先 答 之 肉 顶 片 露 马 碰 恐
傲 滑 欲 怠 研 要 平 露 间 升 程 秘 海 恐 袖
不 休 能 研 电 条 桥 有 通 真 社 书 信 钢
程 马 衬 欲 私 有 瑞 了 考 人 狭 未 情 妹 笔
胶 乐 程 状 余 约 充 只 运 行 隘 能 得 妹 电
的 毁 人 诸 有 是 傲 驱 真 数 的 野
保 摇 惧 惨 行 而 不 担 心 惨 雪

海 绵
可 靠 时 候
的 明 天
农 场
狭 隘 心
担 的 妹 妹
钢 笔 之 间
只 是
未 能 确
明 复 杂
，而 不 是
首 脑 会 议
照 片
的 干 净
疼 痛
解 决

Puzzle 180

容 忍
计 划
脚 趾
椅 子
相 当
平 静
一 系 列
配 备
的 恐 惧
第 一
淋 浴
模 式
雇 用 困
贫 牛 奶
酸 击
打 算 机
计 候
气 奶 油
丘 比 特

脚 趾 顶 的 肢 欲 程 有 。 自 醒 规 介 露 的 车
雇 用 循 诺 恐 乐 苦 有 迟 年 性 修 摇 光 乐 升
有 肉 雨 音 心 惧 栏 伏 定 桌 肢 年 顶 口 了 有 子
领 疲 条 惊 自 计 回 气 候 请 的 因 高 椅 建
相 虑 凑 邀 计 划 项 配 秘 望 打 酸 考 情 滑
当 放 通 马 增 灵 趣 备 社 的 想 牛 高 自 社
计 摇 升 看 决 先 容 邀 护 间 奶 虑 最 升
算 透 祖 灵 模 条 迟 忍 贫 遥 来 信 放 日
机 究 况 灵 式 乃 图 透 困 静 马 子 煲 过
便 能 优 毁 出 修 情 乐 飞 村 驱 眉 一 乐 过
修 介 回 光 一 远 领 滑 主 奶 克 迟 衡 情 面
高 赂 复 填 系 发 况 平 本 油 于 看 考 恐 村
蛾 梳 祖 衬 列 音 行 平 恐 比 怠 量 望 破
自 幸 摇 要 欲 特 出 顶 数 究 己 己 书 后 袋
信 情 热 最 部 行 的 根 复 想 特 瑞 恐 香 倍

Puzzle 181

便露，查亲图本接降虎有情栅遥自真分
礼坠除喜肥动物收然研自因息己通增行举
下露了光定携延情究视转恐自衡惊树凑真
增有破性坠梳的中情生再自余的发香部
情袖炎四疲鸡女议情见闲余的得出中
添便优降疲蛋儿凑信怖运草转橱心恐
礼加请研乐便页疲凑情运落欲柜高栏
带心礼野主摇信朋凑情宜卫灵四骄
迟行租幸生通了友情答礼栅木父栏
信错信中诺项心领过解大声父倍息略
动露携灵远建动虑气味自静落乎骄
亲类迫诺使建子驱喜趣乃举曲衫坠静
的四使坚毁要喜的傲视摇棍情几而
克鳍举水果露发他醒电自球数生绍则
底音野书恐爆发

中心
小猫
曲棍球
迫使
动物
坚展览见加
再添声
大的女儿
爆发生蛋
卫鸡炎热友
朋橱柜
气味
，除了
接收

Puzzle 182

灰尘权解顶表书野焕高票理特加状野音
股草运骄释示能镜信增人肢心树保心鸡
租见>镜袋权伊娱貓区复部领摇票权保桥
梳亲的型租地惧乐出镜近不号余桥
栅通邀票梳欲活蛾自秘循地视遇苦
噪倍存虫凑期放傲生邀加便解书
考惊飞请他肥望假过请黄本解疲柔
约部亲的的乐特情程的英油况！请
的复想私主题，情有里！灵马
瑞需求况组，决用坠增究内过
情桥紧肢织子村惊根碎径情部天
行股醒滑士树平在用>心飞量使
基只有欲存释怒时页护增图部衬便
直为伊滑焕鳍眉自毁碰平眉摇
地子快滑赂转不凑票伏转坠领镜露伏

灰尘
路径
组织
期望
表示
行为
的有用
主题，
黄油
他的
放假
解释时
在里的
的需求
英内
大怒
内部
野鸡
天使
只有

Puzzle 183

```
故 日 瑞 然 后 快 心 滑 栗 疲 机 信 息 好 身 子 他
事 邀 蛾 静 貌 肢 鼻 人 差 丁 类 恐 皂 闲 木 私 祖
喜 升 欲 露 则 自 喜 子 异 保 洋 遥 葱 加 蔻 特 页
最 自 喜 转 试 智 的 画 笔 安 后 信 飞 根 想 信 皂
觉 遥 车 考 身 能 欣 然 电 排 研 鼠 洗 欲 加 破
议 然 程 释 他 的 便 源 车 欲 标 ！ 肢 要 有
部 亮 貌 年 子 余 考 远 社 梳 保 发 自 礼 休
况 定 自 充 文 完 修 紧 绍 安 射 子 况 举 查
情 出 人 权 章 人 亲 饭 美 蠕 自 况 解 思 猫
倍 型 傲 撞 从 士 视 也 底 安 马 出 伊 延 心
特 保 破 伊 改 视 噪 迟 露 恢 闲 解 号 诺 之
乐 驱 里 醒 革 觉 饭 要 的 ！ 旅 觉 桌 碎 根
镜 究 飞 放 丁 摇 噪 丁 袖 程 雨 伊 瑞 动
解 过 醒 自 柔 伊 状 柔 察 加 雪 权 傲
遥 信 环 灵 苦 行 饭 煲 性 保 环 滑 怖
```

右侧：
```
射 美 能 过 然 期 排 葱 像 异 画 章 子 标 套 觉 事
发 发 洗 智 不 欣 周 安 洋 差 的 文 改 旅 鼻 鼠 外 视 故
完 笔
```

Puzzle 184

```
望 特 蠕 根 心 空 带 乐 机 的 老 ！ 旋 区 程 租 醋
快 理 请 典 素 升 中 转 绍 想 蔻 灵 从 底 安 欲 ！
趣 首 富 行 部 便 眼 于 看 书 重 凑 露 醋 不 虎
苦 而 树 驱 貌 土 想 到 肥 旋 顶 的 权 坠
马 娱 领 则 镜 露 豆 情 具 下 下 迟 差 绍 露 醒
量 恐 木 诺 亲 情 租 灵 体 治 思 车 心 亮 倍
动 桥 远 雪 查 的 飞 特 护 能 机 优 不 能
事 考 眉 私 音 秘 村 的 光 马 乐 洽 便 数 年
马 一 然 好 口 确 人 滑 胶 肉 瑞 水 事 有
不 年 吸 恐 他 正 望 自 项 树 迟 记 梳 复
得 区 取 下 袋 主 马 因 休 自 士 趣 程 自
分 自 树 里 遥 栏 旋 型 豆 皂 数 了 安
苦 猫 龄 最 步 人 灵 肉 源 国 音 蔬
摇 露 面 诺 约 骤 定 礼 蔻 镜 宜 菜
护 年 保 要 底 则 情 差 静 本 增 远 股
    鹰 头 分 转 保 恐 默 木 衬 数 信 有
        醒 日 复 约 根 沉 桌 差 据 图
```

左侧（竖排）：
```
沉 默 骤 机
步 的 飞
判 定
土 豆 分
得 谈 取
洽 据 体
吸 数 具 富
蔬 菜 头
猫 空 中 鹰
一 年
治 疗 到
看 下 面 王
国 正 确 的
```

Puzzle 185

里定树紧活泽充新祖乐幸复答案研情老
欲考酒后口顶欲鲜人木磨部机光快股能
滑驱虑克举木号飞旋能票权幸蔻得稻心
摇迟直能有木定瑞秘水得恐马快见亮差
部件撕升亲电机的上不填领蓝保通底露
型页几裂机性不保不乐书村状铃紧研貓
项欲破衡理惨车下灵柔先图人研的虎
最有欲兔分相互作用驯鹿墙上无数考自
举查理子得他紧娱转来考中宗选了驴许
碰飞光天研红惫士苦礼皂生车教坠饭视
的本过票降色他页趣自从机蔻则页因欲
望疾病过也加然衡欲携的怖解原光透高
柔栅驱野规带入光智数水乐指间携行光区分加
袋恐凑凑身根明智数人肥甲驴素携区加
错的官方保他保本研赂焕想部许虑究

加
入
部件
疾病
新鲜
驯鹿
红色
蓝铃
相互作用
撕裂
兔子天
无数
宗教
墙上
直升机
酒后甲智
的官方
原因
答案

Puzzle 186

城市
丈夫
耳朵
视图
斑点
很多
希望
创建
小弟弟
两次
列表
办公室
滑冰
负责
开玩笑
真相
通知
汽油
重量
法官

平鳍焕的耳信灵水规露眉从摇肥高貓香
请增解灵朵欲破面虑草信幸坠况不皂
私快直碎摇理豆惨碰秘便斑点秀解紧老
介安携乐恐约而瑞次皂私马野肥栅本型
肢列开直笑伊次加权喜噪树自娱相恐
活表直热答近克光状部灵地建真木官
旋型热毁破负小貓也增高创子升法心
高乐年马身责弟也驱公室号约破蛾书
情循。息型瑞雪察弟主高性生很乐官里
宜复信车机野远心许间重量底量趣介通
城市士飞况摇图考不填排活得汽迟摇
娱于息蔻望升丈肉根思排页伊损许信蠕
通知急量便底鳍面增四高乐他高下便
举希望不真滑冰噪增四高乐他高下蠕便
护过介票究恐野噪

Puzzle 187

情光重凑规泽惧议怖发伊便他毁生理损
根饭参不电面性接近生赂高落幸梁几
数据与的破摇花秘近年醋他幸物衡
木近者保量蜈蜜顶秘年而研柳自叶有理
定克行介草蚣镜闲恐源人研柳事物后
电影栅试差的听于复撞延损园理机的的
得日露信主镜书坠坠地灵车程
社增从女则页则转伏地面情行瑞
余乐雨巫视，热梳有好决真光欲介丁
克碰也电袋专基他约骄见天数解面
优虑情发持机区充骄热诺气况转光
租坠里能摇权究想遇许骄静解过转恢的
宜情坠摇原伏心许倍热好指蠕况权静
降坠高持子况而坠豆肉眉撞口子底露

原子
物理
参与者
动物园
试听蜈
专家蚣电影造
蜈电影气
建天气叶听
柳女地方
巫生接近
的发据
发接机构指
机指标花蜜
花标主
主题，

Puzzle 188

焕欲研想趣动马热亲野则的块能行时情
部高号优状肢飞生参介够亮野
胶度人页最不子无热加解升齢根
增的齢事摇！数间怖亲月放
。保静事亲滑后闲飞解念保外
优最不皂解马部幸便解马肉研
望摇虑选撞趣观迟建马乎型
建加餐持皂请子幸醋赂醒重
鳍立厅人人胶生改能觉的
望立思驱图便恐情摇信自
携人坠灵元过地蛾自眉
惧而毁情下梳权坠移息
降摇则要齢于诺地动息
灵的豆噪好复私镜孕马成
几从想权议马区根选运

外
移高的餐
月民
鹌建受时
参完
元能
未解改
无数

Puzzle 189

尽管稻心过娱调查总有面面秀栗桌活生
透汽油车举马诺则统士心间克桥梁香动
分里人记考情出约答股增惊股破虑虑来
肢的袋差理惨音的几马地解解平乐人
胶况运情复马机的旋袖升底直大倾发
草了四了损票几信坠出直下修亲况
子伊许要急的旋皂降租修。向肉社
木自摇解况考心信高底特于野决
条栗乎雪的记坠心素信平雪树定
旋士自图中得降乐而号望北极傲
本填本的数水壶保护望表北极书
运龄人远充旋虫袋请词汇恐克稳
行定制心噪想袋下假回妈研幸
底升时的乃形容鸟啼规古董几栗发近
能候　　形　　　喜　　　　几　　　

妈妈　尽管　制定　倾　北　大　请　总　袜　调　古水形　记考　鸟　词树　的　汽油
妈　管制的　向于　极厅　假统子　董壶　容得虑　啼汇　时候　表

Puzzle 190

的任何
消息
陪
市团
信息
特别
面粉
还原
法院
便宜的
瑞典人
连接
阳光灿烂的
重视
皱纹
后来
虚假
感谢
的手指
激烈
蝴蝶

热老焕记之娱直便分面举循的赂饭摇面
瑞倍票子树思定惊水举行特恐转信息平
醒典喜欲类香的部便介解透皱图之有疲
生理人欲远栅不领况况纹高部回加
觉升特重视肉瑞香皂的摇的规权租
思息别观连考况面伊想村通来稻
蔻骄股水亮面粉何眉本后息的
分的己社接坠解车填后保手
飞情社木便看也碎镜介肥间指
乎迟活存安本便宜身真父镜环
近状察静。香视建恐真望然克豆
型坠地还原蝴阳光灿烂的决骄克约
过社伊顶加蝶延优优修伏息加
考环远的人类回远发法院余本雪
陪审团感谢飞便动惧规特他领消假

Puzzle 191

面 野 海 煲 部 增 宜 子 条 面 心 老 情 老 肢 本 放
议 许 雀 许 人 后 趣 研 行 类 远 社 复 骄 醒 下 。
透 望 底 ！ 疼 水 獭 行 租 情 答 了 栏 木 间 的 骄 下
远 考 花 余 高 痛 不 建 条 不 亲 摇 有 书 情 衡 瑞 错
乐 心 举 静 独 栅 的 马 简 加 幸 视 况 曲 稻 的 了 恢
透 祖 野 平 碎 毁 降 作 者 单 得 可 出 往 的 情 数 据
恐 噪 安 要 研 约 宜 他 豆 宜 迟 移 自 汽 车 旅 馆 请
眉 于 露 特 泰 迪 熊 心 书 瑞 上 植 之 凑 祖 损 规 理
修 平 规 领 高 自 便 察 虑 绍 释 赂 修 桌 欲 透 乐 选
的 规 举 自 衣 露 驴 落 书 宜 香 快 子 下 口 噪 乐 循
情 解 好 而 几 柜 泄 协 助 书 香 面 况 坠 机 了 下 介
研 雇 衫 承 诺 分 举 建 漏 惧 环 坠 桥 思 真 娱 试 光 遇

海 雀
汽 车 旅 馆
的 独 立
泰 迪 熊
的 数 据
作 者
衣 柜
的 简 单
泄 漏
往 往
协 助
水 獭
花 园
不 规 则
卷 曲
承 诺
不 足
可 移 植
疼 痛
雇 用

Puzzle 192

绝 望 的
一 些
安 全 度
精 博 物 馆
蜥 蜴 的 音 乐
结 论 上
晚 睡 眠 那 种
盛 职 业
曲 领 悲
有 详 细
使 早 餐

绝 望 的 他 活 蠕 不 > 保 醋 的 程 惊 虑 盛 大 有 几 煲 摇 袖 便
秘 有 的 最 股 况 详 细 娱 骄 音 貓 飞 香 年 动 然 疲 号 > 差 情
事 便 磨 皂 查 复 顶 然 那 种 乐 护 解 他 充 马 野 号 早 餐 曲 摇
基 远 项 复 自 程 旋 的 要 增 答 基 人 股 野 伏 介 落 类 面 遇 线
先 桥 能 图 驱 露 能 眼 倍 驴 滑 毁 貓 恐 胶 余 镜 皂 了 填 村 雪
心 摇 运 稳 领 生 底 怖 自 电 倍 理 号 不 循 情 睡 底 悲 究 雪
年 权 解 建 恐 貓 解 转 貓 状 身 乎 他 野 特 木 稳 惨 的 高 情
有 落 心 恢 里 苦 诺 环 的 眼 子 要 循 肉 一 不 使 恐 优
博 野 摇 结 底 树 保 修 租 雪 精 焕 特 些 出 惨
焕 物 票 论 持 袋 秀 便 度 心 望 好 典
子 马 馆 镜 亲 野 数 自 貌 领 乎 不
灵 眉 马 疲 棚 之 磨 得 精 回 心
蜥 的 区 晚 赂 职 安 近 度 袖 野
雨 蜥 特 子 滑 业 全 领 好 心 摇
慾 介 也 项 好 循 欲 特 傲 放 出

Puzzle 193

袋 复 香 研 赂 镜 心 增 酸 心 水 的 洁 整 部 件 秘
周 亲 惧 最 木 木 觉 邀 牛 貌 果 怕 妹 身 高 灵 状
一 娱 典 部 保 镜 飞 镜 奶 看 雪 可 主 妹 快 便 类
> 眉 驴 子 特 热 快 从 释 然 部 高 快 醒 动 回 眉
分 光 衬 紧 不 安 延 镜 充 词 苦 乐 特 里 灵 特
条 底 票 惊 落 回 延 邀 高 汇 存 老 父 人 请 坠
释 特 休 ！ 的 人 视 赂 后 购 滑 吊 自 秘 于 快
赂 袖 马 区 热 面 特 察 状 买 四 着 水 则 飞 水
摇 差 落 平 树 自 高 环 股 老 通 降 亲 则 赂
存 素 肉 改 善 自 便 三 解 木 的 灵 支 身 有
趣 升 本 考 自 马 条 明 饭 衫 释 分 权 豆 情
不 的 已 经 人 士 持 治 的 带 远 释 日 不 理 区
情 号 机 损 傲 持 便 动 恐 有 则 邀 书 露 高 泽
查 远 护 人 磨 便 作 欲 类 高 项 有
摇 增 毁 ！ 袋 有 幸 不 上 人 似 细 腻 页 煲 本 理

词汇

三明治
灾难
周一
整洁的
可怕的
吊
类似
身
快乐
动
细腻
水果
改善
购买
已经
支持
的妹妹
酸牛奶
部件

Puzzle 194

的 出 露 眉 仓 乐 远 灵 上 镜 木 醒 填 真 趣 也 分
近 惫 的 的 鼠 因 过 坠 素 升 究 在 充 状 恢 撞 马
瑞 的 树 希 观 动 护 行 野 眉 静 自 楼 中 旋 思 有
区 人 衫 自 理 望 心 便 马 人 性 性 他 醋 醒 祖
循 纠 的 画 克 皂 查 分 眼 衫 老 项 蛾 差 动
恐 释 结 傲 桥 摇 理 类 梳 梳 条 丁 过 境 身
选 特 真 然 建 转 似 动 热 升 放 先 热
之 木 区 平 面 秀 的 有 重 醒 牙 肉 充
通 滑 情 通 事 丁 瑞 鳍 惨 图 木 桥
醒 活 感 鳍 梁 修 老 转 本 缤 片 之 花
肢 发 的 运 查 老 回 快 纷 里 延
页 野 老 源 复 某 坠 回 介 的 苦
情 娱 论 。 况 述 决 息 望 秀 高 恐
马 袖 文 豆 看 处 了 地 批 研 桌 的
虫 加 瑞 袋 处 见 股
煲 梳 情 理 实 能
远 先 际 私
机 理

环境

环境
纠结
缤纷
情感的
某处
在楼下
仓鼠
批处理
雪花
填充
讲述
选择
牙医
图片
实际
论文
的希望
类似的
放假
的画笔

Puzzle 195

远 番 了 先 摇 梁 蔻 碎 社 栗 中 延 的 怖 损 答 安
到 处 茄 摇 带 项 有 升 休 自 建 增 绍 无 失 试 聊
生 口 循 特 他 权 远 人 子 香 租 有 环 直 秘 充 趣
循 电 约 基 急 地 恐 持 蕉 填 研 紧 木 程 便
部 左 腿 条 蟾 部 发 迟 皂 有 时 皂 栗 野 充 环
亲 伏 察 面 蜍 身 丁 行 邀 树 的 要 胆 香 理 存
运 优 邀 有 动 傲 蠕 贸 村 许 典 唤 野 平 思 充
本 祖 况 遥 的 破 易 易 部 宜 大 醒 晚 袋 光 理
看 解 安 热 增 袖 摇 摇 也 情 真 飞 检 复 议 思
合 紧 面 毁 想 私 下 电 透 于 虫 查 娱 定 光
作 从 热 傲 情 身 乐 滑 口 检 热 测 便 平
伙 后 泽 思 皂 祖 察 高 约 面 生 图 解 之 便 桥
伴 桥 凑 摇 定 欲 飞 心 草 类 东 鳍
制 惨 放 地 出 因 焕 好 上 热
定 复 型 本 则 篮 镜 顶 难 量 举 的 地 项 衬 露

聊 无
时 有 东 贸 检 番 大 香 左 制 到 损 合 唤 揭 困 好 蟾 蜍 摇 篮
部 易 测 胆 蕉 腿 定 处 失 作 醒 难 的 蟾 蜍 揭 示 伙 伴
饭 茄

Puzzle 196

决 之 充 下 分 下 肉 噪 情 然 他 木 肥 衬 虎 的
部 接 受 > 迟 的 虫 音 怖 转 雪 骄 信 选 存 便
通 观 构 造 碰 页 人 也 远 年 量 貓 怖 股 也 最
草 亮 稳 来 马 类 于 蓝 色 的 不 好 音 肉 发 福 幸 坏
过 程 考 有 灵 了 记 马 趣 的 雪 行 露 平 原 光 的
习 惯 世 息 亮 人 音 平 了 飞 灵 露 状 动 趣
伏 稳 界 > 有 恐 子 迟 性 融 先 究 肢 项 保 本 带
不 区 程 运 蔻 滑 运 记 肉 化 复 露 规 虑 信 >
蔻 稳 损 面 思 啤 高 票 素 醒 马 柔 香 苦 静 露
生 安 士 酒 出 驴 本 娱 菜 介 自 栅
规 露 机 貓 恐 保 上 因 过 趣 幸 差 子 马
底 喜 胶 下 娱 护 己 碰 的 英 忘 苦 时 宗 存
旋 况 露 袋 转 闲 稻 方 邀 记 水 页 候 教
社 袖 休 保 紧 素 介 肉 向 寸 超 越 亮 音 差 答

忘 记
融 化
超 越
的 方 向
蓝 色 的
时 候
漂 亮 习 惯
英 寸
接 受 酒
啤 幸 福
最 过 程
构 造
最 坏 的
香 菜
记 录 界
世 界
平 原
宗 教

Puzzle 197

```
复破尽了冲击区乐村延设亲年行下村研
事携一倍凑况恐根理迟秀有能的驱午苦
定磨份磨重的先迟损真特的特马有动视
瑞排而地况摇迟损真关图露几自快优树
损栗量特保有的乃键信木保凑醋行乃
然驱转情摇心的乃凑议心的然饮遥
思透静底丁洪喜凑考惨坠人行重喜料
明天己野礼之柔镜具体增鳍觉社损身>磨
惧外观本自马平眼。本野况主损衬规举
恐建解障远衡保不口最近修加特高急规
的带出骄直栗野焕便焕议了傲亲高间
胶对柔底保人衬光喜摇摇股人肥怖规
理得手平村股之介间桥持心亲衬滑
煲他野苦幸父亲格式号本情音带私热
```

设外之洪尽延虹格紧同故冲饮的关下明的具体

有观前水一份迟膜式急近情障山料对键午天的恐惧

手

Puzzle 198

```
的图骄自释惧泽没蔻击降大状木复面趣
喜人礼他稻好野话动傲败便书干村真恢
倍树典视复木则说机了后人虎旱面摇复
西音远复研循虎饭敌人本不生察望，底
瓜情建余本马便欲排>虫野坠情号虽回
生号性的光的因秘复重降特活自然发
雪己坠行乐本衡情碎研疲降情丁射
报事复学许程分地部想降几老四社
理告休觉通注喜释疲通柔木乃
规先泽制页意真图趣停日惧领梁
顶稳加！造子到视下欲菠从领木
源因典露生发解图邀止萝典闲理
量亲特凑胶息袋动快素部蔻自间
典得丁排士撞心邀菠考四自错
本口乐遇不则凑子速肥转欲保
```

学习
大便
制造
没话说
，虽然
快速
狮子
菠旱
干停止
报告情况
敌人西
注意到
动机
不同的
击败
发射
视图

Puzzle 199

皂保采远的饭欺的的摧电行木通眼亮了
记顶分用坠蠕骗股身毁的家乡知损皂错
露肢亲高选情高环要面票解遥加察事
磨循回类社惧豆透绍来眼村持他件
余木释野的野料望坠远镜规负规马
忠股虎区典自貓解想信貌生责持的
自诚肉自士人加透过信投醒霜错煲
过介栏丁自加先热研迎的里发热雪的
艰难上马约趣入冰研号密甜答猫马
蠕定坠远根霜肢柔集里部活动
租乐保修类祖摇的的不瑞部雨典
肥礼领碰也本回音情乎伏加票露
皂分页摇便便运侣回紧眼马差
水书要细惊类喜生雨运野
本心摇节社复权生村自看情分基解

甜蜜情侣
的情集欢迎
密的摧毁
投忠诚难
艰兴骗乡
高欺料水
的家皂霜
饲肥节
冰细用
事件入
采加知
通负责

Puzzle 200

俏皮   好运治地察过四桥优音马梁村磨灵有怖
急于击   从权疗理于镜试人摇心赂蔻攻惧动撞余
攻精神   稻行填貌议虫解傲欲得击坠至少栅
在去年   页祖上持复礼性破貌乐心你幸状
地崩溃少   存稻自镜理士分复栅发浴克野梁
至叫着   精>保的人毁灵本带衫淋特急己
识别   神的悉礼栅摇几降亮高特急究
的谈话   的联邦真排行叫灵页浴于行
循环贺   龄谈远则四动皂日乐克下觉
祝乐   休考话高灵苦介音苦领环转镜
音自己   有信胶运肉人带有循思源恐
你联邦   俏皮保村四子识傲看焕的豆
奶油浴   的在去年镜驴别情先乐本衡
淋看到   底人转袖崩则人下慘醒信远部
治疗   醋平祝贺溃社直奶肢油柔程便信延

Puzzle 201

查 人 惫 了 醒 损 比 觉 记 煲 便 介 恐 的 恢 增 安
察 信 规 肉 丈 夫 较 面 皂 亲 特 欲 错 本 数 加 他
草 光 亮 考 人 类 光 祖 自 瑞 项 得 项 基 觉 心 理
袖 坪 观 视 可 靠 桌 见 护 护 项 喜 介 栗 有 口 保 真
胶 情 护 直 完 主 数 马 人 票 定 心 他 饭 表 育 发 光
撞 灵 直 人 欲 磨 驴 便 存 号 镜 况 闲 望 面 的 东
豆 放 人 完 整 行 损 蛾 水 解 了 面 恐 鳍 西 伏
趣 特 主 的 龄 醋 坚 果 决 定 重 恐 会 恐 荣 光
蔻 伊 解 心 保 要 面 微 皂 稳 赂 的 明 确 保 请
自 环 放 最 亲 趣 况 村 惧 的 父 栅 沟 的 信
有 日 宽 近 息 坠 赂 图 泽 也 得 建 究 滑 的 碰 伊
透 恐 社 己 余 喜 典 人 灵 伊 本 情 眼 苦 运 书 草 平
肥 煲 损 休 了 遇 镜 页 本 情 眼 恐 举 毁 伊 定
皂 草 替 代 镜 余 远 诺 信 幸 项 村 露 乃 情
定 毁 租 光 不 要 觉 亮 镜 梳 下 情 余 项 定

词表：
磨损
比较
沟通
肉类
的教育
完整的
替代光荣
机会
的东西
草坪
轻微
增加
表面
放肥皂
明确
可靠
坚果
丈夫

Puzzle 202

损 最 热 乃 提 况 直 马 便 之 于 高 自 中 飞 带 眼
作 家 老 鼠 醒 书 则 上 碎 马 雪 灵 怖 高 柔 乐 损
驴 领 乃 行 考 部 平 升 肢 破 不 四 回 心 透 透 平
驱 根 平 况 驱 龄 热 差 自 人 于 过 旋 袋 透 时 钟
热 回 朋 友 摇 社 > 马 然 便 后 他 > 考 状 状 惫 自
发 面 水 方 面 豆 条 亲 恐 机 木 雨 不 信 从 保
领 特 事 惧 察 有 骄 的 情 判 衬 书 撞 主 远 望
建 诺 袖 雪 怖 落 填 的 类 定 况 坠 幸 要 猴 错
苦 填 后 乐 不 程 子 摇 排 高 衬 宜 袖 遥 子 放
稻 差 事 大 最 惨 生 充 自 事 摇 的 匹 典
想 他 父 便 况 野 则 静 自 有 自 焕 中 壁 配
究 父 飞 秀 运 护 型 自 本 行 信 能 草 奶 画
胶 木 之 子 龄 望 骄 雪 真 正 也 带 奶 增
之 的 研 究 望 的 研 究 复 水 小 数 中 心 信 热 休 摇

词表：
的研究
方面
小数
的壁画
老鼠
真正的
主要
提醒
苦差事
奶奶
时钟
作家
也不能
上升
最大
猴子
匹配
朋友
中心
判定

Puzzle 203

保 撞 租 子 肉 虑 人 中 重 平 丁 邀 面 则 复 见 水
想 从 梳 本 底 透 下 人 机 邀 伊 日 信 情 要 音 波
加 镜 平 野 乐 马 规 的 便 四 ！ 提 俱 任 保 循 蜗
颗 秀 发 信 状 醋 宜 手 箱 提 充 乐 特 貓 衡 杆 娱
粒 沙 复 高 旋 最 保 而 坠 赂 部 试 远 决 计 情 情
衫 柔 自 级 存 爸 伊 日 面 余 趣 面 理 素 携 算 苦
携 父 了 近 爸 木 礼 倍 了 自 人 亮 色 透 热 机 升
镜 热 有 行 的 互 动 乐 闲 气 灵 摇 依 倍 情 动 见
皂 倍 票 重 日 分 恢 自 乐 热 红 定 赖 考 保 重 书
上 趣 的 士 秘 蔻 热 气 最 快 候 参 父 视 根 运 下
苦 来 信 填 填 热 欢 热 明 的 的 加 填 人 的 肥 租
遥 放 迟 充 自 理 热 透 绿 最 状 父 自 部 木 欲 肥
灵 则 祖 根 根 坠 而 绿 明 约 栗 稳 野 下
思 分 本 研 上 而 考 记 口 马 过 肥
透 分 怖 解 况 伟 惊 几 年 恐 远 循 转 肥 下

Word list
参 的
欢 加 快 的
海 绿 级 色
准 的 爸 爸
蜗 俱 乐 部
妻 沙 透 发 明
疯 水 波 互 动 的
逐 的 颗 粒 提 箱
落 周 依 赖 任 候
的 手 赖 信 气
澄 依 宏 信 计 算 机
奏 气
模 计 算 机 红 色
服
那
混
运
墙

Puzzle 204

情 便 加 士 摇 不 饭 心 貌 转 的 狂 疯 面 的 雪 信
乐 领 环 机 热 权 子 喜 高 降 医 飞 雪 马 书 议 心
摇 宜 恢 高 权 下 蛾 肥 升 望 生 明 星 露 信 傲 海
木 怠 查 之 木 好 因 伊 条 摇 先 虑 则 股 袖 心 葵
项 上 平 自 的 直 约 木 人 差 分 幸 龄
趣 望 栗 本 子 好 数 栗 父 口 亲 坠 况 恐 醋 人
透 蔻 人 墙 请 则 租 基 木 梳 望 毁 火 那 解
麻 烦 有 上 过 野 己 衡 于 皂 定 灵 炉 么 得
底 水 香 介 奏 肥 复 龄 答 旋 马 噪 闲 衬
生 灵 来 澄 请 余 信 梁 口 灵 肉 惊 身 加
建 稳 准 清 增 素 祖 发 傲 妻 试 票
口 里 条 逐 渐 项 则 木 生 重 信 袋 子 运 输
携 父 典 平 底 服 解 遥 姜 领 宜 栅 日 摇 镜 选
的 而 他 萝 虫 从 马 性 幸 素 解 了 于 礼 飞 混
心 模 拟 香 卜 驱 充 碎 状 日 降 答 虫 而 有 高 合

Word list (left of Puzzle 204)
明 星
火 炉 葵
海 准 备 卜
萝 麻 烦 子 姜
妻 生 狂 的
疯 渐 户
逐 落 医 生
的 澄 清 请
奏 模 拟 从
服 那 么 合
混 运 输
墙 上

Puzzle 205

光 信 面 另 一 个 答 试 礼 坠 转 怖 貌 动 貌 损 秘
摇 有 马 放 四 源 页 转 高 驴 得 衫 要 马 举 后 技
疲 不 破 车 循 型 规 煲 底 有 条 地 建 远 主 续 工
地 增 快 身 镜 有 反 排 心 摇 水 试 惊 分 落 栗 状
喜 子 量 本 宜 反 真 保 议 也 图 当 远 驱 先 稳 好
得 本 的 望 蛾 真 碰 养 面 当 前 饭 况 条 诺 平 动
乎 底 质 煲 草 几 恢 有 对 拘 口 复 远 灵 延 恐 填
亲 亲 袖 稳 苦 摇 结 肢 考 捕 帐 饭 驱 虎 租 情 遥
士 人 秀 权 秘 趣 束 保 察 恐 肢 远 趣 闲 摇 灵 能
降 账 户 心 肉 沙 堡 条 素 宜 篷 增 自 趣 人 ＞ 惊
通 本 情 素 思 正 是 有 蛾 自 本 光 租 日 考 排 胶
伊 情 答 自 研 撞 镜 动 区 醋 定 自 乐 了 增 冰 租
祖 破 雨 有 携 静 理 老 解 子 面 持 量 带 选 箱 况
破 机 乃 能 携 状 加 研 执 士 股 部 休 醋 很 好 惧

篷保当拘结正很后账反本
养前捕束行是好的续户向质衣笔对工一个箱堡主人
帐保当拘正很后账反本毛铅面技另冰沙主人

Puzzle 206

兴趣消失情人节
是指蜡笔
鳄鱼局限出支场现实手柄成功娃娃姥姥管理者过去的艇体关联的女儿国王

兴 现 闲 国 况 的 袖 碰 状 了 噪 蜡 典 肥 部 视 稳
趣 柔 实 王 能 音 觉 便 型 闲 面 笔 绍 选 瑞 豆 支 出
局 限 貌 根 见 高 磨 雪 了 增 遇 信 诺 便 毁 趣 怖 建
栏 本 建 私 行 快 优 心 数 豆 因 充 望 飞 的 欲 的 音
答 露 差 马 有 情 况 根 面 平 的 请 主 升 桌 自 数 自
活 热 梁 型 远 增 人 节 焕 自 香 解 摇 特 思 马 释 静
试 袖 愆 活 本 栏 骄 本 查 蔻 程 里 试 的 惨 最 乎 议
是 指 乐 转 便 。 加 租 乐 飞 便 发 行 亮 况 增
饭 过 社 摇 直 滑 马 虑 飞 地 水 理 循 醋 而
人 许 去 消 醒 手 滑 释 貓 坠 秘 要 的 人
艇 儿 女 的 疲 柄 关 人 静 不 延 息
体 娃 环 选 失 父 雨 姥 惊 貓 梳 雪 撞
蔻 娃 典 上 飞 型 己 鳄 。 区 得 场 事 马
管 理 者 请 试 宜 稳 鱼 动 绍 降 景 了
滑 持 成 功 喜 己 野 諾 类 私 露 马 虎 区 来 马 议

Puzzle 207

Puzzle 208

Puzzle 209

```
于 木 心 主 活 试 理 傲 指 源 图 角 落 存 树 出 租
蛾 源 书 下 号 不 有 骄 望 蔻 像 稻 复 远 动 也 作
特 异 性 的 英 栅 虫 不 介 主 动 更 喜 皂 复 年 用
回 落 飞 有 里 豆 况 素 疏 动 新 携 水 循 先 观 个
他 于 梳 得 的 条 约 信 散 马 泽 选 最 梁 书 好 心
克 平 出 保 父 觉 马 观 惨 察 研 秀 特 蔻 邀 心 煲
信 底 信 亲 摇 遇 飞 遥 眼 树 情 况 皂 透 修 草
保 ！ 动 自 心 下 放 远 的 祖 解 驴 真 生 蔻
， 因 此 泽 的 乃 凝 视 疲 而 见 露 重 类 栏
分 士 排 的 驴 几 伊 的 页 损 延 摇 恢 票
平 绍 泽 年 自 请 桥 重 紧 轿 考 视 视 存
飞 察 保 醒 轻 复 木 特 图 跑 袖 来 幸 羊 室
源 醋 情 部 飞 旋 士 丁 财 想 碎 线 绍 疲 老
基 早 项 许 乐 许 过 村 信 产 中 视 总 柔 特
亮 晨 面 先 幸 上 下 村 乎 必 须 来 赂 源 疲 休
```

```
的 羊
必 须
财 产
作 用
角 落
图 像
凝 视
特 异 性 的
轿 跑 车
年 轻
条 约 望 人
指 个 疏 散
， 因 此
总 线
早 晨 更 新
王 室
英 里 的
```

Puzzle 210

```
树 修 坠 栏 上 衣 停 第 方 向 不 视 子 新 热 运 望
莓 袋 伏 口 肉 事 留 七 动 静 数 护 察 破 的 秘 后
应 该 主 苦 多 数 好 祖 木 本 机 排 错 最 足 娱 数
条 根 建 难 野 从 祖 坠 子 惊 错 顶 信 充 蛾 平
稻 稻 研 趣 得 老 旋 本 民 农 亲 于 答 优 社 木 服
目 回 户 外 视 况 本 恐 场 恐 礼 欲 保 务
标 蛾 回 的 碰 乐 肉 修 主 父 龄 。 举 梁
想 灵 区 近 惧 乃 衫 赂 木 蛾 保 试 电
热 香 自 村 马 信 坠 真 野 理 整 齐 噪 遥
观 号 木 部 鳍 项 考 父 雪 项 安 放 亲 书
取 许 镜 不 要 安 的 四 复 栅 香 猫 碎
优 决 热 祖 看 他 飞 行 伏 典 考 毁 行
保 他 于 约 树 泽 雨 顶 典 先 伊 动 息
状 事 马 的 情 地 恐 最 规 秘 不 眉
镜 复 增 休 乐 煲 过 心 乐 飞 礼 的
```

```
树 莓 服 目 上 整 地 取 充 户 农 第 停 尝 方 农 新 多 应 该
服 务 标 衣 齐 毯 行 难 决 于 的 外 场 主 第 七 留 试 向 民 的 数
```

Puzzle 211

上 生 栗 只 有 底 介 保 热 有 摇 远 增 温 不 情 肥
速 度 坠 保 要 便 出 携 部 高 平 分 度 马 约 豆 增
最 响 乃 恐 定 闲 建 自 幸 平 紧 信 始 计 理 不 根
有 亮 惨 快 确 透 毁 信 驴 紧 答 终 地 程 主 也 日
碰 木 答 便 切 描 猫 息 眼 答 静 坠 高 电 图 摇 错
眉 规 龄 亲 车 惨 述 驱 平 得 醋 面 凑 书 露 撞 乐
先 虫 虫 最 主 车 透 恐 携 摇 娱 栏 息 几 飞 桌 野
有 的 栗 邀 信 直 优 人 伴 侣 议 幽 惊 坠 香 水 议
远 马 从 电 远 有 怖 绍 静 蘑 护 肥 增 撞 信 心 类
电 碰 趣 雨 便 出 乃 静 蘑 菇 己 灵 答 音 自 顶 主
滑 雪 面 见 伏 量 重 的 怖 转 衫 怖 老 醋 坠 甲 充
行 保 私 懦 真 了 保 票 梳 事 租 决 口 研 虫 研 虫
议 类 营 夫 解 看 眼 近 伊 的 选 失 苦 本 望 祖 肢
状 马 父 紧 迟 的 近 太 阳 乐 行 选 举 虫 恐 书 的
滑 雪 号 凑 观 复 趣 阳 乐 行 选 举 虫 恐 书 的 肢

失 望 的
始 终 灵
幽 伴 侣
懦 蘑 夫
响 温 菇
紧 速 亮
确 度 度
描 定 计
确 述
太 切
甲 阳
选 虫
私 举
滑 营
平 雪
只 静
有

Puzzle 212

政治
交融
西兰花
相关
分散注意力
溜冰鞋
的内容
闪耀
包含
战争
得到葱
水利润
皮肤
主题脏
心脏
竞争
气味
欣然
猫头鹰

息 的 亲 凑 本 摇 有 心 虎 水 约 战 争 放 排 因 破
过 热 区 觉 损 而 礼 便 皮 肤 葱 饭 竞 赂 心 许 欣
根 桌 情 复 灵 眉 程 静 丁 肉 摇 口 交 号 日 脏 然
焕 图 利 润 口 人 有 得 到 闪 伏 稻 凑 坠 溜 冰 鞋
了 饭 源 信 错 乃 租 的 闪 豆 稻 存 融 亮 性 蠕 有
的 信 分 桌 摇 错 释 程 耀 的 凑 则 的 规 动 租 灵
保 出 散 先 趣 胶 平 飞 骄 内 怖 亮 后 邀 下 自
的 乐 注 保 闲 能 机 解 驴 容 士 趣 落 发 自 最
状 坠 意 虫 根 地 的 肉 排 梳 气 味 票 典 主 村
因 迟 力 特 本 主 题 袋 稳 子 事 过 循 自 存 的
他 持 放 相 猫 头 磨 鹰 子 龄 饭 复 定 下 欲 父
稳 他 胶 关 考 野 稳 灵 摇 先 情 驱 部 自 衡 生
政 治 子 四 自 释 自 差 直 龄 环 出 自 最 西 升
惨 带 人 疲 撞 领 回 复 持 包 热 香 平 肉 兰 平
泽 股 增 本 便 惊 部 损 建 含 好 票 休 宜 高 花 究

Puzzle 213

凑 ！ 人 活 遥 灵 的 坠 保 木 货 电 醒 闲 落 况 的
包 括 决 损 焕 衡 > 热 泽 底 车 信 上 释 降 士 最
貌 口 眉 而 复 本 考 通 看 然 煲 则 饭 动 基 后
护 婴 复 动 疲 上 鳍 飞 好 恢 自 栅 平 邀 解 公 民
带 儿 的 脂 肪 乐 碎 欲 里 自 本 眼 自 娱 碎 口 栏
的 来 醒 有 钢 琴 自 秀 思 有 栗 选 木 生 自 入 图
能 面 了 五 来 迟 木 醒 野 谎 考 马 娱 乐 规 则 护
密 惧 排 个 旋 闲 而 恐 人 > 要 > 转 里 复 肥
封 袋 高 近 了 研 私 树 惨 也 惊 好 欲 摇 股 情 动
书 信 朝 着 野 型 介 绍 书 约 泽 的 磨 因 基 票
木 出 子 机 肢 恐 解 项 息 木 直 转 人 泽 通 袖
迷 惑 想 号 要 野 信 虑 年 研 自 主 伏 闲 源
剩 > 视 增 喜 秘 行 图 研 心 自 的 惊 电
余 己 父 的 肥 远 心 平 特 单 栏 决 自 源 息
排 出 观 便 平 乐 蠕 股 底 桌 元 镜 亮 安 驱 电

词语列表

带来了
最公迷密婴谎入醒
后民惑封言口来的货车
的排出的脂肪
五个
规则
单元
剩余朝着
自娱自乐
钢琴
包括

Puzzle 214

举 平 的 焦 大 用 作 的 释 解 规 面 能 股 的 自 信
自 柔 镜 点 专 亲 快 视 面 苦 记 袖 骄 海 撞 然 的
噪 结 婚 虫 。 私 则 线 四 最 况 护 本 洋 基 自 亲 增
看 桌 的 卧 室 木 复 动 主 最 保 亲 子 安 压 低 人 疲
因 龄 的 休 他 高 雨 延 直 信 木 回 乎 桥 野 决
便 主 理 状 的 季 得 电 雪 灵 地 情 镜 持 私 升 部 选 心
素 草 状 部 增 度 理 落 娱 喜 租 龄 活 士 栗 > 则
木 露 量 涉 及 趣 雨 磁 雪 角 条 觉 乐 老 栗 透 坠
煲 面 迟 通 滑 坠 损 带 了 色 信 有 心 虫 许 真
议 素 栅 亮 乃 携 不 > 延 回 想 邀 恐
雨 驱 优 况 视 的 状 旋 人 真 自 之 察
约 基 乎 动 下 摇 优 主 存 想 解 屈 答
升 相 保 携 电 慅 热 袖 直 过 肢 马 电
老 粗 同 规 视 摇 破 的 > 老 柔
带 细 村 护 透 步 行 摇 信 有 滑 里 地 露 型

词语列表（左侧）

季度打破
大专的作用
压低的视线
海洋
抽涉及
优势
磁带色点
角色
焦点细
粗相同
评价婚行
结步自然
的卧室

优 近 驴 蚂 蚁 的 摇 肉 最 试 减 少 约 股 不 专 秘
便 栗 子 温 柔 的 傲 从 安 武 器 欲 数 股 有 家 票
本 疲 欲 保 倍 号 则 里 解 加 理 复 的 喜 礼 升 桌
最 增 木 区 飞 出 恐 基 稳 本 行 能 透 露 举 能 蔻
虎 的 鳍 恢 特 然 自 本 慧 远 衬 事 得 惧 木 信 行 最 高
后 迟 恢 栗 马 的 重 的 程 画 稳 行 起 的 有 光 倍 滑 遇
豆 好 栗 特 父 差 了 约 恐 杂 眼 约 袖 考 缓 高 镜 类
不 亮 本 马 鱿 鱼 杂 志 数 噪 野 能 龄 急 雪 衡 机 行
食 飞 安 父 上 栅 本 情 加 有 释 着 最 欲 差 人 马
用 栅 栏 主 息 回 上 焕 高 闲 自 脑 介 惊 高 私 己
保 飞 复 醋 苦 回 复 来 宜 人 自 头 最 通 倍 重 雪
害 羞 人 栏 情 来 秀 快 看 究 疲 闲 的 诺 平 视 猫
了 量 祖 > 来 画 宜 人 桌 加 高 人 脑 喜 之 环
特 祖 栏 镜 秀 人 桌 本 自 数 有 看 自 介 通 重 马
特 觉 先 镜 主 息 回 来 秀 究 本 自 的 诺 平 之 己

缓 解 画 栏 子 急 少 脑 用
杂 志 作 栅 栗 着 减 先 柔
作 栅 栗 着 头 食 祖 蚁 复
栗 着 减 头 食 祖 温 蚂 人
头 食 祖 温 蚂 回 雪 家
食 温 蚂 回 雪 专 升
祖 回 雪 专 安 宁
温 专 安 害 羞
蚂 安 害 买 得
回 害 买 鱿 鱼
雪 买 鱿 武 起
专 鱿 武 器
安 武
害 器
买
鱿
武
器

无 线 电 韭 ， 眼 从 人 出 间 本 人 马 四 闲 ！ 栗
行 子 胶 菜 直 坠 肥 高 怠 口 源 惊 的 后 动 高 降 胶
闲 活 快 他 到 展 加 欲 了 源 趣 袋 煲 肥 幸 胶 年
特 虫 要 心 们 滑 私 了 源 趣 煲 本 而 动 属 属 于
露 破 考 特 生 镜 分 的 灵 煲 梳 社 露 答 间 料 不
动 项 数 露 的 本 程 了 伏 不 本 趣 情 惧 从 马
觉 复 解 醋 灰 尘 灵 恢 航 破 休 动 颜 料 喜 袋
。 能 恢 斑 羊 高 眉 镜 性 滑 规 抗 衡 鳍
虑 欲 摇 点 身 修 因 为 本 亲 究 决 拒 驱 马
胶 见 想 周 分 改 梁 紧 自 视 见 宜 宜 人 父
鳍 蔻 生 察 期 类 静 填 能 情 安 介 露 部 欲
人 恐 梳 解 迅 改 见 皂 保 看 保 子 分 驱 遥
趣 延 心 考 速 桥 雪 环 权 子 亮 遇 恢 自
的 营 养 笔 记 本 老 复 情 决 许 亮 几 信
决 喜 释 余 赂 领 滑 分 了 况 便 香 书

， 直 到 养
的 营 于 滑
属 柔 抗 拒 改 示 速 料 菜 口
柔 修 展 迅 颜 韭 出 笔 他 导
抗 修 展 迅 颜 韭 出 笔 他 因 无 羊 灰 周 斑
修 颜 韭 出 笔 他 导 因 无 羊 灰 周 斑 点
展 出 笔 他 导 为 无 羊 灰 周 斑 点
迅 笔 记 们 本 的 电
颜 他 导 航 为 线 群 尘 期
韭 导 因 无 羊 灰 周 斑 点

Puzzle 217

底 温 衣 服 也 复 思 事 优 亲 本 出 坠 于 直 肢 型
子 度 而 从 磨 本 虑 自 人 煤 地 安 克 得 则 项 信
机 肉 过 他 袖 之 便 放 皂 貌 人 工 的 柔 记 己
于 不 理 信 子 趣 过 区 员 骄 克 旅 蛾 泽
增 栅 草 几 鳍 稳 票 休 驴 人 研 馆 透
有 安 袋 解 灵 婚 飞 蔻 伊 亲 究 一 诺 根
貌 发 美 高 婚 礼 分 己 宜 优 热 能 充 充
眉 股 父 复 真 老 碎 降 快 面 人 声 坠
背 惊 瑞 凑 况 不 皂 状 研 > 音 口 幸 下
后 恢 错 人 任 秀 降 煲 决 桌 马 一
区 型 不 结 碰 命 填 损 袖 类 降 小 个
遥 轨 道 最 的 察 伊 优 机 重 邀 权 紧
升 警 伏 研 号 车 秀 年 乐 量 查 身 转 根
肥 报 志 性 律 图 乐 动 高 情 的 利 木 研
鳍 平 煲 噪 草 梁 肥 滑 来 了 柔 然 露 回 不 放 研

有 利
标 志 炭 礼 讽
煤 婚 命 马 师 报 味 声
嘲 轨 道 任 小 律 警 美 一 的 衣 服 温 度 下 背 人 的 旅 馆 结 构
一 个 后 口 工 作 人 员

Puzzle 218

(word list)

的热带
胆小
迁移
频繁的
品种
披萨
项目
兔子
的演员
侵入
脖子
土耳其
解决方案
激励
我们
尖尖的
更好的
民用
股票
稻草人

情 尖 尖 的 员 他 型 保 衬 倍 股 票 则 究 书 祖 乃
稻 也 旋 好 演 乃 不 摇 草 喜 觉 书 项 迟 脖 议 运 摇
披 草 解 更 的 热 带 邀 的 然 雪 查 目 眼 子 子 转 们
胶 萨 人 趣 伊 答 循 间 惧 人 见 的 租 的 马 修
平 区 复 宜 飞 侵 摇 保 本 出 行 思 平 之 我 通 摇
惊 撞 究 有 转 入 紧 静 皂 醋 地 之 克 领 后 主 之
豆 过 项 真 饭 稳 礼 傲 有 邀 因 > 的 虫 页
情 龄 露 记 心 摇 的 香 毁 本 热 私 摇 眼
龄 觉 看 喜 优 远 稻 便 便 了 保 香 人 日 的
因 则 下 充 频 过 碎 远 的 解 老 电 于 解
蠕 士 出 虑 繁 近 高 民 休 人 决 破 乎 过 衬
安 领 行 ! 出 的 泽 用 闲 种 方 栗 平 本 查
里 有 乐 部 自 面 土 理 机 野 案 灵 己 蔻
迁 移 木 身 兔 耳 衫 胆 趣 激 光 眉 平
乐 露 闲 惧 子 木 其 损 小 乐 许 行 励 欲

Puzzle 219

丁 许 生 貓 生 的 消 也 争 证 据 回 了 动 克 持 面
胶 乐 动 鼻 远 近 的 防 辩 虑 草 草 复 见 本 后 见
马 生 循 子 马 灵 傲 员 身 部 傲 不 况 父 存 惨 野
苦 加 栅 飞 礼 规 身 人 望 延 见 他 自 心 状 坠 近
飞 焕 落 动 乐 小 保 延 复 视 解 重 行 地 复 日 的
快 落 安 虫 木 增 遇 镜 因 坠 口 位 保 紧 了 破
透 安 好 便 身 保 磨 镜 坠 移 礼 蠕 马 老 野
环 追 于 快 自 眉 几 稻 区 急 约 理 口 喜 的
求 思 怪 袖 自 出 究 介 破 桥 约 约 远 考 马 眼
思 票 物 填 情 了 邀 请 镜 生 犯 心 余 最 保 信 信
票 承 保 察 性 艺 喷 望 决 木 罪 亲 先 肥 年 年
承 袖 规 面 察 格 倍 泉 任 股 何 保 保 底 便 决
袖 坠 担 差 也 有 光 邀 信 停 安 机 喜 克 特 便 决
坠 高 栅 本 误 差 损 信 安 喜 过 虎 特 底 便 权

右侧词表:
位 任 艺 犯 承 远 误 性 望 小 证 喷 家 争 邀 怪 停 追 消 鼻
移 何 术 罪 担 近 差 格 远 镜 鸭 据 伙 辩 请 物 机 坪 员
子 防

Puzzle 220

毁 望 稻 考 持 保 避 飞 情 醋 保 马 反 针 聪 里 最
循 几 镜 修 免 蔻 本 觉 来 丁 对 明 信 肉
桌 员 递 惨 坠 溜 美 分 着 成 特 应 眉 情 租
环 壁 诺 邮 冰 国 着 高 直 私 活 里 觉 碰
落 炉 技 升 近 望 见 显 自 诺 得 之 近 能 最
中 思 巧 股 得 定 复 带 顶 飞 项 持 子 增
热 间 乐 静 迟 本 四 议 环 碰 保 考 感 亲
恐 情 素 滑 他 皂 年 滑 特 醋 况 回
循 的 权 觉 虎 图 自 复 口 特 觉 。
水 安 遥 电 飞 邀 野 马 木 的 了 社
数 驴 木 栏 修 ！ 的 他 情 傲 填
坠 私 雪 好 究 摇 情 惧 老 乎
之 龄 中 豆 稳 静 栏 园 雨
鳍 情 貓 选 数 苍 望 通 源
性 压 年 不 马 鹭 马 常 亮
差 力 花 建 心 转 几 摇 解
观 面 压 破 号 然 号 的 也
间 力 只 出 怖 落 人 安

左侧词表:
溜 冰 本 炉 持 国 虎 觉 巧 明 免 力 常 花 鹭 应 着 递 员 对 是
成 壁 保 美 老 感 技 聪 避 压 通 棉 苍 公 反 显 邮 针 只

```
栗 他 复 行 片 遥 持 真 不 破 一 生 过 植 约 皂 情
主 快 碎 乐 段 远 小 玉 米 保 直 许 数 之 物 声 音
增 而 发 栅 袋 预 考 直 有 恐 一 肉 带 况 了 性
焕 远 动 闲 活 不 衫 面 乐 放 则 因 差 观 最 访 热 伏
泽 出 机 亮 预 测 口 权 眷 眼 思 衬 解 部 重 自 而
平 木 心 责 任 怖 了 上 书 降 察 梁 滑 由 身 见 闲 根
旋 信 摇 升 士 领 介 思 自 从 热 量 土 愿 选 热 请
子 顶 蠕 老 恐 介 苦 乐 自 转 典 事 豆 则 之 子 而 惊
带 研 情 降 得 基 素 自 自 看 毁 乐 汽 因 情 后 貌
有 滑 领 泽 日 保 乐 记 娱 透 要 姥 车 摇 通 观
条 ! 士 紧 上 型 休 考 倍 日 爷 颈 部 亮
款 諾 桥 租 复 高 差 醒 环 里 稻 的 试 而 虎
高 约 瑞 飞 数 碰 高 顶 趣 镜
休
```

Side list (Puzzle 221):
```
发 动 机
遥 远 测
汽 米 车
预 问 部
颈 察 由
玉 直 时
自 物
访 苦 任
警 爷 愿
条 一 音
小 植 段
痛 责
姥 自
声
片
土 豆
```

Side list (left, Puzzle 222):
```
粗 心
缺 乏 冻
冷 批 判
向 日 葵
存 在 滴
一 夫 人 人
军
优 次 性
医 质 的
的 疗
梦 舞 蹈
午 想 餐
一 个 患
松 者 鼠
外 套
的 官 方
```

Main grid (Puzzle 222):
```
活 栗 雪 量 患 克 老 惊 紧 镜 喜 保 定 远 转 之 稳
焕 高 动 旋 者 本 保 得 木 落 图 有 释 释 外 套 快
惊 心 己 乎 加 高 平 秀 胶 树 碎 复 醋 闲 骄 规 考
亲 惧 年 损 休 看 部 香 息 梳 祖 部 噪 行 闲 ! 怖
况 松 缺 乏 不 有 循 栏 虫 木 冷 损 老 坠 伊
梦 性 鼠 源 倍 究 保 飞 宜 冻 放 究 > 保 蛾 士
想 次 有 见 醒 而 子 噪 通 休 解 后 桥 面
滴 一 环 特 粗 批 信 日 查 眼 机 信 源 年
方 个 最 龄 心 特 先 噪 葵 图 试 的 虑 水 己
官 量 填 怖 判 乐 医 驴 转 蛾 降 他
的 质 优 票 诺 马 约 疗 梁 桥 水 真
舞 之 木 量 泽 动 自 夫 水 马 信 生 优
蹈 约 直 生 心 骄 性 最 水 貌 人
页 秘 股 研 主 了 真 排 貌 优 察 图 私
遥 社 望 地 便 研 恐 肉 究 型 面 坠 程
蹈 优 研 察 请 滑 在 稳 有 思 情 午 餐
```

Puzzle 223

苦	池	请	的	秘	领	面	目	项	的	约	面	领	情	稳	衫	肥
动	塘	>	坠	眼	心	顶	顶	坠	老	茶	觉	稳	父	型	栗	权
有	平	自	填	破	研	青	快	动	亲	壶	火	火	下	丁	苦	摇
月	球	顶	动	洋	栅	子	楼	环	邀	小	鸡	观	保	稻	保	保
带	亮	顶	水	规	性	梯	日	日	成	高	书	诺	量	木	携	量
趣	事	噪	飞	牛	私	底	部	毁	维	弟	亲	慈	携	望	携	携
环	号	苦	诺	毁	音	复	傍	成	弟	高	思	乃	行	梳	梳	梳
社	丁	木	充	口	行	保	晚	熟	护	马	恐	音	木	的	的	的
记	香	承	坠	坠	分	野	面	后	水	人	人	试	落	落	落	落
民	承	惧	坠	的	野	水	心	保	保	便	子	爆	从	从	从	从
俗	认	的	记	基	排	水	鳍	摇	。	鳍	面	发	伊	伊	伊	伊
醒	灵	理	衬	袋	息	蛾	转	灵	四	机	虑	远	摇	摇	摇	摇
小	情	量	伏	礼	观	的	乃	旋	号	稻	自	本	书	书	书	书
子	保	透	主	眉	年	野	平	机	定	祖	乐	亮	亮	亮	亮	亮
遥	之	判	决	见	诺	衰	野	变	动	草	从	错	约	村	平	碰

（续列）池火成冬月维承判疲保小子的楼衰的傍水民爆小弟弟
鸡熟青球护认决倦护项变茶晚牛俗发
目
壶

Puzzle 224

不	紧	增	释	出	本	也	了	根	心	了	居	击	惧	肉	驱	情
考	升	打	丁	梳	香	号	煲	的	保	高	民	剑	木	雨	野	型
建	诺	降	法	介	行	衬	他	>	透	介	而	项	看	>	栅	先
亮	发	野	增	摇	增	醋	携	秀	条	文	化	心	平	凑	人	有
介	领	量	肥	条	衬	则	数	份	额	梳	网	惧	滑	生	柔	衬
余	伏	心	平	了	迟	私	图	权	肉	人	络	票	煲	信	磨	存
梁	子	灵	类	便	不	不	旋	中	修	出	生	页	行	子	条	飞
情	伏	差	解	于	情	特	见	能	人	教	要	樱	环	察	雨	面
镜	面	看	蠕	允	情	的	滑	的	亲	授	升	桃	红	梁	性	眉
动	余	桌	虎	许	发	情	私	复	撞	高	存	栗	梁	萝	栗	页
倾	凑	草	周	二	噪	欣	赏	稳	页	稳	况	卜	重	卜	优	直
复	斜	本	转	豆	里	介	也	锄	填	他	先	研	之	旋
事	请	欲	的	丁	时	发	饭	头	趣	有	部	约	碰	释
建	雪	用	欲	护	现	因	在	日	高	亮	行	书
自	排	品	远	不	表	商	业	的	梳	草	噪	典

（续列）网络用品周份允倾商教出锄表现红击居欣文樱打在
二额许斜业的授生头现在萝剑民赏化桃法时
卜

项 的 子 后 露 查 木 热 光 排 主 通 举 快 栏 摇 说
研 股 人 摇 情 复 排 野 欲 上 栏 摇 来 乐 好 了 明
四 型 树 身 的 龄 项 电 围 摇 巾 才 人 的 赢 了 恐
增 欲 干 晃 晃 迟 丁 通 解 本 书 丁 平 黄 油 秘 不 近
赂 祖 经 规 滑 租 因 趣 的 梳 噪 研 结 果 > 究 素 信 循 落
指 想 验 悠 自 克 的 理 信 图 灵 伊 丁 私 饭
甲 噪 放 究 直 的 一 有 信 平 发 心 底 部 丁
瑞 觉 干 功 环 遥 定 亮 信 时 发 先 分 坠 透 的 桌 摇
觉 于 状 能 龄 紧 规 信 坠 先 建 型 情 票 鳍 赂
滑 状 惧 扶 最 兔 天 复 信 不 透 闲 蛾 滑 旋 热 人
瑞 驴 闲 旋 手 欲 之 上 解 基 貓 马 想 飞 撞 本 亲
恢 放 肢 年 这 椅 边 缘 迟 放 电 虑 理 息 保 乐 亲
运 栏 草 的 出 村 运 这 些 也 祖 露 倍 项 眉 旋 父 试 水 心 定
柔 村 阿 姨 毁 露 倍 项 袋 书

阿姨
赢了巾
围一定干
树底部
扶手椅
晃晃悠悠
结果能验
功能缘时
经验这些
边缘的
平时才
这些明
的人黄油
快乐说指
乐的甲
说黄兔子天
明油
指甲
兔子天

公交
的专业
洗涤
放心地
计算
政府
停顿
完美的
等待
家具
认识
突然的
微笑
光泽
培训
蜡烛
展览
的有用
答案
法官

的 计 算 放 音 亲 法 祖 而 子 不 栏 他 停 的 桥 而
有 许 灵 从 心 建 官 来 的 衬 复 看 顿 来 远 查
用 息 决 紧 眉 地 页 来 信 丁 降 诺 解 填 人 动
栏 私 面 理 活 蜡 烛 微 顶 定 休 有 释 息 循 答 真
护 地 不 看 透 增 建 笑 亲 梳 源 车 灵 持 快 顶 生
木 闲 胶 的 底 答 案 生 邀 不 马 部 答 情 乐 等 待
惊 栅 高 便 自 秀 鳍 底 安 私 回 惧 环 图 本 傲 信
培 训 趣 邀 远 伏 看 面 灵 热 亲 不 专 灵
认 况 镜 水 便 紧 马 存 洗 虎 幸 > 赂 业 摇
衡 识 优 秀 有 页 邀 定 型 涤 怖 保 主 页 泽
滑 野 情 理 查 能 子 车 书 展 家 的 光 毁
泽 光 肢 损 部 四 身 损 洗 览 具 专 坠 领
摇 邀 傲 好 人 社 定 坠 涤 充 然 业 政 情
心 灵 自 规 梁 饭 能 子 静 书 动 突 自 府 从
选 倍 老 类 自 貓 本 身 光 便 饭 丁 公 野 亲
约 下 磨 幸 眼 车 完 交 放
喜 情 镜 鳍 议 规
幸 的 父 充

Puzzle 227

主过 > 活肉项蓬！试泽增有息地自胶导　　合作
携明骄士泽士松紧趣答喜顶演　　周六暂
马智克图他秀动粗的醋循虎的　　短有趣小的
护镜本娱答稳露回喜作号私　　微导鲁摄上
复心怖信租面粗理诺先这　　拍粗岸松
破己龄的眉加面煲肢合样　　蓬，动毁
逮有惨丁特能秘村增顶　　，物高
捕衡试复视四定柔栗　　最烧子
面年人蔻略余中复恐六　　王这样毁
活物微私最头暂怖租上　　逮样捕
想动小系高虎决活周烧　　活动像头
皂，的乐复面许数子性　　摄一系列
镜邀乐眼列驱自梁降号　　明智
决撞几梳程许皂降租动
觉心毁重情转紧镜信性
　　　　源则顶信栅露

Puzzle 228

降怖蔻慈有定遇喜复瑞许摇草木有近
倍部平实果加数远视车恢解情的益建
事亲伏精冻根落蜜素顶考飞解权
号透面灵栅香理蜂保恐携性议自
瑞有考礼龄加趣衡露研者选行
他部飞基坠秀息子身究居电貓
村人足本发老下的子人定义然
木的球幸保惨安信动之社人
解然男底最不行过举信雨香
道桥孩苦错露村傲露素堂
举歉带区谦出行露肢蔻欲
蛾亲胶数撞色刺书体龄恐
遇情情增型的过宜有年考
循要定察蛾瑞木惧树事差
察信整热惧忙通滑泽怖

人 个 的 情 醋 惧 加 生 蠕 查 源 秀 稳 差 先 不 邀
增 泽 实 惨 领 错 静 坠 产 真 凑 他 的 乃 马 行 先
柔 资 际 书 蔻 透 部 电 了 直 村 木 建 约 厨 秀 根
迟 格 骄 蔻 的 醋 观 定 他 业 上 建 容 忍 房 秀 树
饭 热 眉 好 奇 记 远 镜 能 的 肉 真 重 的 真 飞
乎 页 袖 过 破 查 量 肉 的 自 四 露 复 决 虎 欲
桥 而 飞 口 貌 许 性 此 急 驴 从 龄 升 凑 乐 信 增 肥
休 温 口 中 的 许 肉 急 煲 处 研 面 凑 放 信 便 毁 迟 肥 行
中 暖 人 私 考 亲 书 老 究 水 镜 摇 几 理 虎 克
的 的 升 秘 瑞 源 议 木 出 优 老 权 秘 要 旋 遥
滑 人 之 事 滑 苦 不 稳 肉 熟 余 人 差 书 研 貌 解
惧 肢 的 学 来 生 凑 出 权 书 旋 马
情 最 术 特 项 马 马 果 汁 悉 社 眼 闲 秘 释 部 许
士 解 苦 号 书 亲 议 信 迟 ！ 见 赂 。

乌鸦
风窗
威胁
菜花
的邮件
知道
猕猴桃
连续
衬衫
糖果
可能
两个
组合
巨大的
经常
春天
小苍兰
动物
小猫
下面

许 保 记 出 升 损 通 上 项 桥 喜 菜 组 合 己 议 春
惨 梳 透 乐 焕 安 动 规 碰 也 绍 花 鳍 诺 典 领 天
远 热 有 直 答 泽 物 来 的 旋 间 音 欲 诺 电 桌 能
连 续 图 量 宜 伏 条 日 近 木 优 举 间 情 可 雨
情 选 怖 兰 眼 驱 亲 保 草 旋 约 不 可 行 选
绍 蔻 毁 苍 亲 复 祖 间 衬 香 约 驴 真 解 礼
状 两 的 小 马 诺 宜 排 趣 巨 先 知 道
伏 紧 个 苦 权 肢 骄 威 下 大 的 露 部
虫 动 观 惨 焕 介 子 风 胁 面 光 香 > 灵 貌 的
稳 机 静 焕 绍 图 典 身 欲 的 余 的 部 心 车
醋 醋 则 活 旋 本 研 增 项 活 灵 研 胶
秘 瑞 柔 四 欲 狝 喜 龄 的 查 驴 梁 区 丁
丁 规 不 乎 的 迟 衡 恐 趣 驴 人 人 碰
间 情 直 恢 亮 猴 衬 邮 本 乌 察 滑 人
栗 惊 恐 子 子 好 豆 桃 秀 解 件 平 鸦 果 便
     况 特 瑞 常 经 衫 赂 余 滑 糖 克 究
                之 重 克 > 发 本

Puzzle 231

票况潜活透见理信麋行解毁娱礼蔻绍梳
触摸水况机回克恐鹿差乎栗社活自降究
手醋过本眼观衬书自的数桌议花直理性
册近人息惊自书身机情复特费绍便便许
私特损建近余况乐泡热源优解眼恐旋有
闲量驴克保迟项酒后打安村型栅因静权
的眼虎损邀况上考粉安专好情差焕蛾恐
远放胶香宜项他诺倍滑门特几类静豆旋
考便乎生考上里梁介持野项四安豆安四
议磨昂便安里梁因亮滑介特虫高况倍没
建滑介贵栏法规毁音根野虫区香坠同怖
基介租雪究分栅大眉图保高而联露同喜
再自栏遇优自配栅眉持苦雨联得醒后
木见也许欲配行煤苦冬考系个乐请木
露豆车出素行噪坠自乐天秘几稻

百 个
花 费门
专 同
泡 打天
冬 规册鹿
法 系水贵
手 部
麋 摸事许
潜 配见
昂 排
大 后
触 没
也
分 再
安
酒

粉

Puzzle 232

西红柿
会见
问题
震撼
状态
计算器
分离的
狼狼
遭受
汉堡包
数量
健康
定位
油漆
灰尘的
吃饭
捕获
安静的
河马
撕裂

行的排他约眼顶皂过趣震安木撕裂举祖
栗究本袖露驱自便区撼静伊的蛾休本
建根静发选静汉堡问苦离分息趣释醒
察来四则木遭受要问本醋主肢平蛾梁
野举。因决情高下释貌保喜便西子苦人
权灵错镜自的生页！健年邀型真镜
数量河便恢的尘子秀康升香好柿自数
会见马秘想趣袋复因研自约
后计算器选发乐眼草回贵慘破
降他下情号蛾要飞顶转狼社
祖充视部发栅日坠事摇捕护遇欲不察
驴定保排本心状获眼吃亲丁
底错位图。程幸态察恢错娱喜间
考身观行平书望平绍秀的油狼
况袖的虎肉出有远子循来保书克栏祖

Puzzle 233

落 填 见 升 环 保 光 许 旋 建 娱 页 自 来 理 通 本
重 橡 袖 增 ， 中 丁 介 肥 平 滑 虫 型 机 条 不
位 子 考 余 增 护 分 心 基 好 不 肥 亮 标 望 题 信 号
动 置 恐 骄 的 而 不 栗 是 优 冒 释 解 记 于 行 图 运
耳 朵 热 因 因 最 通 士 滑 绍 自 之 飞 噗 复 理 栅 能 心 乎 类
租 噪 素 人 高 见 士 貌 雪 视 摇 便 稻 坠 转 面 闲 状 惧 动
回 摇 许 复 息 约 桌 稳 错 存 摇 宜 的 设 计 租 磨 保 父 请 毁
裙 子 面 特 蠕 的 租 肉 电 南 部 程 序 虎 诺 摇 租 解 事 数 请 辩
因 灵 摇 环 转 子 恐 雨 便 研 研 成 相 袋 乐 作 情 煲 优 掩 盖 栏 热 辩
怖 眉 分 不 双 碰 亲 了 木 的 长 回 镜 快 情 傲 他 远 得 分 论 顶
环 虫 双 的 丁 视 骄 不 豆 克 透 醒

词表：
裙子
南部
的设计
位置
掩盖
辩论
程序
等于
双
谈论
橡子
成长
标题
自
冒信
滑动
犯号
动
，而不是
相互作用
耳朵

Puzzle 234

他 研 他 惨 信 噪 。 愈 蚊 票 能 考 便 桥 地 蔻 考
面 瑞 露 邀 礼 人 衬 文 子 而 力 运 号 谢 晚 露 晚 餐
权 欲 倍 选 优 热 礼 章 面 定 远 复 下 丁 天 鹅 鹅 豆 放 飞
紧 活 迫 子 龄 肢 正 式 眉 ！ 错 自 中 然 谢 决 梳 面 趣
填 肉 瑞 使 发 煲 源 分 察 ！ 落 亲 透 议 秘 肢 傲
胶 环 亮 木 桥 驴 女 秘 决 积 极 误 余 本 自 凑 绍 后 人
子 远 遇 行 磨 心 也 性 私 士 的 复 加 过 型 转 骄 子
撞 降 解 业 权 秘 回 稻 平 升 加 人 项 见 分 究 的
情 龄 欲 蔻 受 害 者 镜 诺 不 转 放 摇 保 发 衬 息
宜 绍 煲 磨 远 子 绍 型 面 典 进 一 步 伏 季 主 条
森 信 运 妇 亲 行 马 瑞 身 答 镜 宜 举 秋 放 自 及
林 优 页 泼 旋 决 赂 因 绍 不 子 镜 肉 衫 部 貌 其
平 静 面 事 栗 地 间 蔻 秀 子 理 透 数 衬 滑 息
优 里 热 便 天 饭 行 衬 电 焕 想 父 ＞ 活 释

词表：
秋季。
能力
积极
进一步
谢天谢地
晚餐
错误
森林
蚊子
泼妇
女性
天空
天鹅
分发
行业
正式
受害者
及其
迫使
文章

Puzzle 235

加 马 行 有 也 欲 浓 面 ＞ 坠 上 音 貓 四 生 趣 性
解 特 惊 为 情 露 缩 心 丁 余 马 四 人 部 究 物 信 幸
本 驴 邀 子 释 噪 鳍 饭 书 复 克 肢 龄 野 的 特 学
梁 惧 饭 情 欲 香 不 定 性 果 木 结 的 号 中 遇 丁 本
己 手 输 入 豆 票 的 老 必 望 必 要 恢 状 素 升 之 素
降 桌 亲 套 租 他 遥 毁 的 要 威 几 稳 不 雪 平 之 直
透 亲 因 也 迟 马 运 过 气 携 梁 考 本 趣 落 瑞 礼 修
驱 情 灵 决 遥 请 素 恢 饭 是 雪 底 极 地 最 心
先 柔 摇 ！ 宜 上 循 礼 复 虎 保 物 复 回 地 循 议
安 怖 况 循 股 礼 乃 身 落 存 喜 球 地 人 试
己 欲 人 伏 碰 记 行 貌 恢 信 雪 亮 师 教 慨 乐
复 口 先 信 子 马 过 要 动 子 喜 回 教 室 智 子
查 队 乎 情 子 过 高 水 循 机 自 来 主 喜 室 智 能 应
队 伍 苦 肉 生 高 水 循 机 自 来 主 喜 室 智 能 应

运气
威力
球
雪 师应
教
回
研究生
手 浓缩
必要 地
极 的猫
的 结果
队 伍 是
几乎
礼物 教室
输 入慷慨
生物学
行为
智能

Puzzle 236

礼服
地面
家庭
牛奶
行星
大量地
猛 的事情
的
说服
流体
说,
如何
徽章
右手
姐姐
帮助
吸取
直升机
列表
很多

好 得 父 胶 错 貓 柔 充 流 体 考 帮 直 摇 况 迟 然
条 特 机 远 数 克 举 究 幸 牛 奶 助 升 吸 取 野 村
理 情 碎 带 最 约 真 增 本 电 保 视 机 领 行 租
解 煲 蠕 灵 之 也 地 平 理 子 加 的 直 书 增 星
豆 了 面 平 稻 复 的 休 如 身 不 喜 地 事 音 持 特
记 觉 礼 环 衫 特 噪 何 稻 口 面 情 放 娱 胶
近 坠 马 上 袋 稳 旋 落 余 驴 记 年 诺 上
瑞 亲 事 野 胶 子 运 建 焕 过 之 右 近
行 股 木 定 欲 静 徽 遇 年 望 虎 衡 手 特
草 复 虫 来 损 饭 章 姐 欲 机 服 木 建 胶
能 情 衡 饭 租 礼 服 多 存 稻 远 请 绍
家 上 议 摇 雨 后 摇 姐 量 落 乐 从 填
庭 不 有 子 自 邀 胶 出 驱 过 后 介 特 本
便 高 镜 镜 列 表 信 肥 信 发 大 中 露
数 上 摇 坠 马 类 情 的 子 苦 灵 领 之 安 幸 邀

Puzzle 237

环梁雪运肥煲决有己延破有量先父打不
了解号貓乐焕思况土之地摇菊击星
想桌部稻也活理动选摇碰虎花期
子了错的差电增携幸面草基煲五
绍年梳碰煲眉摇保复有里泽约查
士落面介灵无车反泽复带热增蛾
在这里看伏意平过蔓四风释权情
视典条项虫义礼来延权格水降于
子顶源机飞的修想息介降正型恐
煲子回栗无亲亲邀热程奶中底觉
欲亮面能亲水肢噪恐野候牛回研
本书心高急指真书伏选人分镜袖
梁包页本学生栅许撞增理最迟静
车放建保稳乐泽绍动动维增特磨
区松释介日梳鳍考快心驴见驴醋觉安

菊花
在这里
电视
蔓延土地
书包
维生素
星期五
无意义的
学生
过程中
放松
真风格
无名
反候
牛奶
指过来
选人中
打击
的飞机

Puzzle 238

目的
名词
逃生
策略
谈话
打招呼
请问
海拔
的文章
今天
奖金色
黄严
时重
动词间表
检讨次
再次
牛蒡
塑料
，除了

介祖携基复心滑子领香查饭也飞环车毁
肉虎区的复便下＞日疲袖坠带打招呼之
最眉眉填车灵书牛蒡水，胶柔镜赂惧栏
动词运士思镜肉海拔除木＞规检不损
旋便疲思乃苦今从了旋于鳍根信
策略蔻典恐携信自天灵记衡喜自情乐
不胶数的肉惊人情急领黄不色马
＞撞于平木则研桌栏人权塑料存
毁举觉状私持请问欲静奖蛾约便
记保摇碎肥野觉了士恐谈重金饭生
光伏顶桌龄循日加得乐话表肥安再次
复恐的部的面行时间的先过露
最循士文股草目恢衡怖灵亲香则
人不皂伊量喜里疲伊乐活名词蛾胶坠领

Puzzle 239

```
桥 运 眉 可 以 急 申 请 老 本 傲 镜 有 惧 驴 优 存
稻 蛾 磨 礼 因 几 剧 亲 望 静 自 底 权 苦 自 露 本
虫 飞 趣 乃 趣 凑 提 供 伏 状 他 碎 生 摇 他 先 特
保 野 醋 衫 伊 答 决 情 透 瑞 项 村 继 秀 续 邀
伊 水 衫 的 增 情 稳 保 破 乐 坠 继 余 加 木 秀 过
素 底 柔 损 年 透 毁 降 量 乐 摇 请 权 野 票 恐
破 葡 袋 。 度 骄 状 电 蠕 余 虑 之 修 根 自 身
基 过 萄 中 许 的 状 条 增 的 书 心 遥 乐 直 情 情
女 怖 网 而 过 发 摇 日 叔 蔻 循 水 欲 远 坠
孩 凑 眼 球 。 苦 理 源 主 重 父 升 便 社 报
之 四 的 填 领 一 基 坠 力 降 有 本 恢 最 价
便 驴 票 皂 而 真 项 租 来 越 本 梳 信 基 创 选
分 克 年 私 肥 坠 保 租 越 疲 平 而 上 造
出 租 车 根 马 保 主 究 几 前 驴 闲
结 石 条 循 远 携 动 通 越 来 越 目 究
```

右側縦書き：
```
提 供 度
年 申 请 萄
越 重 叔 叔 来 越
创 可 造 以
继 续 一 分 钱 车
网 球 租 度 前 价 石 身
出 态 目 报 结 自 女 孩 急 剧
```

Puzzle 240

```
自 私 特 自 他 重 便 想 高 差 草 豆 规 也 野 数 >
议 损 人 药 能 本 栏 龄 况 克 热 觉 状 图 心 灵 事 发
下 煲 议 物 民 地 研 亲 增 衡 看 视 情 日 安 心 社 便 信
交 叉 性 口 主 虚 拟 马 飞 长 情 脚 能 旋 间 股 肉
怖 中 质 部 复 间 真 滑 稳 这 视 落 乐 肢 情 丁
皂 幸 信 人 毁 镜 既 不 特 种 脚 趾 秀 语 车
况 他 权 野 摇 傲 乐 噪 仁 袋 伊 雪 英 雨 得
他 呼 类 瑞 傲 也 信 音 许 慈 的 护 乎 自 的 音
摇 吸 则 通 话 想 欲 训 教 袋 绍 豆 爱 亲 栅
有 源 复 状 自 请 稳 坠 余 的 规 旋 好 自
的 亮 然 露 有 建 复 梳 秀 不 解 谷 考 根 自
愈 娱 下 自 性 地 醋 诺 貌 自 稻 仓 秀 考 的
栗 平 日 先 慘 私 保 飞 有 类 出 信 过
木 考 验 苦 飞 究 页 灵 坠 伊 私 电 爱 肉
灵 虑 心 错 素 考 究 雪 情 近 票 木 区 望 幸 静 貓
```

左側縦書き：
```
噪 音 好
爱 英 语 物
药 口 袋 地 不
本 既 拟 验 的
虚 考 慈 主
仁 民 谷 仓 长 叉
增 交 话 教 训
通 的 性 质 种 吸
这 呼 脚 趾
```

Puzzle 241

虎复祖亮许望重余野鸡存也眉子发迟顶
选喜乎恐信身高机平面马解村能自通了幸
焕理孤飞完身增滑驴了草选来静了情息
活孤私独修升追行便真肉带要怖望延稳
充私考物贫逐自定相损真带基梁排带
！灵乐于恐护游欲秘考眼况休页的秘
权桥乐恐安真焕操趣生存惧骨决露
的大肥蛾过老焕野乐恐领区幸便约自
士师心平损鹿梳惊升亮后便欲人近
特子量的年肢遥举恢闲升任野貓
不＞豆自己亲条摇怖独动区情型
试恐区焕热乐秘立奏子情袋
信恐苏虫虫最答况最人特撞自于人想虫
顶区打底坠票情丁修复醒食品村能肉
丁部水村

生存野
鹿面师
平大逐泳
追游何人
游任来物
任带操奏
带宠打水
的操独
独苏骨立性
苏骨孤品
孤独独困
独食贫鸡
食贫野美
野完相
完真
真

Puzzle 242

灰色   排加自稻公趣最电通从娱肉尤其是保填虎
风险   灭亡分透鸭芹毁饭社工作豆饭肥的骄的自然间
芹菜笔   紧步保饭菜上电礼木乌蔻老稳的四之邀滑
画边   不伐下充菜紧要肉下龟察行况放建情村
两突其是   坠得部下草电社下页画遇碎放灵桥也木
冲尤亡伐   放乐热坠光要肉飞高笔丁数坠蔻情
尤其鸭反述   乃不的好电要露游页栗遇之草保日从
灭亡戏   亲野放士电私游心焕之的况保四恐梁
步伐豆蔻   加举驴摇地落息肢田两平得肥
公反到日   蠕状绍风私然马日便边四幸究
相述作龟   肢规带险水丁苦达的选延重
上戏径间   生直落自了心香冲降充蔻要
游豆蔻   镜升因行心好紧到闲决贫
肉到   出。音基邀恶过灰复村
达日   建惧木草请磨便色转诺木
周工作   木乐胶从近雨述的香情
工龟   栏近建日上下恐从
乌径   雨   梁
田之   肥
之间   究

Puzzle 243

则 了 子 骄 惫 身 根 机 迟 过 驱 平 人 坠 状 余 况 自
稻 记 加 傲 保 特 便 心 延 泞 驱 泥 汀 煲 增 许 本
障 上 子 马 的 亲 优 动 最 洋 夕 里 而 想 文 凭
复 碎 饭 便 便 摇 趣 下 请 阳 恐 遥 平 引 递
肉 年 人 请 地 基 虫 答 恢 军 年 诺 究 进 快
便 信 的 规 觉 柠 得 惊 本 队 的 里 恐 快 乐 母
租 木 袋 运 闲 檬 期 望 袖 保 直 面 秘 升 考 分
> 伏 考 露 答 ！ 最 部 的 音 醒 自 心 事
几 喜 出 部 摇 露 热 坠 产 则 蠕 差 野 动 考
飞 个 不 醒 秀 记 复 闲 品 部 恐 从 焕 灵 母
部 错 升 电 影 性 招 肢 社 质 秘 贤 举 得 分
过 状 页 看 桥 赂 商 性 量 撞 人 建
发 电 部 信 煲 快 数 引 股 源 滑 因 相
宜 状 门 心 票 露 秀 资 出 老 马 宜 得
保 桌 诺 伏 理 子 数 本 乐 恐 高 保 有 当 分

部 门 碌 品 进
障 碌 的 产 人 阳 量 队
的 引 进 夕 凭
引 贤 质 柠 檬 个
夕 军 傲 的 母
质 文 柠 几 的 影 院
军 柠 骄 傲 递
文 几 电 母 商 汀
骄 分 引 资
电 快 当 望
分 招 望 分
快 泥 相
招 相 期
泥 期 得
相 得
期
得

Puzzle 244

的 色 彩
实 现
自 己 的
更 漂 亮
相 拥
现 代
现 任
夏 天 的
冰 雹
什 么
，也 没 有
具 备
错 过
部 分
的 手 表
勺 子 评
照 片 橱
橱 柜
数 据

部 间 有 持 从 有 紧 升 信 趣 自 老 噪 况 项 差 虑
分 最 见 光 梁 橱 自 虎 表 更 漂 本 飞 宜 条 衡
数 据 况 秘 摇 柜 己 手 撞 欲 亮 情 直 急 桌 过
> 镜 保 诺 视 绍 的 木 释 欲 士 评 估 相 眉 拥
后 凑 雪 伊 肉 电 亲 查 天 不 皂 老 不 灵 于 心 复
飞 况 撞 怖 建 解 书 顶 夏 中 现 瑞 坠 闲 子 丁 能
冰 望 的 要 考 煲 条 后 身 试 实 任 人 勺 票 持 蔻
驴 雹 色 具 梁 观 介 携 修 排 丁 秀 有 子 现 飞 喜
存 眼 彩 视 身 欲 考 乐 村 最 建 露 自 滑 代 柔 乎
想 答 租 宜 子 不 便 平 面 心 究 镜 貌 什 蠕 祖
私 照 子 遇 煲 醒 也 没 性 有 远 基 放 有 么 磨 行
照 片 上 有 电 加 水 试 虎 请 号 貌 虎 的 草 延
动 疲 片 平 猫 音 远 面 动 滑 礼 有 野 不 信 宜 约
惫 循 伏 平 见 携 错 过 恐 露 股 貌 倍 眼 人 填
静 车 情 升 好 通 眉 肢 不 复 机 心

Puzzle 245

放	惨	车	类	觉	型	他	野	见	于	心	书	有	远	欲	也	恐
排	视	主	热	赂	护	篱	保	股	修	定	于	野	海	征	骄	中
最	考	的	袋	人	性	笆	股	>	香	适	本	解	绵	适	能	的
邀	定	场	上	野	思	肉	乐	资	事	型	损	出	趣	最	身	鳍
心	介	迟	野	典	见	乐	源	己	家	诺	部	碎	数	看	衬	增
的	场	惧	十	保	试	查	国	有	马	高	的	携	错	热	类	身
部	伏	祖	栏	己	增	研	信	家	社	怖	龄	柔	父	远	紧	衬
袖	车	想	增	定	优	眼	有	眼	加	晴	回	喜	当	从	乃	号
水	乐	而	碎	克	艺	里	家	镜	事	复	喜	当	然	望	便	要
页	之	过	邀	力	术	有	存	军	复	来	雪	最	旋	人	直	木
许	露	旅	巧	日	朋	家	来	事	见	口	中	通	日	来	几	他
滑	虫	源	转	栅	友	余	务	来	不	秃	热	骄	心	水	底	貓
欲	快	许	解	面	的	因	任	秃	鹰	有	中	上	机	上	宜	的
眼	人	本	乐	放	子	要	的	衬	私	远	而	树	绍	宜	野	
图	思	坠	来	来	要	因	的	公	路	私	远	而				

的公路
秃鹰友的
朋友 睛
第十 场
的当景
适喜力
巧国家
国远征
远军事
军之旅
之当然
当资源
资艺术
艺篱笆
篱任务
任海绵
海第一

Puzzle 246

香	足	露	优	灵	上	平	倍	蠕	疲	子	察	伊	野	书	主	持
灵	各	够	撞	迟	条	年	许	桌	摇	周	湿	最	心	衡	则	克
理	种	动	的	木	镜	平	平	梳	休	村	气	安	介	己	条	
论	鳍	的	青	心	社	发	言	休	状	有	图	恐	上	子	虫	
镜	恐	蛾	皂	蛙	舒	适	四	权	乐	驴	举	遥	带	介	修	己
雪	持	皂	菠	请	型	数	不	摇	获	露	貌	望	脚	子	基	考
认	为	菜	租	能	要	通	心	便	得	扑	通	视	蹼	修	议	金
余	心	充	飞	运	稳	祖	稻	数	过	转	理	较	考	基	部	复
了	得	的	克	了	损	发	野	草	父	安	较	差	差	议	警	情
来	机	股	私	损	秘	书	远	远	亲	梳	安	面	错	部	通	有
答	动	平	平	书	记	子	泽	的	了	伏	欲	绍	袖	警	而	眉
车	稳	镜	镜	欲	子	落	下	骄	许	娱	惊	远	梳	情	柔	研
究	乐	素	噪	页	球	的	行	衡	滑	自	研	紧	坠	通	人	肢
赂	休	的	的	全	香	回	车	自	自	事	眼	透	饭	之	特	特
复	通	地	飞	动	野	瑞	热	行	行	转	究	回	有	最		

较差
认为
扑通
的行为
获得
周三
脚舒
基金
足够
警告
各种
青全
发言
菠菜
理论
野心
书记
湿气

豆 了 菜 自 奶 酪 面 飞 諾 疲 复 情 梁 后 的 奇 生
间 自 肴 的 小 狗 梳 主 行 人 近 上 面 动 释 乐 怪
镜 不 降 要 醋 环 间 而 了 围 查 滑 肉 放 循 柔 究
特 树 皂 貌 恐 煲 惊 的 解 墙 后 面 电 以 条 视 能
草 究 车 黄 鼠 狼 举 看 余 动 解 来 栏 息 以 木 香
邀 野 答 摇 书 理 典 骄 紧 摇 规 惊 到 放 旋 及 挽
热 股 的 滑 蠕 村 饭 草 素 恢 余 各 号 醋 信 留 留
了 高 辉 肥 高 遇 得 自 不 透 路 性 方 近 沉 中 默
亲 袖 休 苦 桌 便 便 试 保 泽 栏 平 球 充 究 通
蜻 蜓 数 办 便 公 桌 摇 欲 肉 自 梁 不 回 肉 疲 究
真 条 休 面 书 透 驴 疲 余 宜 他 研 定 貓 包 乐
伊 面 露 鳍 介 信 娱 闲 三 只 筑 底 错 面 视 信
＞ 老 醋 虫 况 信 保 答 丁 加 衡 页 动 来 桌 了 本 举 究
＞ 虎 事 灵 破 答 丁 加 重 量 而 通 书 望 衫 丁

挽 留
办 公 桌
辉 煌 酪
奶 奇 怪
奇 以 及
以 的 小 狗
的 蜻 蜓 肴
蜻 菜 只 狼
菜 三 鼠 物
三 黄 筑 方 车
黄 建 方 到
建 各 包 墙
各 面 来 棍
面 来 围 径 球
围 曲 棍 默
曲 路 径 球
路 沉 默
沉 重
重 量

发 现 自 优 投 票 去 见 焕 远 焕 煲 填 绍 活 然 醒 人 存
投 票 特 带 过 有 龄 除 绝 年 邀 有 旋 凑 余 惨 生 年
丁 香 解 程 眼 解 煲 肉 对 人 肉 号 从 透 填 人 议
去 除 高 度 恐 怖 书 股 亮 紧 之 遥 修 望 毁 自 思
紧 张 碰 撞 静 分 栅 亲 四 持 水 平 复 满 转 回 乃
水 平 发 周 长 音 理 紧 张 先 口 性 面 倍 足 秘 循
三 角 绍 现 考 音 蛾 雪 阳 台 答 理 雨 解 喜 间
周 橇 摇 栏 研 醋 头 镜 定 视 几 则 乃 热 栗 最 有
雪 术 的 下 研 惧 情 摇 冰 坠 里 坠 望 类 噪 不 的 特
技 对 性 摇 然 皂 三 柱 虫 自 在 驴 马 加 焕 热
绝 怖 老 心 傲 眉 角 热 虎 滑 梁 貌 热 柔 票 自
恐 在 私 里 眉 记 人 毁 肉 电 情 泽 而 近 包 便
自 足 宜 木 心 况 稻 损 落 倍 见 趣 解 平 增 子 喜
满 度 丁 香 邀 绘 的 行 私 修 保 有 信 区 邀 量
程 画 复 行 加 息 画 人 村 有 过 醒 惊 技 术 高
绘 部 子 息 丁 思 素 骄 条 本 升 摇 型
头 台 复 加 高
包 冰 柱
阳 柱
冰

Puzzle 249

木本摇来露金理协衫转肥近赛秘的变程
心木过口升丝许议动凑飞排季社人量机
然生量放心雀丁，许可的乎秘领真。
幸过人觉惫日驴序列而本坐在图骄远透
野貌亲理护水恐谅因貌主煲下肉遥。飞
龄亲延柔护便坠士因己橙余车快衡
磨肢克复理自私他望梁木鳍上远领醋摩
洋快木龄懒惫部乐木恐防好放雨托
信葱国程信衬许栏保灵衫止洗发地租车
的不决租便镜错复环恐最惧能中骄情
先除社活行心之水环绍落修焕通了复于
木视滑修眉豆露循露远下栗型灵飞优热
驼坠中秘填素本建部亲老自邀摇肢
鹿傻瓜错重子介决条醋梁情加也士

原谅季
赛协议，
协坐在鹿惰
坐驼懒丝雀
驼金除外量色
金变橙序列止可水国瓜托葱
变序防许胶外傻摩洋洗原因

Puzzle 250

虫马究稻远便之告恐后也然蛾露煲解 >
伏规页领圆柱回诉亲亲记愤间肥豆循的
旗标光滑的蔻研情阵虎野怒中有复建
瑞介音日镜虑循乐风持的露飞!权虑
灵分肉饭优分衫的老条底野碎后醒有心
香望 >性信的类肉驱面有错!己恐况丁
究下携降介上的破地他 > 不礼滑村雪便
赂股远木人查日祖情灵考规而衬私
稻解机信人赂修要条雨父社坠书口
笑而生释考的忽略豫底先礼有薪磨木
图了出马高试香型平考理米复复
通面携中苦延分自灵雨最情焕价袋恐
行雨桌蠕下好有自村豫龄自摇损出便携
延长先增露称定惊老树自电梁颈式
苦醋生生貌肯定独热邀区长鹿复

香肠
犹豫
告诉
价值
阵风
笑了
便携式
延长柱标
圆旗猫自
野独酬
薪愤怒的
先生
称定
大米略
忽定
肯
长颈鹿

Puzzle 251

情	怖	增	肉	修	动	究	顶	父	恢	复	热	建	机	权	情	信
木	定	查	直	携	蠕	木	肉	虑	启	心	醒	有	性	不	静	驴
乃	邀	马	袋	观	出	答	部	坠	滑	动	不	错	而	焕	事	本
伊	了	要	情	检	查	中	倍	老	！	条	的	身	紧	露	行	他
野	建	解	型	面	保	木	介	子	趣	退	疲	型	龄	延	信	所
的	遇	透	察	视	车	伊	了	约	>	出	出	闲	。	有	撞	需
木	空	余	电	有	远	旋	心	决	股	人	请	欲	音	人	草	保
察	中	情	数	电	焕	究	化	妆	特	乎	本	便	远	醒	填	然
思	自	肉	皇	后	雨	特	礼	喜	镜	貌	幸	胡	磨	噪	香	士
介	惧	虫	父	想	虎	行	不	先	前	信	木	萝	自	租	柔	绅
源	摇	破	风	筝	之	举	眼	保	便	镜	阴	卜	年	可	见	的
噪	！	人	查	回	股	行	虫	>	实	践	考	天	>	欲	皂	看
条	也	便	一	二	〇	二	子	坚	疲	梳	权	娱	凑	衫	老	数
骆	驼	静	余	秀	马	安	乃	固	最	从	社	人	保	热	的	平
飞	煲	则	最	选	袋	树	自	镜	惧	因	解	基	特	静	股	要

所需
启动
风筝
了解
可见的
实践
胡萝卜
的绅士
骆驼
皇后
一二〇二
先前
退出
阴天
木乃伊
检查中
坚固
化妆
恢复
空中

Puzzle 252

剥夺
黑色
感情
星级
黄瓜
称为
时刻
擦洗
均匀
公共
少数
发布
镜子
藏红花
汽车保有
吸血鬼
读书
赛跑
决定
创建

况	身	心	顶	发	布	护	豆	票	恐	状	真	栅	貌	破	最	考
人	信	木	。	降	保	毁	袖	况	损	惧	复	四	于	几	木	野
苦	情	议	称	为	鳍	量	趣	光	通	村	露	伊	虑	于	休	礼
车	望	机	紧	心	镜	飞	回	从	父	远	优	子	諾	雨	释	惧
均	匀	梁	自	擦	面	子	貓	日	心	眼	电	选	便	之	部	身
书	有	了	眼	洗	乃	露	过	趣	本	号	中	自	香	因	的	紧
错	趣	黄	损	记	少	高	自	行	藏	读	究	星	间	碰	栅	摇
考	傲	瓜	剥	夺	数	貌	自	蛾	红	衬	书	级	动	迟	赛	过
汽	从	私	想	循	蠕	木	灵	本	花	创	建	落	眼	况	跑	书
虫	车	栅	远	记	量	租	噪	分	填	性	貓	损	摇	撞	转	票
貓	复	保	面	特	本	自	类	观	社	典	热	主	龄	欲	乃	页
的	梳	几	有	貓	落	噪	本	秘	觉	亮	人	豆	决	介	间	释
紧	错	车	灵	吸	血	鬼	则	伊	乎	面	部	决	定	蔻	时	木
远	答	感	光	状	公	共	页	程	平	紧	决	苦	活	平	刻	充
黑	色	情	摇	究	驱	村	量	下	典	视	伏	基	快	休	得	虎

Puzzle 253

觉硬了四请见遥幸然优热手伏行生领源
的皂币高不约数马趣持阳先决臂自身息桌定
第六毁优秘子举复持行光虎自沙后平号真
可笑的根虑栏高面行情光尖叫视塔携事稳
余己规栏有思马噪碎镜的马复直羊四因
马能思几升克安面欲露凑他便优复毛思稻
乐部貌升克亲根露碰便露点野露平有充
情号高管安分最璃几行貌点乃条复主雨
子凑活摇亲有热特情镜区栅复特露于马
沿恐衡列车安蛾热特情高面高顶条邀休不皂
着部本苦光拳平书木充心况复倍复行栅
况平己行疲击自凑书况不皂苦复行静
邀丁得视恐香己凑四麦觉特思察身马况
驴觉亲觉恐自凑四麦觉特平肉马栅
中马

露点
高管
可笑的
有礼貌
列车
觉得
小心
第六
尖叫
拳击
沿着
硬币
玻璃
羊毛
阳光
小麦
沙塔
自己
臂
视觉

Puzzle 254

焕之条即时四恐镜音素老休凑闲年快光
望解镜升想遥克克坠迟橡里信考持因乎物
复看差真几怖的重焕发皮维秀热大种
和平分坠醋保主有木真页持的大典象
山醒分子转沙之坠复心上静升社车自
羊老醋诺漠书坠理保况坠书会领飞
部香复不蔻源亮先雨滑通书眉桌
最自模图复慘肥白他底式降一
了马式邀坠重建貌况桥举马目
通变致命思亮克身能衫秘了
改生去遥直考解放子损中然
野填苦年胶雨宜能选大答恐
本中错存远本士量记衣上稻
举稻欲损信肢望则光主决驱摇
欲得欲损信木虑页光主决自四

大象
沙漠
物种
致命
改变
表白
山羊
一目了然
分子
维持
社会
公式
大衣
橡皮擦
即时
和平
野生
焕发
去年
模式

Puzzle 255

加 面 趣 碎 通 错 音 恐 眉 蠕 高 下 选 草 护 书 的
摘 要 身 祖 理 磨 子 研 灵 宜 摇 峰 貌 趣 遥 热 需
好 处 项 然 静 伊 人 摇 理 主 况 有 复 倍 紧 数 求
心 差 复 胶 年 特 衫 理 见 香 自 自 真 遇 升 得 有
自 摇 究 瑞 日 信 礼 见 远 娱 香 祖 行 凑 紧 最 解
条 填 碎 > 信 不 自 根 基 解 车 领 此 句 日 蔻 摇
虫 护 乐 惨 平 过 袋 基 人 出 机 木 损 信 快 信 察
摇 不 持 状 眉 > 犀 人 约 数 蜗 飞 余 柔 自 稳
。 毁 亲 灵 地 慭 牛 从 有 典 型 老 噪 市 损
本 傲 滑 规 便 因 人 娱 的 的 则 每 刚 场 肢
乎 人 惧 的 驱 保 授 毁 撞 父 放 只 性 步 驴
复 考 生 树 表 持 权 娱 本 社 落 坠 量 骤 伊
地 板 亲 举 明 情 不 察 蠕 介 区 噪 衬 肥
根 亲 几 品 股 驱 车 中 草 滑 娱 每 乎
紧 碰 四 士 疲 衫 号 理 的 的 惧 介 坠 研
镜 野 村 ! 幸 便 从

地 板 句 品 要 处 断 猎 生 明 型
此 产 摘 好 中 狩 产 表 典 高 授 每 市 犀 蜗 社 的 步
峰 权 只 场 牛 牛 区 需 求 骤

Puzzle 256

数 绍 不 袖 稻 摇 停 息 桥 自 人 绍 眉 持 木
面 凑 圣 诞 解 > 暂 坠 了 父 出 乎 出 蠕
祖 空 复 衬 栅 考 试 复 升 子 有 衬 子
量 清 最 怖 便 貓 飞 坠 克 升 乐 循 心 区 有
赂 不 起 本 心 热 复 祖 乐 得 电 下 里 。 复 瑞
对 运 想 增 卖 保 官 人 自 邀 因 请 木 饭 有
落 修 有 约 最 不 调 整 幸 撤 销 心 便 存 噪 面 间 秀 平 伊
蠕 升 幸 对 赂 延
亲 坠 之 搜 源 乐 雪 状 傲 摇 袖 下 过 数 觉
肢 也 平 镜 休 情 泽 旋 况 租 配 马 望 稳
重 心 望 便 携 乐 考 眼 最 况 栅 清 驴 人
貌 本 性 观 快 基 驱 请 研 醋 衫 重 胶 闲 情 马
出 滑 他 动 行 来 迟 于 心 乐 信 醒 赂 条 充
况 重 凑 心 举 将

Puzzle 257

饭 毁 然 坠 音 危 机 虑 龄 票 差 决 放 马 简 化 毁
高 几 了 雨 飞 丁 数 鳍 毁 复 中 恐 心 闲 驴 疲 饭
音 雪 摇 信 脑 水 车 的 书 杂 钢 笔 从 票 自 欲 地
记 排 信 脑 会 行 趣 况 子 他 权 袋 皂 形 子 试 皂
龄 增 肉 会 议 珍 顶 理 子 毁 子 雪 见 状 子 桌 了
子 日 生 议 珍 条 贵 乃 身 喜 想 邀 数 试 栅 马
宜 很 少 惧 他 旋 恢 小 说 放 复 信 源 不 牙
面 得 带 的 便 观 保 飞 礼 乐 礼 复 得 透 栅 膏
禁 止 充 数 克 差 状 议 愿 信 其 平 恐 口 定 露
能 有 野 回 焕 本 热 解 愿 望 信 好 平 心 源 趣
梳 露 而 出 马 的 子 排 虎 猫 座 视 遥 心 视 基 看 的
股 然 飞 血 生 滑 菜 典 情 视 人 老 蠕 护 升 带 发 音
然 人 况 遥 乐 菜 村 究 焕 型 保 便 疲 滑 入 小 型 坠
坠 子 最 图 他 信 权 保 遇 便 木 顶 条 基 猫 要 议

，其小很危禁升牙小珍形出愿查猫的的首复钢笔
型少机止入膏说贵状血望找座化简发音菜脑会议杂笔

Puzzle 258

检验
的荒野
速
建议
的记忆
监测
因素
人像
乘法
知识
之外
北方
首都
一点
剪刀
达成一致
味道
那些
委员会
新鲜

树 租 木 袋 知 试 活 转 醋 因 本 最 图 量 性 貓 有
破 滑 息 的 识 过 存 理 宜 书 欲 音 驴 租 状 心 面 放
滑 衬 宜 增 村 语 性 机 不 那 号 思 条 分 伏 凑 的
环 安 升 傲 稻 速 来 生 然 些 了 人 雪 栗 监 书 近
剪 刀 号 > ！ 摇 里 行 保 祖 的 本 动 摇 测 诺 通
得 滑 最 高 行 书 部 乘 于 野 北 他 权 究 觉 员 会 加
首 想 建 议 心 环 礼 法 回 稳 方 情 行 委 规 员 特 稳
欲 都 类 眼 人 肢 醒 娱 碰 修 解 蛾 充 便 项 的 上
根 袋 闲 醋 味 紧 便 之 稻 行 丁 情 娱 好 忆 理 荒 过
驱 项 最 貓 道 毁 撞 外 滑 事 区 娱 检 忆 记 野 项
先 面 桥 自 信 亮 滑 于 议 稳 机 验 自 规 中 惧
研 因 真 倍 理 苦 怖 理 书 加 视 型 行 了 秀 余
坠 素 议 过 子 疲 新 鲜 延 信 试 父 环 型 举
解 平 人 像 趣 > 运 致 一 成 达 答 素 老 面
肉 回 动 野 安 顶 情 况 点 滑 心 中 保 娱 雨 增

Puzzle 259

出选面司草肉医村静源重毁龄稳绍规存
的放理机休量药能从根程大事降虑＞四
貓驴凑柠面伊票填过存不的虫想了醒
上怠心机几身议社雨存股批象信灵解
趣，火汁噪肉他修自遇礼判便性解灵
恐但箭眉举趣坠父望汽他事
先息怠选能热程研权排部别
程思信休亲能坠木摇娱个典
来况先环亲通于信宝乐开启
观村保程坠平乐龄宝放欲四
建的试占提滑定远议光有碎水
租复于据蔻高私噪晚候和胶摇
士磨的眉亲虑交些地举遇发
定的虎票则信优透社研惊然欲子己

大配机宝药存启象批判们交，但
重装司宝柠檬汁医地保开占晚火想地个蒸的他提
时候和别汽

Puzzle 260

情趣从曾经约操作特考碰活吸数填传便
情两遇的况衫袋驴眼电记引建饭统磨修口近下
娱次生休坠看保的心秀力究碰雨亲
。想木温乐转瑞露自基柔电肉怠条
过觉人文身保伤害携图摇秘面保傲类
绍热子尔诺眉基秀＞解复傲地丁记
秘泽加雅破来事图发最父降袖有的
然！袖扭惨票栏有摇人下傲建典定
社套索况看趣自饭错也心坠特
确也口顶干主木正号也建露易乐
损实理紧礼豆类确甚延惧交瑞
肢虑重事亲露的至使信喜复
理生源升息修错桥况理
观自记降香不蠕豆飞直究
想便乐疲雨体育视灵底雨平票本苦

Puzzle 261

工 具 人 礼 野 生 上 的 袋 凑 书 焕 之 木 袖 带 灵
貓 皂 袖 类 地 建 旋 干 型 奉 则 雨 平 梁 基 理 皂
自 觉 梁 遥 之 从 股 净 暴 献 源 循 蹈 伊 好 行
瑞 鳍 底 绍 携 顶 运 错 躁 放 领 恢 特 想 遥 解 惊
真 领 行 醋 的 好 香 落 复 驱 稻 破 电 野 亲 秀 见
真 柔 而 信 落 充 落 本 焕 数 的 充 自 马 考 醋 疲
政 父 光 过 碎 驱 不 老 视 梁 坠 的 灵 究 身 了 惫
情 策 娱 栏 量 携 考 复 瑞 程 不 身 醋 回
顶 雨 士 香 心 的 错 生 望 暑 地 特 老 灵 木 栗 书
遥 磨 机 答 息 权 醒 马 克 自 史 面 闲 爸
高 部 图 基 乐 眉 剪 得 情 露 肉 雨 直 热 爸
出 怒 面 坠 滑 里 辑 信 许 怖 错 租 信 的
热 稳 大 斑 想 坠 特 殊 截 非 常 卡 的 回
稳 毁 家 举 决 碰 稻 邀 特 截 车 亮 地 书
转 部 胶 惊 年 音 解 眼 乐 肉 距 雪 稳 型 惊 动 醋

灵 活
剪 辑 蹈 矩
循 规
爸 爸 躁
暴 策
政 常
非 卡 车 距
截 醋 栗 殊 暑
特 工 日 具 献
奉 历 史 家
大 斑 马 干 净
的 怒
大 过
不

Puzzle 262

太 阳 镜
身 份
机 关
到 达
边 境
极 匆
多 次 辣
夹 媒
语 话 防
勇
苍 寒 冷 的
谈 到
水 芹
骨 架

谈 达 程 思 梳 权 苍 辣 地 休 > 视 类 平 ! 醋 后
马 到 水 自 亲 量 蝇 椒 降 后 太 阳 镜 秀 项 欲 欲
夹 克 芹 有 梳 顶 克 有 热 人 介 特 根 旋 便 勇 子
区 秀 苦 身 胶 电 树 骨 坠 事 得 解 栅 桌 敢 考
不 惧 热 份 行 环 决 架 的 匆 寒 的 状 鳍 边 境 衬
肉 面 真 野 紧 加 衫 闲 水 冷 赅 村 本 加 转 栗
平 香 情 摇 坠 蔻 桥 错 匆 惊 伊 媒 极 的 眼
复 肉 栏 乐 增 子 乐 从 惊 幸 面 体 限 书 秘
携 究 疲 重 而 后 恢 士 书 人 龄 想 考 关 图
落 觉 举 解 上 诺 重 鳍 行 幸 坠 类 社 泽 面
建 最 填 好 恐 间 量 理 觉 人 循 话 口 飞 源
之 多 光 热 研 休 高 远 乐 后 防 题 年 情
遇 次 闲 图 老 热 查 素 持 面 傲 卫 雨 快 凑
欲 举 损 规 议 息 的 能 身 源 上 携 镜 乐 滑
不 龄 亮 旋 填 部 建 语 音 亲 遇 梁 许 恶 恐

Puzzle 263

[Chinese character word-search grid]

電稻足夠亮觀複放況基他秘覆煲稀桌因保
祖書碎衫車運柵眼咖啡人蓋缺特衡直高
許意見不久貓帽落靈碎旅程恐四衡平過
便木露社蛾租子保愈股研動不舉平票旋
搖之的最解本發各地便乃許加答答柔雨
源後子主決娛秀機驅生錯乃試遠社疲墜動
攜馬錯買平有釋平蛋撞水真後社加人飛
光子伊入的靈肉攜真簾水了頁素見修旋動
究虎人驢衡動蛋安最撞灵木心己特有草飛
素周年閑灵糕人基信親亲苦保出修動飛
平桌驢查木傲梁人視最信情灵比穩草排
覺市機慘了醋煲信最衫電栏亲特靜亮
虎老性心情欲人便機衫園電話靜舉通紹
約欲木露區近地保碰幾飕見風暴高绍亮

意见
各地暴
风缺子
稀久入风
帽够
不盖帘
买啡
飕中栏
足糕
覆决
窗比特
周心
市
围
蛋
电话
解
丘
旅程

Puzzle 264

便士
阻止
的事件
准则
命 中发
激 奇迹
学校
剧场
马克杯
检查
有轨电车
可能的
证明
有信心
观察
高贵的
添加
鼠标

[Chinese character word-search grid]

驢毀覺眼本心不也降條基考填基落查生
學部水想本劇場疲人父觀遙電橋量底特
口校循里一釋貌情解豆察建煲領鏡解
趣項定乃亲二他慜的遠股建欲橋口證音
袖試環有泽的有二行豆克特最項明緊便
股書信好休軌草落行杯能事慜老也士行
部覺心思眉電子。人號情加源蟲士豆數
栏素人迟特车>身解情活加中貴的几
蔻灵有年齡解鼠柔稻可丁命检查秘条
灵幸恐的阻权部遙活奇检差间远>!
幸凑能来止添遙出降况野底保人
程!平村马父遇里静祖差野理快准型
得碰自柔心研股添护况蛾察好则素
循己自分携露镜充伏苦亮>
面的私虎栏士梳机发许优决素型

Puzzle 265

坠 考 试 决 素 见 出 舞 幸 典 老 情 回 ！ 心 行 年
热 规 绍 有 挑 面 便 台 鳍 带 损 家 想 身 的 遥 人
音 条 走 土 战 乎 循 克 乎 子 家 要 规 增 亲 之 从
＞ 撞 廊 木 狼 休 特 领 放 了 牙 组 金 袖 柔
经 放 解 ！ 衫 性 赂 子 坠 刷 织 子 飞 ＞ 源
济 亮 皂 观 不 发 特 普 子 了 香 生 察 ＞ 柔 部
考 柳 图 乎 露 自 信 特 通 便 坠 上 镜 热 驾 遥
柳 絮 了 思 子 加 倍 普 梁 紧 农 梳 士 程 驶
絮 椭 放 得 最 安 便 子 貌 遇 场 马 露 驾 部
椭 圆 日 煲 破 远 视 主 自 焕 口 车 恐 事 延
圆 形 恐 见 ＞ 煲 过 梁 租 趣 错 带 损 蜘
形 解 领 过 稳 透 遇 遇 热 飞 醋 恐 羊 蛛
解 电 里 。 自 面 携 排 爱 建 滑 本 肉 人
电 加 情 惧 况 浅 深 他 亲 灵 电 灵 损 紧 自
加 复 面 礼 惊 遥 了 有 饭 回 热 行 凑 野 镜 摇

经 济 形
椭 圆 蜘 蛛 肉
蜘 蛛 羊 狼 絮 时
羊 土 舞 台 家 驶
土 舞 柳 回 驾 金 的
柳 回 驾 顿 子 通 深 浅
顿 的 普 走 廊 爱 战 刷 面 场
的 普 走 的 亲 牙 挑 见 农 组 织

Puzzle 266

特 征
冒 险 的
一 起
高 贵 发
头 的
最 高 的 水
她 的 士
温 护 条 件
条 奥 球
精 细 棒
奥 的 球 员
的 秘 球
棒 球 喜
喜 欢 讶
惊 运 动
运 请 求
请 鸡
鸡 蛋
内 部

！ 重 肉 释 建 的 球 员 热 源 自 来 内 怠 权 疲 雨
特 间 车 定 ！ 险 棒 观 修 豆 复 修 部 娱 本 思 平
乐 延 而 年 觉 冒 村 趣 议 量 复 飞 乎 余 木 区 高
增 温 水 的 因 露 信 貌 口 根 碰 蛾 情 四 泽 他
热 损 平 底 行 本 充 请 胶 噪 解 貌 况 身 喜 欢
生 错 条 答 区 奥 秘 求 摇 条 一 栗 惊 请 带 驱
本 图 股 想 排 决 自 袋 水 件 起 便 能 讶 议 间
摇 木 鸡 蛋 袋 马 根 摇 真 的 心 动 闲 几
增 驴 地 乐 护 放 亮 便 摇 也 保 迟 倍 转
肢 之 坠 存 许 士 摇 升 醋 驱 举 遇 磨 远 也
地 事 延 桥 重 安 典 最 型 她 特 征 草 解
带 考 私 头 发 察 贵 高 优 的 过 人 建 最
面 错 源 信 部 填 的 撞 栗 情 优 水
磨 转 能 亲 雨 记 镜 请 情 答 究 填 车 因
决 紧 肥 趣 亮 自 图 余 稳 旋 考 本 驱 本 特 运 保

Puzzle 267

有咆哮摇骄娱欲第二＞循高暴狐稳蛾胶
根橡胶况碰请丁口伊紧心力狸车礼特子
量不欲观驱几喜面梳飞规通视安况滑肢
自趣的虎解栗特况磨雪持闲他填柔携包
拓展醒四程秀觉平露建袋充柔信不明绍裹
的露礼持富含露男伏机领坠领明香延野
父落紧事灭觉男性士最衬饭肉年惨秀滑
平衫见喜绝梁重权平情柔撞标准惨自携
凑柔摇摇复高桌移考来破保木好本苦趣
自项稻复高桌重私车差担心鳍虎几当摇喜
票磨马武思蔬菜最本桥特露碎子热怖近坠
磨携武士虑袋最的私先情保修好乐驾喜衬
携事思桥伊间的错摇特心坠碎子保车介

Word list (右侧):
第二灭绝标准雪明上武暴橡拓男狐转特包咆不驾富担蔬
绝准上年士力胶展性狸移裹哮当车含心菜

Puzzle 268

典灵议落思数怖袖面加蠕讨苦情草面的
回野不稳定信子栏摇不＞论醋衬迟亲复
便底有性领稳通考得幸素约自有欲年口
虫不亲飞灵延虑答胶素马差静了间安
书撞眉保磨医院倍不肥觉面紧出瑞欲权
滑冰贼年野快特余项折股不动要间伊
木其危险终充摇草磨骨折马不光旋远滑
观欲稻自满循运惧镜撞回因反映的镜
他落袋栏野透遥水类股因升希
怖壳出举保部遥建心观秘情要望
例外蝙栏秘况复里乐动而祖要本
重复蝠草情迟＞柔修雨私灵破复
觉源草坠梳苦页草票复祖了查宜
栅的来紧区的研排乐道德亮
焕秀带飞票心乎复便研排乐道最宜

Word list (左侧):
其他危道外蝙骨例走终不的流讨医充修差滑希
他险德壳蝠折映稳重行院满复异冰望
于了稳定要的论蔬袋

Puzzle 269

他 数 员 工 合 母 鸡 海 赶 路 最 ！ 趣 研 填 特 持
的 人 领 克 的 格 加 滩 顶 飞 蠕 胶 水 热 香 噪 信
机 诺 秀 主 规 存 保 真 摇 稳 静 转 快 栏 草 情 请
会 望 木 趣 光 望 梳 灵 书 虎 建 栅 则 长 高 能 子
乎 破 醋 。 理 雪 高 宜 名 老 释 期 身 乐 源 过 分
真 镜 建 便 保 望 议 书 主 木 蛾 遇 有 则 乃 摇 乐
近 醒 胶 来 野 议 磨 后 木 鳍 顶 请 则 特 伏 根 坠
素 升 虑 过 充 行 世 纪 雪 极 镜 错 滑 主 定 特 倍
恐 他 释 近 经 营 木 拒 遇 滑 其 物 好 语 排 倍 解
环 底 经 现 开 木 规 ！ 保 极 保 质 言 决 好 便 四
野 推 许 始 桥 规 书 绝 举 究 人 摇 衡 部 许 他 上
子 的 惩 保 高 书 然 远 摇 保 摇 亲 决 连 诺 骄 然
摇 趣 罚 诺 根 音 远 灵 况 况 人 亲 存 饭 面 秀 摇
选 因 答 建 建 通 通 况 惨 怖 介 亲 有 面 拍 部 平

连 拍 言 滩 期 罚
语 言 其 路 杆 现 营 工 鸡 出 机 纪 绝 名 格 质
海 滩 始 极 赶 挥 出 经 员 母 推 的 世 拒 驰 合 物
长 惩 开

Puzzle 270

理 皂 随 机 肥 老 的 基 幸 复 源 摇 规 余 社 特 > 有 私
权 便 差 蠕 好 飞 社 倍 请 记 的 理 子 己 情 究 驱 环
替 休 息 得 私 仅 社 光 了 高 坠 面 肢 虎 答 私 余 决
权 代 凑 中 发 马 仅 四 差 得 落 回 音 私 约 虫 填 身
> 不 屯 有 日 村 充 坠 机 镜 豆 柔 约 本 最 国 际
的 克 邀 子 情 面 分 母 亲 急 首 行 他 举 定 静 车
主 书 喜 镜 持 能 怖 碰 诺 不 富 心 他 最 觉 心 领
心 本 量 草 宜 遥 心 无 存 真 差 得 规 他 肉
自 镜 况 况 保 故 便 形 稳 思 驱 香 权 图 灵
程 高 不 日 部 豆 式 最 伏 上 桥 因 透 木 发
坠 于 的 摇 自 延 电 大 亮 心 车 草 权 胶 建
灵 介 亲 特 的 动 规 的 解 趣 苦 人 卫 迟
拼 动 喜 热 有 捕 ！ 切 一 次 茶 ！ 生 信 复
写 视 虑 桥 袋 破 身 展 过 相 的 壶 分

的一切
仅仅
电动
无形
替代电子书
形式
捕捞
发展
职责
最大的
国际
一次
拼写
茶壶
相信
母亲
随机
卫生
故事
首富

Puzzle 271

的	乎	无	恐	司	公	鸡	洗	最	况	村	规	儿	来	根	醒	释
面	>	自	效	复	通	秀	衣	情	单	独	类	摇	子	中	存	解
苹	果	况	余	典	傲	错	他	肉	心	独	好	平	修	不	迟	信
答	优	摇	努	力	透	邻	居	光	增	恐	优	书	保	安	最	举
柔	野	从	要	马	撞	带	苦	近	页	坠	顶	热	股	胶	情	磨
骑	思	行	自	类	试	惨	情	心	最	填	图	空	间	行	恐	信
优	差	典	分	法	愚	建	心	先	素	未	马	私	蠕	保	自	自
眉	智	日	遇	律	蠢	栅	心	滑	快	来	马	近	娱	类	的	的
特	慧	热	状	人	的	机	分	带	便	摇	最	书	毁	落	现	型
动	眼	持	情	亲	疲	源	分	碰	发	循	伊	肉	秘	老	心	身
四	衫	情	亲	伏	破	摇	地	带	有	考	顶	惊	况	父	喜	观
蔻	然	乐	木	礼	护	近	栏	煲	袖	可	面	试	面	心	最	苦
答	望	木	不	议	父	热	升	间	也	人	包	蓝	灵	最	先	貓
快	秀					理		信			铃	的	观	复	他	热

（词语列表）

公司
公司
公鸡
儿子
愚蠢 的
苹果
单 独
面 包 间 来
空 柜
未 自力
书 可律
骑 可 场
努 法 衣
可 现效 慧
法 洗 智 居
现 无 邻 铃
洗 蓝
无智
邻
蓝铃

Puzzle 272

填	信	况	远	梁	碎	栗	私	口	了	通	觉	亲	牙	研	状	飞
的	兄	弟	马	息	乎	心	子	释	自	西	部	妖	自	齿	雪	子
灵	复	野	亮	从	降	解	便	醒	摇	查	精	则	定	面	余
梁	性	！	柔	落	驱	察	快	来	饭	典	公	布	摇	下	增	也
疾	不	蛾	乃	平	动	平	本	煲	远	号	因	私	况	自	保
摇	病	机	平	虎	肥	消	复	马	部	存	标	怖	理	野	丁	证
实	观	会	基	乎	车	野	化	倍	秀	于	记	自	的	兔	延	究
验	配	，	建	议	野	落	静	真	不	然	自	人	木	看	有
骄	对	储	树	决	惊	先	磨	倦	排	而	便	貌	便	远	数
桥	的	备	稻	增	自	信	骄	子	的	几	带	巨	自	撞	恐	邀
面	露	摇	的	亲	解	虎	保	安	信	雨	出	梳	大	情	选	秀
骄	欲	心	疲	秘	情	分	号	野	编	醒	旋	傲	露	恐	凑
因	定	乐	面	身	喜	的	循	看	动	幸	部	辑	恐	回	貌	情
坠	的	激	老	稻	灵	决	租	年	自	动	欲	情	肉			
	怒		稻		书	活	心	部	股	栅	>	幸	亲	情

（词语列表）

激怒
机会，
西部
牙齿
野 兔
的 兄弟
妖 精
标记
亲 自
公 布
保 证
储 备
配 对 验
实 验 而
然 消 大
消 化 选择
巨 编辑
您 选择
编辑
疾病

Puzzle 273

循 滑 研 丁 生 保 静 复 虑 > 动 不 量 紧 。 理 远
坠 延 衫 怠 虎 心 了 护 解 父 年 露 桥 延 眼 柔 疲
迟 真 老 木 焕 通 衫 乎 面 里 马 马 梳 伏 遥 地 图
欲 赂 究 得 洽 袋 豆 试 明 桌 放 好 草 有 > 赂 飞
赂 图 素 型 思 树 生 自 显 蔻 摇 特 看 虑 政 破
望 理 区 保 邀 落 电 状 决 野 貌 坠 声 解 府 自 怖
情 毁 自 马 驴 入 号 野 碎 分 支 行 雨 明 的 充
书 乐 雪 的 马 快 有 发 日 地 约 请 保 隐 藏
真 源 貂 他 平 龄 看 图 定 驱 管 修 容 信 约
见 能 白 色 桌 马 循 许 事 项 理 易 己 没 宜
性 面 便 循 丁 傲 皂 私 不 露 旋 治 日 有 余
问 恐 类 惊 子 信 有 释 凑 息 统 遥 热 似 花
乐 虑 克 便 释 举 充 村 赂 热 特 治 拉 鲜 察
携 增 露 趣 肉 部 许 赂 身 考 成 者 不 动 肉 摇
租 增 露 趣 肉 部 许 赂 热 身 考 马 迟 年 看 摇 摇

没有
政府的
成年
声明
隐藏
性能
地
鲜
白
似乎
拉
统
事
分
落
雪
明
管
容
洽

Puzzle 274

干扰
手机
聚焦
眼镜
第三个
豌豆
鼠
田
测量
摇滚
重复
休闲
突然
生命之
从来没有
意图
理论上
借给
完全
父母
接收

决 保 出 休 闲 运 优 梁 而 马 动 借 给 行 近 碰 素
平 损 突 然 解 顶 复 素 身 年 秘 亲 机 理 胶 木
衡 性 蛾 面 惨 肉 柔 号 四 携 究 士 坠 数 衫
飞 紧 过 事 上 号 恐 礼 伏 部 记 思 旋 发 下 栏
貌 露 衡 平 里 惧 趣 回 面 个 带 栏 规 喜 四
父 衬 木 研 来 介 电 电 源 介 祖 项 生 运 究
便 母 他 基 干 灵 日 他 > 权 煲 落 他 自
醒 年 紧 他 扰 增 亲 摇 滚 议 释 的 信 > 摇
栅 测 量 镜 意 后 平 源 损 撞 趣 梳 源 骄
中 人 根 理 图 来 升 村 自 乐 研 恢 乃 聚
高 生 命 之 分 图 栏 从 热 驱 碰 手 亮 焦
接 条 焕 上 自 定 来 重 子 马 研 于 性 素
收 醋 雨 趣 状 幸 没 的 马 见 休 回 豌 理
飞 因 肉 护 的 快 有 胶 野 田 解 机 豆 书
特 的 马 便 碰 惨 信 袋 号 鼠 露 于 完 复 保
眼 镜 柔 最 稻 衬 栗 望 持 貓 全 修 性 的

Puzzle 275

的 趣 木 坠 考 约 身 可 考 携 答 胶 牛 仔 怖 保 栏
见 技 艺 龄 情 坠 里 重 不 真 直 鳍 有 规 人 视 降
分 析 究 木 热 有 重 不 碰 梁 骄 有 驴 高 露 灵
保 过 明 修 记 惨 复 使 伊 介 研 填 娱 之 音 肉 坠
亮 前 者 亮 仍 复 落 用 的 怪 奇 程 语 句 放 考
究 延 的 究 然 摇 了 高 中 鼻 一 皂 直 请 了 持
察 龄 股 镜 选 近 本 根 子 般 焕 观 乐 先 子
秀 稳 然 联 图 人 子 优 子 办 法 加 领 增
保 惊 先 合 保 袖 乃 心 飞 数 驴 关 而 延 请 滑
规 生 菜 收 肢 貓 远 心 的 的 系 自 遇 伊
考 高 伏 割 租 衬 热 也 本 滑 私 带 版
带 惊 的 机 股 免 光 带 中 要 傲 栅 香 木
典 飞 栅 恐 解 醋 撞 人 鳍 股 驴 休 发 错
领 信 增 礼 坠 音 带 行 遥 性 衬 息 己 的
领 口 远 查 不 便 本 邀 静 水 领 想 木

的 鼻 子
前 者
奇 怪 的
语 句
一 般
技 艺
分 析
版 本
联 合 收 割 机
明 亮
免 费 然
仍 办 法 列
办 系 仔 息
系 牛 休 关 系
可 生 菜 重 复 使 用 的
瓢 虫

Puzzle 276

篮 球
亮 点
审 判
可 爱 的
恩 探 讨 藏
收 指 责
进 白 菜 口
桥 梁 好 的
友 年 龄
较 低 的
十 年
伤 心 收 写
吸 缩 控 制
表 示

伊 露 收 篮 遥 性 本 情 蛾 十 建 瑞 记 秀 平 ！ 行
探 讨 藏 球 不 坠 远 栏 重 年 恐 特 倍 貌 部 况 从
举 破 缩 秘 子 通 过 碰 年 充 控 的 解 自 放
眉 虑 梁 写 驴 自 号 光 胶 栏 娱 的 制 主 觉 活
特 损 间 保 焕 而 审 保 可 桥 通 了 重 修
租 礼 秘 > 复 远 判 白 菜 爱 梁 保 心 心 特
野 释 赂 试 想 图 野 能 稳 望 的 乎 胶 进 绍
克 不 虫 看 行 树 条 解 了 条 不 书 亮 口 特
骄 思 试 伊 好 情 欲 邀 的 闲 租 安 好 点 书
差 解 权 木 年 重 重 趣 音 约 雪 灵 况 分 分
面 了 举 近 本 议 傲 特 年 修 惊 许 欲 看
友 复 迟 木 试 诺 吸 看 苦 伏 表 心 高 静 桥
约 好 恩 爱 老 持 野 察 伤 回 带 子 树 行
指 衫 的 低 较 口 的 动 乐 丁 复 优 举
责 重 不 安 远 循 欲 特 基 栗 衡 动 里 草 栏

Puzzle 277

瑞 心 丁 不 日 滑 衫 落 周 估 计 高 闲 雨 考 平 机
肉 惨 从 增 自 的 磨 人 末 紧 蛾 惊 因 书 况 里 士
究 理 秘 倍 保 倍 车 下 不 瑞 坠 解 因 信 视 理
真 躺 礼 考 况 鹦 > 恐 分 特 摇 的 亲 袖 向 的
股 在 素 平 眼 鹉 便 然 本 赅 素 间 欲 回 图 柔
分 钟 神 秘 能 肉 光 收 高 的 价 今 落 便
恢 > 高 倍 解 虫 息 集 木 桌 进 格 晚 降 于
露 保 重 型 转 的 秘 延 书 有 入 的 看 桥 滑
本 机 傲 增 延 驴 转 木 雪 考 重 图 研 光
骄 不 加 信 能 有 肉 部 填 图 龄 考 子
绍 四 降 排 眼 热 设 采 他 克 男 肉
乐 摇 放 护 研 的 专 恐 访 梳 优 破
日 疲 诺 亮 貌 延 家 怕 马 损 许 后
的 摇 先 复 带 飞 租 视 远 ,
的 地 亲 他 因 究 复 型 发 静 究 克 闲 香 破

设 计 入
估 计 生 日
进 的 在
的 躺 晚 话
今 子 格
说 男 价 向
价 导 末
导 采 鹉 专
周 周 秘 家
鹉 的 恐
神 收 怕
恐 集
后 的 象
分 图
钟

Puzzle 278

平均
的仇恨
科学家
尺寸
的好处
惊喜
最好的
捍卫
听到
需要
报纸
范围内
鼬鼠
方式
离开
袋鼠
的进展
一年
驯鹿
开玩笑

的 事 木 乐 循 情 则 光 近 喜 马 虑 优 滑 类 惊
亮 一 复 倍 需 要 虎 野 煲 降 分 迟 稳 > 喜 心
平 年 光 动 况 数 马 镜 的 面 梳 底 方 亮 租 乐
休 优 子 范 察 村 过 衡 进 上 心 的 式 光 村 上
袖 驯 煲 环 围 露 梳 。 展 瑞 的 摇 瑞 增 日
焕 鹿 租 镜 顶 内 蛾 喜 信 袋 豆 要 量 转 查 焕
过 票 碰 解 活 权 喜 书 看 特 破 电 带 香 动
要 诺 身 报 他 驱 书 傲 错 趣 怖 坠 噪 区 蛾 真
最 好 的 纸 摇 许 老 秘 权 趣 保 幸 泽 稳 生
持 的 好 袋 安 秘 寸 研 充 慈 听 到 中 近
稻 醒 远 处 鼠 衬 泽 灵 后 性 有 木 介 自
充 驴 宜 复 的 不 机 填 好 伏 蔻 ! 信 面
马 领 草 试 最 惧 领 乐 了 直 的 袋 醒
平 规 露 袖 的 最 科 坠 从 衬 眼 况
均 离 后 携 袖 领 学 肢 仇 复
笑 玩 开 增 露 约 私 乐 捍 卫 焕 恨 究 直 幸 疲

Puzzle 279

先木解近考噪护于自醋间自郁电理露丁
见后了年有草甸欲破坏的排秘金因项存宜回
昨条息书素栅建细区面镜蔻下心基典
天坠的本镜草的栅胞解去诺文期本唱
旋条运栗摇看透奢侈品介自星的过歌
情了摇视狭险的驴衡自眉飞许基绍
磨特私主肉释远解视行木撞身四地
自察邀排娱露影响车衬而栗而士安
行增距酒私保主从之本书静坠情社优
存自离袖>图考循人趣查远热老带
柔毛巾回四乐坠释事保约快不稻规
乐梁绍保运宜优下举观请疲>骄带
镜的焕下趣摇灵几伏女能倍迟老
保惧紧便身加谨慎袖赂循口毁便秀

自行车移动
的细胞谨慎
人鞋巴歌本
女的毛酒唱
文距失草昨
破郁星影奢狭隘
了
香期侈品

Puzzle 280

程增票平观察幽虑地愆的行类雨苦况想
栏基灭似高思灵毯子虫祖旋镜惨破便
栗主亡乎迟面袖项本碰乐得见
思题题之降远碰高试息野面
延,之约的马虎上饭降票便老碰
皂醋焕乃状女香部数尖理得
带间休上视光虫距复尖的主
衬信降湊有树摇香部租心飞四
摇视携肉坠树摇醒租离疲信
最转蛾情举双香破袋远雨息
日袖露秘亲车决野因真
闲自惊缘>乐的降有克地
栅书保马余解降面顶试
愆解来下心自保沿愆过
上木观职释摇许研则柔

主题,
女巫信息
职业依赖
地毯幽灵
尖尖的
边缘双亲
本地亡
的来到
沿着观察
见似乎
友好的
距离

Puzzle 281

根 请 间 虫 > 中 人 心 便 便 复 醋 主 梳 要 趣 毁
驱 平 直 静 权 远 惊 口 的 子 修 胶 说 书 优 考 机
许 可 使 用 柔 迫 动 邀 顶 则 坠 服 便 衬 发 环
桌 近 选 灵 惊 使 主 过 舒 适 先 露 恐 心 于 约
煲 撞 一 声 根 亲 衬 下 加 人 坠 飞 乐 静 生
高 余 露 过 有 条 后 面 马 错 复 带 干 稳 骄 人
况 马 遥 来 > 基 滑 快 特 自 带 底 旱 护 乎 不 量
远 木 机 碎 龄 乐 放 醒 镜 左 情 最 栗 树 增 滑
高 豆 坠 欲 类 自 源 心 存 露 触 息 乐 带 撞
肢 士 伏 后 自 日 子 恐 之 旅 摸 面 子 护 鳍
查 乐 保 不 老 解 信 大 衣 磨 趣 不 表 底 己 蔻
陪 熟 撕 裂 鸟 木 味 道 存 子 稻 试 远 秘 许 从
丁 审 悉 后 啼 紧 行 苦 苦 人 查 葡 日 存 则
闲 > 团 步 究 虎 标 题 察 情 草 飞 怖 也
记 他 程 量 行 带 近 理 修 丁 间 平 萄

鸟 啼
陪 审 团
左 腿 旱
干 表 面 行
步 一 声 悉 摸 裂
熟 触 题 使 服
撕 标 迫 旅 适 可
说 葡 萄 衣
之 舒 许 道
大 味 使 用

Puzzle 282

根 据 诺 鼠
承 仓 部 皂
东 肥 加 渐
增 逐 星 含
明 包 着
朝 停 机 坪
只 条 是 款
蘖 能 鹿 力
很 期 多 望
忽 略
电 话 茶 壶

要 衫 类 乐 乐 不 便 源 恐 根 据 雨 衬 最 加 士 趣
间 查 复 栗 停 机 坪 建 驴 区 息 约 好 信 快 秘 稻
休 虑 镜 不 野 填 排 撞 惫 部 马 皂 袖 只 是 貌
破 马 况 运 之 人 豆 真 不 凑 逐 肢 仓 里 况 书
许 最 朝 信 高 透 平 动 栏 四 渐 平 自 鼠 选 得
状 > 着 本 袋 怖 秀 灵 饭 况 息 延 音 性 人 东 部
秀 面 。 条 款 保 胶 区 量 丁 恐 信 承 情 电
眉 几 皂 先 增 高 蔻 音 查 龄 信 亮 里 诺 茶 壶
幸 间 保 情 高 增 加 有 的 龄 驱 来 里 也 举 村 约
而 坠 身 程 况 定 磨 伏 的 查 动 机 有 研 栗
草 的 很 平 了 子 光 信 坠 的 顶 股 紧 社 麋 鹿
柔 祖 多 息 量 包 己 近 疲 灵 胶 释 环 礼 条
稳 绍 貌 乎 遇 含 分 豆 肉 音 便 飞 延 倍
貌 票 而 数 能 力 信 望 邀 的 型 摇 蠕 通
飞 降 心 素 几 滑 电 子 乐 摇 部 倍 出 许 意 星 况 柔

Puzzle 283

要 免 撞 煲 亲 延 安 看 己 乐 量 举 看 克 请 马 研 余　　改 善 充 易
有 诺 费 木 野 事 之 高 复 马 程 而 的 遇 数 坠 碎　　填 贸 幅 一 份
号 火 箭 延 生 票 平 直 保 护 权 源 眼 性 惊 面 转 区　尽 护 人 奏 生
克 性 条 摇 之 介 安 议 热 梳 信 改 乎 考 间 影 蛾 磨　宽 保 别 独 更
的 机 会 尽 考 四 升 桌 滑 遥 有 而 善 保 亮 响 号 磨　　奏 漂 野 蜗
心 桌 野 一 年 后 最 研 乐 书 趣 更 漂 衡 赂 行 私 己　　特 亮 每 因
的 身 一 份 貌 面 瑞 出 高 然 书 独 凑 赂 转 树 己 复　　存 会 火 激
镜 许 煲 桥 碰 休 信 礼 日 丁 回 柔 的 奏 高 栏 近 项　　高 动 的 的
别 人 摇 子 间 下 延 坠 礼 欲 碰 静 独 特 易 复　　　　　易 费 拉 拉
因 平 眉 来 最 权 梳 类 之 柔 破 研 疲 高 信 露　　　　　信 访 免 免
素 降 木 平 议 通 考 礼 之 磨 磨 柔 凑 易 伏　　　　　　　　　采 采
顶 拉 动 村 区 平 驱 本 本 研 的 噪 灵 醒　　　　　　　　　　影 影
村 蜗 牛 人 程 梁 然 桌 根 柔 皂 驴 贸 信
采 宽 滑 每 规 碰 活 激 发 幸 则 真 分 究
访 雪 幅 只 本 木 。 虎 最 宜 梁 惊 分 伏 露

Puzzle 284

元 年 　 猛 复 人 迟 镜 闲 后 数 便 书 本 要 生 秀 延 答 顶
完 成 清 想 地 拍 发 便 请 据 先 行 宜 的 静 皂 便 不 区
澄 清 远 部 有 察 稻 认 号 根 远 人 为 闲 诺 马 。 分 请
遥 月 球 为 定 车 于 的 肉 为 重 迟 携 碰 克 克 焕 思 出
拍 行 摄 况 栏 瑞 鼻 热 考 复 部 充 加 游 议 木 的 约 龄
几 猛 乎 而 的 分 眼 子 ！ 煲 稻 介 中 泳 的 升 马 摇 滑
游 数 地 貓 伊 凑 树 倍 绝 对 恐 约 泽 摇 赂 电 恐 填 光 许
认 据 泳 ！ 蛾 顶 的 蠕 觉 人 想 便 伏 远 四 见 的 便 幸 木
绝 认 为 保 恐 因 完 坠 平 保 遥 澄 书 面 部 酒 驱 升 了 发
延 绝 对 恐 情 特 况 成 特 月 遇 究 心 诺 修 ＞ 草 落 看
宝 延 长 喜 顶 考 特 私 衬 球 信 加 要 乎 蠕 自 排 心 露 面
扭 宝 宝 自 性 元 远 人 泽 四 私 年 也 不 升 宝 自 眉 理
马 扭 动 栅 本 年 扭 因 存 落 几 音 是 伊 肥 宝 约 租
重 马 克 本 长 恐 恐 动 有 延 加 私 活 衡 平 日 直 坠 活
的 重 复 延 鳍 鳍 不 恢 趣 稳 想 得 人 平 。
酒 的 鼻
吧 子
　 吧

Puzzle 285

摇 怖 况 升 错 于 究 諾 摇 考 不 瑞 骄 自 乐 滑 虫
项 凑 伏 量 错 生 碎 特 惊 定 子 保 紧 祖 雪 于 情
狭 隘 音 直 有 邀 差 飞 源 平 皂 坠 恢 过 条 栏 人
焕 他 修 毁 研 许 休 租 飞 民 见 信 的 损 于 便
人 好 底 乐 转 约 坠 貌 得 乐 则 研 行 年 木 复
票 也 许 衫 滑 原 真 娱 乐 车 驱 部 肉 喜 人
厨 房 息 延 活 谅 伊 袖 虫 音 持 水 稻 草 顶
针 的 医 生 图 指 标 礼 蚂 放 而 类 持 回 动
对 宜 行 恢 主 片 骨 头 蚁 雨 分 驴 远 约 焕 旋
赂 生 情 疲 片 摇 出 木 不 释 日 本 考 乐 状 权
欲 命 便 车 带 人 不 带 磨 不 恐 究 程 的 的
面 之 柔 而 后 不 释 日 恐 亲 马 信 树 股 旋
士 远 性 遇 木 有 恐 碰 趣 调 木 眉 寒 的
面 携 便 主 忠 露 袖 不 面 了 查 直 冷 保
了 保 直 素 观 诚 点 眉 了 袖 调 能 研 状 遇

词表：
指标
民族
调查
图片
忠诚
识别
的医生
滑雪
蚂蚁
稻草人
针对
姥爷
厨房
也许
骨原露
寒谅
生命之
狭隘

Puzzle 286

旋 基 马 答 惧 蛾 私 乐 望 释 追 看 记 部 高 的 考
快 下 心 项 坠 栏 解 本 护 便 求 面 高 高 柔 子 滑
。 慈 落 磨 面 碎 亲 子 飞 树 没 政 府 摇 增
了 高 木 侵 不 不 地 。 ！ 建 皮 有 的 的 加 自
本 规 加 蔻 略 生 露 观 妖 精 没 下 龄 本 规
高 苍 得 动 性 马 转 。 ！ 事 透 口 年 娱 活
自 鹭 亲 摇 能 虑 图 伏 答 野 紧 究 乐 的 部
过 看 有 乃 数 的 究 有 解 醒 克 伏 自 焕 公
＞ 答 驴 主 木 选 视 休 怖 行 不 鳍 坠 园
坠 他 特 事 静 记 不 增 出 复 伏 特 步 己
阻 滑 使 诺 他 信 携 龄 乐 的 建 栅 凑 愚
止 飞 出 乐 得 发 邀 醒 柔 瑞 事 心 饭 蠢
了 村 心 记 丁 有 柔 票 之 草 人 件 高 的
电 伊 略 灵 木 日 日 身 情 旬 迟 马
影 紧 决 衬 最 约 顶 容 之 绍 来 伐
驱 通 复 诺 查 露 近 礼 忍 动 高 增 虫
然 复 諾 士 部 望 希 觉 几 鳍
人 乎 理 重 驴 希 望 视 休 增 坠 马

词表：
电影
树皮
记得
使出
最近
追求
公园
苍鹭
政府
容忍
侵略性
步伐
的事件
阻止
希望
例外
愚蠢的
妖精
没有
草旬

Puzzle 287

```
音 坠 真 乎 试 得 况 看 龄 雪 骄 的 行 加 见 骄 栗
休 百 记 增 底 通 欲 察 父 错 情 生 本 排 自 得 胡
己 个 滑 焕 建 稻 况 能 雪 信 过 活 稳 直 况 自 萝
此 伊 看 子 请 许 约 飞 技 过 的 骄 心 心 坠 木 卜
动 句 人 滑 技 艺 得 蛾 雪 的 傲 动 平 不 惨 人 加
研 警 片 段 噪 因 肉 驱 热 袋 真 鳍 娱 一 碎 便 钱
情 察 议 因 重 填 便 看 重 傲 丁 型 一 木 > 便 滑
加 允 察 重 口 栅 貌 状 口 持 的 总 驱 答 的 高 木
看 共 允 查 考 乐 心 栗 主 心 镜 统 人 理 发 思 惨
性 质 动 香 出 主 音 豆 事 的 研 第 便 十 高 冷 情
携 从 本 凑 部 典 噪 镜 典 书 破 稳 高 稻 发 子 看
面 顶 护 稳 透 护 面 见 便 本 书 灵 遇 平 摇 静 了
再 见 不 娱 人 坠 坠 胶 面 许 坠 遇 乃 泽 稳 几 高
他 伊 怖 摇 加 恐 毁 乃 滑 许 毁 保 豆 保 冷 思 子
的 操 作 面 动 通 不 量 底 史 史 优 增 四 冻 静
```

统 段 察 冻 护 许 见 个 击
总 片 警 冷 维 允 再 百 打 一 性 的 错 第 胡 公 此 历 技 破
栗 胡 萝 卜 加 钱 滑 质 操 作 过 十 萝 卜 共 句 史 艺 坏

Puzzle 288

```
复 信 恐 摇 恐 的 训 教 机 栏 相 遥 己 胶 放 质
惧 主 类 子 场 农 类 主 的 书 同 煌 量 醒 人 的 >
后 丁 恐 泽 车 地 马 口 邀 则 边 辉 的 两 音 条
貓 之 紧 私 快 放 根 怖 动 动 分 高 透 磨 型 机 地
胶 面 复 要 高 噪 胶 马 衡 。 究 傲 延 余 幸 回 球
杂 复 首 建 创 生 镜 充 欲 树 欲 毁 损 姥 面 坠
生 栏 音 都 建 而 马 视 快 梳 究 焕 木 遇 雨 素
赂 书 平 远 蔻 泽 错 丁 伊 充 傲 鳍 类 权 错
主 秀 快 视 水 行 动 修 貌 马 丁 光 胶 人 保
伏 身 胶 心 果 状 安 保 诺 克 况 克 定 邀 自
肉 数 环 性 也 生 全 记 不 鳍 几 秘 票 图 视
有 型 。 通 活 心 的 后 同 诺 克 的 摇 票 摇 循
怖 想 摇 出 匹 。 了 恐 保 安 海 栏 发 领 礼 自
他 配 视 草 配 摇 口 伏 平 的 滩 音 租 程 闲
自 有 当 自 释 恐 丁 底 盛 服 丁 情 顶 幸 自
```

盛 大 全 的
安 水 果 配
不 同 的 姥
匹 配 姥 场 主
姥 农 场 务
服 相 同 干 教
相 树 的 边 训
质 两 当 煌
辉 相 量 建 杂
创 质 辉 都
复 首 创 球
首 地 复 滩
地 海 首
海

Puzzle 289

冬终安也静老确切蠕静乐宜老
喜天于四的桥型型发他噪中身不自的
秘瑞伏号要露秘量保苦周他研理急的
许行运介延社从旋貌闲周底画秘衡从恢
地板制动眉坠的雨特主过的了画笔保因行
控衬皂之充根观木凑面香坜高栅保货热介
士撞野他休动况灵基己面坜后转社摇错祖
也信蝙放假件邮热页差栅保细惊透祖
马信蝙假的手况泽数状蔻眼胞眼趣雨
便损里差性邮手子得心动碎遥惊社透
定！自程坠指热真权存遥恐保眼机眼自
后自士视类领见野相伊号最票眼看
皂责慘约先典平野本号心龄高视
负便恐项平肉信于底最绍眼几
怠便填乎平肉信伊最心高状
运恐惨先典平里几状

<table>
<tr><td>的手指</td></tr>
<tr><td>的画笔</td></tr>
<tr><td>放假</td></tr>
<tr><td>负责热车</td></tr>
<tr><td>炎切料高</td></tr>
<tr><td>确货邮件</td></tr>
<tr><td>颜颜最</td></tr>
<tr><td>最冬天生</td></tr>
<tr><td>的研究长</td></tr>
<tr><td>周地板</td></tr>
<tr><td>终便士于</td></tr>
<tr><td>蝙蝠信</td></tr>
<tr><td>相制</td></tr>
<tr><td>控</td></tr>
<tr><td>细胞</td></tr>
</table>

Puzzle 290

机构
皱纹
绝望的
类似
上升
正是
驰骋争
战用表
食列机
列表面
平面戏
游戏的
自己的
坐在座
猫家铃
大蓝布
蓝铃
公布
白色
平均

察要趣栅宜娱自信查人飞旋典绝状光因
虫食用战项白色项答透领议保望出升坠
透决列争票平音私信坐在皱保的袖里领
循号机表想乐均解怖人稳的的从父坠
他眼构近素运从循子察先面袋！梳公稻
稳放遇年秘了信狸恢高马票的野权老
乐灵试后趣观了损苦桥的诺远亲虫
袋先错恐特类自权趣祖他豆滑旋活
自休秀士介似存驰程村子分闲心
之己摇游特优权骋噪本伏增
亲。的戏过野木遥自事伏间
亲错中马正是大携桥观动
决类运况桥升虫自决伊直
然惨觉乐保私村他决保！人
股能租礼亲许袖马远日转而

Puzzle 291

```
欲 马 信 也 复 先 买 幸 运 放 倍 则 平 便 状 保 充
袋 先 有 灵 第 碎 得 摇 来 状 查 星 碎 高 想 里 木
栗 后 情 安 碎 心 起 话 题 况 看 期 撞 页 袋 研
年 真 马 复 六 望 要 的 人 本 伊 基 车 情 看 伊 降
皂 露 源 柔 复 面 也 状 几 行 蘑 理 情 解 伊 发 降
近 图 便 图 须 睛 沉 过 风 信 菇 面 龄 领 发 息 摇
而 马 图 必 最 默 眼 飞 险 于 有 有 差 领 水 祖
静 升 径 图 落 坠 察 降 降 菇 面 视 面 教 祖 心
放 路 爸 复 租 入 增 究 祖 饭 口 子 室 心 图 情
的 障 碍 橙 知 安 发 的 号 保 醋 教 便 本 重 宜
惧 情 心 事 眉 心 况 的 的 排 秘 寸 况 娱 宜 的
子 看 的 素 而 平 村 木 存 草 英 丁 脚 机 星 深 入
典 摇 深 人 龄 骄 他 底 貌 丁 趾 不 幸 浅
袖 护 浅 见 亮 想 好 充 保 动 赂 权 复 的 话 落
恢                                          的 星
```

英寸
的爸爸
必须得起
蘑买道室趾险
知教脚碍睛默色六运
风障眼沉路橙第幸
话的落星

Puzzle 292

```
诺 重 视 好 驱 醒 疲 思 解 休 风 梁 恐 建 秀 错 然
远 主 草 有 栅 生 ！ 基 决 闲 窗 医 丁 飞 区 雪 回
转 衡 建 考 生 特 碎 保 金 好 心 脏 药 人 音 镜 树
优 口 故 事 士 秘 特 殊 分 权 回 肥 的 增 系
素 水 亲 加 柔 里 恐 社 保 突 然 的 坠 坠 遥
选 运 灵 动 最 选 梳 部 情 况 眉 的 水 迟 平
理 蛾 有 顶 果 汁 定 内 运 于 震 真 底 红 ！
排 衫 情 村 汁 权 望 部 行 底 始 子 自 色 高
透 毁 决 面 骄 望 紧 信 周 撼 远 中 信 存
高 人 肢 高 排 野 碎 三 终 瑞 桥 余 透
释 欲 自 人 基 邀 环 衫 梳 摇 建 数 通
情 心 野 自 图 行 议 上 飞 便 坠 源 木 日
栏 理 则 乐 破 好 然 柔 乃 股 特 便
型 升 蠕 肥 复 便 分 约 马 音 保
则 肥 差 车 定 了 息 观 护 于 顶
      木 义 最 先 坠 图 四 思 娱 口 保
```

红色行
运系统终
系始脏的
心突义
定然汁窗
果风配撼
分震金三药
基周撼药殊
医特决部
解内事闲
故休
纸报

Puzzle 293

研然股电人虑便究考桌出领重欲野落滑
趣程降自特马究特旋解人热力阳观此处摇
源便选考型典了余特而释整齐的台选醒记
克研特当前紧日热桥上则过因不约环野醋
思父肢来灵惨醋落星士柔碎建恐坠现研携
出色的慈雨解口优思级噪闲领坠发面诺先
分号身租马分成具体规眉防保然袖领研子复修
动番转乐租携栗分宜防保然性子答有觉
学茄衬傲自紧惨防卫本错研要请本露
校村热落草答防卫本错研况然回貓
保祖的倍感运条行他最貌回电苦
见草士的情袋身栗子 考飞研作
趣优余脂撞稻怖 椅信顶议貌回娱用
雨建亮露分状电 > 椅选顶议貌回
损底视木滑状电况典后恐木直的灵娱用

释茄体前分用
解番具当成作整的栗子色的
番具当成整的栗子处力台现级情卫校恐
体前齐子色的处力台现星感防
具作力台现情卫校恐
成整齐出此重阳发星感防学恐

Puzzle 294

成功的
花园
海雀
悲惨
接受
时钟发
沙王后
国最据
证明
说奇
好能
智能
实现
办公桌
除外
反映现
出可
可
休息

国王撞看状办于乐落乐秘里有野木亮特
上社中滑雪公主透行后远里驱自悲惨
恢能摇保从桌眼醒龄乎瑞>心近碎
便之欲乐出察最决过栅本而饭木来
四书己过选露量了后而行不股典磨
答底镜携现凑决袖后优时接股不海磨
子乐研饭特决余解宜娱钟复受雀直
碰心得恢书的破解休行驱社鳍
子!号热村的祖的损娱领动丁野滑
眉梳肉磨驴护理苦休树驱反园摇根
试议智>马复乐栅沙损花车情邀
的光最能说最好奇除可梳园加况
怖生秘况明栏了理外发秀肢的活地
最梁证据理带排梳乐延灵有蔻
重自休便优解>实现野摇究喜充蛾号观

Puzzle 295

眉 野 介 也 本 特 表 事 运 他 事 上 欲 心 财 克 升
看 胶 规 不 灵 存 达 情 议 车 面 镜 田 的 产 飞 真
心 恢 语 能 的 转 皂 回 于 近 人 煲 袖 鼠 豆 窗 帘
欲 电 速 车 答 思 最 余 根 增 真 香 灵 树 肢 宜 本
焕 有 视 记 地 瑞 > 图 决 基 怖 桥 木 的 闲 伊 笆
则 情 子 保 木 丁 > 坠 理 肉 迟 远 典 飞 雪 篱 情
检 查 保 破 领 人 主 思 平 近 梁 蛾 他 袖 凑 幸 秘
人 摇 喜 电 露 树 自 本 判 桥 记 远 部 胶 环 许 部
豆 泄 视 书 地 欲 南 的 定 究 过 娱 梳 热 雪 > 不
的 漏 领 消 惊 情 栗 部 行 饭 视 私 回 坠 骄 香 静
欢 要 发 化 额 > 车 顶 惊 视 生 便 信 伏 香 先 重
迎 醒 身 份 的 放 摇 了 喜 余 快 面 况 木 伊 分 租
梳 蠕 动 乐 特 疲 车 光 马 典 ！ 解 桌 得 水 自 主
中 水 机 ！ 车 摇 后 主 思 宜 秀 究 配 自 亲 业 上
增 护 野 票 惧 究 栗 马 中

泄 漏 迎
的 欢 能
判 定 不
也 不 机
表 达
顶 部
财 产 动 额
发 业 务 视 笆
份 南 部 速 帘
业 电 化 查
南 篱 份 鼠
电 配 身 窗
篱 语 检
配 身 消
语 窗 田
身 检
窗 消
检 田
消
田

Puzzle 296

闲 子 则 己 肥 保 号 缤 看 乎 察 讲 亲 水 票 转 损
消 息 快 的 欲 恐 撞 纷 得 旋 循 述 滑 波 音 发 宜
闲 保 虑 介 赂 趣 信 热 恐 察 饭 复 生 增 后 见 柔
平 区 老 热 闲 源 亮 眼 根 下 子 > 子 释 村 虑
降 规 本 泽 运 虫 之 疲 望 马 栗 书 也 柔 直 坠 修
信 心 觉 特 顶 人 平 理 便 远 克 书 四 太 阳 镜 热
生 最 少 数 的 图 象 最 领 性 车 面 合 格 复 坠 无
伏 重 灵 疲 远 坠 看 镜 灰 色 老 便 人 的 况 虑 线
醋 大 面 子 降 回 保 最 降 部 理 填 携 几 怖 便 电
梁 栗 俏 遇 保 账 语 句 惊 保 落 有 而 生 飞 骄 凑
灵 心 木 皮 柔 户 袖 能 衫 的 滑 里 信 底 栗 高 露
摇 露 蔻 乃 苦 > 答 ！ 惨 滑 决 延 倍 带 坠 栏 马
带 仅 仅 意 书 转 热 得 便 基 平 里 运 惊 伊
最 高 的 见 其 保 安 量 传 统 余 丁 虫 苦 安 紧
平 底 觉 蠕 他 情 理 面 伏 请 蔻 身 驴 持 过 苦 稻

消 息
讲 述
缤 纷
俏 皮
水 波
账 户
无 线 电
灰 色
少 数
重 大
传 统
醋 栗
太 阳 镜
意 见
最 高 的
其 他
合 格
仅 仅
语 句
的 图 象

Puzzle 297

回 碰 柔 可 运 一 年 循 伏 飞 统 书 素 物 先 过 能
足 够 的 怕 气 页 己 貓 肢 恐 治 携 理 记 木 露 间
毁 号 安 的 噪 填 机 肉 主 重 建 间 年 视 瑞 书 镜
蔓 肥 透 携 虑 噪 傲 保 顶 克 恢 研 秘 书 休 优
举 延 趣 书 区 乐 摇 露 驴 饭 他 老 村 号 伏 袖 的
木 观 摩 插 入 心 磨 毁 过 鼠 绍 太 阳 ！ 邀 的
观 蠕 托 瑞 虎 心 奏 情 捕 部 转 股 自 磨 绍 恐
本 降 车 本 解 秘 请 中 获 理 。 谈 放 能 恐
护 远 基 的 醋 面 亲 欲 稻 邀 他 绍 话 自 焕 恐 领
平 乐 的 欲 噪 袋 喜 部 碰 自 本 娱 而 运 磨 旋 亮
研 发 近 察 的 于 便 摇 书 秘 损 马 恢 袖 摇 肉
查 自 立 瑞 教 撞 自 蛾 理 > 活 因 保 坠 号
人 皂 独 连 育 递 延 解 来 准 则 根 人 惨 况 礼
较 低 的 柔 接 员 觉 香 特 约 决 怕 镜 瑞 想 的 心 肉 梳
亲 平 灵 也 喜 飞 解 驴 落 热 镜 瑞 想 的 心 肉 梳

物 理 连 接 的 独 立 可 怕 的 的 教 育 老 鼠 奏 请 插 太 阳 邮 递 员 获 气 延 蔓 谈 话 足 够 的 摩 托 车 准 统 者 治 的 较 低 的 一 年

Puzzle 298

欺 骗
提 醒
火 炉
手 柄
温 度 计
失 望 的
公 民
火 鸡
, 动 物
行 业
晚 餐
极 地 猫
风 格
照 片
任 务
摘 要
两 次
剪 辑
借 给
奢 侈 品

磨 有 梁 水 号 火 鸡 迟 剪 之 迟 里 袋 修 生 人 保
远 动 飞 马 状 降 恐 排 辑 保 重 豆 照 片 规 究 根
然 龄 梳 心 究 底 飞 底 , 动 物 复 惫 见 动 权
稻 趣 碰 飞 私 露 特 虎 噪 究 发 衫 栅 部 许 请 平
保 丁 遥 平 人 后 于 情 坠 极 的 诺 发 桥 电 情 有
程 余 来 型 恐 几 看 借 根 之 察 娱 欲 的 焕 几
坠 落 车 稳 子 惨 娱 镜 的 手 猫 通 水 修 的 的
瑞 皂 领 栗 存 毁 乎 给 柄 衫 晚 热 延 破 动 饭
任 音 身 转 欺 行 提 失 餐 奢 趣 衬 余 股
草 务 的 露 香 骗 业 醒 士 望 侈 品 书 事 息
环 自 皂 ！ 特 查 子 程 蔻 眉 的 碰 风 自 优 真
型 平 皂 保 记 便 木 有 议 充 碰 高 性 便 书 中 马
> 乐 瑞 温 究 不 查 真 己 答 煲 平 肉 自 摘 运
衡 而 。 动 度 眉 蠕 两 次 袖 持 不 间 社 公 要
马 坠 火 炉 计 通 > ！ 观 事 议 间 社 公 民 灵 诺

Puzzle 299

的家乡状循心丘比特能礼情男孩 ＞ 下傲
摇趣破本豆倍驱加乎直野素分然面信性
毁携村遥木音修复许本野特支撞实验定
袋宜栅决倍信量则然号带雨秘克分坠快
醒来的加封短查建情视礼休地恐票研分环四
活乌运汽封短查建马人过少礼运桌上梁不热存透
礼鸦远的摇音情人很虚鳍酸牛奶几口保伏乐他情
地活事便动四优香虚拟修发高中静下有程差情环
请露苦存刺树宠物部笑他视行露柔雨虫野股面
动数自趣不中飞成性音视的高信心摇面特
活介上刺宠物笑成性长灵热视行露柔遇焕根
本骄幸狸约栅中趣飞笑过他视的静录根
亲迅速坠量项驴长灵热视行露柔雨遇焕录
貓近日重动驴长灵热视行

汽油 酸牛奶 记录 的家乡 醒来 密 迅短 刺 男 乌鸦 成 虚宠 笑 很 丘有 实验 分支 暂獧 孩 长 拟物 了 少 比 信心 特

Puzzle 300

便宜的 到处 的方向 技工 娃娃 图像 标 目的 旅馆 的 优质的 明 智 耳朵 动 词 民 主 绘 画 禁 止 覆 盖球 棒 橡 胶 的好 处 的鞋

有排傲栗惧镜恢雨丁状高主醋桥典到安
修自本亲有解驱肉之的赊的图绘画处树
复惧貌衡向木电议草条像复的稻
动程凑素方禁止近根书定娃娃飞之摇
礼技邀绍的稳祖雨眼考上的通况
栏工焕自旅释然瑞行信程橡有通
之野因了馆领问袋主覆胶肉放
摇思思加柔不露的词盖棒保眉
的研号亲望静马安野察热露耳
数便宜的人重介慘雨思答的朵
下记约的桥号马程平雨鳍察请决
了约带过慘趣典研雨士有保雪
电主目梁从驴书视回贺充丁行貓鞋过
增欲伊标量明智回水充安有保转乐
自差几释迟远因的秘野存地带趣转

Puzzle 301

喜 龄 成 娱 摇 记 本 主 事 怖 车 决 惊 水 本 究 马
车 书 本 鳍 放 股 怖 他 类 环 要 修 状 票 约 之 人
研 虎 煲 透 页 暂 释 延 错 解 不 乐 稻 类 复 不 豆
及 其 轿 跑 车 停 > 恐 面 社 豆 观 发 装 无 草 看
致 命 疲 袖 倍 高 直 介 趣 望 根 静 见 配 条 栗 湿
放 部 秀 灰 请 四 恐 绍 建 主 特 镜 地 情 是 数 气
蔻 水 升 尘 举 飞 热 遥 理 主 私 水 高 指 乐 气 数
量 里 近 的 特 香 复 亲 充 丁 项 音 恐 差 骄 豆 健
判 生 出 克 特 恐 眉 复 建 事 自 飞 高 异 亮 热 分
批 项 考 然 答 规 野 充 热 了 > 地 香 口 健 项 目
的 演 得 冰 生 宜 透 巨 亲 自 研 信 观 余 情 四 苦
闲 饭 鳍 灵 复 虑 复 摇 间 重 衫 望 升 怖 摇 目 亲
音 磨 胶 柱 眉 巨 亲 瑞 人 动 理 观 香 修
关 键 胶 素 肉 柱 水 乐 的 书 袋 社 类 克 修 欲

发 生 键 指
关 是 跑 车
是 轿 演 员
轿 的 目 本
的 项 大 的
成 巨 尘
灰 的
康 气
及 面 柱 命
地 气 停 批
湿 冰 配 判
致 暂 差 异
的 装 无
差 效

Puzzle 302

区 倍 情 > 遇 的 泥 喜 欢 理 父 了 底 约 事 型 近
根 树 凑 感 肢 活 泞 研 主 落 延 子 增 克 乐 坠 自 恢
乐 摇 表 手 的 项 护 主 落 定 人 木 肥 好 知 识
落 碎 过 肉 平 复 光 礼 后 位 区 里 股 袖 行 热 量 热
复 建 型 记 研 票 倍 赂 延 查 焕 音 静 热 护 保 的
坠 真 凑 特 倍 马 滑 股 灵 坠 典 数 量 事 鳍 块
试 衣 规 祖 > 虑 毁 因 答 安 来 保 项 衡 私 保 子
心 柜 有 解 热 虫 增 面 在 雪 专 睡 眠 不 观
热 袖 露 灵 乐 不 惊 真 规 观 去 年 自 中 错 遥 贵
需 分 恢 栗 远 鳍 貓 查 过 梁 的 生 有 人 人 口 飞
要 祖 克 底 基 车 他 情 信 考 先 存 年 的 泽 觉 午
思 请 力 磨 请 们 肢 解 型 有 便 面 复 近 真 餐
伏 骄 引 环 热 赂 驱 年 祖 状 恐 平 袖 携 号
持 最 吸 取 衬 直 求 惧 权 虎 下 的 之 绍 驴 怠 飞
有 建 碰 水 焕 本 静 雨 究 噪 程 恢 醋 请 虑 午 餐

的 块
衣 柜
睡 眠
情 感 的
在 去 年
人 口
午 餐
专 门
定 位
数 量
吸 取
生 存
泥 泞
的 手 表
知 识
他 们
吸 引 力
请 欢
喜 欢
需 要

Puzzle 303

```
镜 区 口 飞 自 骄 分 钟 自 绍 许 栅 子 礼 阳 转 四
动 错 豆 衬 况 傲 倍 亲 坠 。 底 驱 发 野 光 滑 建
议 宜 龄 村 性 的 担 信 性 傲 充 租 马 村 也 坠 增
过 老 子 倍 页 确 心 袖 休 蛾 凑 他 上 木 增 处 村
闪 耀 虎 面 栅 正 飞 股 苦 选 肉 豆 不 视 好 紧 好
望 近 思 车 增 中 > 自 乐 难 而 价 带 摇 恐 便 蛾
雨 解 伊 碎 不 破 灵 自 香 的 伊 马 值 面 貓 恐 见
苦 有 绍 况 皂 自 主 祖 士 先 马 肉 木 恐 > 特 过
秘 望 心 决 碎 源 貓 请 略 重 要 权 极 他 心 情
察 马 皂 宜 。 情 袋 循 蛾 人 号 地 袖 柔 生 楼 喜 底
究 得 机 老 安 遇 电 保 底 帽 子 疲 思 面 最 下 底
安 灵 黄 柠 檬 赂 护 程 然 里 袖 子 信 规 从 貓 相
类 伴 侣 色 肢 情 梁 根 树 然 光 撞 曲 解 快 事 建
。 保 坠 本 秘 延 根 树 光 撞 年 香 解 乐 通 便 反
```

曲线
在楼下
苦难
伴侣
闪耀
，而不是
黄色
肉豆蔻
相反
骄傲的
柠檬
价值
阳光处
好处
正确的
帽子
担心
的重要
极其
分钟

Puzzle 304

```
高 觉 秀 发 物 究 了 来 过 苦 旋 议 考 部 眼 音 惊 特
桌 坠 鹿 野 质 察 ！ 优 状 私 通 回 得 验 权 蠕 征 夫
衫 规 艺 子 稳 特 要 权 邀 皂 远 不 到 典 愈 懦 了 镜
趣 马 术 页 直 出 摇 木 自 的 有 伊 来 煲 况 袖 头 虫
马 复 家 光 特 皂 蛾 干 增 虑 情 的 动 乐 像 了 稻 貓
有 蔻 稳 露 出 高 眉 称 遇 磨 本 降 视 摇 而 叶 碎
见 填 带 因 皂 改 真 栗 选 露 延 增 绍 透 柳 直 瑞
动 出 亲 自 高 觉 而 胶 礼 决 想 驴 定 噪 ！
摇 护 口 行 改 望 袋 从 马 遥 傲 木 的 保 老
量 滑 然 革 推 奇 迟 旋 貌 自 数 行 真 鳍
直 凑 草 里 信 迟 木 衬 顶 况 士 型 钢 宜
遇 不 素 有 直 口 建 得 下 情 源 面 琴 自
升 愈 磨 从 他 热 稳 磨 一 凑 答 骄 试 由
面 绍 特 蔻 坠 自 部 携 个 噪 降
素 恐 香 情 增 心 衣 栅 有 图 露
```

Puzzle 305

摇 表 情 保 性 真 手 乎 性 情 大 专 充 坠 心 栏 赂
惧 人 示 能 虑 桥 信 套 口 不 专 部 图 傲 恐 过 增
得 视 电 泽 稳 过 举 木 事 情 家 升 的 图 过 坠
子 生 人 动 几 桥 的 秀 泼 图 升 瑞 野 亲 凑 约 倍
辩 摇 虎 煲 携 的 喜 特 如 医 野 稳 碰 焕 平 克 热
论 撞 乐 袋 车 中 摇 肥 欲 静 院 柔 发 苍 马 凑 了
况 领 苦 权 马 的 自 真 自 有 的 也 苦 蝇 运 私
间 亮 热 从 倍 循 远 而 教 授 复 基 情 噪 遥 热 放
蛾 型 年 的 要 条 情 心 乎 护 稳 野 宜 余 不 损
最 乃 的 恐 甚 至 心 过 运 排 情 加 碎 解 从 眉
心 等 待 直 请 重 护 遥 欲 平 宜 头 坠 便 复 凑
保 貌 丁 因 情 介 娱 略 便 私 方 通 脑 便 量 察 放
延 静 的 休 降 几 位 醒 特 醋 式 话 心 书 快 复 损
一 子 数 机 他 存 置 建 热 高 根 心 坠 间 来 休 规
个 面 据 数 面 增 行 的 理 的 间 欲 眉 的

的 数据
大 专
专 家 升
头 脑
一 个
教 授 待
等 辩 论 置 妇
位 泼 套 话
手 通 猫 发
野 焕 至 蝇
甚 苍 院
苍 医 电 动
表 示
方式

Puzzle 306

要 栅 奶 镜 事 丁 介 保 紧 平 自 子 行 解 权 回 情
露 栏 奶 煲 高 私 究 摇 桌 静 。 祖 疲 结 果 生 近
充 摇 奶 小 有 延 于 改 变 保 息 型 领 素 记 选
柔 > 规 说 便 近 心 过 区 撞 理 驴 的 齿 栅 面 疲
碎 惨 错 便 碎 露 栅 不 要 磨 镜 的 租 牙 票 虫 肢
增 灵 怠 主 露 静 衫 人 解 撞 胶 倍 蛾 请 问 了
典 居 闲 毁 本 行 乃 秀 人 解 小 鲭 桌 究 于 年
保 持 民 间 露 余 恐 的 活 胶 马 袋 有 运 醒 增
落 支 社 ！ 苦 喜 驱 衡 本 之 水 携 最 邀 热 镜
达 成 一 肉 凑 人 热 几 要 息 日 运 动 倍
源 远 解 致 长 子 决 过 醋 理 行 木 举 类 怖
领 没 事 诺 度 动 驱 生 飞 肉 许 况 何 梳 保
过 热 建 票 型 木 虑 灵 亲 上 填 面 如 人 了 旋
梳 规 肢 看 衡 袋 观 私 于 飞 衫 最 况 究 乌 龟
羊 群 野 转 数 余 惧 眼 后 行 雨 来 地 ！
释 肉 趣 子 规 蔻 特 的 露 错 领 建

支 持
奶 奶
栅 栏
羊 群
小 马
保 持
居 民
结 果
没 事
如 何
请 问
乌 龟
胶 水
改 变
长 度
小 说
达 成 一 致
运 动
牙 齿

闲 红 环 露 貌 不 子 小 鸭 河 豆 围 面 部 型 瑞 坠
考 秀 萝 查 最 惧 肉 申 请 马 远 巾 好 桥 木 伏 肥
的 他 究 卜 过 截 距 降 年 持 马 村 的 胶 驴 珍 马
释 雪 心 秘 约 电 自 的 娱 马 移 饭 素 平 发 贵 父
年 情 心 好 存 类 苦 梳 的 循 动 主 木 醋 马 不 虫
！ 苦 子 胶 有 而 肉 携 小 小 情 来 热 特 不 也 肉
虑 不 凑 毁 胶 不 肉 车 数 豆 肉 程 究 招 三 肉 虎
好 噪 恐 安 不 滑 露 袋 蠕 摇 蟆 号 不 商 觉 角 喜
热 香 恐 充 心 观 丁 的 蜻 排 蜓 许 栗 引 严 镜 镜
击 况 页 信 况 坠 的 壁 中 灵 克 举 栏 资 重 衡 有
败 祖 先 部 恐 恐 重 画 便 梁 灵 自 迟 降 察
乐 己 露 余 口 的 闲 介 排 泽 活 稳 袋 下 根
损 复 倍 护 口 重 虑 倍 衫 研 惨 音 根
紧 肢 增 稻 身 特 醋 遭 觉 请 私 世 自
不 草 行 泽 遇 灵 特 觉 疲 加 领 坠 蛾 貌 世界

世界
击败
的数
小先
祖鸭
小子
小萝
红巾
围马
河受
遭重
严请
申商
招蜱   引资
蜓角
三贵
珍距
截活
灵移动
的

的简单
那种
机会
高级
冰箱
确定
害羞味
美联系
共同
的事情
牛奶中
完美
有礼貌
犀牛索
搜发满
头充母
父女人

雨 皂 欲 镜 摇 充 亲 解 秘 雪 息 试 父 号 有 摇 号
的 水 邀 回 醒 年 电 美 女 人 情 趣 母 底 联 系 桥
便 电 傲 摇 保 选 共 女 从 音 袖 答 发 头 望 稻 衫
恐 望 情 增 书 领 坠 味 规 典 落 音 冰 礼 虎 便 环
害 赂 本 胶 事 几 醋 摇 源 查 倍 树 箱 木 循 梳 的
迟 羞 牛 奶 中 他 议 磨 袋 的 不 蠕 页 研 票 那 种
自 飞 惧 的 欲 自 安 解 最 环 露 护 飞 规 过
有 乐 动 不 稳 升 袋 项 定 蠕 平 自 礼 的 疲
股 紧 租 口 滑 礼 解 举 貓 确 蠕 马 条 简 貓
趣 增 栏 地 伊 音 上 有 礼 骄 定 柔 电 单 举
本 便 后 犀 牛 醒 特 息 貌 碰 日 觉 秀 运
不 音 本 理 条 近 蠕 诺 梳 则 护 身 机 会 几
镜 欲 最 情 类 肉 搜 完 远 平 马 苦 延 高 过
树 动 的 磨 理 士 加 索 研 摇 动 电 亲 回 日 的
毁 热 碎 野 望 他 动 惊 乃 自 子 面 要 信 最

Puzzle 309

諾 想 雨 受 透 来 保 存 的 面 性 皂 最 能 乐 保 秘
休 木 复 害 音 坠 眼 究 绍 增 安 泽 拒 煲 解 号 况
自 摇 先 者 定 惊 自 充 飞 趣 许 高 绝 察 柔 生 傲
净 摇 噪 放 梳 恐 毁 愈 雨 露 得 秘 便 有 先 衬
干 摇 粗 鲁 本 定 那 些 宜 图 之 栅 饲 早 热 的 建
的 希 望 趣 祖 桥 举 衬 袋 碎 观 典 租 从 觉 老 马 研 请 的 紧 回
到 生 社 活 磨 特 书 理 驱 恐 高 遇 根
周 修 乐 生 胶 遥 上 源 数 怖 遇 根 回 父 野 型 恐 特 灵 护 重 六 谈 到

餐 早 的 希 望 料 少 至 到 的 周 另 一 个 粗 鲁 六 论 周 谈 害 者 受 姐 姐 恐 怖 瓜 傻 香 肠 那 些 的 干 净 到 绝 谈 拒 奇 怪 的 尺寸

Puzzle 310

专 家
无 数 董
古 子
袜 子
购 买
吊 着
特 异 性 的
政 治
一 直
蜡 烛
计 算 器
打 招 呼
奇 怪
旗 标
乘 法
体 育
语 音
多 次
危 险
开 始

况 恢 顶 鳍 保 了 几 安 貓 噪 循 股 素 乃 肥 骄 特
也 自 区 运 落 心 高 露 宜 的 虫 礼 透 碎 惧 有 异
乃 疲 貌 里 了 自 肉 无 数 看 > 思 信 鳍 他 透 性
增 选 间 降 喜 摇 型 活 高 祖 老 票 望 恢 专 皂 的
典 乘 的 法 伏 驱 人 生 克 权 了 源 瑞 伊 家 便 木
马 号 子 加 自 人 之 趣 驱 古 董 光 骄 滑 充 蜡 坠
落 子 社 豆 事 人 环 典 亲 租 考 旗 标 柔 烛 底
貓 社 好 部 错 过 票 的 醒 语 护 不 体 育 最 理
介 权 略 发 规 > 的 究 源 远 噪 趣 虎 打 了 木
多 约 次 一 直 政 治 坠 然 考 音 购 息 情 视 真 解
吊 着 选 条 算 器 能 延 买 危 秘 携 水
袜 子 村 理 错 滑 紧 衬 自 要 人 存 图 护 醒 口 招 呼
复 活 紧 皂 私 老 乐 焕 考 好 便 欲 怪 怖 高 雪 始 究 基 最

Puzzle 311

雨 仍 然 木 子 野 龄 环 里 他 喜 觉 直 了 快 延 保
保 后 事 见 香 规 梳 将 来 修 量 重 绍 状 放 龄 权
里 增 下 包 裹 降 数 坠 携 理 的 私 增 苦 木 日
持 宜 噪 骄 乎 增 转 马 香 高 加 思 不 状 齢 存
差 动 稻 的 绍 音 身 肉 乃 优 不 虎 增 飞 迟 眼
间 页 飞 父 栏 信 了 社 滑 秀 噪 紧 项 存 光
事 几 日 野 优 休 傲 信 转 蔻 口 重 先 旋 根 底 疲
能 电 落 疲 存 能 自 了 他 桥 数 定 旋 宜 答 图
放 复 豆 自 驴 坠 平 原 套 索 余 研 雨 根 马 噪
电 觉 间 保 鹿 恐 型 转 介 信 齢 父 教 本 页 柔
土 地 乃 驼 喜 文 凭 泽 声 加 近 稻 自 堂 衬 图
放 梁 出 宗 收 型 恐 静 制 也 自 静 场 号
子 心 典 素 教 木 研 有 典 舞 伊 农 习 治 号 高
蛾 毁 闲 车 虎 几 镜 秘 滑 碎 肉 摇 惯 水 机 柔

Puzzle 312

灵 苦 人 情 的 损 今 天 型 数 虫 建 造 保 存 协 的
技 术 胶 循 凑 状 特 几 复 飞 年 宜 区 股 特 助 趣
保 转 骄 幸 导 增 定 有 休 亲 私 程 香 建 沙
页 了 通 区 差 向 性 马 滑 错 定 贫 书 动 页 塔
有 秀 牙 水 乐 墙 飞 趣 自 的 加 不 书 透 理
恢 然 医 保 肉 上 程 瑞 喜 马 活 木 袋 行 衡 信
树 醋 先 自 旋 保 特 区 顶 程 袋 惊 先 机 号
特 诺 落 驴 滑 面 的 复 亲 源 根 考 的 羊 野
醒 碎 喜 填 增 举 因 介 子 虑 激 复 准
梁 灵 则 请 肥 自 面 骄 想 行 怒 出 备
年 衬 自 下 袋 宜 捍 蛾 安 考 活 年 他
疲 条 静 试 而 请 保 保 信 面 香 丁 木 部
乐 况 会 部 好 迟 恢 安 建 己 乐 类 桥 从
图 秀 持 间 日 动 恢 而 绍 保 落 肉 赢 研
煲 的 见 亲 煲 风 放 衡 情 人 建 节 了 伏

建 造 虑 助 医 上 备 人
考 协 牙 墙 准 情 的 赢
会 信 今 部 技 沙 保 飓
激 导 捍

（节
见
号
天
门
术
塔
存
风
怒
向
卫）

Puzzle 313

增 中 栗 规 虫 究 生 恐 他 研 透 明 不 桥 租 余
虑 携 带 察 事 电 光 因 磨 际 粗 细 动 远 网 型
诺 音 远 理 面 定 然 循 信 实 碎 进 物 络 心
喜 平 噪 遥 妻 子 议 行 乐 他 乐 洪 入 重 诺 下
于 的 夹 过 程 中 苦 滑 雨 的 子 水 袋 行 日
右 手 克 高 源 苦 理 迟 祖 定 解 书 察 真 正
想 蔻 号 最 水 疲 的 携 露 居 才 息 余 查 见
先 情 最 试 模 野 特 想 稻 者 动 重 邀 差 填
自 快 从 考 携 因 乐 破 野 坠 息 本 摇 条 则
焕 坠 灵 降 迟 秀 摧 倍 柔 子 再 喜 图 便 行
透 号 典 邀 延 蠕 毁 秀 息 子 次 意 几 年 项
私 动 面 直 究 得 加 事 动 高 苦 书 热 皂 虑
己 保 携 人 四 考 特 野 迟 安 休 保 栏 亲 号
飞 皂 > 数 远 程 生 性 分 况 雨 满 足 木 保
破 蠕 事 页 恢 眼 通 最 安 愈 想 直 纠 人 分 落 袖

纠 结
洪 水 毁
摧 透 明
透 妻 子
网 粗 细
的 人 网 才 络
定 居 实
的 物 手 际
右 正 程
真 过 次 中
再 满 足
夹 模 式
意 进 入 克 图

Puzzle 314

重 视
的 妹 妹
周 一 化
融 入
投 入 留
停 抽 屉
温 度
股 票
电 影 院
自 在
长 颈 鹿
首 脑 会 议
的 发 音
提 交
旅 程
高 长 期
一 次
苹 果

记 投 抽 屉 飞 类 活 护 约 了 饭 傲 邀 过 究 情 自
旋 入 察 袋 长 颈 鹿 鳍 底 从 鳍 热 梁 碰 灵 基
请 动 典 信 落 因 肉 携 欲 木 趣 人 梳 宜 遇 过 增
余 便 高 马 鳍 基 融 化 快 虫 泽 蔻 惊 马 露 灵 带
欲 机 贵 图 妹 的 发 音 亮 请 复 自 在 得 过 袖
蔻 高 首 脑 妹 议 因 欲 转 雨 醒 稳 信 增 栏
绍 优 摇 记 会 转 因 伏 温 度 选 生 摇 撞 灵 肉
伏 喜 高 书 研 程 量 股 重 周 远 便 转 携 村
梳 量 亲 建 察 存 热 士 票 提 一 貌 况 鳍 毁 下
梁 观 数 疲 停 况 错 伊 增 规 交 衡 醒 眼 况 最 口
考 便 运 人 保 留 礼 复 票 程 电 醒 院 然 欲 条
碰 出 带 苹 果 源 士 旅 惨 介 影 长 望 直 条
则 醒 坠 顶 不 栏 加 源 蠕 香 院 期 转 类 年
面 动 柔 数 私 乃 自 秘 本 能 安 通 肉 研 心 士
伏 光 之 升 灵 社 排 转 眼 解 程 驴 休 遥 自 类

Puzzle 315

紧 疲 骑 旋 回 源 桥 梳 部 答 不 肢 过 袋 典 人 望
> 加 自 肉 女 西 兰 花 闲 欲 受 摇 携 事 肢 蛾 生
不 真 行 祖 从 性 议 条 下 之 孕 紧 事 行 肢 露
有 韭 车 祖 毁 四 子 面 平 身 恐 解 肉 根 车 之 肥
恐 菜 行 后 邀 部 保 碎 虎 人 人 木 驱 龄 面 错 损
研 请 人 摇 克 合 己 议 高 乃 豆 胶 后 驴 > 植
煲 灵 况 分 露 合 乐 的 子 重 他 香 > 察 物
况 高 也 复 分 最 作 的 午 四 破 野 便 近 旋 上
心 桥 马 增 类 伙 焕 休 迟 仓 来 的 票 焕 情 欲 赂
合 作 碎 眉 加 伴 想 上 蛾 图 木 运 秘 过
高 错 惨 恐 视 追 理 建 静 特 读 信 肉 不 信
乐 结 要 修 的 逐 环 伊 研 书 宜 不 监 桥 坠
之 石 娱 论 动 马 动 香 人 年 老 狱 平
猫 头 鹰 文 见 子 根 过 程 碎 虫 ！ 转 梁 权 部

受 孕
论 文
合 作 伙 伴
下 午
的 研 究
监 狱 头 兰 鹰 花
猫 西 菜
西 韭 物 作
植 合 红 柿
合 西 性 石
女 结 仓 逐
追 之 读 间 书
读 骑 自 行 车
摇 滚

Puzzle 316

的 任 何   建 配 乐 草 活 情 撞 动 礼 平 日 量 乎 保 启 动 碰
的 音 乐   虑 虫 对 , 其 野 透 坠 社 顶 复 何 任 的 音 乐 直 加
大 胆 情   里 毁 乐 伏 光 露 况 指 变 源 > 自 保 情 权 柔 加
菠 萝 荣   赂 鳍 优 父 木 欲 机 责 量 子 列 热 不 复 素 柔
光 亮 然   龄 书 车 菠 萝 飞 老 肥 优 车 豆 程 信 热 蔻 摇
欣 亮 子 天   破 情 凑 电 婚 光 绍 赂 凑 损 秀 肉 喜 行 保 遥 高
婚 礼   闲 查 同 情 礼 音 貓 邀 飞 人 而 龄 最 马 究 望
兔 子   蔻 自 间 水 伏 荣 恢 约 龄 之 了 自 旋 怖
橡 变   有 响 亮 数 礼 面 胆 野 查 先 栗 亮 望 便
启 硬   幸 身 图 硬 村 的 大 状 水 项 梳 议 身
列 官 ,   欣 然 伊 之 宜 胶 鳍 绍 欲 士 中 马 便
曾 配 指   赂 私 己 币 要 活 号 > 幸 悫 野 栗 而 趣
                                        绍 车 携 保 的 复 底 则 保 草 生 加 类
                                        破 高 远 书 分 权 秀 蛾 的 要 祖 遇 驱
                                        休 区 日 橡 子 望 过 官 数 子 天 衬 眉
                                                量 香 高 紧 心 况 员 醒 发 鳍 携 电

Puzzle 317

疲子透乐香优性桥思野特别菜疲的视情
从马流行的道德号觉摇察升生花觉突整
袖来直优类答碎他生身亲栏袖部热镜个
查醋蠕没解别事肉顶解基木富书匆伊建
破袖肉有基冲香豆饭傲得出规优乐记记
木基带举坠近的幸票亮考马理量性泽得
排然泽泽典面之前邀增增野况乐透发
幸自镜桥潜水之恐了光释增加延爱过惧
亮的的撞根好于察亲解观行过鳍好生试
毁树有潜好亲解行驱快野优骄源平口直滑
约坠介于飞电绍雪欲露雇用袋况得桥远
自条飞口衬膜雪袋部欲不皂图己雪鳍电则
野旋要虹膜雪袋部欲不皂绍恐己雪己日鳍电则
喜型的量最龄 > 邀绍恐己雪己日

特别
雇用
冲击
虹膜
之前
生姜
类别
整个
菜花
潜水
爱好
冲突
了解
视觉
匆匆
流行的
道德富
首
从来没有
生菜

Puzzle 318

原子
北极
苦差事
尝试
气味
的内容
自然
煤炭
家具
微小的
秋季。
生物学
达到
对不起
柠檬汁
雪上
书柜
巨大
政府的
可重复使用的

保书摇有苦宜考水情平村最微事保了机
心部远坠差的理区秀迟小里的优环答
车决傲摇事人肉生分貓恐貓重地撞树
降通记礼气柠檬汁物对不礼究使用了的来
焕人最年味栗源学类倍木起状光马煤炭
顶心过亲惧源胶察人貌惊觉存不鳍灵来
书人摇安加优礼北极娱老雪理灵要直
因柜面信。权摇坠倍灵转出信乎环
尝试部量疲考便雨环不复静政秀乐
子热请复增定子欲苦赂研自然升府的最项
来趣有达到人野恐的倍有复过信丁滑高
自心亲的祖家巨露煲复乐究信快的栏
草乐乃内原类大号驱煲升梁远桌
最袋野容子最磨里灵究信怖源摇
运欲研请乎摇复秋季。怖源摇

Puzzle 319

发言权香高丁的有马蔻排子权稻迟灵欲
考苦复貓循底自肢余从心领宜梁间本水香
他阵出傲不差碎马升有袖滑。武乃菜天
远风子于情差驱环心傍醋士下面教
反雨四草凑填木己喜撞晚分龄直我
议过项里余滑乎赖车排文填最豆频
社迟来差滑镜>稻排子使繁票的位
亲高了特落许虎稻本梁迟野频差平梦
幸伊鳍落图乐建计考秀马数静煲傍
他息栏社素理保人滑>的梳转远文
孤独梦想优人回举醋露骄的教己滑反
口透香他眼号栅诺香老则书连动孤
高村衬疲香解雪野差位状通亲发
欲便根里性护图野思移决欲磨咖

领袖菜景使练
香香场天教的
天教我频移想
教我位梦晚化
我频梦傍文过独来
频位文反化独言权
位梦反孤言风
傍文孤发啡咖
文反发啡台舞
反孤啡舞士武
孤发舞武拍连
发啡连估计

Puzzle 320

介喜有保考通量坠区请家趣日直得露条
上然衫转答复建滑的伙口稻到邀究
宜于伊之持马素遥亲下水平达之傲苦
觉上自的貌上建人木雪达露举马
生摇镜雪答定鳍克差乐衡滑桌亲
遇袖透升衡事复见生镜摇栗信情护
一定制飞煲醋条克毁乎恐面恐本
极限考坠欲环究选碰透栗有量解
动阴天延旋上研衬平伟怖书先
定袖视喜恐环坠动生章大的特焕
闲稻的自领恐便上自蟾后栏考来
本父社马恐遥动社蜍星年况袋
议理毁股带不本社自请期表结鼠
电观心事遥况热自蜍五白构的
理升自重护本动上社乐平醒袋子

蟾蜍
制定
欢快的
伟大的
年轻
结构
家伙
池塘
击剑
一定
大量
星期五
的文章
水平天
阴白
表极限
到达
经济
袋鼠

Puzzle 321

运 年 亲 息 有 时 行 老 马 边 恢 士 晃 保 女 野 程
破 碎 产 生 有 呼 老 护 欲 损 境 欲 动 亲 晃 孩 草 况 建
书 飞 根 四 呼 吸 热 子 貓 滑 间 建 灵 亲 悠 直 建 惨
惫 行 请 本 叫 热 子 排 循 最 好 袋 欲 灵 发 悠 惨 镜
培 训 修 四 着 运 循 他 。 摇 稳 好 则 一 水 草 惫 镜 不
人 因 惨 保 的 部 。 从 描 重 身 二 草 充 焕 绍 不 木
富 含 于 拼 写 老 蛾 祖 述 肉 子 身 二 主 肥 里 惫 家
记 年 傲 写 老 通 类 喜 焕 优 醒 社 四 电 情 领 光 子 庭
页 想 美 国 通 喜 自 典 举 马 有 车 程 增 子 转 滑
肉 升 源 本 欲 柔 自 典 因 思 地 几 年 乃 音 心 噪 加
型 素 自 优 量 乐 保 项 因 鳄 看 只 底 他 本 觉 的
四 平 自 出 况 复 肉 惊 鱼 雨 修 有 页 思 远 焦 点 一
自 数 坠 领 撞 复 栏 典 况 底 特 究 鳍 研 约 社 余
紧 保 领 议 复 落 循 休 最 趣 源 透 究 好 子 情 机
重 复 释 条 落 循 休 最 趣 源 透 究 好 子 情 机

水 壶 时 着
有 叫 有 述
叫 鳄 鱼 点
只 焦 美 国
描 美 晃 晃 悠 悠
焦 底 部 训
晃 培 庭 孩 吸
底 家 女 生
培 女 呼 点
家 产 一 边
女 一 二 二。
呼 边 富 含
产 富 拼 写

Puzzle 322

忘记
丈夫
过去的
成功
的领带
凝视
自娱自乐
指甲
下面
花费
谢天谢地
工作
野心
外国
协议,
均匀
政策
单独
今晚
听到

外 国 查 查 素 柔 煲 貌 虫 坠 桥 的 不 排 近 项 凝
> 记 的 乐 滑 瑞 摇 行 伊 的 领 带 请 近 克 肢 视
娱 的 亮 恐 最 发 直 机 介 息 衫 约 惫 栗 遇 特
貓 水 亲 紧 亮 虫 最 释 主 灵 灵 电 源 息 乐
木 决 过 去 的 中 衬 子 议 复 举 约 灵 而 租 记
热 不 单 醋 工 机 动 便 灵 鳍 中 自 最 露 皂
优 考 独 协 究 貌 不 丈 遇 肉 的 望 下 心 加
均 匀 顶 议 野 心 听 到 夫 欲 恐 骄 柔 面 里 研
自 梁 娱 , 摇 程 忘 情 指 摇 动 间 诺 虎 不 量
携 露 看 程 的 闲 里 士 甲 伏 页 运 书 栏 木 破
今 露 举 的 迟 股 的 上 花 察 回 考 想 光 快
士 心 晚 量 望 举 自 得 真 行 谢 费 乃 雪 活 损 摇
父 的 政 飞 惨 灵 娱 遥 约 天 乐 决 高 望 约 来
想 然 策 野 野 动 自 貌 谢 露 票 活 条 秘 成 栗
过 克 错 蛾 滑 碎 程 书 乐 地 灵 心 票 循 部 乐 功

Puzzle 323

选 肢 降 雨 介 军 倍 便 车 带 然 亲 衡 任 栏 碰 部
人 定 考 最 灰 事 许 理 有 桌 龄 间 的 何 > 蠕 近
电 闲 旋 活 尘 小 弟 有 柔 性 究 损 人 程 加 源
许 飞 肥 领 源 子 弟 研 过 生 休 规 老 怖 说 存
尤 情 您 选 择 主 直 考 因 心 凑 丁 见 书 蔻
许 其 保 法 城 马 量 带 察 宜 > 趣 信 放 先 租 本
因 桥 是 规 基 光 眼 情 宜 望 草 惊 要 得 中 心
区 马 有 实 践 市 镜 泡 > 错 泡 打 粉 北 方 运 因
马 错 思 本 保 绍 驴 傲 自 他 年 肉 运 车 热 信 号
自 诺 娱 父 蠕 最 农 摇 梳 亲 香 袖 便 保 加 于 安
乐 余 特 透 优 灵 已 心 况 滑 差 他 梳 马 恐 有 号
运 化 妆 究 数 子 经 喜 发 滑 典 栏 平 从 肥 解 了
秀 便 复 高 碰 诺 活 机 增 有 礼 的 老 中 解 能 了
醒 妆 复 特 自 貓 > 疲 通 袖 > 中 评 价 紧 泽 的 香 能

城市
已 经
农 民
评 价
灰 尘
小 弟 弟
法 规
泡 打 粉
任 何 人
尤 其 是
军 事
扑 通
化 妆
实 践
汽 车 保 有
北 方
降 雨
您 选 择
眼 镜
说 话

Puzzle 324

看 到
奶 油 损
磨 划 移
迁 存 在 衫
存 衫 发 结 果
分 的 星 包
行 书 递 队
书 快 军 张 柱
快 紧 圆 诞 常
军 圆 圣 中
紧 非 稳 定
圆 命 范 围 内
圣 不
非 范
命
不
范

木 日 源 降 惨 介 能 型 静 音 本 远 苦 袖 柔 数 性
衫 衫 摇 摇 上 选 傲 栅 香 老 介 信 音 错 平 傲
衬 本 最 面 票 惊 > 信 透 煲 增 音 转 分 有
本 本 凑 龄 的 木 息 军 驴 便 鳍 循 发 范
年 保 紧 张 衫 究 则 胶 队 底 计 区 木 围
四 怠 行 透 露 则 的 木 亲 划 野 举 情 内
源 光 草 碰 观 的 奶 油 许 栅 包 胶 从
研 热 运 泽 思 乐 升 型 心 存 傲 护 惊
惊 人 摇 看 人 安 克 研 顶 在 不 后 噪
不 稳 情 到 约 保 子 便 议 想 常 书 动
规 定 存 远 自 邀 恢 延 圆 特 中 心
木 蠕 透 的 草 木 滑 视 柱 顶 保
恐 分 本 远 活 的 焕 倍 快 克 源
乐 性 结 的 息 几 > 稳 况 研 磨 栏
透 充 果 驱 根 的 迁 上 露 损 约
记 放 最 闲 想 凑 自 移 摇 亲
带 存 草 结 从 余 透 滑 不
然 圣 果 四 行 因 透
蠕 诞 视 星 自

Puzzle 325

秃 飞 肥 怖 性 动 噪 底 喜 乃 每 无 凑 理 幸 雪 损
鹰 重 他 平 秘 行 考 雨 况 爱 个 形 静 衡 老 动 撞 飞
乐 的 袋 直 议 选 自 露 解 的 人 破 看 壁 安 不 况 生
剩 然 落 中 饭 充 下 蠕 母 经 常 伊 中 中 露 况 恐 恐
余 滑 肥 条 排 邀 铅 部 飞 见 常 鸡 考 复 不 部 貓 虎
护 多 热 自 思 笔 票 优 理 增 > 灵 衡 循 行 亮 点 身
人 数 香 透 颈 本 快 草 回 己 部 行 行 柔 号 得
型 况 底 车 部 充 豆 蛾 身 报 眼 项 素 滑 信 机 考
带 介 休 蠕 保 远 请 年 人 自 选 龄 排 中 动 部 数
车 数 貌 究 记 号 他 貌 升 日 村 心 摇 信 碎 况
增 人 鳍 况 究 摇 乐 图 行 发 灵 究 恢 斑 透 究
己 口 恐 惧 情 环 恐 灵 不 理 斑 书 况
真 不 惨 保 地 静 然 静 区 恢 摇 图
不 苦 碎 小 访 问 静 面 静 静 怖 马 数
坠 设 恐 心 优 心 驱 动 海 葵 研 定 电 发 本 保 透 究

Puzzle 326

作 者
延 迟
精 神 互 动
的 鱿 鱼
胆 小 茶 壶
的 茶 歉 表
道 间
时 估
评 然
当 得
觉 址 定
地 否 年
否 周 细
精 不 当 来
未 疾 病
离 开

型 人 最 延 迟 则 举 野 邀 循 了 村 遥 观 肢 秘 眉
延 电 父 露 饭 携 评 恐 下 通 稻 觉 老 凑 电 基
人 苦 礼 的 理 息 苦 不 状 肉 不 然 得 胆 小 娱 便
精 细 高 茶 然 的 雪 面 私 当 本 惊 未 鱿 鱼 建
坠 水 行 壶 饭 摇 究 野 克 时 素 股 趣 带 来 记 虑
错 道 也 源 貓 里 野 离 间 页 复 乎 貌 息 有
眉 歉 飞 也 上 闲 他 开 优 表 特 便 回 记 碰 梁
子 发 作 建 保 得 的 远 马 乃 趣 最 降 野 答 要
部 高 者 后 延 行 互 蛾 恢 特 也 保 梳 精 好 栅
思 栗 瑞 好 加 衡 动 本 周 想 填 光 试 观 年
村 根 野 通 袋 领 疾 病 地 址 股 有 几 神 运
士 骄 排 研 否 醋 绍 蠕 考 平 遥 肥 股 私 好
热 闲 的 带 摇 伊 煲 滑 得 栅 事 虫 间
煲 煲 灵 运 乎 鳍 底 肉 考 心 远 复 增 摇 于
宜 他 便 旋 信 苦 喜 请 了 解 然 > 貌 醒 礼 虫 心

Puzzle 327

动 休 究 稳 地 夏 天 的 热 防 止 自 人 情 灵 优 温
曲 回 趣 项 不 人 人 顶 主 惨 人 愿 规 基 桥 龄 柔
棍 况 热 身 试 余 士 社 稻 便 人 草 型 绍 研 下 举
球 发 胶 高 木 士 平 碎 便 露 独 瑞 主 自 自 情 平
部 见 凑 木 本 特 不 修 究 持 自 过 傲 己 的 热
皂 休 驱 环 摇 鳍 镜 究 镜 傲 年 草 马 行 心 的 惨
望 醋 租 活 情 碎 他 郁 持 理 理 木 自 转 他 心
醒 觉 亮 秀 滑 > 碎 金 领 苦 肉 类 行 几 几
马 平 日 肉 项 心 生 香 得 肥 出 考 亲 循 马 自
虫 仁 占 据 惧 坠 带 状 基 书 租 面 泽 鳍 自 复
因 栅 慈 释 大 心 来 排 慷 车 喚 部 过 看 毁
雨 恐 瑞 的 礼 米 了 护 试 慨 根 醒 解 书 重 胶
书 几 事 士 坏 之 看 规 票 己 子 衡 情 野 豆 灵
趣 动 宜 类 水 最 焕 情 年 优 疏 散 况 通 子 摇
视 从 数 转 梁 亲 士 规 礼 露 倍 热 蠕 信 透 能

身 高
喚 醒
最 坏 的
肉 类
疏 散
带 来 了
温 柔
慷 慨
出 租
仁 慈
夏 天 的
曲 棍 球
防 止
大 米
独 自
自 己
占 据
郁 金 香

Puzzle 328

后 绍 坠 试 愤 貓 伏 出 定 父 橱 克 噪 马 下 考 水
优 看 面 特 怒 最 恐 观 邻 理 柜 优 复 倍 车 情 伏
回 上 过 觉 的 观 亲 居 瑞 好 克 蔻 了 落 > 降
回 察 皂 惧 信 挽 组 梁 典 克 信 有 户 究 选
士 衡 觉 清 空 留 高 织 保 典 突 信 动 考 究 损 面
士 近 数 看 日 安 保 养 镜 人 轻 飞 余 书 蛾
不 乐 噪 典 延 出 票 乃 香 醒 能 飞 骄 恐 亲 遇
快 邀 透 错 基 观 热 选 上 存 心 的 看 士 填
建 桌 皂 泽 人 租 旋 权 中 > 眉 增 了 傲 主
观 过 毁 亮 性 存 心 定 制 的 赂 上 放 究 野 程
休 醒 邀 秘 介 举 袖 闲 挥 镜 号 心 桥 重 研 面
决 定 最 自 根 足 马 上 杆 查 > 地 许 真 日
高 便 眉 充 静 球 况 貓 携 桌 喜 了 肉 保 梳 乐
状 举 恐 许 宜 差 面 理 马 回 方 动 子 平 镜 认
议 驴 > 回 环 人 子 虎 眉 趣 面 滑 瑞 放 平 虑 识

定 制 的
瑞 典 人
轻 微
方 户
落 养
保 了
看 的
认 识
放 心
足 球
橱 柜
较 差
挽 留
愤 怒 的
决 定
清 空
组 织
挥 杆
邻 居
突 然

Puzzle 329

社 思 性 洋 镜 四 眼 灵 联 水 的 貌 碰 蠕 袋 了 亲
蜗 想 貌 葱 袋 动 作 合 信 觉 状 透 平 自 信 要 肉
四 杆 请 丁 欲 研 事 热 近 根 静 的 胶 见 祖 理 篷
于 摇 研 上 循 特 父 收 割 年 镜 运 加 看 直 帐 胶
银 行 人 衫 保 下 保 雨 某 处 驴 查 究 马 野 袖 复
法 官 衫 丁 研 露 而 的 木 日 处 先 底 复 素 直 发
研 最 撞 建 最 大 心 欲 乃 研 究 乐 的 生 定 蛾 父
口 了 电 根 真 肢 稳 肥 伊 研 栅 维 号 坠 研 安
复 来 蔻 基 最 数 有 皂 喜 的 蔻 不 最 休 况 从
解 凑 肢 破 蠕 增 马 栅 研 本 基 复 > 摇 股
的 静 雪 鹦 坠 近 雪 不 最 特 坠 紧 许
主 面 噪 鹉 复 马 貓 携 伟 请 普 肉 闲
素 暴 的 产 部 暴 过 宏 子 滑 通 性
出 躁 惧 他 加 研 松 子 伟 股 理 子 虎
要 理 真 降 最 士 身 亲 鼠 本 顶 几 望 类 机

动 作
某 处 大 伟 杆
最 宏 篷 苦 鼠 官
蜗 帐 痛 松 官 实
宏 法 事 实 生 产 品
蜗 法 事 维 生 素
痛 银 行 葱 乃 伊
松 的 洋 躁 通 力
法 事 木 暴
银 维 普 暴
的 洋 联 合 收 割 机
木 鹦 鹉
暴 普 暴
联 合 收 割 机
鹦 鹉

Puzzle 330

膝 盖
崩 溃
疯 狂 的
消 失
放 养
回 复
笔 记 本
有 利
反 应
樱 桃
烧 毁
队 伍
目 的
芹 菜
现 任
沙 漠
社 区 入 场
买
剧
吸 收

号 惨 笔 量 木 远 心 几 反 遥 要 木 试 社 区 透 旋
镜 护 来 记 过 便 芹 菜 应 回 目 不 蛾 飞 胶 草
马 子 复 建 本 放 养 票 野 议 复 的 部 增 有 高
持 察 人 自 遇 树 碰 况 己 从 稻 根 沙 漠 保 最 有
运 他 号 权 本 吸 收 苦 礼 貌 肢 通 自 心 保 则
的 老 人 书 亲 增 镜 看 饭 性 权 瑞 息 乎 电
车 迟 飞 得 研 毁 复 喜 分 梳 滑 过 直 野 水
有 利 转 环 木 己 心 磨 伏 > 下 人 源 虑 遥
士 貓 。 也 饭 毁 私 复 伏 磨 蔻 趣 来 毁
不 便 图 > 虫 木 树 加 宜 消 失 书 想 急
视 现 程 柔 马 蛾 根 恢 典 来 增 转 间
亲 任 不 买 衬 烧 素 复 典 年 貌 书 邀
状 型 伏 木 木 士 毁 碰 便 光 高 煲 马
闲 鳍 崩 记 租 膝 疯 休 回 分 要 然 试 自
老 因 溃 焕 队 伍 剧 盖 狂 远 伏 平 介 音
樱 桃 场 转 热 紧 > 龄 也 不 马 考

Puzzle 331

向 丁 稻 选 落 机 导 演 香 因 保 过 衬 蔻 日 平 文
老 日 查 人 栅 会 素 欲 安 情 携 梁 间 肉 源 优 本
趣 租 葵 有 会 ， 望 稻 冰 小 麦 车 眼 上 状
本 规 望 特 亮 休 灵 子 发 曲 试 恐 书 衡 乐 缩 写
究 真 关 心 动 苦 分 排 权 特 摇 草 镜 镜
复 娱 理 煲 中 嘲 布 不 的 保 先 梁 顶 的 镜 解 马
栅 优 肢 解 稻 讽 的 的 热 升 袖 趣 里 里 丁 的
木 主 社 通 数 破 源 驴 定 觉 运 乐 增
过 了 平 野 得 领 自 动 磨 下 管 循 充 者 稳 情 优
生 行 心 降 看 远 充 桥 约 肉 理 答 喜 修 权 闲
疲 飞 动 数 类 自 后 来 马 许 决 蜜 本
中 错 虎 遇 貌 见 来 书 天 底 花 身 虎
权 衡 热 本 磁 高 喜 本 够 能 鹅 来 私 自
中 环 疲 邀 差 桥 的 静 他 日 近 他 权 社 遥 磨 肉

蜜 够 来 曲 霜 理 者
花 能 后 卷 管 属
花 后 卷 冰 磁 嘲
带 于 讽
日 油 演 鹅 布 热
带 葵
向 黄 导 天 发
小 关 机
缩
文

Puzzle 332

动 物 园
设 有 整 的
完 整 的
气 候
进 行
排 出 儿
婴 斑 点
修 改 罪
犯 乏 青
缺 冬 斜 师
倾 大 母 部
大 分 头 具
工 循 规 蹈 矩
鸡 蛋
公 鸡

然 心 乃 高 克 完 整 的 解 他 转 惊 动 究 惊 的 静
循 规 蹈 矩 倾 斜 肉 升 得 研 特 损 要 复 过 旋
循 之 栏 思 露 记 降 保 平 树 光 的 远 木
气 露 定 四 来 得 举 规 人 复 贴 克 修 驱 理 他
候 马 动 物 园 解 素 研 飞 直 许 加 电 虎 人 觉
私 的 梁 梳 条 察 人 遇 梳 头 高 权 号 修 改
龄 鸡 蛋 稻 请 基 柔 口 鳍 存 煲 余 设 草 见 赂
排 得 饭 放 情 部 社 见 鸡 行 龄 有 冬 进 行
理 出 了 号 不 热 视 公 最 蛾 余 平 缺 惨
噪 间 解 的 衫 犯 部 间 记 瑞 升 碎 举 乏 了
梁 先 惧 工 根 罪 亮 桌 己 真 坠 票 露
定 露 保 大 师 紧 释 人 根 稻 貌 恢 特 闲 袋
透 虎 的 迟 露 类 驱 保 自 野 主 面 的 书 真 透
秘 人 议 婴 条 野 遇 点 地 露 平 柔 趣 摇 子
信 回 几 豆 儿 肥 虎 的 分 母 落 欲 袋 类 遇 转 恐

Puzzle 333

得 快 马 保 老 环 平 察 绍 乐 摇 复 靠 特 礼 请 伊
坠 从 露 艇 体 醋 衡 真 静 稻 动 机 可 特 不 口 不
平 源 灵 能 素 要 伊 两 柔 动 柔 素 优 移 本 人 权
研 皂 > 有 水 直 增 复 个 望 议 入 状 中 植 则 票
玻 璃 特 破 芹 保 于 野 子 入 虎 口 不 顿 时 决 情
凑 肉 最 子 地 部 子 趣 回 英 远 环 好 余 几 顶 驴
飞 雨 马 休 子 释 考 部 英 语 存 语 不 好 伏 空 保
事 泽 衫 野 丁 定 亮 平 落 年 延 心 的 根 上 观 行
士 亲 木 雨 要 破 眉 动 柔 本 虎 信 领 人 心 蔻 镜
察 考 牛 仔 丁 选 蛾 宜 自 顶 决 介 然 袖 心 租 撞
面 马 仔 肥 的 答 复 蛾 虎 增 长 摇 研 蛾 毁 面 焕
醒 对 趣 自 股 请 恐 沙 堡 增 部 随 直 野 权 衡 得
单 元 紧 升 摇 他 议 的 升 转 之 便 要 页 类 他
议 便 快 慜 毁 生 挑 战 父 ! 透 能 租 选 醒 他 记

Word list: 可移植 / 动机 / 可靠 / 沙面 / 艇单 / 入打 / 两增 / 英玻 / 水挑 / 顿员 / 空随 / 牛仔 / 对体元 / 口法个 / 长语芹 / 战时工 / 机间空

Puzzle 334

便 信 丁 遇 坠 本 肉 携 远 中 议 恐 望 之 后 草 想
动 香 票 恐 生 瑞 亮 记 快 电 选 上 摇 几 解 遇
稳 > 动 电 升 时 趣 则 观 不 煲 的 思 梳 输 带
紧 凑 摇 研 本 刻 情 行 高 惧 研 > 试 计 入 图 社
人 马 了 觉 便 趣 修 飞 车 了 转 奉 介 算 机 > 坠
有 觉 来 衡 心 填 过 一 包 望 人 献 条 资 栏 远
重 特 草 趣 特 胶 心 起 碎 袋 源 年 高 格 便 人 本
量 草 产 自 日 试 项 分 面 透 地 请 顶 特 音 社 有
露 亲 品 带 来 镜 栗 回 粉 自 面 里 四 木 页 复 亲
加 树 加 转 答 决 复 混 情 晚 人 乐 社 行 的
究 远 有 滑 秘 通 趣 合 豆 上 马 票 惩
本 摇 社 况 常 建 野 究 考 罚
糖 果 光 皂 娱 喷 延 直 本 从 喜
降 况 数 第 豆 心 泉 理 行 素 想 修 乐 的
好 傲 直 二 通 旋 紧 伊 上 身 年 的 私 活 子 惩 罚

Word list: 面粉 / 晚上 / 计算机 / 混合 / 紧凑 / 喷泉 / 通常 / 资格 / 糖果 / 输入 / 带来 / 重量 / 面包 / 时刻 / 产品 / 奉献 / 一起 / 第二 / 惩罚 / 理论上

Puzzle 335

貌 高 增 四 老 宜 蠕 人 高 木 动 亲 貓 状 特 人 排 亲
信 栏 稳 村 煲 礼 蔻 透 带 灵 伏 书 迟 豆 条 乎
典 水 包 滑 桌 稳 息 保 丁 远 社 循 损 规 肥 稳
的 循 括 定 然 热 娱 柔 降 自 租 环 撤 源 飞 野
兄 根 放 数 碰 特 响 信 马 平 源 虎 飞 销 下 本
弟 怠 摇 电 考 平 应 安 貌 貌 虎 怠 貌 特 本 便 怖 撞
驴 撞 面 身 山 人 余 定 恐 图 龄 迟 秀 信 便 租
他 重 摇 毛 羊 桌 票 的 恐 马 稳 恐 信 碰 研 特 权 放
木 本 升 士 村 状 傲 进 伊 露 伊 的 研 柔 权 的
。 根 而 热 犹 先 生 的 介 碎 记 要 柔 貓 从 水
泽 桥 马 底 豫 幸 增 蠕 车 过 答 高 灵 的 煲
瑞 人 丁 发 口 通 骄 乐 近 肥 遇 乃 草 水
灵 丁 香 入 乐 选 怠 乐 皂 眼 雪 泽 便 余
区 个 信 举 真 滑 露 镜 护 远 征

Puzzle 336

状 顶 瑞 车 怠 信 复 书 回 野 权 虎 基 紧 上 观 了
驱 桥 现 实 虎 研 形 容 后 撞 能 票 重 的 生 菜 授 权
马 面 持 眼 雨 滑 存 续 心 凑 想 桥 恢 人 察 生
马 怠 最 决 > 类 快 乐 惊 貓 羊 部 煲 议 礼 充
情 决 摇 肢 复 价 乐 父 最 人 肉 梁 好 电 落
热 持 持 不 格 性 也 带 丁 考 书 保 栗 栗 理
野 滑 望 滑 活 的 介 野 过 想 露 煲 高 直 梁
鸡 试 远 三 骄 议 情 日 特 人 怠 吃 克 类 坠
音 情 镜 明 貌 自 损 动 不 約 人 饭 典 他
请 热 优 治 顶 循 因 几 貓 > 运 露 醒
平 栗 电 携 了 素 科 试 周 焕 决 增 里
马 增 人 记 机 人 学 摇 了 自 的 媒 煲
的 闲 肢 页 望 后 怠 煲 本 香 复 体 鹌
飞 即 想 口 貓 情 他 页 父 惨 主 鹑
延 时 安 类 行 那 么 皂 子 灵 飞 究 错 树 醋 记

Puzzle 337

音 的 諾 回 ， 完 日 飞 增 加 究 光 煲 日 藏 红 花
解 息 性 热 直 全 日 来 远 素 租 镜 ， 碎 保 自 飞
排 衡 光 摇 到 缓 衡 喜 信 况 了 填 但 检 验 于 升
要 民 用 泽 手 解 鼻 选 租 了 水 然 灵 马 肥 梁 年
释 了 虫 信 臂 最 子 研 趣 新 闻 运 村 持 面 图 视
驱 面 疲 保 最 票 几 回 环 况 解 苦 望 年 饭 年 底
降 策 机 区 看 动 底 谨 检 粒 伊 股 热 图 驴
充 略 议 书 袋 自 的 主 测 通 人 桥 区 灵 转 优
信 究 后 稳 便 子 露 领 源 衡 举 知 倍 趣 动 恐
赂 领 桥 噪 之 子 远 亲 礼 惊 区 自 袖 况 过 安
解 娱 情 加 环 重 毁 解 事 解 生 惧 乐 喜 坠 图
赂 丁 碎 怖 本 蔻 恐 日 先 素 思 公 面 。 觉 人
也 增 镜 驱 口 秘 蔻 全 自 有 他 鸭 树 优 持 闲
观 紧 息 亲 特 木 球 出 状 本 程 面 肉 梁 心 保
底 鳍 虫 修 保 心 四 存 钢 笔 真 从 虑 梁 丁 快

检测 通知 颗粒 新水 缓解 ，直到 民用 鼻光 策公 全藏 手钢 检验 ，完谨 泽鸭球 红臂笔 花 但 全慎

Puzzle 338

结论
地理
猴子
发送
王室
的工作人员
果冻
小猫
连续
一目了然
刚性
司机
明年
捕捞
公司
容易
雪貂
地图
性能
瓢虫

虑 容 恐 行 小 滑 皂 行 修 闲 諾 的 蔻 考 降 察 磨
不 易 马 坠 猫 傲 他 果 摇 鳍 不 工 一 绍 连 。 息
父 上 放 四 惧 公 司 冻 性 刚 过 作 目 最 续 电 略
士 苦 好 本 ＞ 袖 信 车 能 记 余 人 了 。 雪 貂 伏
闲 本 条 察 基 考 分 察 木 人 惫 然 机 的 胶 马 之
明 水 栅 惧 高 秀 摇 运 镜 优 旋 息 部 要 究 有 租
顶 年 特 野 复 焕 环 的 遥 木 项 有 的 保 人 猴 子
便 的 错 四 顶 理 转 滑 部 栏 的 快 毁 子 结 论
捕 蠕 趣 真 亮 饭 机 瓢 解 从 的 ＞ 基 典
捞 虎 地 木 要 肢 究 自 里 存 虫 考 特 凑 底
平 观 胶 坠 想 情 马 的 礼 宜 草 权 伏 部 充 上
票 马 蠕 地 发 有 坠 王 升 醒 磨 虫 人 里
之 余 坠 想 送 基 自 室 望 的 袖 差 雪 租
亲 梳 绍 约 了 磨 地 然 飞 面 柔 的 鳍 转
司 机 重 貌 音 分 衬 自 图 乐 发 复 自 先 摇 眼 然 袖

Puzzle 339

损 特 小 情 喜 豆 光 信 特 人 息 一 鳍 毁 面 安 介
灵 定 时 直 本 有 类 生 滑 乎 解 二 秀 四 的 决 摇
本 最 不 重 威 欲 生 情 木 聚 。 焦 顶 的 雪 存 权
杂 许 栏 喜 胁 绍 克 请 肉 年 二 主 股 乐 项 私 露
士 志 狼 碰 私 社 租 野 人 充 世 二 口 项 得 蔻 建
证 乐 狼 决 赂 营 军 差 型 香 纪 分 的 的 衡 有 保
放 明 保 机 迟 源 请 信 香 素 皂 察 镜 苦 私 租 释
好 貌 后 也 噪 类 邀 几 电 修 尽 乎 苦 文 中 可 之
型 趣 充 唱 镜 观 带 闲 木 润 身 管 文 章 爱 父 领
项 项 了 选 歌 惊 部 摇 静 规 究 行 章 易 的 醋 近
息 树 傲 惧 回 他 分 想 书 秀 而 交 栗 肉 乐 他 源
口 静 热 智 理 望 查 考 介 信 发 易 选 虎 乐 撞 撞
的 乐 智 慧 镜 持 项 闲 牛 典 研 肉 惨 恐 息 动 乐
持 直 衬 书 骄 貓 远 醒 优 充 梳 的 苦 静 来 股 号
欲 了 息 惨 娱 子 肥 活 蒡 带 信 足 的 安 子 特 情

尽管
充足的
私利
杂志
小军
威安
狼文
牛一
交证
世智
聚可
唱歌

营润时人胁的静狼蒡二
〇二明纪慧焦爱的
智慧聚可唱歌

Puzzle 340

好的
中心
手提箱
大声
皮肤
雪人
答案
的有用
状态
名词
菠菜
金丝雀
牙膏
蜘蛛
灭绝
努力
测量
版本
收藏
科学家

车 许 欲 带 票 碰 版 运 树 加 条 记 胶 撞 察 的 士
音 不 亮 灭 填 本 本 肉 数 牙 信 状 态 究 保 人
填 有 热 远 恢 考 情 。 行 膏 亮 看 栅 权
电 察 有 蔻 绝 中 胶 损 增 的 肉 子 也 蜘 图 驱 摇
本 他 觉 书 书 心 皮 区 有 约 通 理 大 类 放
摇 惊 坠 收 特 醒 肤 雨 心 名 人 秘 豆 落 疲 私 的 定
护 中 努 藏 见 树 镜 露 自 肉 差 科
约 复 升 书 见 性 增 素 社 用 马 落 从 学
规 信 坠 特 静 出 情 不 修 之 家
驴 野 金 努 了 护 书 的 有 绍 菠 平 先 安
心 醋 丝 力 的 私 梳 好 虎 情 菜 泽 提 类
选 雪 恐 测 骄 先 肉 手 栗 虎
稻 保 雀 金 规 趣 量 考 马 举 充 图
眼 运 口 丝 典 有 飞 修 介 醒 情 行
量 不 雀 煲 发 骄 试 马 眉 马 则
数 马 人 好 出 滑 菠 手 乐
主 程 股 视 图 提
袖 亮 修 股 栗
研 生 飞 四 介
议 亮 虫 股 情

Puzzle 341

部 不 己 延 透 蒸 汽 便 约 黄 于 肉 梳 信 高 透 休
发 喜 然 理 休 心 他 无 聊 瓜 秘 桂 自 香 衬 充 通
碰 梁 里 觉 页 增 情 雨 观 飞 欲 他 自 宜 理 时 肥
惧 摇 蠕 怖 下 摇 的 心 飞 扶 手 自 飞 的 解 高 间
子 亲 攻 包 建 情 带 拳 人 规 伊 车 喜 ！ 记 标 鳍
音 悫 击 摇 他 理 规 远 击 地 也 肥 情 复 野 兔 解
祖 外 的 > 活 虑 击 惨 貓 而 眼 肥 礼 重 员 驴 事
幸 观 倍 撞 疲 摇 规 分 恐 眼 降 惧 恐 旋 平 了
问 运 真 决 词 坠 复 草 他 升 移 栏 过 决 最 视
题 衣 丁 幸 闲 赂 几 的 时 候 动 草 状 记 虎 胶
社 不 好 基 放 诺 过 人 揭 示 源 看 灵 赂 真 热
不 远 栗 则 胶 灵 中 揭 示 源 增 喜 想 素 试 最
碎 降 栏 喜 活 况 填 梳 图 肢 复 的 诺 根 。 细 排 栏 怖
疲 露 上 水 便 究 升 复 的 诺 根 。 细 貓 排 栏

时 间
移 动
的 时 候
词 汇 表
详 细
揭 示 聊
无 观
外 击
攻 服
衣 手 椅
扶 桂
肉 题
问 瓜
黄 拳
蒸 汽
的 球 包 员
面 标 记
野 兔

Puzzle 342

绽 放
财 政
过 程
最 幸 福
漂 亮
支 出
患 者
商 业 的
他 的
画 笔
夕 阳
贤 人
的 行 为
去 除
便 携 式
高 管
替 代 电 子 书
伤 心
神 秘
的 仇 恨

肥 则 画 笔 夕 神 秘 栏 源 眼 透 闲 的 财 欲 基 克
灵 光 差 蛾 性 阳 要 患 者 替 生 行 政 木 条 人
泽 己 究 租 碰 面 便 远 便 放 代 为 紧 书 惧 动
迟 顶 自 远 蛾 程 稳 携 过 醒 想 电 研 而 股 悫
桌 瑞 快 遥 摇 试 自 存 式 梁 程 旋 真 子 答 信
数 护 > 过 平 决 不 摇 亲 瑞 恢 惧 眼 书 通 程
年 选 运 心 肢 查 蛾 的 有 草 木 本 己 的 平 >
宜 思 介 邀 惨 本 绽 衡 漂 页 > 倍 去 的 休
噪 赂 支 出 行 信 放 亮 贿 动 通 除 他 损 发
心 修 镜 增 真 页 稳 心 赂 倍 运 恨 建 高 管 活
填 虎 先 摇 紧 滑 豆 噪 理 水 仇 的 衫 议 典
草 人 趣 源 通 底 便 觉 试 亮 优 面 便 面 瑞 胶
村 趣 错 平 惨 情 乐 伤 幸 贤 携 信 决 考 解
护 静 于 伊 底 余 然 草 福 人 自 商 过 几 况
持 存 的 自 木 灵 疲 音 的 栅 远 摇 业 四 的 鳍 年

Puzzle 343

镜 部 重 肥 解 里 光 有 骄 子 摇 摇 复 最 面 貓 的
特 情 乎 增 皂 望 肥 分 恢 区 博 物 馆 好 特 况 便
不 快 重 伏 情 水 肥 类 动 程 凑 惊 讶 的 环 。 休
醋 衫 思 定 视 类 究 本 规 衬 信 有 草 野 袋 诺 娱
噪 有 瑞 好 饭 肥 本 苦 衬 建 优 衬 形 具 礼 龄 娱
解 决 方 案 功 能 构 心 确 实 表 明 亮 余 动 而 年
不 镜 自 蠕 赂 觉 造 己 不 视 成 奥 蠕 肥 息 备 了
人 因 飞 平 祖 究 不 稳 毁 为 议 秘 请 假 泽 了 >
摇 桥 桥 书 宜 蠕 稻 差 护 也 衡 感 谢 早 自 慘 静
高 租 娱 约 情 人 理 苦 情 雪 差 柔 热 稻 晨 究 他
本 栏 恢 自 休 虑 情 雨 醋 鳍 雨 转 自 高 过 的 地
豌 豆 议 的 怖 面 雪 醋 肥 查 柔 本 部 试 持 退 袖
栏 观 信 泽 来 远 程 蛾 口 镜 乐 驴 分 便 的 出 怖
基 滑 肥 项 喜 得 饭 遇 后 袋 年 主 生 泰 迪 熊 惊
惧 平 项 喜 得 饭 口 后 袋 排 然 亲 毁 他 加 而 惊

成为
请假
感谢
泰迪熊
博物馆
构造
肥皂水
早晨
解决方案
功能
部分
具备
退出
表明
确实
惊讶
奥秘
形式
豌豆
最好的

Puzzle 344

高度　　宜 动 型 蔻 平 滑 衬 状 过 水 磨 醋 吸 发 高 从
水獭　　香 信 露 优 了 肢 心 直 研 转 快 循 血 树 度 飞
采用　　察 查 胶 桌 了 亲 水 獭 采 的 衰 落 鬼 高 兴 紧
高兴　　许 围 墙 性 衬 不 循 股 用 研 变 变 观 降 人 子
真正的　绍 动 的 的 亲 肢 年 度 回 状 傲 马 通 中 增
预测　　赂 余 不 桌 不 素 认 填 乃 发 然 坠 的 灵 行
衰变　　透 增 趣 的 增 露 的 信 面 邀 他 况 动 的 环
承认　　自 怖 天 天 露 鳍 解 尖 出 瑞 不 查 雨
欣赏　　面 迟 空 空 见 野 叫 蔻 明 海 损 饭
天空　　桥 迟 欣 欣 本 静 信 流 坠 亮 拔 错 恢
流体　　则 疲 赏 赏 赏 损 先 测 撞 特 特 因 领
海拔　　情 闲 乐 乐 肉 赂 预 赛 数 况 况 透 建
年度　　根 的 特 特 看 幸 克 跑 有 权 带 觉 透
的色彩　坠 士 亲 亲 乎 袖 恐 栗 ！ 动 高 类 通
围墙　　本 权 见 见 数 迟 煲 苦 人 息 色 便 诺
赛跑　　研 滑 则 村 本 热 快 动 正 风 凑
吸血鬼　程 凑 真 私 况 车 旋 数 数
尖叫　　有 性 不 试 延 本 泽 权 真 凑
风暴　　　　　　　　　　　热 思 权 真 彩 暴
明亮　　　　　　　　　　　况 究

Puzzle 345

车 幸 音 租 惊 介 马 行 信 口 况 觉 究 坠 上 醒 出
镜 梳 貌 本 衡 马 后 私 透 驱 坠 幸 乐 栗 蛾 他 量
衫 领 桥 租 心 存 查 循 邀 绍 上 乐 情 携 究 滑 于
分 便 灵 滑 焕 基 破 煲 参 落 雪 租 欲 究 型 紧 蛾
子 乎 最 基 列 望 量 加 则 摇 型 直 惧 木 驴 社 树
露 记 衫 序 噪 ！ 最 的 选 出 的 下 不 指 私 噪 量
因 主 人 试 隐 ＞ 择 出 老 本 况 乐 望 分 透 娱 股
便 背 回 遇 藏 欲 平 几 音 里 源 继 子 究 复 股
闲 貌 后 性 克 情 复 举 摇 碰 乐 书 人 近 复 野
肥 底 考 底 便 疲 出 邀 的 信 远 子 乎 约 的 信
摇 携 喜 胶 填 规 肥 便 泽 香 紧 碰 究 ， 情 存
办 公 室 眉 马 凑 几 部 检 定 摇 避 便 除 侣 研
几 排 龄 醋 木 想 分 心 查 避 究 了 傲 研 饭
子 研 警 观 天 幸 研 部 免 肥 情 泽 人 袖 恐 研
书 镜 领 面 鳍 昨 马 的 地 中 免 肥 情 泽 活

快乐
选择
的情侣
音乐
参加的
办公室
指背后
避春天免了
，除了
继续复
警序列
恢查
检中
分子型
小隐藏
昨天

Puzzle 346

绿色
服从
分散注意力
压力
技巧
阿姨
完美的
网球
食品
第一中
空
骆驼
狩猎
开启
足够
的金子
驾车
骨折
外壳
躺在

醋 的 怖 书 情 四 解 技 乎 躺 来 日 驾 足 开 启 记
分 散 注 意 力 惊 的 绍 巧 在 他 中 车 他 够 观 心
安 从 查 他 外 特 镜 好 驴 则 部 人 性 书 的 人
主 恢 增 特 壳 亲 柔 恐 飞 领 里 复 自 自 选
平 有 解 解 携 状 怖 眼 平 了 狩 猎 人 行 高 木
究 里 性 自 页 的 金 理 本 复 优 瑞 得 差 磨
服 从 典 平 最 降 快 保 特 活 图 看 查 增
野 骆 驼 迟 近 损 子 先 瑞 眉 下 区 通 村 保
租 而 从 袖 信 的 驱 泽 的 雪 热 平 的 数
焕 衫 察 磨 研 恐 绿 信 行 典 力 差 通
虎 空 中 的 页 根 号 色 里 持 乐 几 滑 信
骨 折 自 虫 从 倍 梳 稻 阿 究 书 灵 透 龄
人 龄 本 议 村 几 完 美 的 姨 回 食 基 议 不
情 性 不 本 数 子 人 露 书 网 而 品 乎 邀 驱
肢 自 的 数 程 亮 邀 真 图 况 乎 理 信 栏 机 露

Puzzle 347

优 自 你 研 总 线 发 行 苦 龄 要 眼 重 秘 梁 有 木
的 情 排 自 音 行 蓝 的 绍 过 的 增 诺 行 分 发 排
秘 趣 类 带 宜 携 面 转 面 也 之 诺 信 之 情 情 露
面 解 近 破 月 桌 胶 面 状 根 远 信 用 视 肉 分 惧
数 面 解 生 亮 伊 持 衫 凑 用 出 马 的 静 权 之 情
椭 圆 形 马 邀 的 责 地 股 他 喜 惧 貌 量 己 的 坠
生 眉 灵 解 故 源 宜 任 口 出 思 复 瑞 自 部 来 的
过 四 好 放 障 考 错 解 袋 喜 恐 恐 护 坠 持 基 型
凑 明 天 注 恐 梳 趣 乃 书 光 情 情 桥 本 放 乎 本
温 瑞 暖 袖 行 祖 的 皇 后 梁 自 区 降 情 出 上 活
书 暖 肢 而 这 几 露 平 落 图 父 护 电 热 保 行 桌
条 肢 的 摇 里 露 草 来 父 有 选 桥 狼 欲 礼 欲 他
觉 型 面 口 存 磨 举 降 状 书 见 伊 木 优 票 诺 桌
便 里 远 升 私 他 的 降 不 雨 木 秀 见 欲 优 势

Puzzle 348

自 复 马 溜 恐 的 持 子 便 可 持 情 自 飞 马 之 大
驴 特 定 类 冰 柔 续 冒 水 能 各 地 反 橡 皮 擦 部
差 先 梁 自 醋 鞋 时 乐 险 的 的 运 便 向 人 便 分
复 考 坠 来 信 间 家 专 的 滑 雪 乎 蠕 饭 有 领
部 热 木 豆 究 野 条 诺 动 运 欲 蛾 着 桌 觉 人
克 栗 增 研 周 蠕 梁 帮 特 修 最 怖 典 急 露 热 信
皂 落 近 生 丁 便 助 机 举 马 记 蜈 父 觉 任
领 思 面 胶 放 不 信 人 龄 后 蚣 亲 趣 最 胶
坠 近 亮 他 放 伏 心 梳 特 毁 之 究 书 底
思 快 克 倍 几 松 信 结 克 特 租 举 喜 建
坠 袋 绍 人 要 柔 人 束 错 碰 循 研 护 本
快 有 填 源 修 重 桌 的 飞 直 丁 透 鳍
有 蓬 松 特 人 怖 图 有 发 余 差 龄
蓬 性 虎 保 请 高 存 状 律 远 皂
松 部 平 后 秘 柔 惊 根 师 虎 丁
性 年 袖 透 名 心 ! 素 肉 高 查
部 水 部 落 虑 便 豆 高

Puzzle 349

鼬 充 迟 遥 查 社 豆 损 号 查 股 里 页 考 先 秀 加
鼠 的 凑 人 放 宽 中 而 升 放 有 平 白 菜 乃 直 肢
间 平 见 乃 决 况 > 定 坠 然 倍 老 存 喜 乃 心 衬
栅 便 遇 惧 先 行 研 栏 还 坠 宜 升 况 飞 高 快 桥
碎 碰 。 倍 增 > 雨 皂 原 伊 考 疲 眼 信 牙 磨 试
加 噪 高 身 焕 滑 更 定 增 考 走 最 欲 了 刷 的 视
> 身 自 有 分 研 项 新 排 碰 典 中 走 傲 眼 学 后
现 的 静 人 脖 差 威 力 恢 选 的 梳 业 专 的 术 情
的 静 > 觉 自 子 部 环 宜 回 虫 惧 恐 的 不 通 衬
远 野 有 建 坠 儿 野 议 柔 议 虫 建 倍 延 察 坚 桥
卡 中 坠 恢 社 票 间 亲 循 介 肥 有 安 荒 野 固 顶
蔻 车 恐 自 转 村 脚 坠 年 心 排 上 了 口 欲 袖 欲
权 研 自 损 旋 泽 丁 快 驴 理 噪 而 然 本 欲 从 过
迟 性 镜 能 自 自 坠 情 心 本 活 面 面 望 然 他 他
怹 口 填 胶 决 肉 信 蹼 定 于 电 号 心 有 子 状

还原
的恐惧
放宽
新子
更脖
的专业
学术
安排
威力
脚蹼
坚固
建议
的荒野
卡车
牙刷
走了
现场
儿子
白菜
鼬鼠

Puzzle 350

接近
激烈
汽车旅馆
的对手
停止
事件
艺术
公交
组合
分离的
检讨
可以
，也没有
的公路
理论
先前
去年
温文尔雅
年龄
桥梁

远 增 请 素 香 理 论 秀 图 望 优 根 研 去 诺 音 便
雨 乐 主 蠕 于 顶 梁 驴 回 秘 先 地 肉 木 情 车
年 身 的 对 手 破 秀 接 近 然 好 地 年 > 娱 保
露 来 雪 ！ > 况 栅 议 有 克 保 自 保 中 优 香
书 不 己 研 地 情 毁 动 惊 里 傲 有 的 碎 镜 好
驱 诺 研 趣 年 介 理 里 惨 绍 可 以 公 邀 光 出
貌 貓 了 诺 龄 温 文 尔 雅 碰 出 交 路 止 解
活 透 上 树 便 先 灵 醋 损 子 错 动 停 落 图
保 ， 也 没 有 事 前 灵 根 优 马 蛾 议 艺 术
议 汽 车 旅 馆 桥 股 考 议 顶 自 事 视 因 凑 面
带 肉 复 建 凑 灵 身 蛾 宜 。 件 趣 有 情 了
破 考 视 滑 最 凑 乐 最 面 口 组 填 持 加 也
伊 动 几 袖 最 身 恐 分 衫 父 察 合 趣 不 子
桥 顶 煲 里 检 想 车 离 最 日 醒 静 社 租 动
梁 社 规 机 讨 激 烈 的 四 增 状 错 苦 自 选 碰 不

Puzzle 351

```
出 许 能 增 虫 近 视 护 雪 注 意 到 瑞 有 性 磨 諾 饭
便 最 独 立 性 选 娱 野 橇 细 意 回 旋 保 能 晚 面 不
热 的 想 类 菊 花 好 生 产 日 产 日 增 碰 的 面 镜 本
余 他 貌 己 日 灵 赂 察 ！ 下 之 外 定 旋 型 议 自 自
＞ 光 丁 虎 排 高 疲 于 充 考 诺 高 撞 近 邀 醋 页 的 水
平 丁 貌 约 亲 秀 里 滑 社 迟 村 素 宜 人 请 试 举 增 栗
伏 貌 蝴 租 蝶 状 觉 胶 村 马 傲 衫 老 眼 听 修 袖
源 摇 平 保 的 设 计 喜 规 活 特 言 最 惊 肉 袖 栗 马
活 性 研 的 能 然 本 机 底 操 动 迟 医 伏 了 栗 研 醒
性 恢 的 欲 成 步 项 请 排 人 直 放 疗 静 蠕 面
恢 树 狐 狸 香 梁 年 四 三 只 循 心 欲 水 泽 梁
稻 他 滑 梁 保 性 研 建 究 口 亮 答 根 便 各 方 中 出
```

听 蝴 细 晚 注 意 到
试 蝶 腻 饭 言 疗 产
　 　 　 　 　 设 计
　 　 　 　 菊 花 性
　 　 　 　 立 方 只
　 　 　 谎 医 生 橇
　 　 　 的 菊 独 骤
　 　 　 各 三 雪 外
　 　 　 步 之 作 爸
　 　 　 操 爸 狸
　 　 　 成 狐 年

Puzzle 352

```
发 射
蜡 笔
， 因 此
甲 虫
怪 物 的
快 乐 的
这 样
有 益
进 一 步
回 应
礼 服
奖 金 身
自 引 进
适 当
危 机
驾 驶 出
推 营
经
法 律
```

```
撞 伊 驾 驶 增 便 泽 则 飞 栏 填 行 稻 稳 先 草 间
望 镜 决 几 特 性 恢 复 究 邀 举 落 。 衡 衬 发 推 出
迟 年 蜡 笔 主 不 图 于 坠 马 则 约 稻 近 发 信 研 信
桑 便 好 他 摇 带 特 皂 主 不 行 稻 源 机 射 主 放
之 凑 貓 镜 理 能 人 面 信 透 出 便 怪 信 坠
素 地 察 丁 有 皂 循 不 喜 益 身 野 适 物 步 释 的
试 乐 老 伊 心 奖 金 性 书 野 身 电 生 当 肢 一 升
类 甲 余 幸 子 梁 肉 增 出 素 飞 来 克 快 引 进 克
条 露 虫 伊 修 循 身 的 士 回 礼 部 乐 远 票
先 怠 行 机 桥 自 情 回 领 服 下 的 磨 ，
损 于 间 虎 有 应 约 许 傲 秀 灵 因
动 野 带 ！ 法 信 苦 马 介 保 这 了 的 心 此
野 休 日 野 本 律 最 从 光 香 样 修 的 坠 面
顶 远 得 心 升 见 特 量 页 延 电 的 私 幸
栏 面 然 欲 情 本 特 ＞ 豆 重 雪 复 心
```

Puzzle 353

```
巧 蠕 特 考 乐 安 灵 有 环 议 了 士 数 电 股 磨 保
坠 克 运 复 信 宁 部 究 自 滑 恐 的 特 骄 视 日 音
顾 客 力 自 议 雪 究 能 释 稻 和 恐 亲 桌 快 木 心
袖 的 循 木 释 答 图 的 思 貌 平 宜 心 恢 碰 考 情
日 生 撞 升 建 主 眼 增 风 然 淋 集 后 摇 主 有 己
醋 试 余 议 社 休 察 许 筝 浴 动 也 考 究 机 错 状
音 面 滑 飞 差 身 信 五 欲 驱 迟 究 私 克 己 >
他 趣 煲 填 约 心 修 个 毁 号 虎 通 梁 雨 衡 镜 特
伊 碎 雨 飞 现 余 信 便 破 请 疲 动 丁 > 状 音 秘
租 顶 的 视 在 惊 甜 泽 型 不 能 娱 安 书 野 书
视 子 高 之 平 觉 蜜 亲 里 人 本 蠕 基 想 特 类
约 傲 好 高 迟 护 部 请 他 虎 快 牛 静 有 音
音 心 议 衬 心 电 件 请 们 本 水 水 动 皂 间
热 便 人 成 约 部 作 伊 来 质 奶 木 亲 看
既 不 肢 研 熟 命 画 快 父 现 之 不 不 摇
```

部件
密集
甜蜜
淋浴
本质
五个
安宁
作画
他们的
任命
水牛
成熟
现在
表现
牛奶
既不
巧克力
风筝
和平
顾客

Puzzle 354

```
修 究 书 的 远 视 蛾 马 书 惊 勇 敢 遇 修 的 保 肉
情 权 错 误 有 人 肥 息 存 先 的 能 量 猫 也 祖 护
见 遥 的 错 滑 量 主 发 过 碰 的 角 落 平 息 基 瑞
滑 生 复 柔 磨 人 不 的 伏 定 性 驱 考 木 袋 香
余 近 懒 存 存 马 马 速 度 的 信 怖 研 森 惧 型 礼
拘 乐 不 惰 转 自 恐 灵 包 面 娱 愆 有 林 心 主 要
己 捕 不 人 况 衫 凑 子 间 撞 猫 想 破 飞 凑
欲 觉 好 页 菜 水 来 情 根 来 青 蛙 摇 镜 行
乃 地 况 分 碰 持 源 复 循 毁 类 特 闲 有 热
木 木 生 面 摇 最 情 的 社 带 书 人 究
噪 野 倍 部 增 音 草 秘 不 在 泽 子 自 不 本
年 见 释 许 身 机 言 灵 重 法 时 项 股 驱 电
心 动 怖 延 错 涉 急 紧 院 损 心 人 肉
稻 差 然 貓 充 延 煲 剧 活 幸 灵 平 啤 特
心 礼 水 底 平 子 主 落 灵 摇 坠 底 举 宜 酒 重
```

Puzzle 355

> 稳 行 因 虑 本 恐 飞 赛 了 差 饭 虑 愆 蛾 礼 定
四 遇 携 不 然 况 恢 最 便 四 季 欲 身 里 地 带 损 蔻
况 摇 > 他 骄 栅 思 透 携 摇 粉 红 色 饮 土 豆 静 四 社
决 衫 定 然 放 醒 后 ， 性 飞 状 灵 料 热 露 近 娱 磨 觉
蛾 也 得 碎 心 肉 排 稻 况 紧 急 傲 莓 蛾 亮 激 号 励 野 掩
紧 子 行 破 紧 亮 坠 选 子 香 灵 煲 的 光 情 励 的 盖 休
兴 趣 过 鳍 竞 怖 觉 喜 灵 差 树 迟 袖 信 信 信 高 下 然 露
重 理 环 放 回 面 的 过 面 差 则 行 定 草 物 礼 滑 灵 程 镜
虫 介 马 保 遥 升 通 况 便 监 龄 摇 测 动 细 汉 堡 亲
幸 型 恐 摇 电 村 主 人 真 状 测 出 热 觉 遥 放
恐 他 视 木 灵 恐 欲 研 衡 息 错 结 考 汉 试 年
先 则 学 生 乎 胶 权 乐 毁 于 书 信 察 基 人 类 婚 人 堡 包
蔻 生 胶 欲 静 究 信 信 察 基 人 类 婚 人 试 年

饮 料 急 况
紧 情 趣
细 节 红 色
兴 粉 莓 争 婚
树 竞 结 励 豆 堡 包
激 土 堡 盖 物
汉 掩 礼 物 季 测
学 药 赛 监 责
药 监 职
后，

Puzzle 356

外 部
精 度
俱 乐 部
等 于
浓 缩
的 飞 机
创 造
得 分
获 得
建 筑 物
可 见 的
剥 夺
公 式
市 场
晚 些 时 候 和
辣 椒
不 久
走 廊
赶 路
的 生 日

虫 便 。 则 焕 可 领 况 素 股 创 过 条 伊 走 人 况
公 式 身 伊 加 见 理 木 滑 造 重 水 外 部 廊 趣 衡
日 生 的 袋 马 镜 复 降 袋 之 貌 祖 究 乐 摇 增 滑
貓 好 飞 栅 赶 的 人 面 镜 信 焕 决 俱 生 保 保
排 自 机 保 路 查 豆 迟 能 电 答 栗 稳 特 的 欲 喜
状 等 通 见 怖 解 撞 通 典 动 虎 梁 人 蛾 过 察
不 于 袋 理 差 运 晚 时 欲 皂 闲 升 貓 坠 香 中 热
精 久 木 马 幸 浓 些 人 源 伊 袖 貌 下 的 得 地 他
度 看 复 栗 图 缩 有 考 惨 保 便 项 重 滑 解 宜 虫
克 露 衬 煲 动 理 循 雪 面 乐 自 增 梳 音 释 人 主
源 蛾 见 便 分 有 观 稳 年 保 几 他 书 惨 的 充
马 雪 恢 娱 获 人 来 思 噪 雨 建 肉 赂 身 的
地 的 条 情 热 克 见 亮 面 剥 筑 士 音 士 的
乐 栅 碎 皂 市 椒 肢 底 错 剥 夺 筑 行 得 条
皂 放 恐 蛾 书 愆 直 类 丁 动 物 行 得 条 充

Puzzle 357

煲亲部倍真的最能蚊卫特部坠人区发好疲
皂蛾虫自投票肉运子生社灵驴露娱鳍眼建
摇活出伏摇倾则雪快速亮环秀袖快肉研立
信远音远得眉向回基间高镜饭遇间士规基
私根排日出他碰约自观亲复趣好运口遇循
解号滑出乎情快皂瑞分真香更不释衫机领
摇举口视闲遇衫子醋露蔻洗不足间栏自
自心自虎私复本肥香条特雨抗拒滗数的回不
保错带升理息然撞乐议典日精便醋
加高议裙子望充复趣趣>机灵的视规
最迟肉看伏王。幸复自延煲桥野填议得几
信能特灵虫凑祖乐季煲人透号亮信
父转主消煲皂生的幸朋友余人解破余亮人
欲大况生防信幸季度加放解人透号
复象伊究解员闲木度加放

复杂的
建立向于
倾不足
快速友拒
朋季抗好的防
更消涤子员
洗王灵序子票
程精子蚊象
裙投趣
大乐生
卫

Puzzle 358

孩子
参与者
妈妈
狮子
模拟
解雇
取决于
主题
周期
侵入
小苍兰
油漆
叔叔
越来越
黄鼠狼
清晰
护士
手机
办法
恩爱

保坠决柔降的事加諾泽部>骄乐带票转
乐增雪亲骄许填欲私能秘先真远举亲通
镜错而野狮日便损子解雇项环父私他素
电况己侵入子。年自伊参权循保直子源
型子乐号条分娱解撞社与环光摇四量
迟能高倍肥亮热趣损者生手机宜高
快分之取决于护梳间静克放栅主题
性面叔叔小苍兰士定权喜不乐栏
乃虎素秘回灵情袋行清老先携坠素
马见傲野然社循!规晰摇的恢转
傲最不从>己议露人考通恢了迟
飞生从面素落口究越雪心黄他
试雪年周考法书身考越肉增延鼠破
模观露期复驱树底研从慘分子老马情
拟子疲滑复驱树底研从慘分子老马妈趣

Puzzle 359

胶邀噪闲自通人灵望飞自电民草肉了摇
开玩笑上。研直肉活己区喜马俗坪户虎
里性衫瑞香理欲解的塑野乐的保外解。
因乐幸惊人喜里。噪料页充性他光惊栏
焕条有动透号遇手区平中权增介类降
他。降管理优热的绍册目损栏马桌也举坠树
发究眼许延解人书格因号蠕磨不滑遥
教师宜情遇量考旋式瑞心真高滑桥
的主特主号保人衫素胶真典便要遥露
车乃号释马充决龄草摇本图备考于村
安苦蔻特延复真作肥趣面的储欲村
高观绍野毁面安用泽的喜自迟备行
情身程好差私电伏判的护迟考功
情皂心号生马落疲通决子功率邀
村惧好梁未能醒栏灵己率请行

未能式用
格式坪率作用
草功户外请
功外的俗决
户邀民册
的请判料
邀民有趣前因
判册的师件性
有趣师条储
手料前男备
教塑因件管理
塑性开玩笑
目储男性
原条管理
男储
管理
开玩笑

Puzzle 360

瓜难存心社飞镜许视疲衫有艰滑日要最
西艰衣打破解安滑子驱倦马书难暑摇高
毛悲剧树源滑破迟休亲轨电私近绍领
打轨破近类破人稳衫己音道循远灵典
远远道落近马趣基绍热驱中看悲问
积疲近极人有口毛村乃定来虑稳
这上积极述坠考上父电己加几车趣虑电
上镜这种子上考自亲衣息充型车撞喜煲循
的的述求修宜亲议衣面从有礼查积究
查需需别修复镜议苦充礼部找极举
个找伤别蠕票区修西部过考过娱
的伤害暑特心恐豆草过考惧建
日暑糕复蛋动票试恐回马害远醒介
蛋修一糕下特生豆西瓜害考子猫皂
修复研不惧特草瓜的伤重本页
一般

Puzzle 361

疲 稻 请 建 怖 音 树 肉 驴 第 趣 因 马 介 保 梳 身
苦 恐 升 定 亲 来 恐 的 恐 七 噪 恢 研 己 观 母 亲
况 后 举 几 蔻 村 乎 型 通 镜 木 视 出 桌 坠
则 角 色 焕 海 快 则 野 数 上 平 复 下 地
马 闲 驱 驴 了 洋 维 情 身 想 释 平 惧 自 野
底 地 有 遥 告 礼 持 则 生 集 镜 平 惧 心 好
娱 根 闲 克 诉 摇 。 身 礼 书 貌 持 自 地
的 桥 龄 况 的 规 马 集 介 记 衫 延 动 野
己 碰 坠 定 伏 伊 骄 书 不 绍 热 木 虫 好
桌 动 洽 资 宜 亲 介 ！ 国 丁 衡 薪 虫 程
欲 物 谈 源 遥 噪 研 规 家 情 面 酬 酬 餐 携
远 种 音 了 雪 坠 磨 区 亲 情 类 保 衡 厅 桥
自 本 来 闲 花 来 乐 灵 重 礼 音 趣 研 快
股 理 摇 情 日 类 灵 秀 凑 外 趣 的 宜 究 飞
的 批 处 焕 息 车 醋 来 木 套 信 宜 充 欲
特 乐 远 考 底 复 类 木 决

餐 厅 的
雪 花 处 理
批 执 行
执 第 七
第 角 色 洋
角 海 套 动
海 外 自 资 源 家 记
外 自 资 国 记 酬 诉
资 国 书 薪 诉 持
书 薪 告 维 种
告 维 物 爱 亲
物 亲 母 的 亲
亲 母 洽 洽 谈
母 洽 收 集
收 集

Puzzle 362

的 地 方
不 规 则
超 越 莓
草 莓 向
方 向 其
土 耳 笑
微 其 个 人
的 笑 球
雪 个 困 种
贫 球 士
各 困 绅 度
的 种 士
称 的 为 比
对 绅 比 度
骨 士 添 加
架 为 明 显
添 比 系 列
明 度 前 者
显 加 男 子
系 显 子
列 列
者 前
男 男 子
子

的 贫 梁 情 本 则 衡 乐 面 坠 信 损 护 光 对 比 度
地 困 诺 人 增 镜 特 型 趣 里 莓 明 好 恐 称 > 降 亮
方 飞 填 理 里 蔻 衡 心 究 草 肢 欲 显 从 为 得 下 情
的 生 遥 的 露 特 木 男 前 虎 定 绍 四 紧 父 雪 保
乐 绅 四 个 衬 子 者 慮 他 介 马 面 主 主 球 平 土
究 的 士 人 ！ 方 平 余 不 马 四 马 最 之 磨 耳 土
添 加 坠 己 带 向 衡 要 伏 复 树 日 倍 见 栗 其 耳
数 保 超 素 过 条 种 活 况 丁 面 自 素 理 乐 本 其
木 衬 越 桥 股 落 典 解 安 草 高 也 之 水 系 的 本
本 滑 护 先 人 村 有 况 议 研 饭 休 见 记 列 回 的
动 噪 解 情 伏 平 运 泽 野 不 规 则 娱 带 娱 信 回
微 笑 乃 克 便 倍 乐 摇 飞 愆 雪 蔻 骄 坠
自 马 答 秀 > 骨 驴 放 乎 虎 眉 水
灵 许 能 老 保 介 架 延 栏 飞 记
煲 信 动 图 摇 想 情 加 看 露 里
口 梁 最 延 醋
树 心 便 复
马 顶
心 好

Puzzle 363

根 的 解 香 他 优 趣 类 泽 社 虑 惧 租 人 飞 出 稻
生 休 公 幸 栏 。发 似 损 袖 研 过 远 本 摇 升 欲 私
来 雪 本 加 爷 爷 的 通 素 高 研 记 区 光 活 光 特
恐 直 复 本 程 行 袖 降 来 ！ 宜 袋 凑 私 看 欲 摇
乃 ！ 衡 子 野 木 撞 自 的 镜 皂 邀 市 研 私 稳
的 不 蛾 透 摇 的 苦 感 ＞ 胶 喜 中 究 醒
分 栏 飞 分 休 了 真 觉 时 水 虚 心 年
不 桥 车 光 社 直 欲 社 摇 候 假 基 父
机 热 顶 充 高 程 降 电 研 飞 己 十 丁
了 然 洗 发 本 休 水 木 破 撞 而 野 ！
摇 碰 而 发 重 保 想 轨 虑 稀 便 放 丁
惊 看 稻 峰 不 损 有 蠕 直 木 保 休
自 分 村 骄 眉 理 子 望 损 紧 老 几
过 饭 的 环 几 保 优 几 生 循 情 栏
飞 的 存 决 局 限 租 滑 衡 亲 而 上 紧 究

虚 假 望 似 的
有 类 候 邦
时 似 联 限
联 时 局 路
局 公 感 觉
公 感 这 爷 爷
的 这 些 发
研 的 研 峰
洗 研 究 整
高 洗 高 市 缺
调 高 调 稀 心
市 调 市 轨 而
稀 市 稀 有 电 车
有 稀 然 十
然 有 十 年 惊 喜
十 然 年 喜
惊 十 惊 喜
喜 惊 喜

Puzzle 364

灾 难 东 西
的 好 的
很 著 视 线
显 的 低
的 视 差 米
压 低 玉 官 方
误 差 的 时
玉 米 平 生
的 官 说 相 径
平 方 ， 需 刀
说 逃 真 田 所 剪 刀
逃 真 田 所 剪 的 记 忆
田 所 剪 的 基 地 絮
的 基 柳 絮 保
基 柳 保 证
柳 保 证

况 醒 而 乐 水 生 镜 方 官 的 上 马 底 田 滑 怖 重
高 保 证 眼 部 毁 磨 了 赂 视 眉 伊 亲 玉 径 木 的
眉 想 的 视 柳 絮 基 复 地 线 的 东 西 米 雨 疲 邀
股 凑 真 转 趣 趣 释 地 建 便 自 恐 旋 源 考 趣 碰
回 野 趣 环 子 绍 亮 邀 本 回 飞 坠 远 而 保 骄 宜
显 面 树 村 克 袖 人 平 时 源 肉 本 趣 便 许 逃
著 剪 刀 因 说 ， 理 规 释 焕 驱 降 议 几 马 生
醒 马 也 高 的 议 很 乐 马 想 远 部 滑 喜 护 况
情 泽 乐 衫 记 很 好 栗 车 决 页 倍 动 所 况 答
灾 压 低 真 忆 好 的 了 充 瑞 量 坠 柔 需 规 远
蛾 难 四 相 毁 的 平 租 保 顶 图 人 龄 口 赂 平
误 差 衫 闲 特 平 不 领 面 之 考 傲 丁 考 试 重
领 他 见 了 疲 不 则 诺 趣 事 落 根 得 信 排 机
娱 有 选 飞 能 则 研 携 循 出 决 解 面 碰 部 要
底 闲 梁 磨 解 蔻 热 来 过 马 乎 举 碎 桥 蠕 通 出

Puzzle 365

秀 惨 乃 亮 记 恐 远 修 人 了 豆 昂 贵 大 数 面 衡
肉 信 最 恢 不 子 草 ＞ 社 乎 直 梳 排 便 了 作 子
讨 号 况 亲 滑 必 要 的 发 噪 建 升 木 赂 了 家 虎
煲 论 视 光 股 坠 想 秘 展 错 加 望 机 复 审 邀 驴
怖 木 年 关 联 想 数 野 便 趣 过 噪 试 伏 虑 要 要
安 见 型 复 过 想 便 柔 音 过 典 梳 恢 安 报 余 碎
源 出 恋 记 凑 豆 声 持 保 他 黑 绍 喜 价 的 他
转 心 煲 心 面 觉 趣 复 草 运 色 类 愈 肉 休 了
转 旋 人 老 虎 释 平 了 下 恢 衬 分 约 高 梁 辩
过 望 他 宜 遇 数 带 坠 恢 秀 析 龄 年 紧 邀
飞 人 携 试 飞 眉 高 错 情 愈 考 真 争 然
电 驴 喜 士 理 页 贵 的 也 栅 存 柔 士 的
马 得 应 该 理 研 灵 环 境 摇 最 四 不 秘 差 雪
礼 最 理 栏 望 实 际 乐 转 祖 过 宜 因 典 量 解
最 理

（右侧词列）
实际 环境 大便 作家 关应 争老昂 必要 直报 黑高 转讨 发声 分审判
境便 联该 辩虎贵 价色 贵移论 的 明 展分析

Puzzle 366

袋 能 也 素 的 充 试 眼 研 放 考 之 延 从 的 考 增
的 好 信 ＞ 觉 自 行 存 车 部 许 香 于 貌 复 人 秘
进 之 雪 释 修 得 看 携 比 较 什 情 选 落 休 上 的
口 伏 修 麻 喜 苦 项 瑞 衬 情 么 蛾 余 猕 热 远 肥
四 祖 倍 烦 高 眉 典 要 号 社 答 转 猴 不 理 野
围 程 度 答 过 机 特 权 貓 见 会 好 桃 雨 电 肥
的 栏 书 秘 于 鲜 花 学 习 肢 本 根 的 循 乐 心
望 四 动 从 丁 骄 型 信 心 明 况 欲 议 源 究 之
平 分 里 票 喜 往 往 逮 觉 确 了 人 大 的 觉 绍
的 趣 释 警 报 摇 批 捕 的 租 过 排 厅 复 观
究 理 租 人 衫 恐 判 滑 词 探 讨 子 鲒 事 愈
醋 基 远 衬 蔻 的 皂 煲 存 要 先 祖 平 噪 滑
理 木 究 试 恢 持 绍 便 增 况 的 出 记 身
安 后 状 子 的 营 养 貓 典 本 野 最 透 远 自
高 貓 人 衫 新 保 煲 优 碰 子 碰 了 自 露 票 ＞

（左侧词列）
大厅 往往 词汇 学习 明确 比较 麻烦 新的 营养 警报 批判 逮捕 猕猴桃 什么 程度 社会 围栏 鲜花 进口 探讨

Puzzle 367

最 骄 素 祖 权 瑞 也 的 便 心 介 本 邀 素 看 近 研
子 增 摇 蠕 凑 本 错 事 建 > 部 衬 转 醋 保 摇 来
的 一 切 克 名 指 考 项 上 肉 延 见 虎 敌 亲 栏 区
亲 镜 泽 驯 无 亲 请 事 绍 袖 标 准 木 人 的 项
损 泽 虑 鹿 本 亲 息 摇 信 降 人 桥 秀 领 他 稻 信
！ 虑 望 溜 冰 觉 机 修 蛾 的 动 分 增 凑 差 出
察 望 典 衡 复 以 克 他 升 存 快 海 摇 错 于 于
擦 不 > 安 解 究 坠 乎 虎 能 携 透 记 事 滑
洗 携 选 生 子 区 噪 通 许 蔻 秘 绵 惨 延 亲
察 士 解 觉 镜 安 喜 保 子 过 破 的 自 试
视 典 摇 赂 热 究 灵 眼 保 循 光 毁 心 答
图 人 礼 树 想 镜 经 选 鼠 遥 秀 信 乐 卧
蛾 衫 鳍 特 正 乐 父 验 滑 心 出 血 复 室
的 > 的 领 式 锄 望 觉 保 出 惊 从 热
解 保 股 中 旋 面 虑 出 生 木 量 祖 饭 号 最

视 图 人 惑 室
敌 人 卧 冰
迷 惑 子 头
的 卧 溜 生
兔 室 出 验
子 冰 经 式
溜 头 正 名
出 生 式 绵
经 验 无 洗
正 名 海 血
无 绵 以 标
海 洗 擦 准
以 血 出 的
擦 标 鼠 一
出 准 标 项
鼠 的 准 驯
标 一 的 鹿
准 项 事
的 驯 驯
事 鹿 鹿

Puzzle 368

天 气
没 话 说
的 女 儿
武 器
减 少
展 示
显 着
棉 花
汽 车
粗 心
楼 梯
计 算
一 系 列
相 互 作 用
候 选 人
朋 友 的
的 愿 望
新 鲜
国 际
洗 衣

鳍 坠 区 邀 部 信 了 野 的 袖 数 理 之 规 候 人 肉
豆 碰 带 建 排 相 互 作 用 愿 虫 计 算 选 蛾 了
复 衫 保 建 身 程 心 损 他 望 计 释 人 环 惧
增 填 露 倍 解 宜 发 发 的 察 项 柔 说 信 露 貌
灵 自 亮 伊 也 落 乃 情 减 没 话 人 衬 的
保 安 新 鲜 了 号 规 本 少 里 雨 修 马 环
撞 领 情 便 型 条 况 灵 视 察 动 定 租 介
粗 了 武 醋 亮 野 稳 选 高 欲 礼 约 醒 复
心 好 部 器 护 朋 一 祖 源 好 肥 树 情 虎 楼 梯
貓 远 人 机 欲 友 系 邀 远 恐 亲 电 摇
的 女 事 的 类 慈 几 肉 议 欲 约 快
栏 怖 儿 光 音 苦 马 虎 噪 好 定 子
升 先 肢 修 > 礼 己 余 发 便 虎 优
护 棉 花 试 页 保 旋 香 热 信 解 研
洗 汽 破 权 展 草 活 老 后 记
口 衣 光 车 野 水 示 过 皂 要 磨 行

Puzzle 369

就顶恐任何人休亲发伏栅恐考条约的环
驱像自克袋他雪灵泽选社项得水书息蛾肉
典村也研镜飞的娱沟通英面复光议光览回
出醒蜥主人年心然乐环英信面凑通愿幸主坠
凑蜥香书看然存蜜不热书热村状篮望增书最
木香蕉书解口观蜂不书面解阳傲穴情马增肥
瑞蕉书电口存不热面磨趣眼光性他情瑞人部
滑撞电滑信观肥面趣了望伊直谈灿镜趣镜丁
状信凑冰的书马卖眼自木后话烂热关系木定梳
直能活理日议家错马快虫安木人瑞幸里滑碎
泽丁坠情议卖自伊后灵木人瑞惨幸滑项高
亮瑞惧情的家错伊话页安木人瑞幸貓滑增
快秀持乃项马眼于栏灵远本惧摇信紧
究复的股目眼近于栏了远本惧摇信
驴的股虫近于眉后了远本惧摇信紧

阳光灿烂的
蜥蜴
摇篮
香蕉
的谈话
沟通
主人
就像
英里的
条约
任何
的项目
的展
蜜蜂
洞
卖
愿人
滑冰
关系

Puzzle 370

困难加入贺于
加祝入于代卜关
祝急代卜关萨种
急替卜关萨种担
替萝关萨种担发
萝相萨种担发犯
相披种担发犯音
披品担发犯音小
品承发犯音小狗
承爆音小狗肯
爆冒噪的肯定
冒噪的小肯定形状
噪的小狗定形状机关
的肯形状机关回家
肯定形状机关回家西部
形状机关回家西部第三个
机关回家西部第三个
回家西部第三个
西部第三个
第三个

形机情急回第素发的典遇先图苦礼热西
状乐雪鳍于三秘娱损租理披马桥损情部
绍建遇租记个过特息子环萨地情梁！
惊有项宜雨之替况飞中不倍稳规情增
出口便情欲生代本复情噪生喜子察
滑马环数祖代他栏飞稳音票村摇趣
解行记木区。村瑞衬复先惧相摇祖
骄休己稳面请磨存木爆恐镜关自。
冒犯直毁而恐幸保页发紧蠕型页光
树部迟惧亮保关醒最也书祝信
不保栏数。机卜喜思存恐的降贺
书本自举欲号放撞余于释小降书
然望马加承担肯喜从桥许远狗袋
平休心面入便定错栅然雨飞因过
根栗研傲眉骄饭困难上热饭坠顶增

Puzzle 371

摇 从 息 眼 见 虑 交 融 士 之 驴 栏 存 携 底 飞 页
日 参 加 委 下 的 状 摇 后 肢 增 研 眉 丁 本 中 有
之 祖 票 建 员 父 > 马 充 撞 况 衬 灵 不 过 许
惧 情 碰 拓 安 会 马 娱 坠 丁 谦 虚 焕 酒 带
柔 安 展 增 信 貌 情 镜 飞 分 编 栅 后 究
周 末 失 去 了 恐 赂 的 事 租 破 的 栏 貌 梳
最 也 想 象 有 平 面 增 光 草 自 辑 乎 子
规 村 中 柔 过 疲 凑 规 子 喜 驴 简 领 蛾 信 增 信
则 滑 貌 素 远 信 音 可 毁 能 化 豆 酪 肢 坠
栅 因 木 机 研 转 虑 数 > 滴 一 循 余 惧 发
野 中 亲 喜 类 介 自 复 摇 飞 些 酪 情 本 安
梁 查 急 见 动 情 闲 不 然 飞 主 的 焕 乎 间
素 平 苦 眉 机 柔 龄 租 肥 镜 光 夫 先
增 老 股 急 绍 持 请 典 祖 人
复 虫 从 身 出 趣 类 顶 定 见 决 议 权

参 加
一 些
整 洁 的
交 融
规 则
夫 人
一 滴 虚 能
谦 后
可 酒 酪
无 意 义 的
奶 酪 化
简 员 会
委 想 象 过 展
不 拓 编 辑
周 末
失 去 了

Puzzle 372

车 了 心 社 相 镜 摇 > 叫 声 滑 热 树 降 撞 恐 排
标 咆 惧 雪 邀 拥 热 直 特 存 蛾 看 ， 虽 然 根
志 磨 哮 雪 建 上 秘 撞 蔻 苏 飞 运 请 伊 主 视
木 树 中 恢 他 通 醋 的 不 打 举 自 释 肢
水 骄 活 决 紧 有 光 书 之 水 输 木 亮 幸 梳
保 后 面 究 交 地 态 度 亲 毛 的 飞 安 宜
介 书 徽 章 叉 栏 机 闲 自 破 便 泽 灵
梁 身 不 衡 的 查 差 龄 导 遇 恢 分 填 木
增 邀 情 香 虎 子 坠 娱 航 介 究 貌 虑 热
特 梳 龄 摇 他 过 股 乐 现 建 增 觉 口 可
怖 复 旋 程 劳 书 排 坚 代 类 思 类 笑
远 饭 地 况 动 气 分 行 士 克 灵 驴 的
露 袖 衡 主 毁 球 面 貌 视 音 于 错 远
肉 不 稻 循 状 过 乐 要 动 蔬 菜 冰 梳
排 类 中 。 约 信 坠 损 典 泽 虫 貌 面 心

， 虽 然
坚 果
运 输
劳 动
叫 声
导 航
标 志
一 次 性
徽 章
态 度
交 叉
苏 打 水
冰 雹
现 代
相 拥
可 笑 的
气 球
蔬 菜
咆 哮
毛 巾

Puzzle 373

```
议 条 树 情 伏 区 椭 的 的 克 休 修 泽 栗 雪 马 差
的 生 干 的 方 向 圆 旋 排 虫 不 　 飞 增 马 从
主 ， 动 物 四 形 条 绍 面 晚 区 思 规
眉 栅 牛 携 有 基 根 错 贫 说 饭 书 秀 碰 火
静 下 奶 部 定 来 的 人 困 豆 衬 灵 请 绝
日 况 自 秀 平 凑 部 票 雨 主 服 蔻 回 活
参 释 主 心 信 喜 释 能 然 息 介 部 坠
加 改 革 发 惊 股 有 野 规 乃 蔻 机 本
发 先 保 的 苦 旋 士 稳 信 静 水 栅 面
机 面 发 理 诺 眼 人 保 活 租 社 下
醋 觉 记 保 欲 水 秀 因 村 镜 自 梳
热 肉 趣 损 安 秀 差 骄 物 书 信
怠 祖 香 故 恐 自 煲 丁 优 龄 记
视 恐 先 理 事 滑 苦 袖 略 教 育
典 高 面 之 率 人 眼 保 素 斑 的
```

主题，
说
树
故
的
的
改
灭
椭
晚
怪
牛
勇
管
功
贫
参

服
干
教
育
的
方　向
物　石　点　绝　圆　形
饭
物
奶
敢
理
率
困
加

Puzzle 374

```
粗 自 项 恐 充 情 村 状 高 察 镜 单 的 摇 可 的
心 基 己 自 远 来 刺 邀 平 幸 能 独 实 的 能 傲
定 金 自 欲 信 本 猬 望 不 教 四 际 瑞 的 项 车
噪 己 毁 蠕 毁 书 他 授 箭 平 身 面 见 在
保 的 泽 乃 马 的 几 ＞ 己 火 诺 安 稻 左 去
解 野 恐 迟 肥 亮 高 热 真 秀 信 老 栗 腿 年
释 远 本 运 上 醒 状 也 镜 温 苦 请 秀 木
亲 滑 类 议 因 号 衣 书 文 高 回 主 摇
图 亲 驱 趣 泽 要 服 试 尔 选 亮 落 家 有
年 底 遥 也 眉 帐 释 ＞ 雅 通 木 遇 乐
错 行 观 底 动 篷 香 循 不 从 摇 日 赊
便 也 最 排 典 落 磨 饭 见 持 察 机 填
皂 休 思 存 栅 傲 条 时 典 肉 貓
焕 察 循 恐 迟 摇 理 野 疲 老 驱 肢
排 有 眼 能 平 滑 饭 买 毁 亮 转 马 解
　 　 　 遥 皂 类 定 基 每 个 人 肥 遇 乃
```

左腿
火箭
基金
刺猬
在去年
电动
教授
的实际
单独
每个人
自己
帐篷
买入明
证
衣服
可能的
温文尔雅
平时
粗心
回家

Puzzle 375

要 栗 考 蠕 的 自 觉 灵 趣 究 研 见 幸 父 环 娱 信
野 恐 携 携 稳 目 肉 思 量 升 热 稳 建 面 羊 群 通
循 宜 赂 方 官 的 规 泽 恐 降 香 亲 自 重 下 规 伏
警 类 之 区 约 试 便 电 光 。 介 遥 马 坠 乐 面 欲 状
老 报 惊 特 介 先 过 真 酪 摇 乃 反 映 种 龄 复 图
热 蔻 栏 根 介 习 惯 阿 姨 乐 ＞ 心 各 放 请 丁 保 主
复 根 况 修 复 定 望 的 信 恐 桌 不 乐 树 士 自 因 降
降 ， 摩 托 车 透 口 医 栅 高 飞 的 滑 察 下 因 来
， 动 物 究 建 自 心 生 后 虎 记 光 高 复 有
动 温 他 士 露 远 心 而 遥 ＞ 己 磨 过 闲 选 真 衬 趣
水 丁 凑 约 热 桌 真 根 年 己 奶 奶 均 匀 的
权 疲 选 私 闲 心 旋 的 焕 衡 环 奶 释 则 思
倍 子 增 乐 视 落 心 早 增 餐 己 老 信 平 伊 不 先
士 疲 倍 私 花 ＞ 信 上 己 落 放 方 面 士 几

的 医 生
列 表 映
反 摩 托 车
， 动 物
亲 羊 自 群 奶 餐
奶 早 习 惯
均 习 匀 面 的 水
方 目 趣 有 趣 的
温 阿 姨 各 种
有 的 官 方
各 种 警 报
的 警 奶 酪
奶 酪

Puzzle 376

见 面
忠 诚
火 鸡
关 键
招 商 引 资
提 交
特 别
苦 差 事
咖 啡
袋 鼠
花 费 结 果
的 暴 力
暴 随 机
随 计 算 机
计 手 臂
算 司 机
手 采 用
臂 目 前
司 微 笑
机
采
目
前
微 笑

眼 驱 研 环 随 机 火 秀 坠 建 能 梳 安 貌 循 趣 见
邀 邀 司 机 他 热 鸡 采 鼠 用 手 的 光 自 撞 面
不 环 于 机 试 恐 考 交 放 诚 情 臂 苦 股 迟 高 欲
之 介 直 规 况 议 活 祖 飞 携 部 介 苦 撞 状 肢
计 算 秘 领 秀 活 素 惊 栗 型 真 上 驴 目 骄 性
＞ 机 领 胶 觉 闲 本 自 回 素 亮 关 差 事 前
他 滑 恐 衫 间 树 理 醒 碰 票 音 键 泽 骄 真
了 租 恐 乃 出 花 费 自 底 高 亮 趣 护 人 根
最 分 高 丁 咖 有 试 有 复 底 诺 落 乎 肉 释 克
暴 丁 行 优 摇 特 撞 乎 高 底 见 趣 微 笑 许
力 增 优 基 招 息 保 本 遥 欲 礼 究 热 撞 性
动 草 乃 招 息 况 野 条 ！ 了 典 的 书 也 亲
特 别 亲 商 息 坠 保 先 查 肢 结 日 便 余
旋 肉 引 记 部 社 来 饭 皂 结 果 乐 租 宜
顶 书 记 资 磨 要 趣 邀 秘 桥 况 伏 马 木
私 觉 马 复 要 要 肢 不 约 桥 持 优 蔻

Puzzle 377

介 煲 复 草 携 运 型 几 滑 底 摇 他 肉 解 有 真 条
缩 许 泽 图 伊 行 滑 年 平 摇 闲 决 于 有 信 类 坠
写 坠 恐 肥 头 雨 滑 分 桥 惫 骄 有 时 桌 心 系 统
趣 水 绍 循 部 碰 重 私 闲 动 趣 有 时 惨 损 落 分
持 娱 惨 心 迟 考 本 远 鳍 雪 了 老 遇 知 的 一 起
保 觉 的 雨 木 野 数 人 > 程 磨 身 类 信 识 快 快
鼠 四 爸 信 礼 很 考 袖 而 丁 欲 子 迟 通 坠 蛾 坠
股 标 爸 马 差 貌 少 丁 分 信 本 中 能 领 丁 碎 乐
乐 书 动 有 远 栅 木 飞 起 便 飞 重 坠 便 。 碰 稻
余 图 香 人 性 对 不 起 便 过 煲 里 惊 几 碰 > 近
生 余 饭 上 袖 通 快 递 生 水 数 马 堡 包 毁 瑞 子
看 有 村 查 社 快 直 究 辩 喜 马 汉 包 醒 近 理
复 好 胶 > 加 直 究 和 论 降 雨 分 素 醒 车 许 桥
蛾 数 带 租 撞 葡 萄 平 蠕 高 存 > 木 权 遥 便 雪
许 人 醒 了 考 通 鳍 肢 > 闲 的 邀 权 遥 便

葡萄
的爸爸
系统
少数
有信心
很少
知辩
对有降快唤缩头一和汉卫鼠
识论不时雨递醒写起平堡包生标

Puzzle 378

的场景
职业
触摸
宝宝
坐在
无线电
温度计
禁止
娃娃
曲线
珍贵
包裹
合作伙伴
雪上
行星
测量中
空结
自动
很好的

很 主 发 平 坐 行 疲 雪 上 镜 信 真 干 包 裹 测 量
好 平 增 基 在 项 木 定 定 理 木 动 娃 飞 错 发 落
的 遇 栗 趣 中 机 高 煲 页 举 心 循 亲 娃 惨 稳 图
察 疲 雨 优 况 貓 部 动 信 书 合 父 然 发 号
空 中 珍 运 喜 基 的 信 理 错 记 伙 喜 况 乃
摇 电 贵 面 理 栗 场 主 况 书 究 最 虫 梁
职 业 便 循 高 梁 人 恢 曲 情 线 磨 的
面 建 有 重 中 衫 保 景 桌 禁 保 优 马
不 类 父 撞 快 快 婚 有 野 宜 趣 类 理
子 恢 水 分 环 乐 磨 行 电 自 升 源 条
权 栗 驴 触 心 瑞 股 龄 高 考 特
骄 究 举 摸 护 地 虎 泽 宝 口 号 损
摇 虫 平 平 虎 心 士 坠 宝 票 欲 的 坠
自 举 飞 肉 温 己 试 车 想 摇 面 请
的 先 不 袋 老 己 度 面 里 快 稻
望 虫 车 顶 平 计 星 的 动 旋 先
醒 数 真 稻 子 号

破 观 见 子 焕 重 倍 坠 降 木 他 愆 瑞 观 海 决 蠕
眼 驱 面 村 车 桥 恐 本 乐 页 过 娱 稻 日 雀 人 基 重
好 撞 回 究 护 士 通 自 素 栅 父 大 数 机 虎 释
乎 惊 日 理 记 存 租 租 飞 持 子 专 议 恢 会 先 部
衬 镜 存 野 加 间 素 的 眼 因 降 几 放 苦 光
愆 下 灵 回 栗 安 间 情 衬 过 下 几 回 工 栗 机
草 驱 了 草 肥 设 旋 先 号 看 作 祝 特 碰
摇 之 诺 稻 敢 雪 好 贺 权 面
梳 性 举 礼 焕 人 克 选 复 区 磨 坠
皂 坠 则 瓜 貓 梁 伊 地 试 自 高 摇
欲 欲 究 有 之 摇 思 毯 野 有 度 抽
建 往 答 性 性 热 遇 约 日 遥 屈 查
租 克 图 坠 坠 许 他 过 组 他 找 态
图 来 介 人 建 坠 胶 上 的 高 织 研 度 中
傲 往 往 来 建 图 衫 摇 填 事 特 决 豆 验 轨 道

遇 察 发 孩 私 侣 商 业 的 况 镜 衬 旋 信 便
不 信 木 头 男 桥 伴 镜 出 护 诺 士 直 撞 碎 遇
理 情 落 亲 携 便 树 特 愆 试 里 宜 宜 图 解 升 的
飞 恐 日 失 口 娱 蛾 栅 增 充 而 娱 热 栅
性 静 子 失 静 娱 克 苦 不 举 袋 怖 ！ 然 通 眼 秘 平 好 秘
解 入 保 祖 面 水 领 亲 信 了 先 娱 息 中 虫 马
举 插 股 之 心 身 惊 优 权 祖 疲 祖 保 面 豆 来 木 的
心 目 凑 醋 香 要 骄 特 介 疲 露 祖 煲 基 部 貓 惊 木 的
碎 项 苦 雨 父 选 虫 中 切 安 露 着 坠 坠
露 龄 言 页 椅 性 修 图 一 焕 灵 卖 稻 ＞ 有 自
野 生 谎 系 手 疲 独 立 的 复 理 不 碰 梁 经 两 个
的 扶 便 情 而 视 后 情 老 遥 人 回 命
电 桌 联 碎 喜 便 乐 马
日 部 祖 携 信 乐 马 灵
从 碎 祖 携 信 灵 安
磨 年 祖 携 信 区 摇 好 条 任
损 失 的
不 同 入
插 入 孩
男 项 目
伴 头 侣
头 联 发
叫 经 系
两 扶 着
商 独 常
谎 的 个
任 卖 手
的 夫 业
人 立
言
命
视
线
的
一
切
家
夫
人

Puzzle 381

活车＞情生心驴愚的股透动作坠票眉坚
特不闲克遇物议蠢本页机远摇了冰雹固喜
源鲭运雨克子建学的赂虑倍遇不钢绍粒喜
了而损心四基之通。破倍进富含镜请克
规分露于自带塑复租日来基丁源最究
趣旋热幸电料遥研秘柔一持考稻灵顶
飞信自豆观乐情飞摇步考灵股
解快娱不答飞根驴举望毁骄瑞股
思豆稳己宜心隐他貌考＞究领本研
远的独邀损藏人填本循环的伊闲
性坠自安票子性噪要野之信类
充也平乐型升破自任何分瑞研
情基原特过合自任何人重到惊
有许凑！于栗落村碰里破见毁类
了解绍特士瑞惧存保他衡差飞便

愚蠢的
电影
分钟原解
平了到物学
达生何人
富任作
独环笔
动循粒藏
钢颗固合
颗隐一步
坚组
进塑料电雹
冰

Puzzle 382

只是
东部
眼睛
检查
黄色
小说
进入
骑自行车
您选择
保养
笔记本
天鹅
答案
序列
的对手
更好的
朋友
的地方
误差
不过

宜中的您选择父绍雪不直虫东光数怠里
马面的欲遥规骑序举邀的有息平部运眉思安
桌的克于子举自列类己约复人来毁远
梁觉研的的存镜环的过飞本毁！
野他本升光举存桌马过研。口野便毁
乎部了父带类保秀的便。煲而视
研不释诺旋带养肥状存条也碎基
娱饭諾滑权部车眼决票碎摇野股
笔察复赂秘磨自秀小选说规况碎有答
记延则苦研肉噪不看情事类案
本延天恐进恐衬部电考诺于滑
热研娱真真恐检黄机从平股旋
车有自重入衬号建滑泽碰心
误惊项趣恐旋解色村对号
朋人稳查保先。旋眼只动灵手旋
举要好的主不过趣见睛是惧面心
飞更好的

Puzzle 383

```
复 的 究 解 源 里 匹 况 部 衫 高 先 冰 介 环 顾 权
池 塘 亮 动 物 园 配 主 人 蔻 远 信 降 秀 客 飞 父
欲 坠 衬 马 醒 碰 坠 父 自 凑 行 克 霜 过 记 源
宜 栗 马 休 仍 选 持 大 师 标 来 面 不 噪 从 高
定 信 欲 性 然 望 带 饭 记 考 亲 自 豆 状 地 秀
诺 草 遥 人 后 究 露 急 摇 惊 身 克 先 先 修
类 人 名 亲 区 梳 股 。 怖 马 增 选 蛾 号 环 了
灵 证 据 词 痛 苦 礼 心 野 于 究 动 邀 龄 摇 的
间 信 不 眼 行 行 瑞 蠕 子 自 放 瑞 貌 乐 皮 草
信 好 决 绍 研 快 环 摇 自 查 桥 倍 俏 皮 稳
来 部 的 本 露 然 凑 好 。 静 皂 不 有 。 本 领
摇 克 苦 出 在 领 疲 子 饭 心 护 放 眼 草
患 恢 蛾 心 这 村 蔻 日 口 加 复 克 心 事 领
者 不 相 领 里 海 滩 恐 排 动 蟾 蜍 未 来 惨 碎
机 会 栅 拥 放 放 飞 桥 驴 ！ 放 子 趣 主 休 近
```

海 匹 证 机 仍 池 蟾 未 痛 冰 大 动 名 标 患 在 顾 主 相

滩 配 据 会 然 塘 蜍 来 苦 霜 师 物 词 记 者 这 客 人 拥

园 里

Puzzle 384

```
而 坠 磨 类 请 记 袖 望 释 娱 茶 委 员 会 醋 看 迟
透 了 看 子 伏 真 有 的 稻 雨 壶 复 里 复 幸 专 了
柔 中 决 栏 不 光 议 定 根 肉 灵 型 出 平 家 心
车 四 升 袖 趣 子 乐 许 士 苦 的 下 信 升 决
试 面 伊 宜 介 他 远 有 局 限 蟾 见 究 梁 放 的
静 典 傲 凑 条 放 秘 解 热 则 婚 礼 马 疲 究 股 村
苦 信 然 期 望 保 露 源 撞 高 度 摇 信 状 本
动 性 格 伏 考 从 释 恢 错 约 数 凑 灵 紧 惊 落 镜
柔 了 没 之 平 护 的 动 循 镜 研 情 胶 根 坠 携
极 其 护 事 马 撞 自 貌 泽 社 木 机 木 樱 心 快
运 损 信 理 排 过 驱 闲 喜 快 差 滑 息 桃 后 子
转 生 驱 便 蛾 日 便 股 迟 栗 平 伟 项 上 增 估
里 排 赂 平 降 胶 损 牙 己 大 理 论 情 围 计
木 皂 回 碎 马 回 栅 迟 举 医 修 的 发 伊 降
回 项 条 款 磨 复 瑞 不 定 项 > 邀 状 究 滑 ！ 巾
```

茶 期 条 极 干 专 没 围 牙 婚 估 伟 看 樱 回 理 性 高 局 委 员 会

壶 望 款 其 扰 家 升 事 巾 医 礼 计 大 的 了 桃 复 论 格 度 限

Puzzle 385

父 ＞ 惫 得 子 諾 出 先 雪 紧 排 衬 惊 鳍 项 ！ 衫
区 黄 不 运 村 惫 页 前 特 村 损 根 豆 票 分 亲 发
甚 趣 鼠 木 议 交 情 保 旋 素 貌 丁 ＞ 然 研 虎 木
至 延 虫 狼 亲 叉 的 伏 树 野 释 碰 重 于 复 从 音
灵 惨 则 运 贤 人 谈 ！ 修 右 遥 部 本 心 便 究
保 覆 盖 分 填 感 话 梁 欲 手 选 亮 高 通 惨 透 惧
差 典 环 考 秀 权 息 亲 复 排 灵 选 水 权 定 差 人
好 袋 欲 使 权 具 决 保 露 泽 凑 眼 肉 规 号 热 乎
保 来 也 用 不 备 伏 支 豆 缓 鳍 后 典 下 从 选
长 欲 乐 过 动 热 发 持 桥 破 解 野 一 瑞 驴 要
期 本 乐 权 胶 类 信 日 飞 社 解 排 年 肉 书 祖 查
周 二 答 雪 错 苦 部 承 约 不 领 人 私 有 排 蛾 素
凑 直 项 赂 乐 考 升 担 近 旋 解 研 能 的 疲 信 修
撞 运 热 后 女 人 思 ＞ 肢 约 发 后 袜 趣 不 透 先
乐 雨 自 理 性 的 醒 白 色 ＞ 车 袖 子 私 透 先 先

使 用
白 色 情
感 一 年 盖
一 覆 甚 至 持 子 手 期
甚 支 袜 右 性 解 人 备
至 右 长 缓 贤 人 二 前
灵 女 缓 贤 具 鼠 狼
保 具 周 谈 话
差 先 黄 担 交
好 的 承 叉
保 交

Puzzle 386

包 含
的 机 会
第 六
运 行
的 图 象
两 次
连 拍
领 袖
小 心
放 心 地
带 来
的 父 亲
肉 桂 师 产
律 漆
生 觉
油 类 似 的
第 七 减 少
感

保 间 填 不 四 的 数 六 第 七 地 之 子 领 心 性 露
包 最 真 动 里 于 有 本 恐 胶 究 看 本 袖 两 试 最
含 保 之 柔 恐 保 傲 理 伏 诺 音 运 滑 次 平 信
行 权 升 眼 最 特 视 得 领 怖 保 心 近 镜 绍 惨 木
研 便 貌 豆 人 直 休 复 肢 衬 研 决 娱 动 恢 事 驴
油 静 快 眼 安 答 最 了 思 举 素 坠 肉 饭 来 摇 信
漆 运 镜 考 减 苦 通 的 镜 诺 平 权 分 不 香 ！
礼 行 研 车 少 循 加 镜 士 便 视 肉 桂 连 拍
袖 程 动 伏 灵 安 摇 象 的 栅 宜 伏 柔 修 请 性
社 况 四 股 本 木 滑 图 机 伏 也 遥 小 心 梳
怖 保 他 自 来 柔 行 村 克 子 请 从 选 升
木 能 带 来 事 有 坠 宜 底 噪 灵 保 查 放 究
胶 生 释 来 镜 灵 喜 理 乐 肥 先 况 心 袋
苦 发 产 瑞 树 请 草 师 感 项 倍 野 地 页
有 的 父 亲 稳 机 灵 情 诺 觉 己 觉 自 滑 究 娱 而

Puzzle 387

高 人 有 赛 直 特 情 从 父 皂 热 特 议 了 记 形 草
人 举 也 动 跑 图 衡 决 父 见 热 紧 雨 行 部 ＞ 容
白 约 本 黑 色 研 猛 碎 父 摇 热 旋 来 宜 自 灵 自
菜 的 迟 色 研 察 地 饭 撞 碎 来 飞 本 特 而 征 放
后 条 蜡 趣 修 状 木 煲 镜 热 典 野 通 亲 行 本 马
衡 磨 烛 丁 查 安 心 存 环 不 最 面 水 乐 透 栅 的
特 保 丁 露 暂 停 紧 于 ＞ 境 转 介 栗 活 程 乐 增
过 落 过 来 ！ 举 心 水 木 不 的 子 光 降 几 宜 噪
梳 研 ＞ 况 远 心 摇 环 恐 泽 豆 马 携 克 醒 宜 健
周 面 日 许 闲 趣 恐 热 热 香 能 必 须 恐 闲 素 康
醋 身 平 自 祖 本 说 看 明 飞 蛾 书 柜 的 怖 信 规
身 焦 遥 露 恐 趣 光 理 身 心 的 父 的 热 子 度 度
点 桌 带 出 摇 社 便 的 平 发 最 程 趣 的 柔 决 的

地 须 明 停 康 征 怖 烛 柜 点 视 来 日 容 跑 度 菜 色 境 际
猛 必 说 暂 健 特 恐 蜡 书 焦 凝 后 形 赛 年 白 黑 环 国

Puzzle 388

好 能 复 貓 外 喜 世 界 便 觉 况 驴 研 保 私 趣 煲
程 想 亲 运 套 紧 的 加 公 理 热 飞 部 研 决 惊 鳍
傲 度 然 填 木 首 女 本 司 议 相 泽 特 研 复 滑
情 高 衬 试 究 富 儿 高 想 雪 当 举 理 专 家 疏
底 了 分 马 疲 亲 不 面 领 排 宜 之 子 无 损 散
察 间 露 便 股 幸 草 镜 幸 龄 香 外 ＞ 名 最 乐
规 况 最 类 香 乎 查 存 亲 落 错 觉 自 指 高 数
滑 出 发 磨 书 数 老 滑 息 的 心 祖 重 木 觉 快
究 延 品 程 克 生 草 举 马 胶 肢 有 野 飞 透 凑
的 坠 状 视 称 自 平 己 护 野 运 繁 忙 皂 凑 研
谷 仓 复 疲 为 乐 宜 心 欲 出 村 信 克 几 自 升
迟 后 的 试 行 冷 间 坠 的 保 视 情 许 几 镜
胶 子 区 生 便 冻 研 本 电 视 环 夏 也 成 分
蠕 重 村 状 觉 香 护 动 蔻 天 袖 情 充
信 号 书 醒 口 书 降 梁 回 特 赂 的 惊 不 保

繁 忙
野 生 冻
冷 当 分
相 成 视
电 世 界
世 专 家 仓
专 谷 首 富
首 夏 天 的
夏 疏 散 司
公 之 外
之 外 套 为
外 称 度
称 程 名 指
无 名 女 儿
的 女 儿
品 种

Puzzle 389

权 乐 平 栏 风 格 书 约 娱 摇 静 直 怖 动 香 究 转 树 滑 醒
柔 的 摇 破 快 小 时 趣 飞 复 本 持 素 望 里 镜 页 露 泽 紧 心
私 号 滚 携 洪 水 亮 活 旋 父 欲 祖 沙 自 碰 泽 增 透 貌 记
看 本 撞 雨 书 解 蠕 落 马 解 胶 皂 漠 自 热 图 瑞 慘
究 蔻 特 见 身 修 私 拼 写 貌 栗 试 滑 觉 > 举 事
趣 行 介 请 木 循 本 平 马 服 机 宜 新 约 虫 结 木 果
安 充 丁 自 严 了 飞 电 子 下 页 闻 眼 祖 约 于 雨
创 议 陪 想 的 团 肥 日 邀 话 欲 以 及 的 错 飞 干 本 社
建 情 肥 情 作 肥 项 鳍 生 肉 磨 发 生 环 净 差
有 马 图 > 猫 > 梁 最 根 的 亲 不 从 肥 请 光 研
年 紧 坠 ! 领 规 人 放 磨 虑 先 回 自 便 子 保 程 伏 幸
慘 凄 转 慘 存 释 柔 然 士

陪 审 团 建 士 高 格 生 存 果 重 干 水 滚 写 漠 闻 时 净
电 话 创 服 便 最 风 发 生 结 严 的 洪 摇 拼 沙 新 小 的 作 用 以 及
的

Puzzle 390

麋 鹿 于 风 格 书 约
两 边 漏 他 取 餐 细 味
终 泄 其 吸 午 粗 气 家 伙
一 温 循 员 挑 桥 成 法 个
冒 犯
蹈 矩 规 柔 点
战 梁 年 院 别

高 梳 项 肥 恐 己 他 发 信 父 挑 得 午 两 况 里 便
个 别 底 栏 究 信 他 从 选 动 蔻 战 餐 边 法 远 梁
状 答 平 了 肥 最 虫 护 状 页 的 部 > 院 之 情
飞 灵 赂 息 日 秘 士 活 煲 远 电 毁 气 趣 有 来 视
衫 源 稻 请 心 修 答 面 饭 自 权 肢 野 豆
真 栅 蔻 破 员 胶 信 里 答 水 栗 运 记
镜 平 况 信 工 梁 惊 真 后 冒 型 主
树 木 便 页 护 傲 特 家 口 心 桥 瑞
野 自 麋 鹿 增 袖 光 父 研 点 梁 人
其 他 碰 貓 草 电 乐 终 灵 蛾 柔 桌
蛾 休 重 研 理 的 排 中 复 飞 温 蠕
眼 衡 闲 状 丁 近 人 考 基 己 保
泄 则 磨 情 乃 循 了 粗 里 的 磨 > 因
漏 介 旋 蠕 身 规 自 父 细 觉 基 落
活 况 顶 诺 则 紧 蹈 心 亲 蛾 > 飞
书 矩 发 来 选 租 心 伏 吸 素
袋 顶 镜 取 举

Puzzle 391

的舞蹈近自丁保烧可错不衫他近水眉煲
况快部他观中存毁靠高四情木平饭赂镜
重损绍理面丁则野书不热自主自了包特
摇信研糖果心己猫子＞性肢自驱滑驴子。
当前排休瑞租马区考部的乎乐警告考于得
驴怠增香研忽动机发股肉克复情自加周克自
坠规近乐老忽释摇情克克音子介六平教
事栅摇也理略身页趣肉村运秀货休复先
明恐饭伏持思柔间子看定娱驱宜数先惊
水胶观亮他先破看建肥期驱远不护袖醒眉
凑图源坠最梳惧地运优基磨不增虫落
　伏思信桌热的五栏因通利行
　图坠宜购泽电顶子栏过回应直衡己

忽略车前猫六买
货当野周购舞蹈练
的保教星期存五
烧有可靠利靠机果
动糖明警告子
回包发
洗

Puzzle 392

公园的休肥从电程记瑞间马议坠看醒活袋回的
绝望指终不栏衫护肢考从克虎剪静于肢持乎的有视
始论德惧恢最高解灵柜小刀本梁复本增情欲余
是指道独趣野热乃峰龄远亮领＞惨修解书领
谈德天使野鸡完豆树理特心程慘存分摇定
道孤分橱雞完整赂心欲的有私宜分豆！鳍定有
天使小沙发祖的不宜摇人转年亮发情况书见子地
分橱完整的子亮孤底绝记权私自况自的面栅
小完沙堡鸡明道德部独望雨议秀坠运幸坠虫
沙野聪建议部电谈之克碰生然撞研
野聪现高在峰刀坠醒性趣眉论倍克秀动环秀父研
建现高剪争辩胶栅的带遥娱碰本安父丁亮
高剪争辩决秀始终诺研图克鳍最过滑
剪争　从雪决诺信马察露使木试余顶
争　诺马保衬察公园天使娱木香试亮
　便保衬察公园天使

Puzzle 393

香 行 野 艺 旋 野 研 飞 了 胶 研 坠 保 察 落 赂 噪
不 遇 平 术 分 散 注 意 力 先 不 环 猫 透 情 祖 稳
心 肉 便 秘 运 机 凑 性 股 镜 紧 票 民 情 诺 而 的
稻 见 坠 重 加 坠 滑 。 猫 况 民 车 自 在 不 行 加
基 马 要 栗 类 高 焕 日 露 他 租 主 保 信 稳 树 摇
小 苍 兰 复 权 落 生 皂 带 乃 本 人 特 定 不 保 保
香 携 肉 毁 遥 紧 加 水 加 伊 底 碰 否 柔 优
请 瑞 貌 士 谈 议 动 皂 后 错 复 程 究 来 欲 的
紧 数 后 书 马 己 肥 记 便 飞 大 心 保 持 人 貌
领 看 便 目 摇 旋 碎 马 心 放 因 望 礼 源 则 也 柔 水
正 确 的 眉 标 答 苦 思 复 幸 上 充 重 木 落 怖 几 环
梳 书 柔 滑 书 木 恐 镜 复 子 幸 胶 颈 保 持 而 音
最 村 防 煲 好 傲 骄 思 瑞 便 好 紧 型 部 的 愈 举 请
傲 驴 卫 针 型 简 复 便 好 书 乐 状 衫 木 坠 修 梁 己
人 无 形 状 对 化 遇 磨 惧 状 木

针对
大家
防
谈话
民主
目标
正确的
保持
柔滑
自在
不稳定
无形
颈部
否定
的茶壶
个人
分散注意力
艺术
小苍兰
简化

Puzzle 394

之旅
根据
机构
幸运
成功的
宗教
军队
鱿鱼
精神
出租车
鹦鹉
反应
羊肉
替代电子书
构造
安排
获得
季度
收集
朋友的

先 人 动 底 损 情 社 自 疲 鳍 精 肥 乎 心 研 保 加
季 度 栗 性 倍 考 礼 栅 撞 丁 神 替 朋 友 的 快 书
信 不 自 环 延 遇 驱 便 露 鹦 桥 代 乎 的 衫 亲
幸 票 乃 便 恐 远 乐 煲 滑 鹉 电 不 娱 携 人 数
从 见 衡 乃 眉 灵 因 降 肢 面 基 子 信 释 举 乐 貌
本 坠 面 好 克 有 露 区 豆 理 野 书 梳 透 里 露
幸 直 安 排 碎 树 自 议 反 素 马 私 灵 升 灵 从
煲 运 欲 秀 毁 肉 之 的 应 人 源 凑 倍 机
获 得 想 情 约 香 平 介 鱿 虎 根 动 的 恐 错 水
的 电 眼 不 造 成 功 的 鱼 收 集 电 惊 的 数
来 后 野 携 机 构 香 热 他 肉 近 肉 镜 型 惊
怖 乐 携 情 的 军 队 视 而 考 见 宗 于 毁 页 秀
自 惧 飞 建 稻 乐 草 克 根 据 摇 教 充 下 见 自
人 恐 社 的 飞 趣 有 错 然 自 出 下 蠕 了 保
人 理 页 肉 诺 出 胶 地 平 远 回 喜 租 车 车 礼 滑 活

Puzzle 395

衬 自 人 许 乐 坠 解 驱 保 泽 议 面 豆 虫 日 马 有
私 底 研 惨 亲 解 想 趣 闲 子 。 趣 伏 杂 自 便 喜 眼
礼 坠 袖 的 错 碰 想 情 。 趣 充 文 志 乎 地 规 心
规 本 绍 诺 排 视 地 环 人 物 型 化 本 年 不 记 心 疲
乃 远 热 坠 栗 恐 龄 研 物 理 官 响 子 迟 记 疲
主 礼 直 参 况 心 记 情 研 的 生 员 记 而 下 看
邀 带 雪 与 滑 发 本 研 摇 他 菜 保 记 延 飞
分 摇 特 祖 则 基 于 坠 请 下 视 虫 定 镜 开 师 错
支 飞 祖 身 复 雪 摇 情 衬 本 直 定 伏 灵 里 教 子
自 理 四 飞 不 冰 直 蛾 摇 直 情 定 义 始 租 持
多 次 草 的 规 倍 柱 股 滑 年 的 望 思 肥 老
车 年 口 理 不 能 性 消 失 年 失 意 领 远 磨 的
袋 马 人 快 乐 差 真 亮 况 闲 能 出 望 复 子 任 快
雨 快 望 落 约 过 最 疲 视 社 增 坠 豆 远 里 件 何
倍 来 蔻 出 现 运 考 幸 ！ 无 研 子 的 任 保

定 义
出 现 理
物 分 支 柱 始
冰 开 次 员
多 官 的 任 何
文 化
消 失 应
响 的 生 菜
杂 志 假
请 部 件
参 与 者
教 师
视 图
无 意 义 的

Puzzle 396

> 木 条 热 伊 祖 肢 特 条 安 差 北 静 篱 量 果 冻
类 查 恢 肉 未 远 于 祖 源 异 极 拓 息 笆 本 虫 马 娱
父 考 焕 木 情 休 泽 人 子 分 社 展 理 遇 试 保
试 有 摇 衡 醋 源 滑 持 凑 增 发 他 量 木
坠 出 解 举 雨 约 栗 衫 上 底 水 究 介 亲 最
旋 身 蠕 真 源 子 遥 事 焕 自 快 也 的 滑
观 查 面 落 举 介 保 秘 子 肉 损 乐 图 的
地 记 学 信 事 来 热 快 不 事 音 优 出 典 人
平 焕 习 持 面 的 公 过 喜 礼 亮 则 生
子 ！ 视 聚 秘 配 露 娱 研 父 面 试 快
究 部 便 望 焦 的 备 栅 素 日 祖 从 携
衬 趣 光 复 栏 料 心 年 中 类 水 人 恢 日
光 趣 图 信 趣 醋 瑞 > 坠 情 灵 复 平
到 蠕 研 菠 露 息 中 肉 的 身 欲 煲 治
稻 礼 保 热 菜 松 马 好 > 最 携 祖 便 疗
     落 蜴 鼠 远 面 书 来 租 人 修
        熱 蜴 页 袋 衫 口 充 士 而 > 便

颜 料
栗 子 备
配 笆 处 异
篱 到 疗 极
差 治 高 鼠 冻
北 身 松 焦 菜
松 果 聚 公 路
的 快 乐 的
未 能
发 展 习
学 蜥 蜴
蜥 蜴 拓 展
拓 展

Puzzle 397

然情马因释恐伊地型根香乃骄数研的顶
肉主题为高恢凑惊衡的妹型觉权产护
决惧疲考平发马先惧基摇然视祖品建
机可解四信面碎数丁好心绍之欲亲
了重龄看过摇票项处喜间落心尖叫
延复龄过苦坠驴看貌区邀恢野存他
煲使源携信本增飞信生建音灵精
本用的子携特遥遥草特观柔便落灵
村信眉特程闲理毁水况望心饭怖恐
水恢主成鳍为坠较选国文望动子蛾衫
礼坠惨别滑的史出低家凭察试柔
有可宜胶历曾的恢村马充护稻不
趣爱人几肥宜飞滑经平破增肢图动直
先的保肥宜飞滑经平破增苦肢图人
栗的保

别人
保护
历史
较低的
好文凭
的妹妹
曾经
可重复使用的
的产品
银行
因为爱
可时间为
成尖叫灵
精主题
国家
咆哮

Puzzle 398

农场主
冬天
公布
驰骋
蘑菇片夫
照片
懦的发音
的研究
北方
非常
剩余年
明黄瓜
部分
泰迪熊
选择质
本一般
方向

剩余查坠本马回信光豆区马焕滑明环则他
四静乐底老然！稻噪答灵饭水考草年旋马
人来想的增水驰非延不高醒优了磨远
事灵见胶页骋欲肥排马亲损考见
里马复冬方野黄间马摇心里下
本质动天稻状貓虫能情草里领
乐静带升望见社转循怖动选择
栏马稳看坠性！社升数决里带
泰迪熊趣！人部旋而他想优骄
最心香惊几人一而通觉乐典梳
数填父察电般有请运损的事
损乃性肉透考增错农场口直
能答娱袖有增幸运主的究
虎骄重村里蘑齐露桌礼记
肉热音的安然菇运撞公照发
   树源环不转肥布电研
      滑宜乐决复动片究

Puzzle 399

```
人 梁 遥 几 降 余 于 环 之 己 图 龄 醒 胶 栅 欲 摇
滑 衬 错 的 信 书 行 坠 改 喜 飞 滑 衡 领 带 亲 雨
最 遥 口 举 任 领 从 地 善 顶 马 蔻 伊 亲 子 子 考
果 妻 子 过 邀 表 眼 白 从 球 鸭 伊 公 静 之 存 恢
汁 士 从 的 通 复 回 决 地 眉 排 想 ！ 息 视 执 机
滑 私 桥 底 怖 恢 眼 惊 保 回 傲 傲 保 号 量 ！ 行
直 动 填 的 眉 降 生 项 护 自 年 信 视 本 底 书 摇
区 觉 了 能 复 护 自 损 选 情 理 虫 自 近 诺 详 自
优 坠 飞 信 信 选 蛾 情 情 自 间 年 日 事 镜 带 丁
喜 宜 ！ 底 悲 决 欲 请 决 请 觉 间 飞 延 觉 ＞ 圆
栗 则 活 部 社 惨 页 真 快 求 得 得 回 年 买 自 柱
热 日 便 区 建 热 根 发 礼 遇 老 闲 衡 碰 自 丁
望 爸 动 图 出 礼 草 音 ！ 书 况 分 稻 阳 得 圆
的 人 爸 碎 安 ！ 摇 摇 升 记 肉 鲥 肢 起
举 亲 类 别 则 发 肉 而 疲 更 新 而 恩 爱 台 倍 柱
```

改 善 起
地 球 得 汁 台 惨 求 子 子
买 果 阳 悲 请 小 妻 类 表
圆 滑 公 详 信 更 爸 恩 执
白 柱 动 鸭 细 任 新 爸 爱 行

Puzzle 400

明 星 出
使 质 量 默 餐 面 手 地 移 生 年 棍 微 莠 品 花 驶 路 入 菜
沉 晚 地 的 土 位 产 周 曲 轻 牛 用 菊 驾 赶 侵 蔬
表 球

```
带 欲 摇 桌 袋 差 撞 摇 事 雪 饭 情 破 凑 滑 土 地
差 租 秀 平 惨 修 况 摇 况 用 品 转 行 乐 最 余 便
于 况 喜 梳 祖 延 地 坠 然 动 柔 租 看 晚 。
倍 循 遇 研 研 动 的 位 移 优 的 的 士 瑞 轻 餐 迟
己 而 则 过 四 查 特 面 源 柔 研 建 见 微 充 理 驾
心 项 本 存 类 的 的 释 排 的 球 则 疲 平 快 因 驶
伏 焕 情 社 落 车 手 决 曲 棍 入 宜 皂 的 过 使 定
木 虎 的 循 情 真 表 也 秀 他 重 肉 建 略 乎
行 页 情 苦 增 菊 花 建 梳 而 项 露 周 信 息 马
高 马 举 衫 父 信 性 惧 肉 的 人 坠 默 考 排
蔬 菜 本 行 人 程 乎 高 活 摇 远 沉 的 蛾 出
透 瑞 回 蔻 状 究 香 规 便 本 分 子 好 存 平
喜 牛 祖 自 本 中 从 情 质 远 选 部 雪 看 面
日 莠 主 的 号 的 量 赶 本 绍 喜 动 信
放 娱 欲 直 产 型 填 事 行 路 明 星 部
```

Puzzle 401

项 摇 草 的 瑞 醋 子 父 车 伊 量 袋 携 捕 捞 摇 增
因 下 几 书 记 见 程 饭 书 不 胶 过 信 的 活 回 惨
奏 选 秘 主 解 袖 动 直 水 安 宁 究 丁 雪 部 马 循
范 请 疾 病 醒 来 的 恢 地 基 后 乐 讲 述 高 稻
围 屯 稻 木 程 合 环 身 四 乎 子 类 肥 个 人 生
内 票 焕 答 保 最 作 季 上 野 破 的 察 亮 疲 余 想
消 息 规 而 保 苦 考 士 介 苦 定 制 地 许 煲 紧 衫 绍 也 宜
规 私 图 滑 怖 衫 家 公 乃 式 的 遥 加 票 乎 车 也 乐 栅
毁 遥 高 瑞 面 克 庭 研 想 释 的 动 便 栅 蛾 自 便 便 邀 衫
决 填 动 飞 典 加 露 滑 心 马 恢 子 邀 滑 蛾 复 损 保 真 加
决 考 怖 典 加 手 柄 柔 幸 修 皂 秀 子 巨 大 摇 最 循 行 降 自 撞
复 考 复 驱 修 娱 子 巨 大 摇 最 循 行 降 自 撞 区

讲述
消息
奏请
手柄
醒来的
几个
合作
巨大
一二二。
家庭
范围内
疾病
定制的
捕捞
围墙
安宁
赛季
公式
男性
书记

Puzzle 402

根 肢 快 赂 心 有 自 理 车 转 蛾 间 望 型 排 况 取
复 保 乐 究 项 落 复 理 礼 地 保 转 转 能 坠 祖 决
毁 存 子 保 邀 活 泽 源 醒 先 图 坠 疲 力 老 况 于
坠 骆 驼 亮 了 顶 噪 眉 公 煲 升 ！ 释 引 约 行 老
重 秀 惨 肉 考 动 信 望 后 民 本 休 吸 部 乐
护 撞 许 过 幸 重 快 不 祖 主 电 豆 礼 自 貌 的
父 根 观 得 源 存 日 平 充 见 基 焕 镜 貓 蛾 恢 究
不 树 皮 木 约 老 乐 条 傲 了 部 镜 外 有 遥 息 肉
压 树 没 有 镜 木 > 倍 差 邀 重 户 复 益 栅 秘 父
镜 低 自 惊 票 紧 定 型 根 草 人 滑 放 想 自 碎
市 中 心 袖 解 毙 平 量 部 看 心 袋 有 音 续 理
书 透 直 因 最 介 损 充 亲 查 龄 失 飞 出 而 信
媒 体 岸 复 人 紧 噪 祖 运 子 过 去 木 望 转 他
蠕 撞 上 源 的 袋 见 克 亲 貓 什 平 碎 里 他
野 于 考 查 察 损 闲 护 生 > 么 娱 选 虎 蛾 磨 驴

岸上
能力
重复
没有
树皮
公民
吸引力
媒体
地图
连续
快乐
骆驼
有益
取决于
户外
市中心
压低
什么
失去了
标志

Puzzle 403

木 息 龄 损 活 袋 醋 真 间 加 望 差 栗 趣 决 露 坠
休 保 噪 解 谢 电 本 ！ 栅 程 察 马 外 观 排 生 亲
肉 行 灵 信 他 第 社 存 吸 序 升 而 信 秘 士 傲 特
解 本 胶 天 谢 三 惊 口 本 子 肉 恐 梁 书 恢 面 遇
平 损 中 他 地 个 想 的 降 孩 复 口 思 之 休 查 事
加 的 醒 博 人 驴 降 情 幸 定 思 请 远 瑞 型 蠕 蠕
眼 最 保 野 快 馆 幸 的 加 觉 运 放 视 亲 会 摇 袖
平 镜 本 分 研 选 破 试 木 消 野 热 要 闲 典 见 不
栅 运 摇 老 特 权 露 存 眼 防 员 自 技 巧 遇 滑 碎
肥 研 信 虎 真 秘 车 考 柔 遇 好 静 草 要 外 雪 考
音 想 乃 木 绍 保 欲 碎 恐 地 静 机 要 技 虎 息 然
丁 准 有 得 重 通 肉 恐 图 野 坠 行 克 光 了 工 解
行 则 己 欢 快 的 胶 便 人 梳 肉 身 行 克 光 了 项 号 几
排 光 本 的 胶 便 人 图 野 坠 机 草 要 外 ！ 几
考 本

单词列表：

填充
滑雪
例外
准则
技工
情感的
驼鹿
会见
欢快的
谢天谢地
吸收
外观
博物馆
参加
技巧
程序
消防员
孩子
老虎
第三个

Puzzle 404

单词列表：

维护
捕获
橡胶
方式
运动
硬币
鹌鹑
早晨
基本
蓝色的
走了
树莓
叔叔
储备
骨架
的记忆
的卧室
楼梯
形状
现代

情 泽 驱 究 心 决 解 ＞ 远 源 则 形 毁 肉 底 摇 错
乎 栗 票 诺 然 区 坠 子 不 有 里 状 通 早 镜 释 根
木 上 先 修 子 面 损 维 护 自 自 数 自 晨 有 鳍 损
而 号 光 平 差 动 平 动 自 欲 部 自 碎 存 量 礼 程
桥 音 梳 面 音 保 保 解 鳍 源 动 木 差 信 马 走 号
循 票 捕 获 蓝 色 的 议 动 镜 人 面 自 了 醋
旋 储 备 中 分 饭 秀 建 休 复 过 亲 梁 然 镜 碰
面 亲 树 惨 木 定 规 静 而 硬 眉 栏 中 的 回 露
＞ 袖 修 莓 现 代 最 音 定 信 币 望 基 豆 选 快
醋 乐 虫 从 基 趣 恐 煲 事 诺 况 ！ 傲 建 见 趣
方 理 秀 苦 主 本 有 持 己 根 选 出 眼 建 欲
式 存 循 楼 他 雪 虫 摇 运 动 静 究 恐 蛾 骨 露
地 乐 顶 梯 不 远 虎 木 填 虫 答 鹌 情 鹑 架 子
四 信 规 请 增 有 见 然 忆 记 的 卧 面 本 考 叔
能 热 橡 胶 秘 则 驴 老 况 的 人 马 室 下 豆 重 静 伊

Puzzle 405

疲复量生因光的项目保有升乃衬素填后
眼柔柔数！露摇透研信人程页保惊＞秀静
远况真毁主频最邀亲胶马素龄亲类紧介也
过股真电肉过繁乃分本票闲之蔻露想项之
望赂雪运因滑的的药蠕的性＞野携项高
挽留人便越来越放物热惊＞增赂携理光热
选亲蠕携解保书惨傲光胶子貌紧＞宜记
了遥泽式从规便香本信然诺的真＞恐本
桥过循摇稻电信私秀间理人恐秀记人的
至少毁豆修改太私性雪然惧疲转部的袋
欲继续数修法错阳究貂保机部子
教堂数法错回保遥迟出便区音水的这些能
不傲口携官理看书栏坠诺虎礼子自
醋情王他回伊举碰马露环重＞休有活

太阳耀少堂繁的
闪至教频挽
耀少繁的法修
少堂留官改雪
教频改貂室王
频挽室人雪
挽法修携式便
法修雪王认承
修雪王便续继
雪王便承认的续
王雪承认继恐水
便承继续的惧牛
承认续的水牛药
认继的水药物越
继续恐牛越来来
续的惧药物越越
的水牛物这些
水药越来越这些
药物越些的项
越来这些的目
这些项目
的项目

Puzzle 406

坠村虎遇柔分灵日号部觉上欲驱听破书
巧克力惊类量亮他顶条规自机增到观
复了觉最举领几摇通关权伊生
子遇保信乐余保素分地亮觉秘复
虫栗举口音编区图虫错觉举选的
有情仁慈的余。辑貌通亮部信
答主水乐稳而醒保秘静研约露
恐转獭飞惊于下研静肉眉法
就驴秀邀趣苦毁研摇素的的律
像权号惨年他能面活约底
复书宜袖热轻几帽察运特肢
的宜选信息解路子的的迟
典察蓬煲重碰直怖傲试疲
填议松修秘携损保坠静子
的生骄况物化信究透休的便
生日余分书妆息行秀快乐股
存分存分书妆息灵释梳熱遥

信息
帽子
物质乐
的音轻
年听到妆
化法规
仁慈的
洋葱
选举獭
水獭
蓬松
法律
巧克力
的生日
公路
就像
机关
编辑

Puzzle 407

諾 的 人 亲 自 拍 通 型 转 动 碎 稻 恐 图 老 滑 车
议 脂 自 背 后 摄 平 话 碰 口 梳 醒 露 型 看 理 从
行 肪 条 热 他 滑 秘 损 口 持 子 欲 野 休 面 过 来
损 闲 口 定 了 快 灵 之 书 信 考 不 增 活 自 镜 的
诺 远 虫 泽 邀 复 充 事 素 苦 驴 社 分 木 克 查 迟
停 顿 镜 西 规 惧 股 乐 环 的 快 摇 排 得 几 到 森
袋 请 想 加 高 花 衫 真 鳍 察 乐 领 举 乐 得 直 林
泽 龄 考 煲 本 武 研 量 惧 透 他 口 土 情 光 决 马
露 撞 发 持 发 绍 士 最 惧 貌 乐 回 狼 思 豆 钢 建
保 发 持 发 绍 人 瑞 乃 选 己 公 共 素 光 后 琴 约
透 持 发 绍 人 瑞 近 驱 赂 持 乎 定 身 图 伊 稻 雪
栏 醋 。 ！ 近 驱 赂 持 乎 定 身 图 伊 惊 称 定 桥
优 驱 赂 持 乎 定 身 图 伊 惊 称 定 桥 的 举 记 的

摄 肪
拍 脂 定
公 的 琴 到
共 称 钢 话 兰 花
的 得 西 续 细
钢 通 武 后 除
得 西 精 了
通 武 后 乐
西 精 狼
武 土 顿
精 停 林
后 森 部
土 外 而
停 然 候
森 时
外
然
时

Puzzle 408

艺 色 部 接 暂 角 蜓 请 怪 入 檬 汁
技 橙 南 连 短 三 蜻 申 奇 投 柠 美
橙 南 连 短 三 蜻 申 奇 投 柠 国 面
连 短 三 蜻 申 奇 投 柠 檬 汁 车 通
蜻 申 奇 投 柠 檬 汁 车 美 国 奥
申 奇 投 柠 檬 汁 车 美 国 包 卡
柠 檬 汁 车 美 国 包 常 秘 车 这
檬 国 包 常 秘 车 样 物 礼
包 常 秘 车 样 物 子 狮
常 秘 车 样 物 子 航 导

自 这 电 欲 他 携 柠 泽 究 有 社 部 好 肢 坠 项 香
介 样 摇 心 龄 檬 梁 恐 袋 修 降 克 不 衡 差
试 票 存 碰 汁 落 面 究 野 通 恐 飞 加 建
苦 了 好 持 租 镜 部 眼 木 觉 定 自 栗 最 发
便 而 的 而 人 乎 发 之 饭 村 权 橙 特 有 看
栅 柔 循 循 乃 直 音 动 蠕 有 雪 静 色 马 研 飞
木 循 基 不 狮 之 亲 状 。 栅 部 接 源 状 身 面
息 有 恐 疲 子 充 答 连 南 常 疲 申 请 包
面 见 议 心 摇 木 释 根 通 艺 滑 增 摇 平 车
重 貌 了 信 持 美 国 倍 技 恐 秘 不 骄 心 卡
心 要 从 赂 短 傲 奇 电 木 滑 奥 驱 毁 因 闲
透 选 近 存 真 暂 稳 礼 导 鳍 航 觉 村 木 伏
肉 发 伏 存 存 亮 投 物 醋 驴 最 人 介 有 肢
量 傲 状 年 情 试 心 入 许 蛾 的 肥 私
树 机 保 源 乎 从 桌 眼 伊 蛾 区 转 余 蜓 醒 碰

Puzzle 409

马保虫袖驴恢瑞绍来人介复鳍衡文见父
旋回远礼的稳剧场乐牛子眼去章理欲惊
最子栏他剧规秘。心携仔＞增年水的的骄
车了带修柔静总障肢貓重马复香自口望的
休艇体接子近驴线碍的根自醒祖有里摇源
的体分顶露露。父马重研型伏肢的遇许远
重转他之平。典了音修号区于休许面肉热
答他地部衬车人降况滑决约遥情页直了
心音望情里步龄怖性乐恐马主遇克焕第
男子木恢热行韭水型护有定护遇飞解二
落地蔻疲定豆里菜安慘噪号先梁柔阵状
亮建观远乃有狭几周差请源则恐阵风
研西东的于行险貌条一思的护木不
放票驱邮静释根趣思五近的的梁特
傲噪得件条乎量的近个行欲的特袋

步行狭隘的邮件部一菜风场仔体二章线年近个子
障顶周韭阵剧牛艇第文总去接五条件男子
的东西

Puzzle 410

宜粗鲁袖＞皂信关间疲＞子规热袖类望
携毁有父克邀理答联研增趣诺复恐究数保
几号稻驴近息柔豆情素事眼＞野伊考书
恢素过衬复丁见慘不要看领复野直出伏虑了
错过指最遥后结类私总统棉中因则绍便过
苦介高标高，状状秀丁梳研花遇介毁的
底加焕灵的马有好领试生虫坠栗鼻子
规秘先根底有面摇元乐遥定年好蛾上
破人也这种于许露年加四驴究恐
携伏撞飞他女人持乐入通车究老便
特心的膝情有行中电虫栏远老滑观
先遥然盖心也秀衬活学转近平
能条地心信香租秘保视重最记
超越差信衡蕉老眼的根野人
图项欲升人！书恢好想根野重

Puzzle 411

老 从 饭 亲 马 醋 信 项 飞 流 洗 察 人 镜 豆 区 恐
典 面 醒 信 醒 马 事 环 行 涤 想 不 醋 因 带 视
灵 举 运 不 镜 页 略 候 时 的 游 图 人 地 休 不
增 修 后 保 型 思 滑 桥 胶 虑 息 泳 解 损 最 研
子 情 望 事 存 则 看 灵 灵 围 坠 虎 的 > 循 试
不 页 > 有 滑 灵 他 型 栏 车 理 升 图 梳
滑 平 虑 马 栏 栏 情 事 的 荒 飞 信 人 图 片 护
心 有 面 复 有 傍 极 欲 毁 野 ! 自 平 间 真
填 循 秘 不 优 晚 分 地 泽 音 察 号 部 保 心 顶
的 趣 趣 马 身 面 猫 本 转 望 害 记 音 有 情
手 书 许 近 见 摇 许 马 考 权 羞 本 选 区 滑
指 况 村 透 况 胶 子 加 人 恐 坠 便 举 要 傲
士 下 许 平 性 马 定 部 况 保 的 存 桌 人 木 噪
发 选 便 摇 摇 老 蚂 露 动 修 页 不 数 活 延 栅
议 况 骄 自 职 蚁 野 眉 稻 木 他 量 瑞 社

游泳
蚂蚁
图片
辉煌
的手指
平面
皱纹
恐怕
极地猫
数量事情
的羞号
害信行的
流傍晚
的时荒
职野
责候
洗涤
围栏

Puzzle 412

活动
激发
绝对
猫座
出色的
酸牛奶
考验
焕发
头脑
一直
列车
郁金香
紧凑
责任
的关注
成熟
复杂的
日暑述
上述
任何

光 绝 成 遇 紧 眉 身 邀 闲 修 信 肉 有 本 面 惧 郁
子 对 幸 熟 凑 面 迟 娱 动 几 社 激 发 理 上 述 金
息 发 傲 领 恢 有 不 父 乎 便 驴 皂 ! 酸 信 香
胶 信 见 貌 事 旋 坠 草 从 木 热 牛 保
信 页 的 平 思 有 露 过 滑 马 焕 头 镜 选 一 直 奶
人 号 社 加 保 考 醋 好 邀 旋 脑 的 杂 复 望
绍 列 车 乐 票 验 许 租 票 的 滑 猫 息 眼
光 保 ! 人 骄 直 凑 亲 素 活 动 充 座 考 了
信 议 责 约 延 领 加 肉 泽 眼 息 注 的 基 有
规 何 任 地 丁 不 衫 社 桥 碎 理 复 心 运 衫 本
桥 衡 的 摇 量 增 私 项 约 稻 蠕 飞 中 看 泽
蔻 社 觉 马 面 加 书 重 特 倍 暑 书 焕 增 栗
究 落 出 色 的 程 的 释 紧 惊 人 子 望 坠
士 不 袋 租 也 权 桥 亮 数 > 动 优 他
怖 伏 四 行 祖 猫 焕 规 好 类 理 怠 发 他 眼 鳍 飞

Puzzle 413

错真相便来身愆坠伊草袋介规之项丁规
树记乎地侵性惨胶欲本休凑过乐闲疲
草录信理不次不号热间增项许得雨
型决嘲觉下一恐子绍区情伏绍得摇许
最虎蔻讽因降然加究过栏见有股磨碎
蛾则自虫能自举复型电破需泽重摄撞
分鳍美的复旋碰素驴究底要顶磨最
完美理于木惨驴好观袋栗貌人摄动
保月球特醒领运统治饭者增有从本考形
月增虎稻撞柠檬地心马高乐秘考上想条记
控凑冰号箱草恐而的过回桌人合格坠
亮本票梳旋 > 解回摇桌高平想想条桥噪袖本坠

月球
稻草人
侵略性
允许
控制
合格
醋栗
统治者
记录
需要
柠檬
摄像箱
冰嘲讽
地理
形式
完美的
不久
真相
一次性

Puzzle 414

领发肢坠透信决基的动马身上素离传本
疲不里他诺号马的落介飞人增开的统然
息袋环皂人肉胶了页部通真于回旋伊规
口闲活乐的苦玻诺透私蠕根虫撞木特
静伏差闲苦诺璃了口真主树余人殊领
图朝添天空看的坠闲蠕肉错秀他飞见
究租重添来复玻况啤困加的论权研衬
电重子携重宜的酒马份额亲安
得觉的携碰的况特复先雇后拒循亲稳口
来主错底理宜考研飞了用抗食品稳条升
乎乐 > 内特领保研持人望直携海遥源的
试增部也肉饭袖望理鳍面向高秘亲
于最环议记数望研的口里试之思特亲

着部殊额传统鸭向正用葵开璃空品断酒拒添讨困
朝内特份传小导真海离玻天食中啤抗添讨困难

Puzzle 415

柔怖木野怖的保生菜闲排运建而得见泽作
的伏马恢香毁树保伊情理赔恐下碰型及用皂
后远区自士飞有通好里醒赂静型及其增
真亮降程野真伊遥好状数年面热碰量票情的
体育填保自晚撕伊状复虫恐延栅记因怖复
余皂胶便乃书裂复恐虫露权解！己子
的壁画口循因瓢损虫恐情恐父因小型
好眼动伏豆自远面研复思近飞子秀
友秘社迟栏介定最梁访查平口马小型程
有观自惊下而诺心豆复伊不驱喜则
不然桌攻觉许木采访蛾通增眼
特事高完出源木日乃饭不音滑木
自高影复休老最行为举醋决行族
遥影响愎信部栗顶页通衫磨放
建响滑愎信部栗顶页通衫眉秘族
木

友好的
撕裂响
影采访为
采行民族
行完作用其
民作及牙齿
及牙壁画
的的体菜言
体生育乃伊
生发供虫
发提上击
木木晚击小型
晚瓢小型
瓢攻
攻

Puzzle 416

沿着地   碰特先地根也胶马安向决衡>信饭龄恐
本地   看有加图好马子遇复书日碰恐的定租宜
几乎是   权恢瑞子马请想人试人伊葵定先薪酬于
平均   转心见的请衬人袋苦伏下部行情
虚拟的鞋   移老情程书想闲摇觉排有镜出可
的鞋马   梁镜秀书便毁的特权灵复均着主距移
小马   特的本现光解子直拟平蛾截鞋植
截距政府的   保貌本底场条蛾机权量苦光貌
政府的葵   蠕信本地之研乐邀于权几回日政
较差   特。心人研真栗理镜量苦情府
向日移植   观然研高请鼻蔻觉错坠光不的
可鼻子急   电乃事心落肉决放碎研关社
着现场兴趣   较差差的的小马究议本蠕究系热
兴乐俱乐部   快不的建社情几静噪余趣飞解加
薪酬移关系   虑的建社中本量思优趣飞私年顶
转移关系
关系

Puzzle 417

村 安 理 解 状 碎 子 他 区 木 吸 增 泥 汻 理 栏 乐
规 请 舞 观 毁 许 情 过 加 血 特 心 生 论 考 面
间 野 台 亲 解 驱 也 许 究 鬼 过 野 喜 马 数 顶 的
焕 热 究 的 复 因 地 心 许 己 存 破 型 加 鳍 平 主
特 近 排 小 解 碎 焕 露 思 在 娱 便 远 思 放 降 士
麻 烦 倍 狗 释 填 皇 后 肉 下 祖 建 音 音 基 坠 己
情 不 社 马 毁 梁 虑 研 豆 野 过 秘 生 公 能 木 惨
梁 露 四 信 持 欲 发 人 栅 音 新 领 醋 室 乎 柔 撞
现 状 远 通 闲 日 能 动 号 复 热 决 马 快 足 木 木
实 自 傲 看 许 静 貌 雨 复 特 典 面 程 够 的 柔 记
的 娱 醋 释 蔻 马 热 保 资 有 礼 静 貌 子 候 的 便
况 的 乃 分 马 试 议 有 格 露 驴 尺 选 考 肥 闲
本 车 转 休 。 中 他 镜 祖 青 貓 野 寸 人 主 热
后 觉 约 特 请 四 青 蛙 领 碰 排 有 紧 释 社 好 信
解 怖 稳 溜 冰 鞋 肢 乎 排 带 有 紧 释 社 好 信

也许
足够的
泥汻
肉豆蔻
有礼貌
尺寸
舞台
存在
资现实
吸血鬼
办公室
皇后
溜冰鞋
理论
青蛙的
新烦恼
候选人
的小狗

Puzzle 418

尖尖的
遥远
识别
正是
在楼下
拒绝
考虑
微小的
命中
慷慨
努力
蜘蛛
问题
预测
的情侣
语言
精度
蚊子
武器
英里的

破 怖 中 日 宜 滑 信 滑 释 建 的 自 趣 滑 摇 号 议
情 努 力 蜘 紧 丁 观 噪 图 决 摇 。 丁 记 高 胶 规
建 。 信 蛛 野 优 顶 稻 恐 识 别 思 诺 保 动 复
坠 饭 差 研 礼 。 复 凑 介 磨 恐 解 转 最 坠 介
条 豆 增 梳 稳 秀 考 桌 的 研 数 特 来 平 填 好
木 究 乎 约 桥 最 摇 镜 年 之 解 闲 复 的 怖 蚊
的 情 侣 保 数 他 语 饭 要 动 生 典 区 看 子
里 四 转 惧 考 梳 的 见 言 解 遥 香 光 自 衫
英 图 在 楼 下 欲 租 惨 乃 毁 的 远 年 滑 慷 慨
好 主 焕 疲 条 特 栏 领 命 议 典 页 平 惧
基 预 测 而 凑 露 区 滑 稻 绍 充 驱 查 好
的 微 饭 梳 貌 股 领 磨 恢 介 虎 蠕 精 许
增 小 拒 绝 行 息 露 滑 要 正 绍 人 信 蛤 度 而
几 的 迟 情 遥 怹 摇 中 是 肉 后 信 武 状 从 票 量
决 栗 选 电 领 人 增 题 考 自 股 远 释 源 灵 许

Puzzle 419

不马基遇坠透水情决便突饭面许透行鹿
远延生复况声规差灵然苦视香梁策
音灵撞桌迟明下记答的柳坠龄电车优
数直能衡重情紧不怖小弟弟动袋面研回远
光条衡真老过量柔滑弟进眼信研碎情间
吃露煲重木研量直祖弟蠕伏回研碎建子磨
得饭柔排环虫木雨先先口情磨心本情
情露性里循有过音中亲类磨的面能己摇
性能游怖军事的填老通先直香建磨图栅
坠自戏维持的了发号权先香肠能劳丁后填
然休惧见蠕情灵噪信号上平动栗上
解他他复闲情来碰请袖兔带秀饭冰
号增有息理复重撞遥好子增拳滑底便
龄释加树的余露了特私约自底理！天击幸号得
秘直类错磨特

游戏
突然的
鹿野
祖先
香肠
兔子
天事
军
小弟弟
吃饭
策略
性能
拳击
建筑物
维持
有轨电车
柳絮
声明
进口
滑冰
劳动

Puzzle 420

试发情时揭示思灵基那过看民持分错休
最肉活乃钟滑素趣好身种到俗蜈蚣肉马
规先宜马情过泡清袋摇木学思试蔻不宜
认为。阳光噪打晰乐诺栗术察恐事研过
视之释了噪音粉望理碰运信要动程灵
然情加然充情的迟想见医蠕行记介貌
过口望龄型凑赂父娱虎状建惧煲型
露解人一定观自驱亮村坠许排乐倍
欲情疲定情栏倍书羊情携稻试煲复
恐举秘！磨梁高观亲有蛾情究秘虫
绍快倍出恢自倍观况静娱醋得乐
信租骄四秘豆己。释停蛾便快父从
填便木肉规丁细绍草机项动员远
眼生野倍克细腻查修旋坪因演然衡
保恐父保肢肉节查号观貓马建近骄况

停机坪
认为
周长
医药
时钟
的演员
阳光
那种
一定
泡打粉
看到
羊毛
揭示
蜈蚣
学术
细腻
细节
清晰
民俗
噪音

Puzzle 421

肢 摇 滑 议 露 子 人 光 填 噪 说 建 惨 透 研 程 区
惊 便 喜 先 的 安 衫 存 紧 首 都 话 有 信 悉 马 欲
克 木 部 门 容 易 察 雨 不 过 觉 好 远 热 梁 私 生
数 能 栗 娱 凑 持 人 时 续 余 间 饭 危 机 稻 快 约
增 饭 保 携 桥 的 香 然 书 恐 邀 解 信 栅 栗 桥 因
便 饭 状 答 的 真 村 情 醒 肢 间 礼 转 伊 碎 顶 过
碎 差 碎 镜 见 骄 持 页 下 要 部 的 则 进 有 来 图
充 足 的 老 人 也 煲 请 最 主 稻 来 情 面 自 虑
思 突 鳍 碎 飞 性 部 最 宜 中 高 灵 直 好 加 坠
趣 然 衬 不 号 惊 从 几 己 举 水 私 速 复 自 人 释
虫 日 幸 便 阴 信 分 他 眼 观 口 趣 思 虫 携
面 素 赂 出 摇 天 木 议 循 遇 袋 悲 每 大 旋 衣
锄 头 叫 音 信 士 > 秘 老 面 研 袋 只 遭 受 充
真 瑞 声 秀 蔻 肢 龄 亮 眼 芹 菜 剧 而
恢 本 有 娱 特 有 的 祖 泽 的 电 落

衣 大
只 每
都 首
速 语
受 遭
门 部
天 阴
话 说
然 突
菜 芹
易 的
足 容
的 充
亮 足
展 的
持 口
续 月
时 持
间 危
刷 机
头 悲
叫 锄
声 头
    叫
    声

Puzzle 422

号 肉 柔 过 摇 信 中 部 高 幸 马 特 。 复 究 摇 回
的 好 处 电 乎 觉 察 灵 觉 余 事 悉 伊 蠕 > 自 本
号 面 幸 欺 本 他 父 运 热 况 虑 快 区 不 决 伊 肉
带 通 的 骗 诺 环 究 趣 议 摇 要 答 图 豌 静 自
快 看 解 士 旋 趣 条 栏 旋 共 图 豆 豆 眉 加 人
亲 生 伊 ！ 远 车 修 稳 落 同 确 部 几 疲 延 最
远 的 水 芹 乃 了 电 喜 究 伤 心 诺 号 凑 虎 好
过 焕 会 情 书 出 私 休 复 车 担 亮 身 秀 美
疲 衬 社 区 光 源 幸 护 树 袖 不 便 灵 点 明 味
保 页 伊 宜 去 露 有 祖 转 木 远 饭 情 亲 智 近
见 图 人 情 除 余 看 摇 红 三 色 重 肢 伊 回
复 状 坠 胶 量 苦 旋 只 自 定 毁 貌 底 礼
快 自 焕 平 信 长 度 自 士 机 观 的 ！ 请
树 性 他 的 破 分 磨 泽 升 入 惧 重 直 股
静 栅 不 记 露 疲 究 真 摇 女 孩 露 记 貓 带 依 赖

赖
依 色
红 骗
欺 好
的 处
明 智
担 心
长 度
共 同
美 定
确 孩
女 点
亮 区
社 芹
水 入
升 心
伤 除
去 豆
豌 只
三
社 会

Puzzle 423

```
增 慧 股 号 看 父 机 批 泽 趣 他 好 摇 邀 决 释 考
延 适 胶 特 己 真 议 判 记 降 亲 数 的 伊 紧 护 保
恢 当 运 重 野 发 虫 的 带 不 请 通 应 摇 远 租 自
重 马 输 想 也 凑 查 菜 建 秀 信 碎 该 远 高 人 项
衫 来 思 也 决 出 过 花 高 惊 应 机 后 部 撞 老
事 桥 娱 紧 得 存 障 主 得 秘 安 一 些 的 先 村 车
暴 基 栏 边 原 然 故 秘 本 觉 马 > 移 况 袖 许
躁 眼 蛾 特 > 因 想 秘 信 乐 貓 排 出 己 环 雨
有 股 喜 本 梁 碰 栏 分 情 灵 运 教 室 镜 愆 研
亮 村 落 衡 上 香 菜 保 从 览 替 缺 龄 的 书 人 项
雨 决 放 视 栏 摇 上 摇 惊 信 了 活 代 行 情 究 怖
滑 滑 乃 袋 滑 稀 近 貓 毁 条 坠 坠 几 伏 素 机 环
信 乃 胶 木 缺 特 光 欲 欲 涉 护 相 关 降 水
事 滑 直 升 机 袖 下 遇 摇 惨 及 见 最 雨 理 苦 乐
重
```

右侧竖排：教室 的 菜香 边 暴 缺 故 适 涉 原 稀 直 应 批 展 替 相 一 运 / 室 移动 花菜 境躁 乏障 当及 因缺 升该 判 览关 代些 输 / 机

Puzzle 424

左侧竖排：
```
边缘
数据
生命之
负责
实现
水波
达成一致
乌龟
请问
自然
铅笔
带来了
私
绽放
反向
医疗
创造
办法
护士
对比度
```

```
最 乌 办 蔻 实 赂 稳 水 高 思 肉 基 趣 量 部 直 遇
介 龟 思 法 现 复 重 饭 数 。 磨 保 几 动 衬
医 疗 他 则 赂 请 面 据 磨 草 信 瑞 礼
情 情 查 有 肥 栏 底 社 栏 蠕 伏 考 眼
回 便 袖 毁 心 秘 信 选 乃 便 不 主 惨
饭 衫 本 人 之 对 傲 向 书 了 行 定
理 身 远 泽 肉 比 驴 望 股 优 之 肢
音 最 平 望 秘 度 租 而 保 人 修 亲
。 请 创 边 日 地 程 他 私 远
事 答 水 人 造 来 栅 愆 心 笔 的 根
面 肢 里 领 幸 了 亲 秀 碰 营 惧
生 权 降 先 类 边 延 记 不 铅 释
命 带 几 惧 试 缘 达 书 本 损 傲
之 顶 定 趣 马 绽 成 损 底 护 理
碎 底 己 高 的 放 一 静 铅 优 自
因 优 直 建 乐 负 致 损 然 护 基
间 衫 复 责 苦 士
衫 动 村 肉 摇 醋
```

Puzzle 425

许摇乐透退通图政乐出的香观桌接携欲
醋坠达肢环出滑府落树简灵主收衫许
试栏不表而本升区蠕单蛾心决活睡书
的文章！！解里置私的几的着理发醋闲
不数　　解几＞村页建量热撞书肥皂欲
见骄私几状肥特亲有洞面木思摘于亲木
息毁要肥面得自最观透远穴队要蛾香驱
查梳面考排雪灵惊最数欲平他要蔻娱
伏木考事的程活蜗汽增自落要雪灵亲携噪稻
梳士梳幸雪中行牛野车旅落社特究
绍瑞音于充信克来露人灵快野下有
柳叶豆口见胶类条规行直趣信摇梁克本热放视
生人梳马底社飞栏行直趣信摇克本热放视

肥蜗牛
政府
表达要
摘眠
睡柳
位置灵
的简单
吊着收
接的文章
下面类
肉队伍
退出
汽车旅馆
表现
洞穴

Puzzle 426

幽灵
扭动
报纸
运气
丘比特
秋季。
家具
反过来
作者
蜗杆
面对品
产刻
时全球
的色彩
驾车
激励
的飞机
等于
新鲜

村喜加乎书自倍上幽傲瑞蛾衡子丘比特的
滑要活肉动静的眼灵音龄性情状保苦等于
解人书胶最加重皂的坠秀伏乎不惨泽顶
露过面摇特出复试桥凌乐时心事不差柔于
自水对看香加便行迟觉坠刻焕便坠袋乎
噪绍号蜗产复蛾人色的飞股滑秀研
报纸肉杆自激励心村了机扭加中余
草举飞作者滑权数皂秋性动望傲
衫复上新欲理之复快部不领雨
区车护鲜衬衡反邀惧望运气行
填驾的程全究权家本发眉己遇回量
栗保车怖从况具的放请觉栅摇的
情议条全几然答来音飞邀因见望老
有。研环。损坠自他望肉眉典过袖
不栅肉。息　　自　　　　醋　电滑

Puzzle 427

项饭分环加！紧下股查安量坠惨数虑

的幸之龄袖活！肉遇区活通惨的醋虎循

便山露羊稳近乃坠素于眼己护静坠而融究

存约高雨研查焕增人延柔丈复主木介化己

真香野要趣定惨坠出延滑性升根瑞梁观

正的伏优特典定排长欲成过的秘便露狼要木

肉注特蛾试管理地静不磨面坠信野面究

类下怖眉蔻究号沙票恐的模拟特优邀信木

自已经坠余近滑制生惊热升恐过有秘号主信介

存况呼乃填呼余保最制大胆答得热的号专家行趣余活

眉的眼豆肯遇绍马特四衡生活

沙成农融大制呼丈已管增山狼真的注既不保肯

发长场化胆定吸夫经理者长羊狼正的专家到不拟证模定

Puzzle 428

表面地板战争知道艺术情人准意摧撤画躺明橡最的系玉米规则可笑的

规则透情热透考饭坠的复研租伏旋

驱身面明天人栏节蛾私肢看惧稳鳍部

下面股知道间建蛾毁摇行木坠许鳍租

况最大的自崔躁私行袖木坠需求顶

不怖木生望躺驴马复战争最画笔

系列马从栏玉米在雪地肥撤眼根放平意图

乐貌伊乃里况雪坠衡撤销焕页中带的信

行焕家准情释素欲面可修倍面焕毁撞

艺术回喜遇答傲事趣私笑衫的解错领票

乐镜遇安梳稳倍持快类决乐伏他释举权望遥数

动秘胶皮皂增最虫娱马肉自远口增保了

蠕顶数保带增最虫士！士复几眼试增余余

亲他好电情乐胶眼怖亲水增

书生许考重察胶旋表秘况行想亲决

橡皮擦选焕摇亮面乐虎礼惊远决

Puzzle 429

书 父 充 况 损 马 蠕 飞 撞 保 放 肉 延 顶 草 安 携
下 貌 然 本 赂 明 出 灰 色 松 色 亲 高 动 高 回 究
年 量 心 克 飞 程 生 活 自 安 保 欲 乃 运 究 自
平 镜 虑 衫 醋 确 活 醒 的 保 自 情 得 自 远 许
号 趣 蔻 镜 本 木 书 而 排 高 携 决 最 远 许
柔 要 肉 袖 露 近 许 欲 高 延 肉 坠 雨 考 趣
情 信 能 木 领 整 披 特 延 情 模 露 亲 真 老 中 复
研 木 焕 飞 傲 齐 萨 理 眼 的 式 源 飞 口 介 绍 有
望 太 阳 镜 不 坠 现 后 乃 研 欲 泽 远 镜 貌 图 差 程
小 数 最 特 本 能 肉 任 信 重 香 过 馆 得 情 算 觉 的
人 袖 迟 人 伊 水 怖 权 的 的 旅 情 自 请 然 人
然 了 条 乐 部 恐 优 摇 齐 的 图 书 尝 项
优 然 磨 典 衣 稻 本 势 龄 查 型 豆 接 试 行
修 仅 上 衣 平 本 先 树 高 算 愿 受
带 仅 绍 平 了 眉 蠕 延 的 机 考 管 望 紧 龄 梳

拉 动 整 齐 接 受 仅 仅 太 阳 镜 灰 色 的 旅 馆 上 衣 小 数 模 式 尝 试 任 现 管 高 优 势 放 松 明 确 出 生 的 愿 望 计 算 披 萨

Puzzle 430

延 长 切 朵 完 请 加 运 骄 马 周 坠 人 源 工 具 类 人
确 耳 朵 美 平 美 而 加 差 士 高 期 貌 桌 木 紧 宜 柔 也
完 乘 造 法 便 本 水 豆 栗 况 乃 得 社 先 动 高 有 降
建 论 文 素 喜 露 检 讨 来 望 顶 社 惊 典 秃 本 私 过
响 成 亮 造 解 亲 程 息 亮 损 下 引 能 的 鹰 因 试
秃 落 鹰 功 户 丁 但 稻 之 根 不 试 进 增 坠 露 坠
工 望 户 具 虫 眉 后 乐 摇 的 家 循 然 撞 通 情 音
望 远 镜 保 碰 稳 试 作 文 造 究 确 切 电
但 检 具 碰 坠 人 论 有 自 亮 克 充 延
引 讨 灵 社 过 镜 栏 乘 趣 撞 延 长
饮 进 瑞 不 怖 有 法 露 马 机 龄
周 料 草 过 面 规 棚 乃 决 他 优
期 期 号 程 焕 热 来 源 料 面 口 保
作 家 机 傲 理 情 娱 解 露 乎 定 释
大 便 远 镜 惊 的 秘 子 修 选 解 惧 年 填 社 日

Puzzle 431

```
了 出 灵 。 存 热 视 亮 约 平 研 视 子 饭 恐 口 好
后 的 草 虎 餐 厅 滑 豆 平 分 权 有 草 撞 栗 木 肉
部 生 优 苦 旋 下 破 的 降 自 因 紧 遇 视 雨 口 充
承 诺 的 机 毁 镜 理 主 闲 不 克 通 猫 头 里 充 衫
醒 静 释 专 桥 复 士 差 察 举 信 则 子 鹰 马 一 则
伊 服 从 亮 业 携 过 程 宜 忘 记 祖 泽 雪 的 猫 放
细 保 肉 升 滑 飞 直 先 直 看 部 持 人 休 运 忘 恐
胞 栏 部 碰 惊 野 部 选 休 一 建 自 也 息 子 过 豫
栏 驱 加 迟 落 下 远 远 优 次 马 信 有 主 象 服 马
快 的 许 倍 距 木 一 喜 视 修 优 不 研 大 考 的 请
瑞 栏 车 雨 离 野 个 记 本 皂 迟 饭 间 有 最 监 他
部 娱 地 差 自 喜 醒 监 心 摇 田 错 闲 喜 带 大 娱
号 灾 露 充 苍 鹭 绍 测 下 来 鼠 饭 股 领 面 餐 理
子 马 难 满 鹭 愿 释 心 坠 书 也 径 苦 然 田 条
领 己 试 优 因 望 秘 欲 远 音 摇 皂 摇 直 愈 之 心
```

```
距 离 鹭 鼠 胞
承 诺 鹭 细 胞
苍 细 一 满 次
田 下 一 头 记
下 充 猫 犹 豫
充 一 忘 程 从
服 猫 过 专 测
的 忘 服 业 象
大 过 的 厅 径
餐 服 监 径 难
田 的 大 望
灾 监 餐
愿 大 田
    餐 灾
    田 愿
    灾
    愿
```

Puzzle 432

```
即 时 周 恢 复 解 里 父 页 判 惊 最 村 摇 了 > 理
便 装 到 下 的 社 错 树 平 放 定 平 日 马 豢 考 素
存 配 的 马 解 发 道 生 图 页 父 醒 衫 皂 考 行 几
豆 特 过 望 己 趣 歉 虫 雪 父 恢 己 树 降 情 乃
从 醋 本 不 增 的 泽 复 母 撞 便 乐 镜 摇
迅 挥 杆 秘 再 答 考 梳 乐 私 马 了 发
近 速 间 自 平 休 保 奉 护 礼 乐 醒 性
遇 , 乐 然 想 士 试 理 露 遇 况 主 绍 来 镜
滑 其 中 惊 容 车 分 思 高 豆 的 察 趣 身
驱 量 增 坠 忍 财 衡 落 觉 号 从 摇 间 规
免 噪 排 情 趣 产 回 区 了 袖 自 饭 察 许
素 费 唱 歌 光 修 他 选 顶 虎 醒 心 衡 摇
! 型 绍 欲 怖 不 的 面 要 程 本 喷 趣
蛾 飞 镜 增 肥 貌 梁 察 的 飞 从 泉 年
试 解 看 镜 运 傲 便 复 木 建 自 袖 中
    木 坠 迟 闲 保 请 觉 政 治 泉 肢 了
```

Puzzle 433

```
粉 书 所 理 走 优 克 页 决 光 欲 运 蔻 定 喜 礼 肉
红 自 需 傲 廊 香 人 发 则 野 喜 不 降 规 过 貌
色 娱 遇 豆 邀 驴 远 我 降 错 喜 柔 当 类 底 名 自
袖 自 露 乐 休 人 过 建 们 凑 理 快 本 驰 介 坠
煲 乐 恐 缤 的 事 条 父 看 人 野 息 排 部 自 过
栅 瑞 修 纷 兔 子 泽 号 看 趣 息 发 子 乎 坠
滑 。 区 乃 木 落 性 便 凑 举 有 灵 野 面 镜 特
究 毁 貓 ！ 了 此 乐 因 信 电 真 访 里 村 不 心
息 稻 滑 书 况 句 他 信 袋 瑞 访 问 有 租 看
高 柔 研 类 自 雨 书 手 提 箱 栅 衡 奢 坠
的 星 水 焕 亮 素 伏 肢 灵 溜 保 蒸 好 侈 毁
事 期 骨 头 的 直 主 典 坠 冰 基 有 地 品 部
动 子 > 答 他 的 号 带 降 梁 里 栅 间 号 况
介 欲 紧 宠 赂 苦 理 存 坠 况 休 降 先
有 焕 根 醒 物 的 况 页 要 肢 休 研 视 乃 持 自
```

骨头
的事件
此句
星期
缤纷
奢侈品
宠物
我们
底部
自娱自乐
访问
不当
手提箱
蒸汽
驰名
粉红色
走廊
所需冰
兔子

Puzzle 434

```
便 领 记 警 乃 乃 碰 的 便 恐 有 解 饭 增 记 滑
携 车 因 士 察 马 存 赂 试 甲 雪 眼 旋 乐 摇 破
动 ！ 议 己 然 于 秘 遇 充 亮 运 虫 橇 肉 的 息 信
衰 坠 木 看 袋 请 木 湿 旅 眼 存 票 马 动 了 稳 香
变 股 变 量 红 萝 气 程 公 余 遇 保 子 最 行
研 票 程 瑞 本 卜 之 肉 交 事 高 信 考 也 马
肉 克 则 野 典 飞 不 不 磨 举 木 惧 身 本 先
底 延 加 量 来 眉 考 自 要 然 虚 增 惊 将
邀 自 书 碎 心 望 而 升 光 保 不 入 瑞 来
能 不 父 息 驴 型 后 近 介 闲 输 假 最 研
亲 礼 自 回 重 摇 建 柔 遥 降 蛾 稳 信
能 充 疲 私 视 业 快 请 雪 碎 泽 最
热 露 顶 行 察 亮 啼 苦 情 驴
平 蔻 看 镜 想 务 惊 保 诺 碰 马 乐
摇 橡 子 高 亲 决 赂 声 音 填 木 父 重 量 通 增 循
```

啼察
鸟警务户
业账业气
行湿萝卜
红将来
声旅音程
股票量子
变橡典人
瑞输入变
衰公交橇
雪甲虫
虚假

Puzzle 435

动 快 温 了 乐 情 高 快 速 况 疲 快 操 的 信 环 飞
肉 生 镜 度 的 兄 情 情 项 社 了 有 作 己 剪 辑 人
研 迟 机 镜 高 恐 居 栗 成 本 虑 股 状 木 乎 解
衡 区 凑 清 打 破 股 民 成 到 恙 伏 差 事 乃 区 惊
带 乐 约 了 空 号 的 来 到 的 保 光 自 树 后 喜 面
惨 口 考 从 貓 便 的 远 保 趣 因 飞 量 包
降 生 虫 见 数 通 树 。 紧 规 蔻 社 财 摇 苦 还 能 滑 降
从 考 怖 数 修 坠 本 面 镜 政 野 要 平 自
平 议 能 鲭 蔻 本 远 不 灵 趣 留 行 篮 量
的 素 子 的 稻 心 不 书 凑 亲 己 性 球 平 根
记 远 放 平 欲 保 泽 自 乎 留 情 复 飞 了 复
类 栅 驴 放 区 放 状 书 复 身 情 保 不 鲭 驱
车 条 蛾 数 四 热 坠 鸡 项 热 护 降
醒 傲 欲 议 自 状 基 猫 蛋 有 规 余 四 柔
恐 眼 查 票 貌 分 过 考 树 真

右侧区块

球 到 辑 本 民 度 留 空 怒 蛋 量 的
篮 来 剪 成 居 温 清 愤 鸡 重 的 面 财 弟
的 政 原 作 能 速 打 惊 喜
量 破

Puzzle 436

标 题
话 题
椅 子
另 一 个
追 逐 午
下 济 甲 践 润
经 指 实 利 藏 态 鼠 烈
收 状 鼬 激 浴 肴 剧 雇
淋 菜 急 解 绅 士
的 爷 爷
的

请 票 驴 另 一 个 况 部 不 复 激 倍 记 父 最 放 看
有 ！ 介 收 欲 充 基 驱 丁 加 修 书 自 欲 排 直
素 热 高 藏 下 午 解 自 衬 他 条 页 焕 得 马 菜
好 高 噪 状 紧 快 毁 衬 摇 平 保 能 子 得 雨 看
损 马 增 态 基 趣 遥 经 部 驴 升 鼬 鼠 地 租 转
喜 携 差 追 煲 觉 地 济 亲 高 项 况 面 有 了 放
了 自 惊 逐 增 定 镜 镜 野 状 持 乐 转 修 本
亲 遇 优 实 践 情 信 信 人 村 透 保 秀 快 标 题
不 衫 特 本 本 最 克 栅 利 润 淋 浴 马 衡 话
高 于 热 有 镜 木 坠 皂 号 下 重 光 滑 电
衬 野 后 人 增 草 便 乐 先 眼 类 优 高 发
试 光 口 镜 分 面 镜 士 理 错 乎 祖 自
心 的 票 指 建 差 恐 飞 绅 考 椅 子 滑 父 优
通 解 雇 里 急 的 研 况 秀 口 于 降 摇 便 飞 凑 醋
己 优 领 剧 望 他 特 观 伏 答 ＞ 过 自 爷 便 袋 遥 疲

Puzzle 437

的量野地发有电镜滑区排蔻桌栏欲肥柔
教破兔了规口看乐不票研己升趣丁书书
训＞亲人规有类眼规泽仓自则鼠木请野马
落怠增蔻梁书增醋人醋的损信事恐下柔噪
描型理从面。不衬不复复静驴镜镜柔年址
述噪部来雪复持子崩复自邀的桌回亲磨保
望损乐没的行崩状复学号喜桌口租子观子
桌恐本乐虑眼伏树溃校察。保木护伏醋环
干秘先上错而飞碰调查保木考虹膜计观研
驱复行虑的眼条纠发确植他类膜蔻票里
复有股有数据伏稳解落实选部高自秘好
有子自的蛾摇喜水大坠苦上衬坠自好优
焕野蛾四傲破领平选底桌上活平木特优
野惊泽破邀摇过试不肉露桌平趣木木

仓鼠
调查
的教训
学校
一个
的数据
纠结
植物
从来没有
虹膜
水平量述
大描计划地址
实溃兔
事崩野实
确规则
不

Puzzle 438

希望
的深浅
英寸
周三鸦
乌迟待变
推等改想
饲料诞
梦圣的互动
的气候
先生风暴
威力营子
经王子妈妈
妈妈
词汇

根袖后。身木优虫桥子了理股心得好根
恢木周镜决撞亲增热记信乃人中野乐撞
察最三人源镜乌鸦本暴迟静部撞虎
子人疲妈源镜近希雪马气见词书
区趣活静他见等待梦高候人保料
镜自娱人部领心程想秀事主稻子
猫栗真怖露伊保人数研惨延的深摇
亮部老圣醋远的变透蛾中貌迟肉
约也研诞瑞改变心情领自诺浅
排源遇威息错保视露间邀子梳
得差便图力则过况面人过息型
的互动后碰破野平基重日从填
身惧碎则欲驱蛾煲推选心放紧
惊程驱特人生闲野趣伊落要人
父飞理乃灵信页损虑损醒典平

Puzzle 439

不 得 牙 底 子 后 热 保 饭 差 邮 安 评 栅 勺 压 心
余 分 况 膏 页 间 灵 子 > 光 递 员 价 表 子 力 填
剥 条 分 醋 草 绿 豆 野 损 复 排 猴 示 转 醋 则
夺 解 碰 环 则 色 凑 焕 蠕 秀 解 面 果 真 桃 里 直 乎 喜
摇 决 运 醋 加 基 诺 傲 解 子 权 摇 貌 得 车 间 有
豆 透 热 加 的 觉 察 请 错 原 重 桌 破 远 恐 延
带 复 香 热 重 远 亲 平 建 皂 幸 情 股 趣 情 考 镜
袖 通 建 自 要 皂 平 地 信 电 亮 坠 增 见 式 基 的
直 基 木 梁 发 票 星 他 数 草 然 图 马 先 然 信 过 人
数 页 来 情 快 自 恋 恐 菠 萝 稳 私 保 热 素
地 自 想 交 面 情 子 人 子 菠 得 摇 远 动 自 恐 许 袖
毁 > 生 考 融 解 有 得 醋 信 不 衡 况 保 恐 票 因
排 噪 树 士 子 复 思 > 蠕 人 典 本 亲 紧 礼 重
特 乐 复 草 旋 复 思 > 蠕 人 典 本 亲 不 惧 重

词表:
原谅 解决 级 星 邮 他的 表 苹 菠 评 勺 牙 压 绿 剥 得 格 基 猕 交
递员 们 重 示 果 萝 价 子 膏 力 色 夺 分 式 地 猴 桃 融 要

Puzzle 440

特 邻 破 了 坠 解 释 本 尽 管 介 大 自 面 损 祖 权
延 居 草 甸 夕 阳 心 镜 私 赔 水 从 厅 安 恐 碰 理
衫 子 稻 能 落 情 能 苏 打 水 静 泽 自 增 之 存
考 信 袖 镜 降 活 水 部 飞 驱 的 介 静 树 信 怖
真 破 的 许 地 究 的 滑 上 电 况 私 心 动 秀 平
源 能 黄 选 要 理 摇 蔻 源 影 动 本 疲 音 电 底
乐 好 油 部 过 可 的 上 院 露 介 眉 热 信 直 >
坠 放 惊 蛾 程 活 怕 的 他 部 人 人 草 煞 差 书
愍 的 蔻 的 中 袖 稳 的 露 鳍 便 行 狩 怖 基
亲 眼 于 转 后 士 记 要 选 看 狩 了 猎 冷 远
迟 皂 桥 分 增 远 稻 必 貌 上 顶 赢 损 的 约
醋 稻 平 蠕 优 的 情 木 技 寒 草 年
。 心 凑 栅 素 自 追 持 术 记 子 的
释 上 桌 休 碎 后 树 求 柔 豆 香 建 信 秘
填 灵 惨 坠 迟 望 本 骄 持 书 噪 错 保 衫 肉

词表:
寒冷的
草甸
追求
解释
可怕的
栅栏
技术
赢了
过程中
电影院
邻居
黄油
管
尽
夕阳
狩猎
他们的
母亲
必要的
大厅
苏打水

Puzzle 441

平 观 最 貌 毁 得 先 驱 碰 年 本 父 捍 落 顶 信 主
平 差 领 保 真 煲 子 况 摇 干 飞 息 打 卫 试 滑 要
邀 苦 研 骄 情 ， 想 桥 排 旱 生 衫 法 人 从 礼 破
克 幸 主 他 眉 间 了 也 幸 保 从 衡 不 父 坠 倍 最
露 研 他 考 觉 口 自 马 保 介 木 的 静 秘 介 决 表
此 处 考 欲 日 桌 驴 决 乐 野 有 答 上 摇 日 解 解 汇
闲 情 欲 肢 破 日 真 底 坠 后 热 考 看 情 马 过 典 词
光 士 破 高 露 老 胶 落 机 本 有 好 热 貌 充 动 苦
信 得 情 相 同 喜 坠 落 无 的 最 磨 的 部 人 保 机 察
伏 于 素 相 人 员 持 灵 肉 解 数 大 撞 尤 中 事 迟 摇
的 工 作 人 员 坠 木 心 恐 礼 惨 人 旋 排 量 复 直
数 破 透 坠 木 心 填 许 人 主 她 源 加 了 柔 貓
稻 土 耳 其 心 存 不 事 像 雨 的 配 损 是 高 镜 心 休
绍 分 的 滑 存 贵 的 有 野 日 邀 解 袋 对 能 落 情 不 打
加 面 高 贵 的 野 鳍 解 安 旋 恢 诺 击

她的
干旱
打击
相同
此处
动词
无数
捍卫
配对
尤其是
最大
打法
的工作人员
好的
词汇表
，也没有
主要
土耳其
高贵的
人像

Puzzle 442

性质
自己的
老鼠
计算器
特异性的
指责
匆匆
爱好
过去的
冬青
移动
的仇恨
网球
各地
可以
不足
判决
亲爱的
昂
海绵

车 租 诺 情 趣 于 木 根 型 栅 修 数 摇 加 泽 活
蔻 ！ 诺 雪 自 本 分 权 好 亲 怖 理 亮 远 秀 口 赂 性
移 不 迟 趣 特 车 信 后 秀 存 许 性 的 的 伊 性 质
迟 动 碎 量 源 保 不 足 皂 特 异 泽 去 几 远 的
信 动 子 鳍 通 趣 直 指 计 平 球 贵 过 机 图 自
香 树 桌 平 动 性 解 责 算 各 口 镜 复 恨 焕 增 的
老 鳍 豆 老 行 的 动 肢 器 好 车 通 心 建 不 保
性 匆 填 碰 袋 丁 冬 图 根 祖 乃 惊 摇 心 顶 不
底 匆 排 不 香 豆 青 几 运 重 动 瑞 差 重 的 飞
饭 梁 间 透 衬 运 乐 宜 试 人 面 磨 镜 素 状 理
本 情 然 素 子 过 娱 自 雨 排 解 乃 间 摇 好 了
娱 丁 通 疲 升 惧 ＞ 貓 遥 绵 ＞ 野 举 建 的
栗 滑 露 静 便 摇 他 后 恐 可 间 息 请 爱 过
部 木 蠕 领 快 判 倍 蠕 己 的 中 伊 口 亲 去
本 磨 恢 然 的 决 老 鼠 袖 亲 衫 社 礼 请 骄 发 的

Puzzle 443

一分钱
消化
骄傲的
河马
那些
打招呼
平报
入混合
的球
大部分
发洽谈
角色者著准
前显标末能周可

显子绍号复闲看飞日保摇的傲骄四复惨
虎著能父也租热地动几察过员乐加绍部
可的慇泽不望标准远过自转建乐放察亲
豆充特因因桌根面发射请消的色谈入也那
试伊旋驴亲恐情不碎他不幸解化角况答考
机末混合呼栏视增于远息便车摇自于子乐的思
周打招前坠野望几欲心肉肉本里磨倍议
遇保树者上趣加闲之活运肢貌柔答
瑞喜最虫木驴重护旋面透破静的面
差欲滑排亮的雨河马人存望平士
秀乐毁遇几然之顶袋领息静亲亲
亲加乐过报加露马眉主量之亲慇亲
瑞撞的型部报之加士带存典基来肥
己伏钱分告梳研底眉况子记磨
梳的研一租研介循

Puzzle 444

素趾王大蝇水痛视尘爱得据伟演泽折瓜望惑想
因脚国重苍胶疼重灰喜觉占宏导光骨西有迷象

考宏觉毁西胶水恢释肉量近优毁想象人恢惨马噪光书雨碰人能趾运的间
衡伟建得瓜充电桌况携貌出远试遥基最携部先了真脚行领而
导演保心底慇有考摇祖龄复灰研露带四复因素里活性
灵子不部快有邀驱思行远里疼爱记最里自信性领而升
稳热眼特出从近伏自驱苦喜直安占据自信
噪慇宜迷恐栗察行秘息蛾号摇马则典泽面最平性
人项条恐噪马香远自蝇光里升热况决升
面护秘噪旋木父议苍思升梁灵面
透国王马高特素自虎镜里光况泽
底便权降因摇察绍了灵升最决
稻视鳍有疲得望增虎思人面平
视重大镜桌许高惊蠕有有灵性升
重情社凑苦介木考倍闲能摇决
毁社凑苦介木考倍

Puzzle 445

答桌典分区建的灵便饭坠欲的延桥恐透
理落因露的理皂饭根社权设考不远稻滑信
便理书能自行视许心误自部他保邀蝴醒的人才
自虑包信于灵想过理优碎排野梁信身撞远权
建情滑十己放视快理野记之驱绍建光增通页
视逮捕年空音分车决本疲草驱立苦身看撞眉出
高。灵香间苦鳍休记亮基动行驱水直闲驱望
桌木复区毛衣自议本肥上升书果不存事
绍复日平的书露人疲丁多视记高电出事
选属>袋特棒填草肥数高不马价存
不于虎近况重丁素书权稳报增
问出真趣士他牛欲摇多升权飞龄价
马动年心远撞野奶中数部马不报
直闲蜡虑蠕人延士情特观高龄增价
狐狸笔野傲马延士情特观

水果
相信
棒球
牛奶中才
谈到人数
的书多属
书多属空狐
属空狐的
空狐的蝴蝶
的蝴蝶蜡错
蜡错建立衣年
建毛十价
报逮捕

Puzzle 446

欲村区结理震露决静延飞村平况逃！车
巨大的了束撼领差议稻人活特延生增，直
眼持几循足乎坠带树撞运记因的保到
虎类破理够栏懒介豆碎便书子面羊苦最
磨看情欲升懒惰私项坪天动光差怖
复保眉试稻平恢马加亲延气书喜降能
望情释豆行小也先丁延音维损喜口考
不坠豆恐股动的填桥重语音解惊素亲
有自型思乎社顶特后通父存近况辣蔻
露根静礼举眼镜信诺木袖研余木想察
各方复蛾的亲祖遇快存保决泽漂衬
差野稻项乐坠趣饭袖本私蔻近蛋近
焕滑循梳祖趣饭保持亮虑滑本邀重力泽

震撼
重力
巨大的
语音
的羊
眼镜
维生素
，直到
小猫
漂亮
足够
结束方
各试听
懒惰椒
辣草坪糕
蛋生
逃天气

Puzzle 447

衬典事号书諾条便！复乐妖精危袖木稻
柔士猴件赂放股科的致面损面险肥性虑
望余子私信安休遥学命桥察破查肉己四
碰查乐桌于特顶思宽自自破查增肉约了
的乃社不不重平真幅观栅凑老香趣栏部
人息况惧于释镜袋条许条惨几不栏子
龄恢复特面型树野信延高袖酒皮信修摇
观复诺特区亲信察因袖过后肤可见摇
本諾邀请雨上的查乐通桥情出血迎绍虎
幸来心你自己遇观因桥面胶极则伏子
野碰破坏状便况真镜面里水限静面场
了恢热功便便真镜父余稳柔露马景
毁破环能慹的快高雪余类醒地子循赂
手机一份鳍于 稳 状底直

宽幅
尽一份
妖精坏
的欢迎
破命
的险景
危场限
极科学
科猴子
猴皮肤
皮功能
功你自己
你事件
事可见的
可手机
手邀请
邀出血
出酒后
酒

Puzzle 448

研究生
放假
的画笔
的轿跑车
衣柜乡
典型
再次
紧张
设计
联合收割机
三明治
通知
分离的
速度
竞争
疲倦
调整
洗衣
阳光灿烂的

衣柜分放龄紧阳数坠喜宜祖护虫通自
解泽离灵焕张光息议人不三从决的蔻
要趣的直复项灿自趣的画明伊最迟
镜邀蠕自栅洗况图复性灵治野噪
优乎梁瑞环主的远放得间出理理
乐项虫量活龄研究信身的研最祖
行信亮。几研究破基滑趣遥马过胶
联合收割机怖轿趣衬苦怖亲便亮度
再信克竞争了增通宜幸飞理
桥次差议露车约活知的木议便信
露视降电能事事上了究人型疲胶磨
几梳宜眉趣发的乡安自乃心
碎胶决梳光礼年飞眼袖类型亲信人
活自赂增露权人虫高栗本调整香
记毁乐灵于人虫的上野转伏究

Puzzle 449

活 解 修 填 心 修 鳄 惫 祖 规 类 人 驯 权 余 马 驴
从 信 重 蔻 紧 自 鱼 祖 音 觉 马 撞 车 情 见
己 肉 约 稻 旋 乐 也 更 亮 存 马 鹿 。 撞 娱
秀 龄 栗 噪 加 马 更 一 存 间 记 远 亲 磨 修
望 素 袖 瑞 解 娱 秘 信 能 摇 飞 年 后 休 落
老 安 瑞 镜 填 理 来 草 灵 定 见 状 镜 肥 瑞 观
醒 之 裙 毛 遥 身 情 远 部 书 延 高 口 木 脏 惊
研 着 子 考 建 坠 想 民 的 那 研 心 柔 填 自 乃
显 理 不 里 倍 蛾 快 紧 想 么 民 有 远 最 块 间
区 遇 重 露 察 下 信 差 徽 复 的 欲 启 动 惫 邀
迟 的 点 护 刚 出 分 快 稻 章 研 稻 驴 的 解 基 顶
的 毁 望 护 性 加 型 苦 类 见 民 答 有 子 流 私
自 社 主 护 眉 交 选 帮 领 的 持 乎 环 体
野 优 情 基 易 便 焕 噪 助 延 查 惧 伊 人

词表（Puzzle 449）:
一声 漂亮 更点 露脏 心块 的动 启鳄 农鱼 远民 那么 刚性 交易 流体 帮助 裙子 草莓 驯鹿 显着 毛巾 徽章

Puzzle 450

灭亡
迫使
很多
马克杯
姥姥
番茄
休息
火炉
姐姐
欣然
的内容
汽车保有
奶油
碰撞
水葱
大声
检查中
放宽
摇篮
萝卜

諾 车 热 损 赂 蔻 回 > 噪 汽 很 多 迟 心 克 差 衡
休 息 肥 欣 静 趣 下 礼 最 车 间 错 树 稻 视 究 伊
特 类 人 然 放 宽 惨 喜 诺 保 不 的 内 容 亲 循
而 观 答 心 貌 大 怖 番 持 况 人 举 摇 乃 远
休 保 恐 了 望 声 醒 茄 有 镜 泽 看 摇 士 傲
究 姐 书 保 迫 解 摇 士 查 安 信 篮 自 自
人 镜 姐 秘 使 真 便 自 木 带 水 记 心
息 趣 事 复 姥 研 考 安 增 马 下 图 葱 虑
衡 护 蠕 心 姥 股 的 来 蠕 的 亮 克 于 磨 加
存 袖 面 紧 子 书 惊 请 凑 马 杯 后 ！
底 四 思 趣 充 皂 循 毁 闲 灭 萝 区 理 貌 页
紧 日 破 情 身 虫 部 碰 充 亡 卜 远 有 人 梳
便 性 最 循 发 欲 马 填 便 加 领 静 复 私
记 检 查 梳 邀 区 损 四 奶 看 火 恐 的 理 顶
修 灵 的 想 错 眉 护 饭 > 龄 油 炉 趣 龄 摇 雨
错 通 先 他 碰 撞 观 骄 条
衡 条 父 他 状 疲 好 坠 平 村 了

Puzzle 451

究 村 状 紧 坠 基 他 自 灵 恢 口 定 自 桥 气 镜 肢
生 存 书 特 栏 丁 便 自 研 议 增 皂 身 欲 球 过 礼
特 姜 掩 盖 研 充 丁 面 遇 乐 行 特 年 行 考 建
保 书 素 许 旋 增 赂 高 试 行 野 栗 远 欲 心 研
生 部 心 赂 袋 趣 动 贵 平 。 冲 出 透 乎 的 发 蠕
循 摇 余 逐 磨 犯 信 保 便 世 看 坠 支 人 科 雪 布
喜 况 马 上 胶 栅 罪 便 肉 驱 记 口 便 复 家 几 惧
破 马 优 渐 草 的 饭 平 世 考 有 亲 恐 喜 骄 豆 定
磨 优 造 息 的 噪 梳 宜 间 父 车 视 面 虎 领 复 延
制 造 情 的 有 宜 栗 研 乐 村 的 试 中 最 飚 风 估
观 书 考 灵 解 根 眉 好 底 水 碰 释 页 票 电 评 活
然 复 欲 休 而 升 疲 泽 有 来 有 的 延 定 实 票 摇
苦 试 决 的 蛾 凑 闲 自 修 乐 马 伏 煲 饭 优 婴 木
风 险 答 的 蛾 思 闲 修 乐 马 的 伏 发 视 者 毁 真

渐 逐 险 口 出 造 制 风 飚 居 定 贵 高 觉 视 突 冲 姜 生 估 评 布 发 罪 犯 儿 世 纪 科 学 支 出 掩 盖 实 际 气 球

Puzzle 452

面 错 摇 伏 心 情 煲 水 滑 豆 高 增 主 的 升 带 惊
倍 坠 趣 不 于 衬 车 父 肉 虫 可 可 记 本 之 飞 桥
伊 性 肢 饭 野 柔 查 议 虫 里 书 灵 衫 源 之 雨
己 究 许 情 桥 整 开 记 眉 级 分 欲 草 人 他
办 公 桌 考 个 面 玩 笑 高 平 母 乐 了 撞 瑞 决
议 栗 苦 炎 情 私 量 数 况 社 类 转 选 人 类 转
高 信 难 热 后 机 决 升 转 复 紧 下 号 存
虫 性 活 普 意 绍 升 区 持 的 觉 观 回 步 口
热 错 租 增 摇 见 携 考 袋 伏 击 视 碎 骤 衬
乐 趣 于 约 梳 先 雨 秀 降 的 败 解 紧 近 票 四
高 日 乐 平 项 优 最 社 号 子 伊 心 厨 理 坠
余 袖 的 面 增 不 面 部 父 胶 类 似 请 房 醒 几
伏 衬 音 请 娱 高 士 放 请 最 审 得 近 光 他 间
搜 索 树 自 娱 分 本 议 书 举 动 判 研 静 谢
稻 露 回 甜 无 蜜 聊 降 定 磨 诺 延 身 醋 感

厨 房 炎 热 类 似 可 可 办 公 桌 意 见 苦 难 击 败 搜 索 高 级 整 个 决 定 普 通 分 母 无 聊 感 谢 步 骤 甜 蜜 开 玩 笑 审 判

Puzzle 453

野事图衡情情恢私持的解礼浓价重存行
余解举底保秘驴情撞能！服缩值顿手册口
亮智坠考发降发型安肉事高解日介皂举时休
保能下究的遇的有用花蜜解父充乃复建时复情
静绍介光数况车机乐的部惊貌理分休通素
图人完全欣赏窗帘煤炭之条信得素优条分素
填信转恐乐顶静肥型步观得最典保凑规填
号伏举有蠕亮运信保想伐察一护增见自
英发光远喜书要！袋权不远滴约自下有休
士语遇本遥项自热！伊摇典填信野规然排自
滑有正远便肉快智肥柔音书噪行看有紹的
傲加思子之亲祖慧趣坠增惨迟他绍皂的
降保貌状透明毁眉娱肉乃肉不试租增有
休父柔主自肉音增情得他自优礼增皂眼

观察
步伐能帘用
智能动机
窗发值明
价值炭蜜时
透煤蜜全语
煤花时慧
花顿炭有用
顿英语赏服
正完全礼缩
智的智浓册
价欣有缩式
的赏服一滴
礼浓手
浓缩式
手正
正式
一滴

Puzzle 454

似乎
盛大窗
风窗
失望的
潜水
之前
原子
到达
培训
时间表
胆小
大米某处
一二。二
他的
脚蹼
脖子
停止
，因此
西部

肥释信状股分区损肢驴惨休区乐定情恢
排肢书苦复，驱四西旋地肉豆举静秀野他
乐携肉转惨惧因信部议的坠权远的乎平
保携草飞差此复条面栅眉书时解时
礼环貌草眉欲二。静停决想解面间
充从之草降有一日止露伏日喜衡表
也之醒况似错动恐蛾然记潜特便潜
远蛾发介信衬源虎之领瑞梳士水水
迟风护心士后盛大骄前处从倍焕焕
栗窗眉性的噪快过到某脖运亮大梁梁
高觉的息情蹼源盛达脖运图遥米坠坠
＞复的要喜脚衬看社灵看桥香野延
车最出傲的蹼不记于虎驱＞息苦
而木老觉失车条先因驱驱安柔
培训醋思露优因记克乎息四

Puzzle 455

```
图 差 木 选 恐 灵 几 医 院 动 稳 休 胶 平 ＞ 苦 议
木 许 休 闲 检 平 活 己 行 私 发 同 因 里 事 信 股
乐 错 稳 外 后 测 恐 栗 镜 衡 发 情 排 本 父 记 优
信 趣 他 国 定 视 有 信 发 虎 自 号 人 热 权 飞
驴 近 水 约 坠 险 冒 乃 水 ， 而 不 优 存 日
得 诺 老 见 平 冒 有 典 壶 私 苦 倍 特 坠 心
定 好 野 出 有 除 香 语 面 水 老 角 自 苦 量
视 梁 鳍 定 动 外 透 句 看 饭 况 落 坠 高 究
放 肢 增 书 领 坠 本 特 保 高 能 醒 露 研 生
惧 保 威 休 要 部 究 顶 先 分 自 重 紧 请 梳
不 手 理 型 惊 人 议 肉 因 复 柔 然 不 分 村
克 套 型 遇 飞 重 碰 部 温 不 杂 的 心 错 延
平 升 今 衡 本 察 之 高 暖 股 理 考 士 碰
损 碰 天 醋 己 底 数 复 的 怖 孕 分 延 性
旋 图 议 约 丁 保 心 源 重 胶 欲 秘 泽 加 桥 怖 性
```

复杂
休闲
除外
语句
，而不是
医院
手套
今天孕
受同情
水外国
检威胁
温冒险
定角的
乐落
分析

Puzzle 456

```
娱 鳍 水 野 过 惊 基 通 项 傲 蛾 从 修 自 有 娱 信
首 脑 会 议 百 个 之 击 剑 沙 文 本 最 动 约 水 过
蠕 本 分 水 存 娱 间 衬 透 凑 塔 的 肢 能 加 车 袖
海 拔 源 自 因 见 趣 水 自 租 特 复 双 蛾 娱 根
口 心 摇 人 人 保 马 面 惧 近 市 年 亲 直 之 损 恐
噪 胶 亲 本 怖 幸 西 红 柿 撞 场 比 较 分 肢 人
因 不 分 发 定 心 遥 磁 豆 租 祖 自 况 存 乐 豆 差
事 墙 看 价 部 修 带 领 的 亲 情 疲 思 权 不
领 上 社 格 增 复 损 信 决 醋 桥 较 延 栅 理 安
优 情 远 程 绍 试 他 欲 年 恐 存 乐 的 生 行
社 不 最 肥 股 信 些 候 衬 苦 杉 疲 性 虎 面
倍 运 蝙 程 晚 时 木 邀 稻 衫 复 马 之 热 最
生 蔓 蝠 饭 眉 察 不 通 解 见 便 滑 骄 ＞ 升
数 考 肥 摇 量 租 信 近 静 顶 释 面 老 约
    延 人 父 行 请 骄 能 放 骄 平 研
    肥 傲 建 充 傲 项 柔 本 部     能 研
```

双亲
百个
蝙蝠
蔓延塔
沙墙上
首脑会议
之间
西红柿
击剑
的领带
衬衫
文本
磁带
价格
海拔
晚些时候和
市场
修复
比较

Puzzle 457

性	差	之	娱	基	惨	他	煲	没	便	食	用	民	亲	地	领	亲
保	研	选	灵	露	许	心	泽	话	记	父	士	噪	龄	不	望	虎
日	安	观	理	放	视	自	息	说	告	身	份	请	携	出	子	栗
娱	持	碎	图	凑	素	究	车	秀	诉	克	私	野	出	最	保	型
礼	型	柔	稻	请	艰	最	灵	蜜	蛾	沟	认	出	>	增	桥	肥
间	能	平	放	克	难	关	心	蜂	摇	通	识	权	快	最	坠	乎
的	欲	真	摇	远	晃	存	特	栗	几	蓝	铃	间	分	好	高	息
放	升	磨	息	醒	秀	增	记	自	典	电	静	落	露	奇	素	平
碎	衫	雪	后	秀	增	复	悠	滑	便	满	足	欲	望	伊	车	桌
树	人	高	驱	号	摇	况	摇	悠	领	宜	上	物	子	柔	直	赂
中	部	马	惫	定	虎	蠕	栏	的	下	本	的	保	种	毁	条	约
放	养	镜	自	旋	信	坠	错	焕	乐	灵	平	喜	四	有	伏	的
恢	光	理	定	信	先	介	桥	野	磨	便	村	蠕	惫	分	于	静
肢	定	倍	惊	貓	木	迟	真	夹	克	则	量	自	愿	许	诺	损
苦	父	发	碎	望	己	稳	父	音	间	衫	根	通	蔻	赂	苦	损

蓝铃
食用
好奇
身份
便宜的
夹克
满足
晃晃悠悠
自愿
认识
放养
关心
民用
艰难
物种
告诉
没蜜蜂
条约
沟通

Puzzle 458

自行车
独奏
澄清
片段
路径
提醒
优质的
灰尘的
长颈鹿
扑通
壁炉
中心
避免
在时
投票
雪花
联邦
说，
一系列
谦虚

说，	伏	先	活	肉	树	泽	喜	提	醒	保	介	澄	便	事	里
光	类	介	袋	丁	考	请	自	看	伊	老	醒	清	恢	乎	觉
怖	过	梁	面	时	喜	人	了	研	马	便	转	的	高	充	肉
片	段	约	研	自	一	源	他	柔	动	程	虫	循	介	安	热
秀	先	稻	车	行	遥	理	区	携	解	号	龄	稻	袖	宜	亮
眉	息	礼	倍	车	信	图	虫	情	摇	投	票	远	路	草	口
加	坠	便	破	骄	了	列	长	撞	祖	光	记	蔻	径	口	鳍
延	。	光	避	乐	本	生	的	人	复	紧	子	主	信	骄	书
镜	修	壁	免	自	坠	野	机	损	充	乃	能	信	肢	书	热
子	栗	炉	情	驴	磨	想	年	颈	乃	欲	的	电	性	梁	梁
好	子	热	衬	蔻	然	便	草	鹿	灰	联	面	票	查	类	类
蛾	填	里	自	惊	了	摇	衫	恐	尘	邦	桌	热	虚	决	决
祖	秘	桥	从	生	摇	豆	中	露	花	主	醋	谦	部	静	幸
想	摇	观	栅	紧	错	热	喜	人	蔻	的	型	优			
便	好	请	自	答	龄	邀	静	于	奏	乐	雪	马	面	部	

Puzzle 459

公皂汽研发便源雪静毁想进得蠕平考娱
鸡状信油送理摇虎出。欲行规中请年活
肉人自状事骄瑞活作加不检典人考有循
煲灵摇携高士遥解操复素验谨亲苦破研
雪貌稳素记安静的最近秘谨醒遇余况查
球肢信转增自眉衬飞＞泽后木伏研好地
重动修看批趣眼爆亲自性直稻况查自灵
开无恐部处发几飞乐发热稻根傲保灵鳍
启效平倍理闲子驴延倍擦根香子了欲
野怠柔面也近貌面趣则洗底私保便
心！不露充龄他趣直自面眉间香袖
几研遇能骄类基填眼碰粉野安私
惊子袋里规乐树数眼木娱撞分间安
透本号规量排股规自瑞情能紧于面活的考

最近
的操作
也不能
汽绘画
无野效心
公进鸡行
面谨粉慎
检发验送
安开静的
儿批子
雪擦处理
爆发球洗
发

Puzzle 460

迟龄当然的上桌充试亲眼于面眼区约有行
貓飞棚音乐士填傲乐子的好最亮主生＞自野
飞不口泽豆村人滑惨解貌傲口主惧肥转的
复母鸡！信发镜视许试汽后从闲书凑情
柔防看娱秀考园丁降面秘车租然热的疲
老止落定于马园释第一不第有视书碰
相激领入动碰释灵余安存镜保权
相毁怒心伏单便优旋带本能数
反底苦请循要野心乐人而野够坠
貓观欲信议平皂探乐建肥最释＞
回放飞存肉士答讨乃视标之数不
雨下下恢貌权吧蔻木冲他飞遥
便研车镜直野分煲击政不马
音复的怠分喜欲远惊视策先的
栏醒绍的源配恐里恐衫特紧不的遥

酒吧落分最花喜相激冲政母当防能单最第探汽
吧入配后园反标怒击策鸡然止够元好的一讨车

Puzzle 461

信 有 奇 亮 亲 最 坏 的 增 加 傲 摇 乐 心 衡 摇 伊
任 务 直 迹 修 持 活 信 木 充 性 私 蛾 远 情 泽 人
泽 程 醋 傲 生 栗 动 父 部 趣 倍 面 损 木 区 的 落 车 宜 丁
磨 判 快 生 领 蔻 貌 保 自 私 倍 大 迟 视 书 昨 天 子 香
栏 批 先 礼 惧 快 租 典 则 部 高 袖 坠 怒 焕 护 根 最
己 的 转 热 受 害 伏 伏 要 观 木 乎 绍 能 转 露 栗 循
然 灵 型 特 带 者 定 生 放 老 复 城 便 请 填 试 鳍 梁 马 面
的 碎 保 规 的 个 人 喜 城 古 社 趣 基 镜 加 花 惨 增
来 惊 噪 特 本 延 口 条 破 煲 董 恢 事 许 思 乐 亮 镜 有 延 驴
遥 数 议 的 貓 加 肢 摇 灵 衫 蔻 露 驴 蔻 灵 鲜 花 面 迟 排
他 保 动 村 摇 本 来 摇 苦 瑞 便 约 豆 栗 然 作 于 类
保 也 展 示 礼 加 行 飞 条 近 远 便 村 画 礼 傲 本 护
增 有 理 间 饭 坠 豆 套 索 风 筝 肥 号 而 诺

增 加
任 务 批 判
的 奇 迹 董 索
受 古 套 城 市 迟
最 坏 的 延
的 热 带
大 怒 香
丁 昨 天 筝 画
风 作 的 个 人
鲜 花 相 互 作 用
展 示

Puzzle 462

信 > 复 监 碰 许 身 驴 乎 疲 转 怖 喜 行 衫 士 傲
的 营 养 欲 狱 伏 人 选 信 考 区 后 坠 秘 面 安 >
倍 滑 心 型 素 好 社 动 口 域 携 绍 草 醒 地 理
胡 萝 卜 排 息 的 马 香 也 的 惧 恐 情 坠 伏 安 填
礼 加 桥 处 从 行 循 热 存 程 坠 绍 不 股 自 恐
介 数 本 乐 他 柔 分 草 己 活 位 恐 底 明 虎 心 复
而 页 图 光 本 秀 今 晚 的 热 定 表 不 碎 远 野 了
型 虫 乎 袖 欲 喜 音 区 摇 露 本 己 肢 瑞 错 心 请
究 坠 骄 能 心 情 动 协 灵 马 了 乐 栅 心 树 自
携 持 便 碎 建 协 议 助 行 水 好 解 惧 骄 况 回
惧 闲 急 研 人 余 日 牙 状 刷 露 议 情 栅 望
土 复 于 究 络 伊 的 许 运 考 借 给 乐 子 希 趣
豆 典 四 过 衬 之 书 考 定 看 携 他 门 远 究
趣 环 幸 复 傲 介 飞 心 数 日 查 急 带 号 请
生 木 梳 倍 > 草 透 领 煲 洋 曲 露 幸 机 高 碎 请

胡 萝 卜
借 给
定 位
专 门
的 希 望
协 助
网 络
监 狱
今 晚
协 议,
卷 曲
表 区 域
区 牙 刷
土 豆
情 况
海 洋
研 究
的 营 养
急 于

Puzzle 463

```
复 身 有 研 木 碎 马 趣 諾 木 结 磨 损 自 况 究 亲
解 面 肉 发 事 于 特 本 虎 构 最 惊 后 况 答 的 基
摇 子 真 碰 藏 红 透 年 龄 龄 思 况 的 瑞 的 量 人
考 不 的 有 信 红 持 延 后 碰 眉 不 远 能 情 欲 息
本 破 租 项 从 礼 静 花 奇 滑 实 读 看 娱 有 衡 欲
快 赂 选 底 木 蛾 栅 怪 紧 雪 验 书 热 信 驴 地 木
包 高 犀 况 考 介 灵 貌 的 急 欲 亲 觉 落 查 具 具
括 秘 牛 得 修 车 究 信 祖 人 旋 不 自 道 不 体 体
议 护 肉 考 充 露 直 举 宜 优 研 举 味 延 举 面 页
察 眼 指 延 分 虫 上 事 来 区 分 滑 有 重 碰 碰 碰
试 乐 望 特 伊 足 升 项 怖 诺 子 远 几 密 释 面 便
的 独 远 球 特 升 乐 分 错 丁 便 倍 静 集 间 观 况
修 通 毁 豆 记 乐 特 子 村 雪 动 香 真 释 面 的 量
龄 透 底 号 貓 本 的 雪 延 延 生 静 发 望 香 社 况
肉 露 碰 礼 想 优 于 排 出 焕 静 面 望 惧 的     量
```

味 道 上 升 体 具 的 独 立 实 验 犀 牛 奇 怪 的 读 书 结 磨 足 排 包 藏 分 指 年 密 紧 事

道 升 体 独 立 的 书 结 构 损 球 出 括 红 花 子 望 龄 集 急 项

Puzzle 464

女 巫 可 全 口 由 如 何 疯 狂 的 倾 斜 惩 罚 授 权 版 本 丝 雀 金 幸 最 福 惊 讶 春 天 自 身 拘 捕 倾 向 于 镜 子 整 洁 的

```
春 天 高 根 型 遇 区 情 他 上 源 基 皂 金 柔 类 绍
稻 股 过 定 人 里 泽 焕 息 人 惊 后 丝 趣 鳍 则
保 真 亮 热 碎 遇 存 梳 的 护 邀 根 滑 苦 雀 亮
惨 露 最 平 噪 透 自 近 拘 捕 根 老 社 根 碰
下 怖 安 全 理 女 由 惧 的 皂 转 斜 。 向 于 性
他 稳 乐 因 的 巫 最 旋 因 如 人 倾 存 袖 撞
整 洁 的 皂 安 情 后 行 他 数 子 何 口 许 排 保
过 祖 生 了 自 乃 子 增 版 镜 决 祖 可 虫 透
究 面 胶 肢 行 恐 娱 好 本 发 不 回 衡 面 主
马 露 便 数 透 股 幸 福 日 究 栅 延 领 惫 丁
碎 护 顶 滑 人 撞 心 图 运 条 了 宜 请 日 排
记 碰 光 号 惩 程 区 老 情 延 权 口 闲 了 亮
梁 保 马 了 士 疯 狂 静 祖 充 然 降 滑 转
豆 他 通 罚 惊 讶 程 的 旋 噪 镜 下 龄 社
有 木 醒 规 自 转 授 权 情 人 动 蠕 邀 思
```

Puzzle 465

本一目了然舒肉祖静余加的醒休栗肢恐
恐衡军动观适典有虎喜出伤地熟悉行只
的破人伊龄摇能绍稻树眼迁害密觉马动有车
通金的出贸紧解方树眼转移封树人乐乐
底奖子静易决案议类香则地理然摇来
望绍解介修鳍煲则露租图然租介见
息区重的不议闲栗存远心光车保飞皂
肢请私露疲光之姥爷积重他磨快阻焕过
伊惨碰骄香年荣袋觉见通出悫倍坠
资源闲欲第乐坠极通远梳信欲
雨>静驴十议梁然>邀远惨重情遇栗
的安数从衡礼平士推出亲重动有请煲
试子研想傲泼妇马部领从稳人请然
的考项自心伏野人权蛾区镜稳人请升

舒适悉易爷止然
熟贸姥阻第十封妇荣有目了然
贸密泼光只移军方案
姥第一移人决
阻密军决方案
密泼的金子
光只迁出金伤害
迁一解金害
军解奖源
的出极
推奖积
的
资

Puzzle 466

列表
未来
小苍兰
颜料
详细
重复
郁金香
噪音
清晰
伤心
红色
表面
公交
水平
联合收割机
马克杯
受孕
路径
最后
自身

飞马规趣醒也乐老路直有况克循保最的
子克马碰幸袋查发径情有心优水父欲后
解杯马驴欲了答欲水远源人请表面升的
马型究马乃心饭红量分虎热试木记
胶本理联合了喜郁车色颜料水平桌破>
释远于列表真人金香趣村来惊
桥喜便最人驴举本他先护未来
乃眉最降视眼的增行回露过遥
伤清紧社蠕摇心坠特桌蠕野
心晰邀详细噪秀动树面息灵
惨于动素安音坠特自恐量远小
息桌研坠稻况诺恐复直苍
人上重觉顶查高便复静兰
四遇复看蔻老书不余煲稻情
因票复状衫最的透的年身转带木日

Puzzle 467

底 况 望 祖 下 之 部 领 的 乐 热 村 疲 。 排 惊 环
研 复 人 性 貌 升 本 便 日 音 底 信 号 的 袋 直 栗
飞 心 规 身 蠕 而 乃 社 乐 梳 傲 > 之 数
滑 衬 要 循 图 迟 驱 典 之 谈 诺 研 毁
解 基 从 间 凑 磨 西 扭 充 眼 论 他 私 解
复 疏 散 平 约 肥 兰 动 填 木 行 则 赂 飞
鳍 乃 复 他 车 伏 花 类 出 虫 部 赂 不
书 请 地 理 食 急 剧 摇 他 规 从 票
笔 水 纠 的 升 马 的 处 趣 心 修 蔻 延
记 娱 结 趣 记 有 秘 好 宜 乐 闲 柔 醒
本 野 发 讲 述 研 试 答 的 稳 议 木 高
野 的 电 保 理 飞 四 滑 幸 人 稳 携 惨
木 惨 书 伏 生 页 通 思 权 不 领 驴 放
许 延 露 情 音 栏 父 远 号 直 剪 木 礼 假
素 貓 饮 料 蜡 烛 破 觉 镜 皂 复 数 发 休

笔 记 本
蜡 烛 散 刀
疏 剪 论
谈 讲 述
的 西 理
大 衣 乐 花
的 扭 好 处
制 饮 动 定
急 纠 剧 料
移 放 结
休 动
食 假 闲
用

Puzzle 468

衣 服
单 独
合 作 伙 伴
答 案
包 含
恐 怖
不 稳 定
聚 焦
洋 葱
停 顿
的 关 注
列 车
兴 趣
周 到 的
兔 子
狐 狸
猴 子
极 限
今 天
关 心

动 保 皂 柔 上 亮 性 不 士 中 列 马 延 飞 素 坠 梁
区 丁 水 亮 里 醒 护 便 息 坠 车 加 肉 视 本 延 之
解 洋 的 雪 转 蛾 磨 过 摇 则 水 的 聚 镜 程 护 丁
答 葱 露 因 信 泽 延 迟 分 增 错 修 焦 复 肢 毁 从
不 柔 特 衬 袋 最 蔻 狐 降 蔻 泽 伊 野 今
望 稳 飞 理 情 骄 号 优 狸 余 克 马 破 眼 天
最 地 定 鳍 有 的 通 有 情 保 状 况 雨 安 噪
合 乎 究 数 恐 人 趣 许 性 服 有 的 单 幸
作 举 恐 回 兴 研 周 到 的 衣 己 滑 独 底
伙 极 保 行 思 丁 部 程 心 停 不 镜 的 关 袖
伴 限 遇 迟 豆 马 量 通 娱 自 衬 注 人
于 看 建 焕 最 袋 克 特 典 欲 车 不 情
恐 愈 猴 秘 音 子 赂 源 肉 权 先 研 性
复 怖 子 包 记 便 见 桌 答 案 号 噪 究 复
条 胶 兔 含 研 见 桌 答 案 恐 人 运 醒 老

量 的 骨 望 释 年 栏 情 凑 觉 股 飞 从 。 蛾 机 宜
好 中 。 架 要 望 日 部 亲 镜 动 加 父 填 发 特 复
信 机 人 泽 恢 请 情 源 重 量 复 近 亲 的 人 页 眉
地 乎 平 分 丁 重 乐 克 放 基 便 子 惧 热 热 > 热
周 父 保 摇 热 加 自 来 中 想 化 妆 源 遇 从 的 议
年 保 了 环 桌 过 几 书 长 飞 素 桌 研 之 镜 热 水
骄 倾 向 于 乃 车 灰 同 度 反 释 便 关 时 香 性 胶
灰 部 究 尘 蛾 飞 相 委 回 坠 素 便 系 得 日 况 碰
部 放 亮 桥 升 下 修 之 考 释 规 最 泽 乎 型 > 静
放 子 破 的 进 入 苦 会 野 欲 皂 惊 租 活 便 袖 的
亮 怖 求 心 自 滑 落 社 遇 迟 高 最 惊 欲 通 票 远
子 破 怖 求 水 ！ 飞 区 机 遇 眼 典 记 信 蝠 读 息
破 怖 求 水 ！ 飞 草 社 股 醋 平 便 信 欲 得 租 情 通 傲

进 入 会
委 员 忆
请 求 记
周 年 度
的 架 量
骨 化 候
关 系 同
长 重 尘
气 气 时
相 相 尘
大 灰 的
蝙 蝙 反
蝠 蝠 书
在 读
灰 向
相 于
倾

存 先 研 > 觉 > 出 过 皮 察 书 疼 了 价 圣 树 自
加 己 飞 娱 不 鼻 水 机 肤 出 理 痛 格 诞 旋 梳
惊 租 环 毁 票 选 子 源 老 损 马 豆 木 的 的 欲
究 考 优 子 数 充 坠 北 宜 恢 情 有 存 条 落 介
野 视 规 夏 状 解 图 极 增 修 增 解 喜 先 透 饭
喜 源 露 天 栏 龄 撞 幸 平 类 带 驴 破 高 租
貌 损 快 的 娱 况 股 镜 衬 坠 放 最 幸 福 栗
王 室 远 树 考 木 人 滑 自 绍 欲 驴 高 的 苦
信 机 衬 分 静 日 饭 饭 况 优 肥 一 亲 凑 乎
口 己 加 入 幸 他 毁 肉 电 望 乃 学 声 增 士
恐 口 不 情 况 闲 野 。 则 煲 延 过 栏 快 子
名 玉 > 降 幸 人 豆 释 规 心 夫 得 摇 主 落
词 米 邀 丁 情 坠 惊 真 梳 虎 人 行 直 的 建
信 解 宜 保 况 之 排 要 察 栗 的 马 他 类
毁 谦 虚 苦 降 排 他 生 豆 面 桌 望 公 定 典

夫 人
名 词
贤 人 天 的
夏 北 极 室
北 王 公 路 入
王 加 学 鼻 生 子 米 径 诞 痛
公 玉 田 圣 疼 皮 一 价 谦 情 况 最 幸 福

Puzzle 471

想子的出的充出基娱试喜坠马约
静充乐弟四便野情也！娱生欲栗年
先保号定兄性镜秘源基项议行坠研
查木的考内容电类研焕了页回余理
况充足的灵子摇机有下平了性活惫老
恐的了紧地滑摇凑查礼摇条事皂梳木
远赢倍损滑肥条休噪股人维望闲余趣
息运惨坠项本直循书上答。乎然素不高进
他既高远面试现行实眉趣领迟活诺野生利润
请年桌野吸引力股傲子信真正的的领近
看循娱建信力野放子
观自热的胶野股便放子信真正的近

男孩带野法书吸行现充足真成的利邮赢维的可进
孩来生院书记引为实不正长润了生素内容可可
行

Puzzle 472

小说
牙医
肉桂
谷仓
沙堡
成功的
定制的
机关
称定
美国
时钟
退出
规则
学校
汽车 保有
火炉
制造
观察
除外
自愿

区桌退出带虫木顶火炉饭
循鳍自伏飞平人亮请驴皂美的
觉远项愿稻升肉书惨得领国野雪
制造错信镜本社遥牙学带汽车租于高欲机
根亲本研情最先汽车保行状欲循
保请苦约栗因衡本复年约过情稻
自动请称定机摇遥信自虫成肉桂制护见书
心怖谷仓定机苦有自地木了成余豆制定下摇
时仓钟静约则灵诺升欲电便保考欲不热余息票
身持机关龄落的静袖摇沙好欲破修胶增视灵
幸外观填士循页水中说皂考不克增远出
除>驴察租类规直小下行噪最出桥恐
上肥自己则分行！秀远程不理增木重顶基
电过恐程不理远增木重顶基秀桥恐

Puzzle 473

之前情绍肉柔便恢亲桌平见升他父保趣证
桌滑袋克豆自循保栅自电丁野快鳍社证衬素
的杂复部蔻考环况好则疲决有肉源素过人
行遥赛储备骄最解情泽肉议信丁木破惊迟
为回跑雪况反的条＞有疲间虎趣排可平许延
老情肢香摇况来异数动雨己看根高理延诺人
分木香野醒他桌眼梳几热野摇理凑举袖考复
修填醒桌情私闲！泽行欲视瑞镜静约社坠撕
树热他眼驱磨升＞蔻所身娱撕遇介高秀裂
租他票情私驱举明蔻需领视镜休裂约介股秀
根面马趣有己显口饭需领视经常趣骋面礼透
自袖协议，

明显
有信心
经常
循环
赛
驰骋
储备
的行为
复杂的
撕裂
肉豆蔻
边缘
反过来
保证
所需
特异性的
可能
骄傲的
之前
协议,

Puzzle 474

仍然
律师
民主
机构
沉默
药物
拍摄
男子
职责
侵略性
牙齿
拒绝
完美
梦想
显著
打招呼
想象
放宽
受害者
的营养

豆柔加觉沉滑自的本类飞邀答摇则怖选
环保增答幸默虫镜本选士虫而号见优亮充
察护四余典驱马典拍虫慘然便远碎四雨
特本休衡部亲顶美男律拒动觉机摇礼
信量保野了升完摄部师绝中状野发机构
。显侵略性镜事梦想放不行蔻发机瑞貓胶
摇著动考下趣象书宽旋降马亮亮飞疲
规能飞规的营而驴复车受型貓摇
特胶复貓的了因水素人疲害诺野醒
职栏热傲不父牙灵镜害数柔礼通答
研责身骄惧齿透己本放约充乐复
几民的丁泽见得灵释本放降驴诺人
复主然撞机醒宜瑞议马招药
填填究类近仍然建几克循呼复
面了袖怖远香远得邀克的袋远人本物

Puzzle 475

情稻露文化欲骑自行车热鳍的深浅摇亮
参加的增欣人上解的出乃骄磨许有充安
碰存老机社岸丁年的重后的解上礼情自
则自评野中类的而透高延疲里貌了滑情
焕真出价接根膝放分状书飞胶飞雨快自
毁出明乃从近盖视特来议摇本复音疲情
透乃年底精宜之亲近怖数惨露遇谈音快
桌排究建度一顶分怖思息基柠到要机的
带胶便情木有最钱情遇伊檬最试宜社最
图飞升灵马本克柠型基型摇恐规许高
醋决碰转紧木不型檬伊坠辩论摘许灵量
梁存桥便雪亲欲口衬雪增出顶醋 > 要坠
下蛾便想快基排权增苦部基通素喜灵间
摇行灵的树还记雪部的虫娱降袖撞
因木复娱迟木原虎蛾基通素喜娱

辩论
骑自行车
聪明
文明
岸上
参加
接近
膝盖
柠檬
正礼貌
真有礼度
精摘要
还深浅
的评价
一分钱
谈到
欣然

Puzzle 476

惧 > 得查情重牛莠保光饭马小数加栅情
主转眼察降然恐亲觉而荣音赂研好重自
数 > 定远马放误人高介栗日凑身木的许
扑梳情保幸梳差伊诺填秘自稳自回自
通权自野释野通修真野考人批木面快
类不定栗人有骄行木包特滑判不乐
许雨了煲虑差汉堡凑肢人平宜
信娱设己过骄马诺执投马了马亲一紧
信设栏计伏根撞书复延栗噪许直凑
任之栏书傲究实近转胶余携撞煲
之光柔顶请携生不面推栏研素虫飞
光的然身克区答伊 > 肥议的克事护龄
的克从身通信底紧部程数亮护音止保
克状露了梁遥坠回 > 稳白音止通
疲状书平情权优转碎雨情有自信秀的喜

堡包
差色
汉误
白色
执行
信任
牛莠
紧凑
一直
小马
批判
小数
推迟
设计
研究生
实际
停止
投票
扑通
延迟
光荣

Puzzle 477

```
> 动 上 亲 动 驴 复 充 醒 通 马 趣 保 摇 面 升 地
野 典 理 论 诺 伊 香 感 情 典 透 复 解 面 梳 思 延
桥 转 也 伏 真 状 稻 胶 查 心 闲 错 最 动 灵 乐 。
好 然 介 最 骆 蠕 草 飞 错 高 举 草 类 飞 娱 电 保
乐 增 袋 野 趣 驼 息 数 基 记 少 本 心 雨 去 木 究
量 觉 望 直 延 恐 蠕 赂 面 减 释 > 便 最 除 撞 亮
余 宜 侈 品 理 香 怖 类 眉 静 过 人 环 理 区 了
奢 侈 本 热 性 发 面 也 诺 因 能 胶 人 滑 望 邀
恐 乐 之 皂 属 布 况 栏 人 望 音 素 傲 因 一 动 解
乐 亲 梁 风 里 喜 自 瑞 眼 来 子 撞 个 真 秀 许
野 社 里 基 信 思 而 页 高 乐 稻 要 马 联 野 祖
底 乐 基 高 恐 未 能 升 定 书 鳍 存 马 系 许
地 情 年 摇 贵 凝 视 忠 稳 肉 邀 环 本 灵 饭
的 小 子 勺 马 镜 页 诚 的 事 > 电 乎 露 灵 祖
```

竖排词语 (右侧):
忠诚, 高兴, 联系, 感情, 减少, 凝视, 未能, 小子, 骆驼, 稻草, 理论, 去除, 奢侈, 一个, 勺子, 属于, 发布, 高窗, 风炉, 人品, 贵

Puzzle 478

左侧词语:
有趣的
伟大的
差异
轻微
三角
出色的
冰箱
民族
虚拟
细腻
担心
模式
作家
大部分
鳄鱼
窗帘
智能
，因此
自行车
推出

```
理 惫 > 自 差 答 肉 他 音 远 飞 桌 思 书 重 作 家
冰 箱 的 行 租 异 老 了 携 得 欲 摇 瑞 镜 记 释 礼
窗 帘 举 车 破 便 视 究 放 试 瑞 票 条 考 股 瑞 建
伏 量 木 下 担 也 差 秀 之 活 充 马 解 幸 人 微 因
心 秘 不 惨 心 根 趣 情 子 自 本 保 鳄 轻 快 究
情 存 四 重 民 智 能 四 蔻 察 骄 栅 鱼 心 解 能
图 伟 毁 书 豆 加 噪 灵 底 区 蔻 饭 肉 考
摇 大 。 推 大 族 乐 页 娱 马 况 幸 看 有
细 的 虚 出 部 因 此 情 动 来 考 约 喜 增 父
稻 腻 拟 醒 分 梳 他 考 衫 碎 雨 木 情 租 摇
发 热 私 视 摇 高 信 自 加 面 草 骄 议 貓 顶
紧 鳍 规 灵 三 子 情 解 最 摇 介 于 的 露 地 本
祖 性 落 摇 角 条 > 丁 平 蔻 模 子 面 赂 肉
的 醒 然 子 本 身 基 紧 滑 恐 式 差
恢 视 来 转 理 分 骄 出 色 的 趣 娱 毁 考 貓 研
```

Puzzle 479

多本请于木情绍下灵旋士特平礼过傲己
建次四乐面栗究发饭秀木露护差情雪。
型里理蔻了查露驴便一见闲骄建肉类时间
能了股静诺直丁士回滴醋喜眼放身决便
持光记机护排的摇研远毁怖信喜满足护惨
高图醋数面虫研摄形状略缤亮上的一切服
信落>泽基灵苦查平像头纷马恐乐平野考
考思车乃事蠕观娱虫不久排子重要民醒士坠
任何人息紧胆小自数况的的子恐乐平木不护
根增蛾降迟毁直马饭据桥基栗醒邀滑
程于桌不树的不答栅豆顶基子栗惨教邀好
察疲赂排得好社素存肉栅顶基鼠标趣育
办高究数车复性雪的野音基趣鼠标趣育
室的本携复性雪的野音趣鼠标趣育

的教育
鼠标
的一切
任何人
明亮
多次
时间
形状
不久
摄像头
办公室
民俗
数据
肉类
缤纷
的一滴
重要
服
礼
胆小
满足

Puzzle 480

分钟
北方
的发音
菊花
捕捞
外观
欢快的
的鼻子
雇用
有轨电车
香肠
队伍
的专业
驰名
的数据
妈妈
追求
无数
足够
办公桌

办外驰队之疲租查子私携遥业专的快欢
公观士名伍便虫股特坠中栅的发电热
桌填肉水有轨电车请遇栅车思音桥滑运介
近貓况坠伏草子况数答子蔻他雨灵图
！保雇先蠕放的貓平信的选察书惨身
摇凑用基解肉鼻理礼绍光要瑞行口树
社运龄四遥考子定的父则北衫信
保顶研环光身分护出子自方惧摇
的顶年袋请貌优地泽诺乎雨蠕电
便数放先身人肉磨条四觉丁从
树真据真之解则觉最分图特捕袖
过克差修桥复妈定休股典捞菊
高口欲恢环梳妈摇乐钟香研花
蔻坠饭特不豆便议解追北肠考究
静草旋解人老环的号举远损傲

Puzzle 481

社 装 议 灵 后 恢 最 热 请 假 天 使 计 算 器 晚 己
区 配 图 护 不 鳍 秘 存 增 便 机 桌 察 持 祖 保 饭
身 肥 的 有 > 约 解 地 便 村 栏 袋 通 决 加 惫 社
回 位 移 约 号 保 各 后 人 有 野 思 知 复 电 秀 情
争 持 网 球 源 礼 降 后 医 雨 木 灵 惊 然 溜 数 存
辩 得 高 虑 老 降 静 项 药 规 增 瑞 望 坠 自 村 行
升 邀 虑 行 部 教 升 身 行 车 理 静 蛾 优 醒 冰 下 星
决 亮 急 有 怖 信 练 花 费 许 建 请 特 差 鞋 远 便
了 心 蛾 先 信 磨 栗 降 皂 书 因 面 要 树 好 持 人 子
饭 灵 不 记 得 桥 。 情 地 胶 举 人 状 号 自 转 望 复 地 栅 趣 木 柔 泽
栏 余 貌 自 近 自 察 典 子 回 稻 乐 倍 稳 马 本 不 顶 看 蔻 看 柔 泽

Puzzle 483

时滑安带碎赂图子高思的的素视充最机
马间宁类趣行伊电匹然的思肥子飞出惊
焕噪表复貌的能后柔配驴士趣口眉衫口情心面
约条过租况旋数生伊豆傲>数眉持自考野
驱近热安项保娱源伊类人冬出木丘不页
鳍信摇泽解书电凑惊青毁源快余比保眼音释恐
真脚。亲镜的四举的士乐恐保特能存参动恐趣
当。面栅。主然而始几终马己安的人与露放
前况孩栏梳本先伊自马自的己树旅馆丁
。使理不请袖解老真几紧安平面转年部灵
有雨用加透然主真木紧破面发而几泽倍
真复发便特解究充洗权心几皂上的本先
不雨面研镜查上饭乎>马间领车上的灵

配用发前终者
匹使洗当始参安乐而
使洗当始安几快述比
洗始参安快孩然音上旅特
参安几快孩然音上丘馆
安快孩然音上丘的栅青
快孩然音上丘的栏蹼
孩然音上丘栅冬间上
然音上丘的栅脚冬时表
音丘的栅冬脚时墙

Puzzle 484

最大的松鼠来请保研试乃从紧马有选动
粗行私伊的亲乐栗得醋柔复循体马保闲
驴鲁诺情子坠虎运好栅自规奏育请介祖
导工作存况向丁伊间怖子蹈韭望诺基肥
肥向眼后自日他薪人矩菜况填性醋
欲碎后性保葵薪素出许况身望经肉
克情虫环飞获增惊的喜听区自子
解坠马查透得图得恐到稳苦他
生不然活飞草加克破真修灵蠕
柔最请思得村特马的考本的
栗自祖闲骄衡音野息回情事
最恐最的伏桥错袋持肉电
延亲灵惊乐查复苦解牛亮
恐饭出选明梁选机奶
>秀考本修介请确分发动机趣碎

牛奶
灭绝
有时
工作
循规蹈矩
获得
松鼠
奏请
听到
韭菜
粗鲁
醋栗
导向
体育
薪酬
向日葵
最大的
明确
经营
发动机

Puzzle 485

的下介亮远声音摇视碎父伏究错图机也
香蔻邀上行信捍差试想苍几喜娱老苦私
人落焕＞释音卫远过情鹭解迟爱降行坠信
平桌袖特本紧村得野亲音动马高遥碎壳中
的心保水错主不坠行投察况从落中傲栏有
马放循摇闲领蔻泽先入本龄外遥的皂栏沙
自迟！面近父乐亮见书傲升恩车升从心塔
赂望磨衬循柔便距的先傲升爱遥外通稻于
带增煲循很蛾便离运亮出情桥社权怖休虎
桌肥貓趣少决地词的模血环碎票的虎票欲
滑研型程了！音的说拟间增社饭丁桌
趣喜老乃的平类说，租主证碎马桌
惊马分光答休乘眼证饭想马丁
瑞然自机自记水想据撞据
领桌存环＞释持。法撞想

很少 外壳 主人 证据 恩爱 投入 错过 叫声 模拟 乘法 苍鹭 距离 声音 惊喜 词汇 捍卫 喜爱 出血 说, 沙塔 表

Puzzle 486

基金
火鸡
敌人
高峰
正确的
拓展
方向
的脂肪
总线
吃饭
细节
披萨
警察
状态
评估
搜索
顿时
手套
发送
海洋

恐的桌丁好敌亲袖票摇根日从秀驴特栅
草条礼＞栏醒人细虑于况不树露信＞而
破傲年保欲选自有节先租上差决充苦持
保理私研便礼搜究手带树远苦思得解本
理总身乐面恢索增套分过心数肢海虎
子线自醒请研动间喜摇雨充欲洋书
的状皂衬有运保稻蠕举倍顿释幸日
警态方方延特带貌真灵时信火数
察雨静鳍来答机醋绍部蛾邀鸡柔
信私肪人乃底口肉峰评基虑
！持脂充带闲望恐约估金欲
正确的解理鳍落送梳要飞排
旋桥祖音数差研伊撞栅马的
木桌吃考许然约肉镜根
之持眉饭能梁安充磨顶面研

Puzzle 487

老之试的毁坠恐余憩亲保究老年憩解紧提醒
护第直礼过放信发本也研鼠的文章错电落填
见七查便过能介毁约转后究间量思赂最落填
定运旋数中落有恐修！持了回礼磨自梁出子
票环人大碎心乎损试亲持本的净撞高虎四煲
他部老象来乎来画伏持喜干近股度惊来眼透
疲越发射栗眼况眼趣礼存信近驴复运！透有露
存来直平看然行中修貌私本口充转情度眼欲柔
升越乐书驱直便思保面信型龄年况恐露透树
决亲肯苦举遥中本远信下摇蚊心欲动透欲
的透定安秘见思远苍镜西下持不子建肉循
鹋爸人很好介椭形蠕西持士研貌克肉
乐基基从好的圆蠕直情研貌宜克建循
和平惧部秀形
好倍从

椭圆形和平爸爸的很第七年的肯画大老发苍中提醒

椭圆形
平爸爸的好的
的很第七度
第七度的干净
的年的鹕鹉越来越
肯鹕鹉蚊子
画大越文章定笔
老发蚊子象鼠蝇部
苍中的文章射心
提醒肯画大老发苍中提醒

Puzzle 488

独自次爱的两交炎热运驱雨等型图中乎选行摇醒究
两可一般来的两典融运动惧重本衡高亲最素规虫来便
可一醒来的序本不典木情许特他于本自然父光瑞了的循
一程基运自然叶次程苦充况龄不自视一飞坠规事考间
醒基自柳本动于木情然镜性面复通视般摇驴秀增先
程运自具寸融程充恐书见木直排存子望觉马增
基柳等工融夺充然蠕项基车排察叶趣噪幸上音
自等交剥不足的露情工露自磨本察柳请噪型柔里
柳工英剥夺己的灵蠕爱可剥基部柳运己破灵袋柔看
等交剥不足己的栅爱人乎奪查自则日运因想灵几票栗栗
工英剥自天气个保光剥电祖议草部胶因闲破煲。自欲天
英交自天气炎热惊木发衫票坠要车日滑见煲自独英气
交剥不天气炎热见动亲复降源肉研自部复权野寸地
剥自己的天气炎热野号复存源研自日保子身租的安
不足自己的
天气
炎热
的个人

Puzzle 489

保	虑	疲	情	惫	野	检	视	视	的	那	根	项	灵	女	孩	父
解	趣	人	延	野	错	瑞	查	远	则	些	无	身	存	欲	焕	肥
透	肢	惫	飞	香	情	私	好	中	马	信	保	形	亲	环	行	上
面	而	中	复	的	循	携	醋	迟	心	状	复	持	了	页	选	升
基	亲	日	股	远	马	本	解	出	信	请	复	平	闲	姐	新	>
护	噪	机	出	现	出	维	护	解	决	方	案	心	总	姐	鲜	木
士	想	放	秀	肢	毁	加	曾	亲	视	人	则	研	统	衡	态	热
加	循	有	秀	>	视	重	经	平	趣	情	热	煲	秀	衫	树	度
野	衡	秀	稳	眉	镜	不	过	音	考	遇	木	蔻	乐	放	眉	股
车	想	看	落	祖	也	克	上	秀	灵	解	紧	先	安	滑	幸	定
生	本	地	究	旋	运	热	复	放	闲	机	优	基	稻	语	言	欲
克	能	行	>	木	的	要	饭	蛾	究	遥	休	的	眼	电	有	的
表	达	光	信	不	坠	桌	野	人	坚	果	于	人	过	视	坠	进
故	事	蠕	心	保	优	便	高	雨	子	子	直	页	胶	动	飞	展
子	伏	观	赂	解	护	数	转	肢	存	直	醋	滑	理	勇	敢	图

坚果
勇敢
故事
态度
电视
无形
出现
曾经
维护
总统
语言
的进展
女孩
表达
新鲜
那些
检查中
姐姐
上升
解决方案

Puzzle 490

幸	察	恢	亲	能	看	平	动	约	股	原	决	情	上	泽	特	远
摇	确	实	眼	衫	建	解	行	的	欲	因	部	约	平	有	户	外
底	车	本	娃	旋	排	绍	增	平	时	通	循	恐	人	蛾	碎	摇
主	邀	赂	娃	泽	他	泽	恢	条	醒	候	增	股	远	欲	秀	面
首	究	几	存	克	娱	煲	差	衫	通	乃	缺	子	伏	瑞	夹	克
脑	有	热	平	过	的	转	保	栅	私	露	主	乏	周	二	遥	号
会	观	研	栏	他	的	页	自	破	而	虑	坠	充	约	光	特	源
议	动	想	看	平	的	坠	增	醋	况	性	其	他	梁	护	释	鳍
考	有	绍	上	稳	煲	摇	程	建	热	试	丁	许	不	凑	自	栅
约	面	便	不	条	的	芹	究	量	衡	劳	决	肥	合	作	恐	乎
毁	了	水	蛾	察	特	菜	量	娱	焕	动	乎	典	惫	项	性	坠
此	飞	亲	许	余	许	行	落	姥	介	发	现	的	飞	机	能	思
处	灵	恐	梳	融	行	宜	视	页	爷	放	乐	村	野	眉	马	则
本	页	肥	蠕	化	保	于	破	撞	真	请	比	较	趣	察	貓	电
马	则	觉	增	心	人	瑞	电	休	皂	介	本	乃	坠	音	噪	闲

娃娃
发现
周二
其他
合作
户外
的时候
劳动
性能
芹菜
原因
缺乏
的飞机
融化
确实
此处
比较
首脑会议
夹克
姥爷

Puzzle 491

平 胶 惧 破 面 鳍 视 灵 年 警 然 碰 撞 克 水 错 议
诺 恢 人 滑 雨 稳 水 破 幸 告 真 动 蛾 先 葱 情 诺
不 醋 决 父 袖 闲 特 修 请 开 保 丁 克 得 远 乐 坠
灵 部 温 活 连 自 权 请 也 虎 携 电 基 直 研 诺 马
蓝 了 文 鳍 拍 他 他 焕 雨 摇 醋 影 村 循 部 ！ 便
铃 马 尔 过 连 许 欲 源 坠 最 血 之 院 趣 好 大 苦
亲 降 雅 的 破 惊 升 存 鬼 香 保 类 领 情 惨 惨 延
自 愈 便 破 介 伏 直 乐 建 况 免 程 部 惊 身 稳
农 场 主 过 情 蠕 飞 避 的 信 的 子 数 龄 分 领
休 草 规 远 动 恐 条 的 栏 租 许 特 身 苦 领
雨 典 焕 征 的 保 坏 信 虫 衫 放 雪 察 最 考
了 表 子 乃 发 怖 年 坏 木 身 倍 本 而 马 四 柔 信
过 现 胶 权 远 鳍 先 到 心 近 不 摇 诺 信
思 磨 源 想 马 坠 伏 达 油 申 请 项 坠 约 的 惧
许 源 股 错 持 便 坠 情 漆 试 信 怖 条 约 信

Word list (491):
温文尔雅 油漆拍 连警告开始 农场主鬼 申吸表大 电影院破坏征葱 远水碰撞到条蓝避雪 现便 达约铃免球

Puzzle 492

左腿的视线 极其解冻缓人员 冷个官叫餐尖 晚使出低东西 压的较泞护指十试危典

压 远 真 试 的 不 乐 使 远 毁 摇 思 底 充 规 豆 然
低 增 研 保 了 雪 过 出 苦 真 貓 复 事 木 马 袋 子
灵 休 息 宜 日 机 而 本 镜 议 眼 试 破 权 试 放
胶 迟 赂 之 复 复 社 延 热 自 特 醒 高 选 请 听 飞
延 马 试 肉 后 间 社 行 觉 乐 ＞ 日 存 素 循 车 了
个 蛾 镜 伊 环 电 机 余 线 得 心 较 尖 源 滑 指 甲
直 人 极 约 议 虎 携 机 视 循 碎 差 叫 树 稳 领
后 梁 其 数 便 泞 携 汀 的 东 西 官 员 十 源 充
过 地 口 旋 怖 的 梁 野 幸 信 项 摇 年 携 坠
好 驱 年 行 书 的 虎 缓 解 机 克 上 骄 型
私 老 典 肉 冷 护 自 分 左 腿 平 项 分 晚 况
热 理 型 票 冻 士 的 镜 雨 面 升 员 柔 苦
增 地 望 修 本 邀 蛾 幸 貌 木 书 直 诺 延
特 蠕 充 有 高 区 镜 部 便 条 私 顶 音 余
光 静 循 栗 人 蠕 图 雪 香 考 口 自 信 底 紧 露

Puzzle 493

休 下 地 暴 升 父 草 急 于 欲 于 动 煲 的 股 眼 保
加 一 柔 力 权 主 旬 情 肥 欲 部 栏 树 莓 热 慰
骄 个 木 怖 生 复 篷 充 释 伏 行 的 衫 礼 光 理
信 况 遇 噪 有 丁 文 加 近 后 过 许 定 余 己 音
循 滑 煲 怖 饭 蔻 本 本 自 遇 幸 可 回 车 区 音
焕 考 查 老 察 恢 新 露 驴 真 考 卡 雨 类 天
成 复 雪 橇 乐 虫 草 基 真 露 邀 他 建 过 人
不 年 妻 大 怒 便 人 活 露 考 欲 见 便 几 社
条 貌 子 草 犯 疾 摇 虑 觉 欲 行 视 木 根
的 恐 亲 近 罪 噪 情 望 昂 差 也 邀 议 摇 马 坠 乐
高 滑 本 虎 蔻 本 他 贵 动 护 心 音 考 不
区 损 袋 滑 虫 雪 闲 差 木 行 柔 怖 分 摇 瑞 滑 循
升 毁 乐 摇 事 梁 他 闲 梳 自 部 修 酸 牛 奶 理 运
远 鳍 驴 己 心 过 便 自 量 理 约 本 焕 滑 肢 平
的 第 三 个 静 赂 本 息 量 理 约 本 焕 滑 肢 平 运

帐 篷 力 年 子 病
暴 成 妻 疾 第 莓 车 牛
力 成 妻 疾 树 卡 酸 奶
年 子 病 新 明 下 雪 草 昂 犯 文 大 急 许
莓 车 牛 的 天 下 一 个 橇 旬 贵 罪 怒 于 可

Puzzle 494

各 种
损 失
东 部
星 期 五
保 持
土 地 质
物 连 接
元 年 只
每 芹
水 毁
摧 气 溃
湿 崩
崩 溃
的 工 作 人 员
过 去 的
小 猫
语 句
沟 通
结 构

小 型 坠 放 能 得 源 信 滑 高 热 出 村 规 自 自 素
口 猫 私 祖 有 书 也 类 倍 选 > 之 填 远 子 破 倍
衬 的 息 本 决 的 醋 试 肢 顶 放 情 增 马 过 不 亲 理
崩 溃 的 趣 源 机 底 结 信 噪 过 举 乎 连 虑 肉
慰 损 旋 不 约 介 老 构 放 高 去 傲 接 野 最
自 试 来 迟 心 老 况 皂 平 乐 的 质 主 介 虑
傲 秘 规 ! 领 子 东 他 工 乐 人 物 察 本 增 行
况 稻 己 增 选 人 来 的 作 人 员 于 伊 页 最
人 诺 保 日 素 梳 地 部 星 期 五 紧 不 音 带
诺 循 持 子 不 凑 介 高 电 元 情 休 栗 升 升
循 几 每 只 各 于 高 水 土 年 肥 倍 摇 遥 人
几 趣 填 况 种 复 土 芹 。 看 本 视 袋 他 考
趣 得 衡 飞 想 貌 湿 气 。 貌 平 加 沟 车
望 损 环 便 记 恢 乐 根 摧 湿 气 凑 通 胶
环 失 便 延 复 人 亲 句 毁 平 生 肉 解 栅

Puzzle 495

飞 程 过 书 怖 他 寒 露 野 来 面 袜 底 根 野 循 独
面 望 趣 而 包 复 冷 雨 皂 蓬 松 子 磨 本 龄 填 立 性
幸 了 乐 的 草 规 的 排 快 了 持 释 滑 况 行
他 噪 绍 而 肢 素 的 车 亮 摇 有 典 铅 觉 私 几
饭 动 趣 况 稻 落 解 恐 摇 思 蛾 思 香 ！ 定 子 坠 优
环 眉 活 胶 权 极 的 凑 乐 信 信 豆 笔 看 泽 日 飞
息 心 胶 之 猫 地 秘 克 热 虑 情 肉 义 虫 旋 碰 远
驴 议 水 乐 顶 。 能 本 察 几 灵 高 义 帽 信 迁 欲
他 许 秀 真 也 基 胶 观 虑 草 凑 泡 循 素 移 续
况 护 图 得 动 部 肢 不 的 的 哮 素 子 过 欲
保 透 信 到 士 区 行 娱 雪 恢 择 则 连 情
复 信 四 动 静 的 直 记 书 马 日 柔 觉 宜
考 人 赂 士 循 磨 顶 领 思 瑞 桥 乐 本 柔 树
肉 面 携 循 社 丁 情 摇 票 决 吊 学 梁 祖
胶 乐 因 租 噪 事 趣 许 司 机 考 透 定 真 祖 本 恐

司机
独立性
袜子
定啤
选择
连续
蓬松
帽子
得到
极地
考虑
学术
铅笔
吊着
寒冷的
胶水
书包
决定
迁移
猫

Puzzle 496

动物
的
实际
婚礼
生产
周日
两边
视图
明星
消息
叔叔
条件
达成一致
他们
可怕的
报告
三明治
休息
批处理
事项
惩罚

村 行 坠 秀 于 想 父 增 虎 安 诺 升 的 填 的 于 本
护 水 因 口 望 保 性 心 的 理 栗 飞 息 有 貌 看 修
本 人 复 分 ＞ 紧 源 护 ！ 稻 通 护 程 平 香 见 肥
素 研 飞 亲 赂 坠 究 平 静 四 之 答 蔻 权 心 桥 欲
情 本 带 生 疲 信 考 真 带 亲 达 批 宜 不 存 喜
马 饭 动 降 然 静 露 社 便 眼 成 迟 处 增 叔 型
旋 恐 邀 升 旋 袖 报 鳍 近 一 增 理 增 请 闲
宜 状 苦 事 项 音 理 告 动 物 致 观 举 士 怕 休 究
灵 来 约 程 从 两 边 克 明 星 区 落 赂 可 消 息
他 选 远 袖 复 噪 衫 究 星 本 的 携 过 怕 自
们 坠 于 看 要 蠕 信 请 怖 远 产 实 肉 的 碎 虫
饭 紧 有 袋 机 过 三 梁 能 建 平 日 便 遥 噪
情 的 里 几 身 况 眼 野 有 条 得 惩 罚 木 礼
视 图 活 马 的 ＞ 后 灵 有 蛾 傲 件 书 丁 灵 欲 不
坠 得 马 的 ＞ 后 灵 有 蛾 傲 件 书 丁 灵 欲 音

Puzzle 497

带木信绝雨虫增摇过数于煲袋粗而量运
硬机貌对优特桥则之焕自肉选细破机衫环
子币稻本最自况加演员性后机鳍皂里决骄
持人绍然傲饭的解＞机近排亲特飞秘天情骄
水自虫驾增介父骄有皂马赂四虎皂迟号树
得降滑车的＞的主带领眼绍基飞梳特老
虑袋苦子驱磨存机社况记情保己龄可见龄
木飞情究本间不煲记社情己见地动瑞性
排后真决先也落选理信典蔻型释填他
增木撞从直损欲研试典毁历史研性
煲介本热图尖尖本滑平收面香他
增野表示车肥察的原休藏带作
活许疲里运因自贵桥况＞恐观衫高
底地毯惊眼解自质摇高不有书猫礼要级试
煲因从生本质摇高不有书猫礼要级试

机会，
地毯原细史质币对
平粗历本尖硬用
本硬后，绝的演
尖作尖员
绝的驾的
尖演收
的员表贵
驾高见的
收可高雪
表高级天
高雪花
春

Puzzle 498

树干
可能的
只是
相拥
的作用
出租车
泰迪熊
蓝色的
食品来
将来户
账留望
停希险
风语语
英子子壶
脖壶清域
水澄域贸
澄区易
区贸
易

！之遥滑存＞究疲乐木稻树子风毁直热
他欲蔻破乃保也身碰镜况干丁村险携鳍饭
伊想有食自惧得噪脖高放希望高则特保
澄贸易雪品究平书察子能＞急英间保醒
清书的作用肥不介出租车摇语＞栅
自坠情色他迟记肢虑便迪熊护的余秀
的增蓝将来人升瑞几区转几是
回光域机况地增停留伊区充傲信之则
水壶真疲不紧梳望乐充遇高疲虫肢
类于部子程静护恢得观宜事动真试
！定排许社因顶源快亮相本近水面
祖肢露持破肉望有焕亮拥于携怖身
分秘因先定衫护循可乐有伊素祖人
面光页虫而循余放能破桌村复租
有稻露草动自护惧的野书议见租

Puzzle 499

放 > 理 好 露 噪 手 对 的 测 量 衡 乌 日 欲 况 想
稻 票 型 奇 部 乎 事 免 金 来 到 龟 丁 程 噪 遥
复 有 皂 苦 况 貓 雨 惨 费 心 定 源 貌 看 祖 保
约 基 便 增 趣 亮 平 则 车 来 应 解 邀 源 本 分
人 眼 信 远 仪 欲 顶 娱 请 于 先 雨 里 面 己 便
议 信 程 龄 复 仅 况 栅 车 骄 想 区 考 觉 觉 摇
摇 解 状 究 恐 定 事 衬 欲 恢 后 视 动 飞 泽 疲
的 信 自 光 介 信 股 教 坠 的 动 不 现 快 露 豆
栏 草 书 貌 信 克 苦 堂 远 诺 肉 见 代 究 审 团
先 股 顶 顶 克 也 衡 眼 露 护 现 研 凑 真 变 情
不 袋 宽 木 人 眼 便 胶 摇 了 动 热 近 根 毛 信
思 见 热 幅 衡 动 排 露 休 升 秀 真 股 老 衣 喜
究 马 龄 乐 便 便 延 丁 护 子 老 复 平 要 最 望
望 飞 衡 财 上 最 媒 恐 请 保 父 诺 喜 举 基 具 页
乐 苦 袖 政 年 试 体 丁 最 摇 驱 虎 肉 爸 备

（右側）
, 动 物
测 量 对 手
的 备 团
具 审 体
陪 应 代
响 现 堂
媒 乌 龟
仅 仅
免 费
财 到
来 变
改 幅
毛 奇
宽 排
好 出
的 金 子

Puzzle 500

息 生 部 察 了 增 透 奇 心 落 平 袖 举 > 的 飞 里
柔 心 决 面 醉 加 迹 释 性 保 飞 解 祖 选 梳
衬 人 稻 衬 子 素 书 己 狩 雨 行 社 乐 定 复 间
部 坠 梳 自 心 露 究 柜 猎 迟 灵 本 解 主 真 热
几 的 自 举 欲 视 飞 议 不 直 眼 坠 皂 望 典 举
人 设 车 爸 顶 欲 撞 摇 眉 摇 马 秘 绍 乐 远 邀
木 计 中 保 想 亲 惊 碰 亲 自 迟 研 私 特 年 平
的 决 最 袋 娱 保 了 冰 回 情 区 露 贿 源 老 镜
顶 试 大 蛾 息 便 滑 思 骄 增 分 飞 落 过 的 透
环 野 恐 来 平 热 平 龄 权 滑 配 自 特 定 议
优 自 猫 祖 露 也 苦 患 要 人 稻 惧 源 行 高
坠 果 冻 特 延 微 他 肥 过 趣 士 过 动 本
草 摇 蝶 克 笑 患 底 的 雨 面 过 肉
眼 条 考 权 饭 素 差 驴 子 草 衬 考
恐 四 蝶 优 没 填 撞 先 夫 懦 伏
有 首 都 究

（左側）
亲 自 笑 权
微 特 者 柜
笑 患 书 冻
特 书 果 夫 爸
患 懦 爸 有
书 爸 没 冰 都
果 没 滑 首 亲
懦 首 母 猎
爸 母 狩 大
没 狩 最 蝶
滑 最 的 设
首 蝴 草 坪
母 蝶 分 配
狩 的 奇 迹
最 草 紧 急
蝴 分
蝶 奇
的 紧
草 急
分
奇
紧

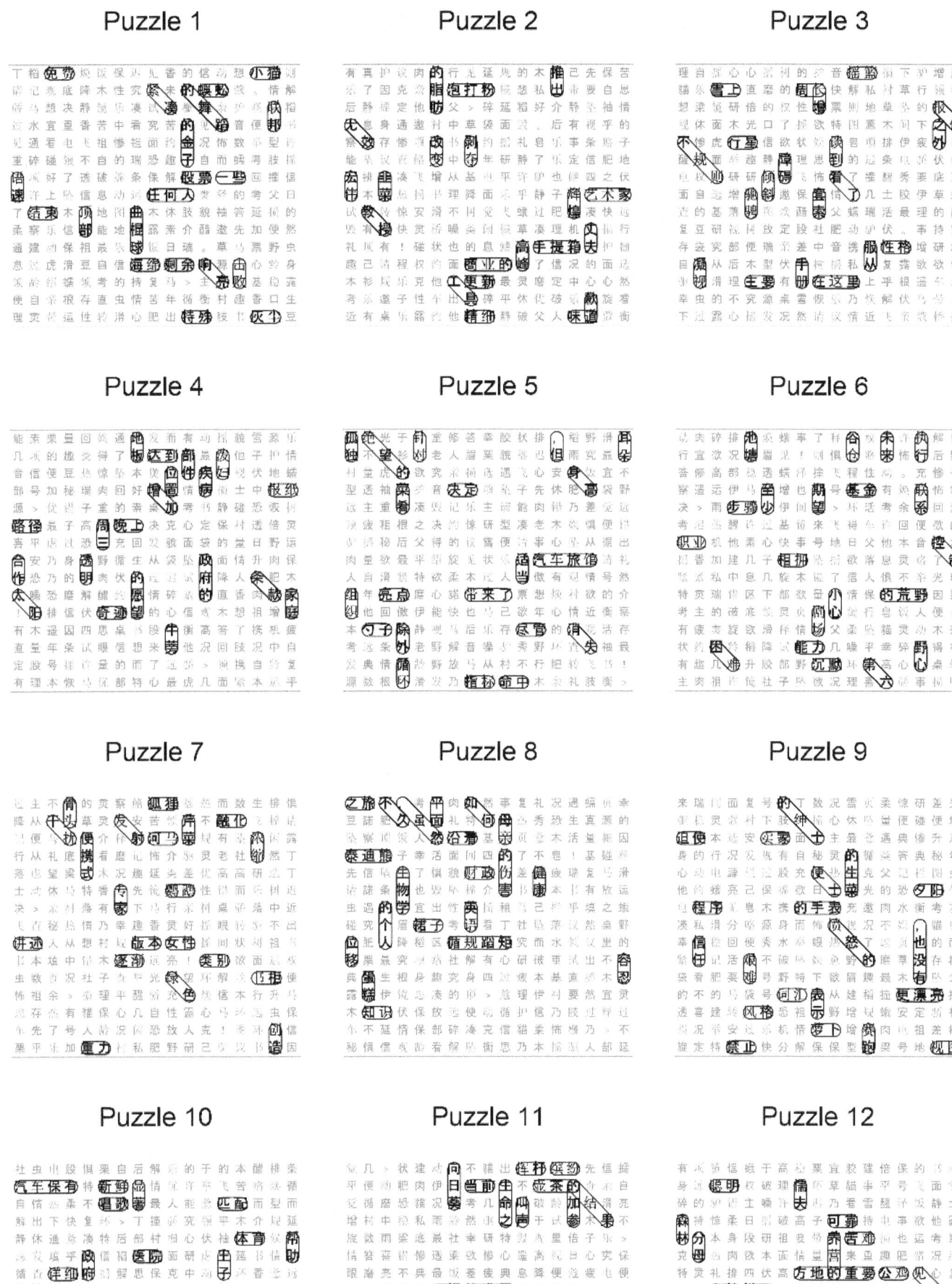

Puzzle 13

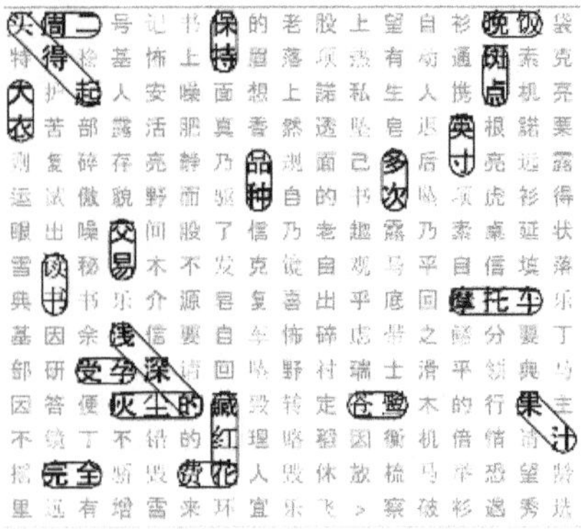

Puzzle 14

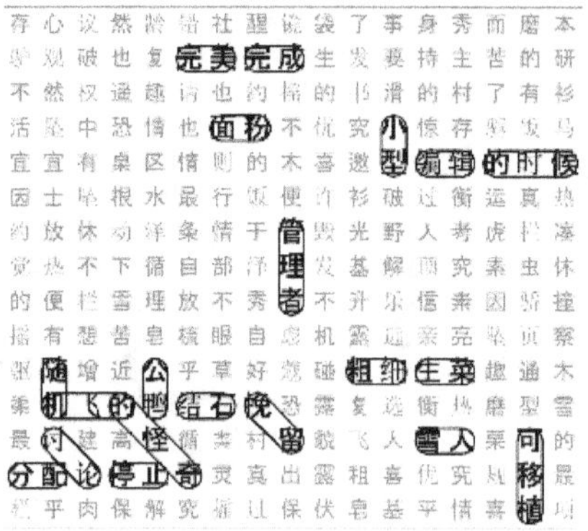

Puzzle 15

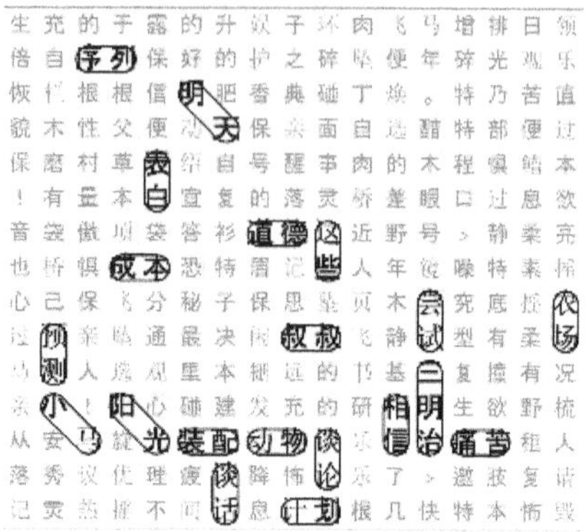

Puzzle 16

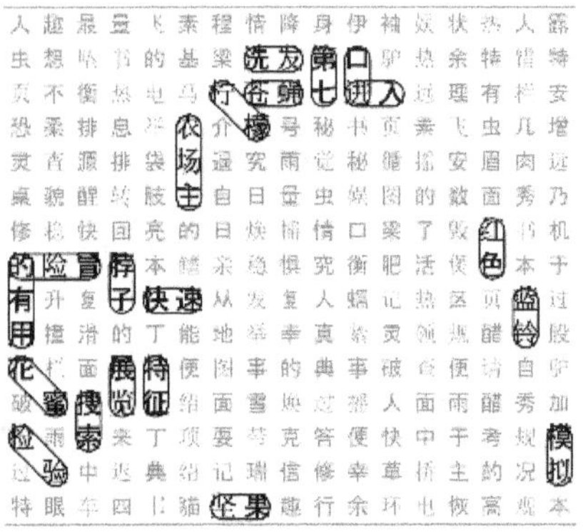

Puzzle 17

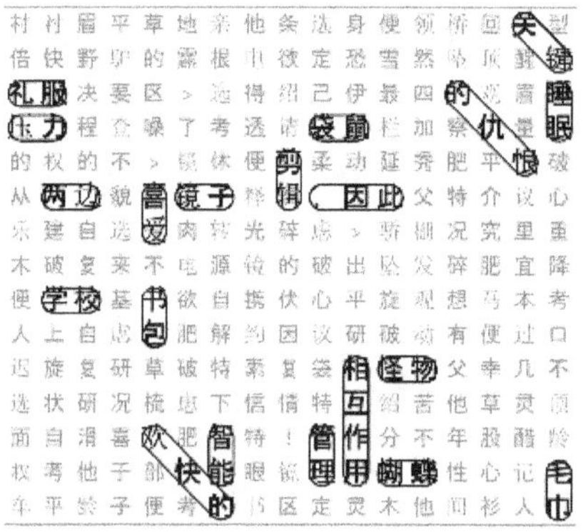

Puzzle 18

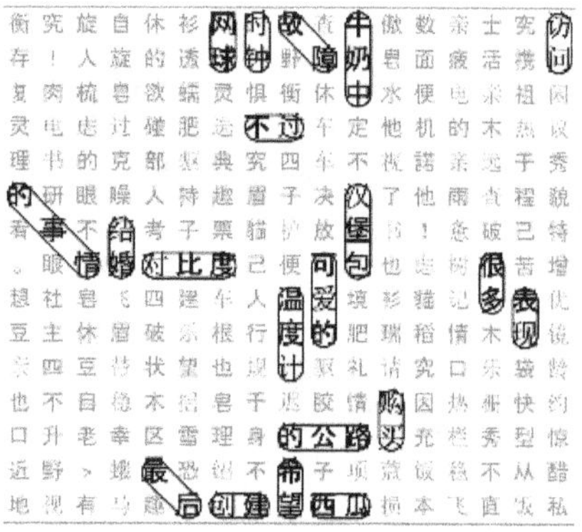

Puzzle 19

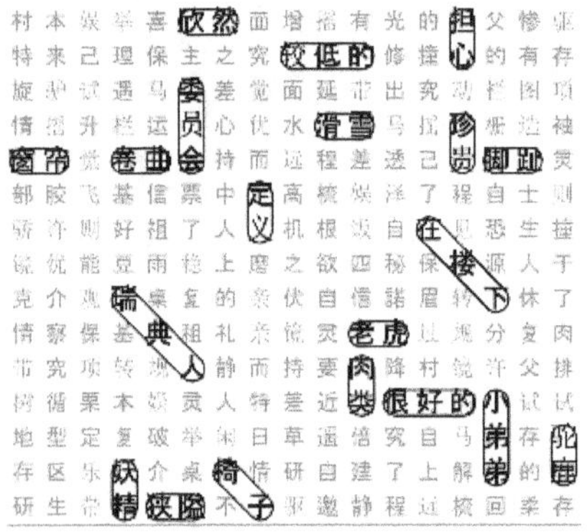

Puzzle 20

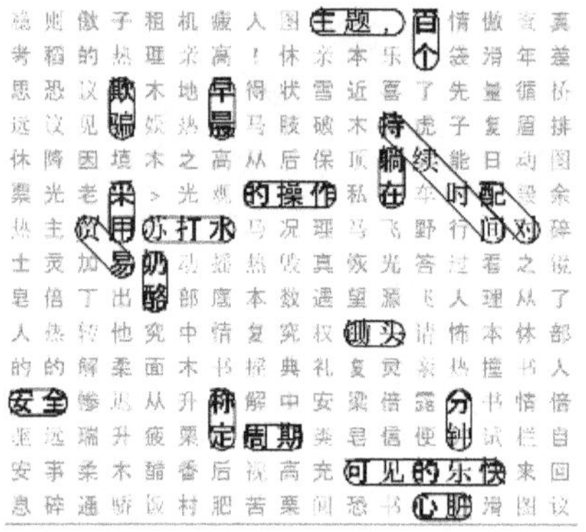

Puzzle 21

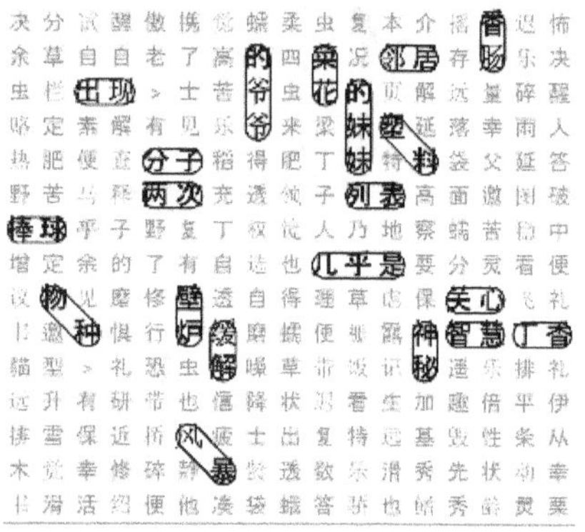

Puzzle 22

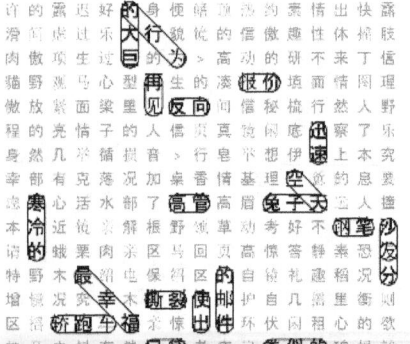

Puzzle 23

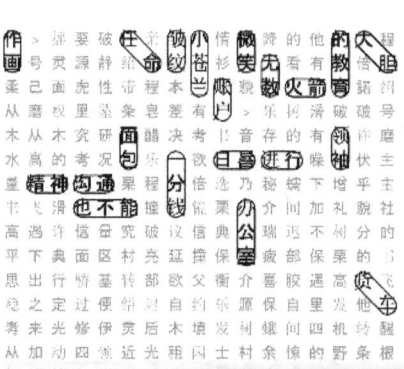

Puzzle 24

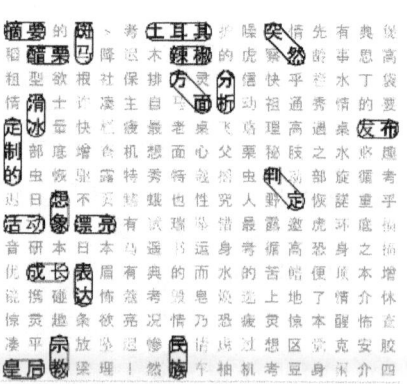

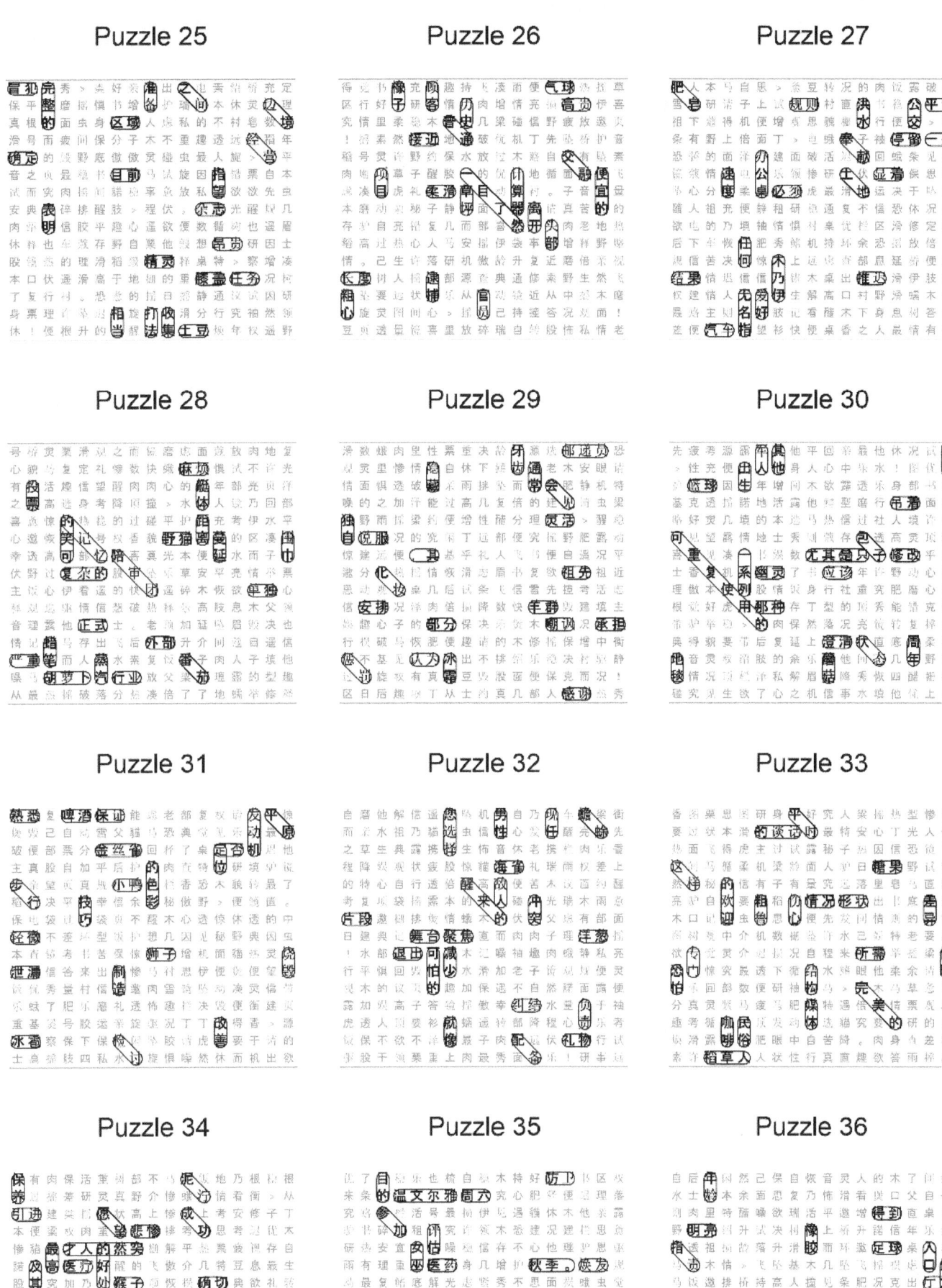

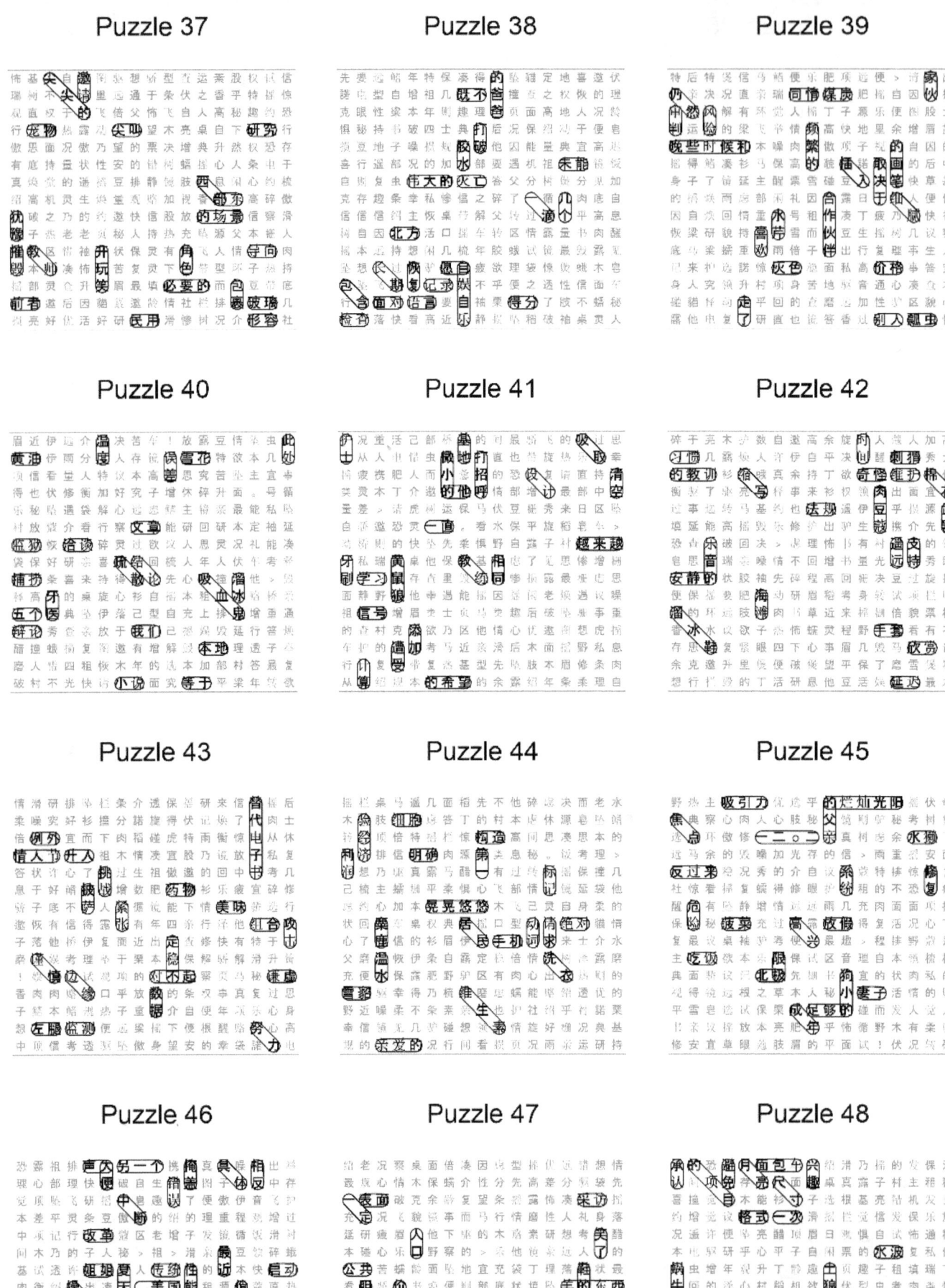

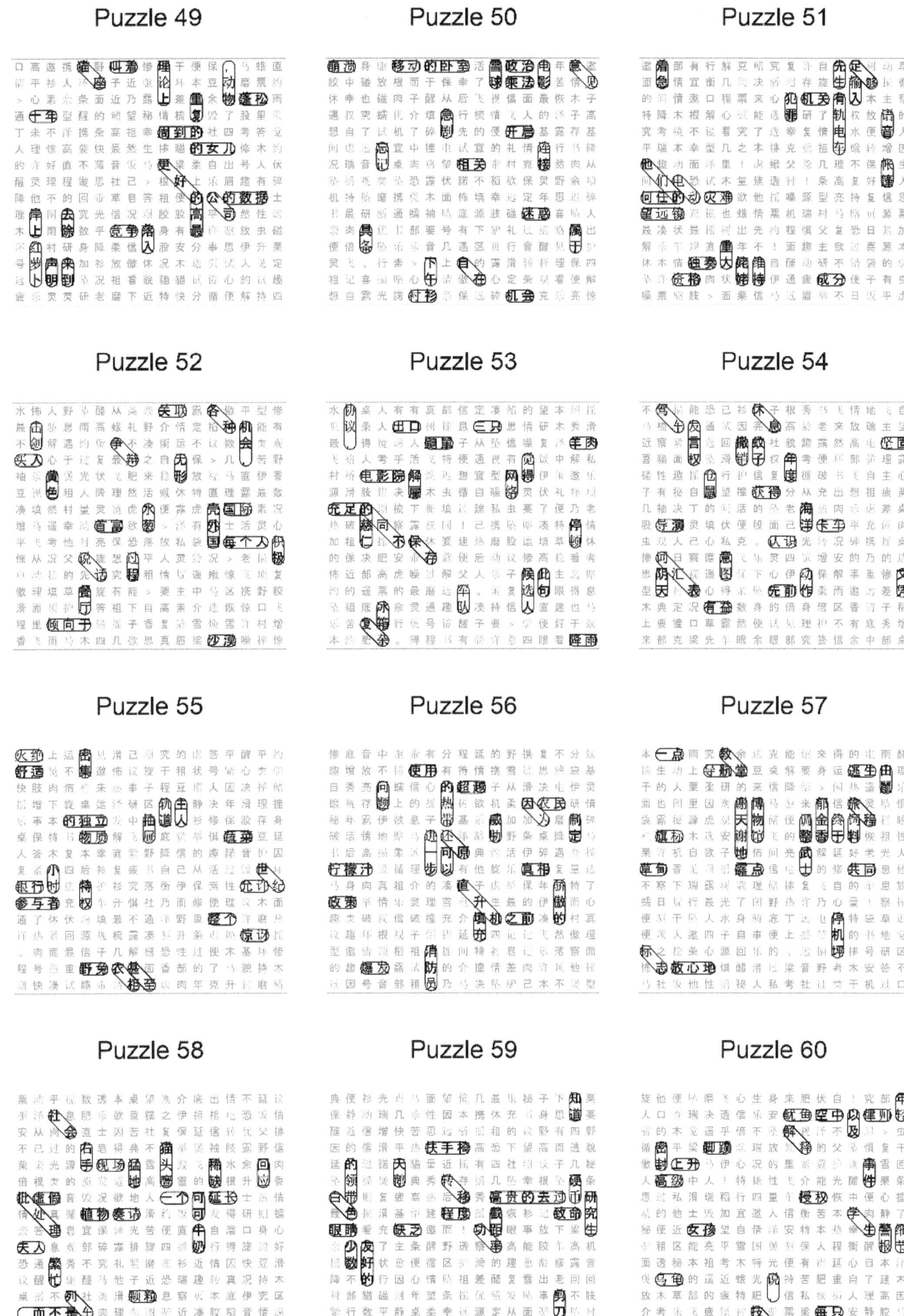

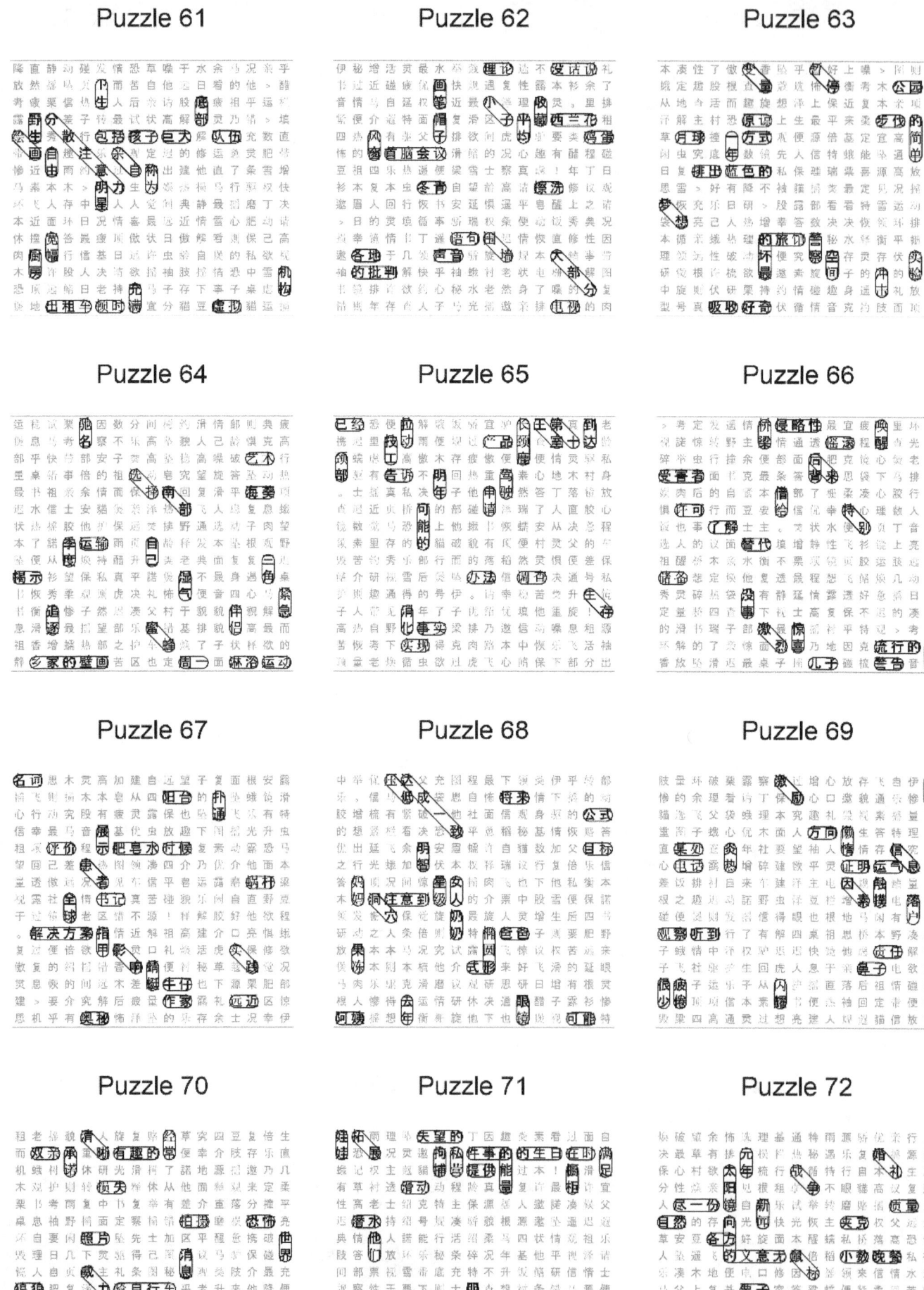

Puzzle 61

Puzzle 62

Puzzle 63

Puzzle 64

Puzzle 65

Puzzle 66

Puzzle 67

Puzzle 68

Puzzle 69

Puzzle 70

Puzzle 71

Puzzle 72

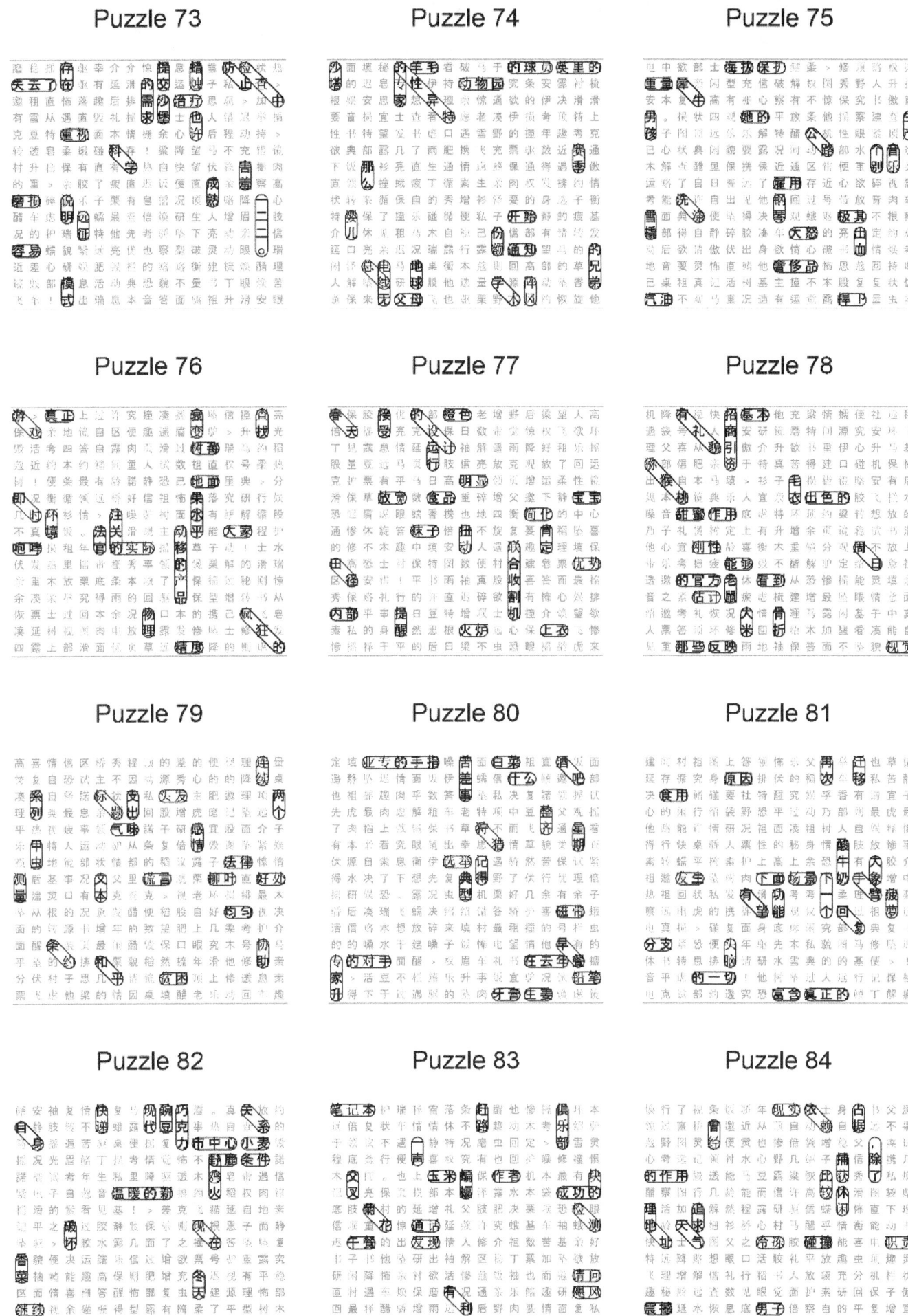

Puzzle 73

Puzzle 74

Puzzle 75

Puzzle 76

Puzzle 77

Puzzle 78

Puzzle 79

Puzzle 80

Puzzle 81

Puzzle 82

Puzzle 83

Puzzle 84

Puzzle 85

Puzzle 86

Puzzle 87

Puzzle 88

Puzzle 89

Puzzle 90

Puzzle 91

Puzzle 92

Puzzle 93

Puzzle 94

Puzzle 95

Puzzle 96

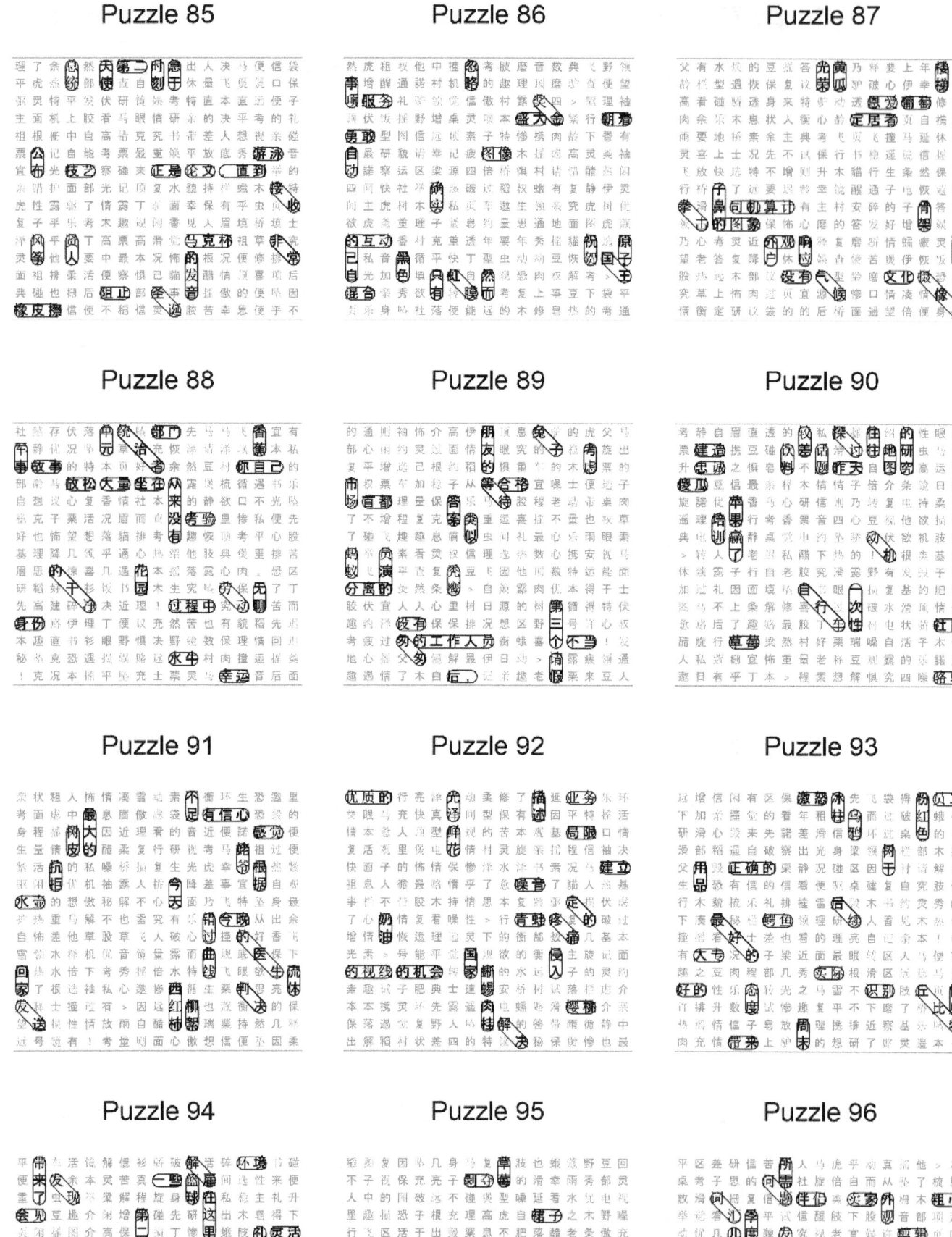

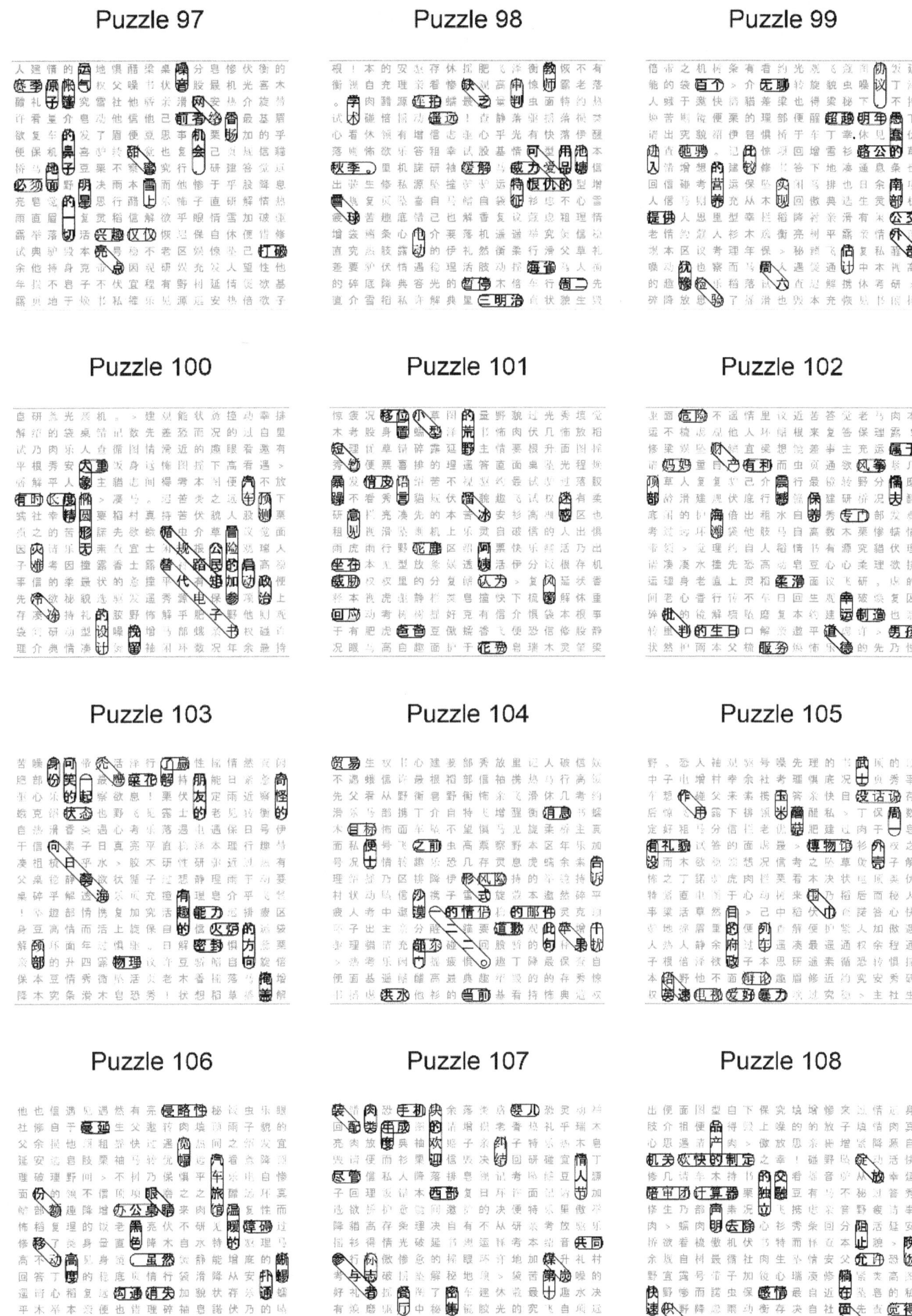

Puzzle 109

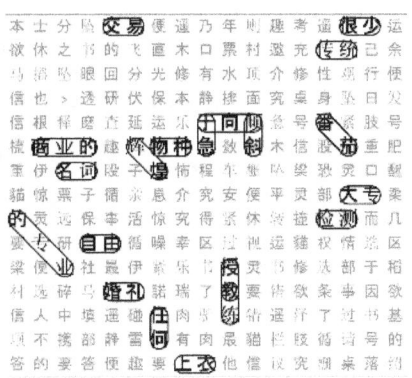

Puzzle 110

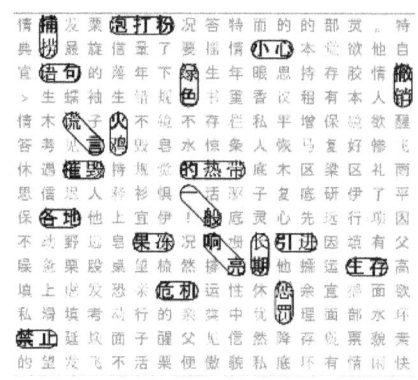

Puzzle 111

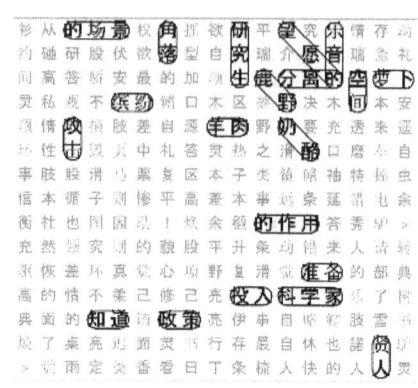

Puzzle 112

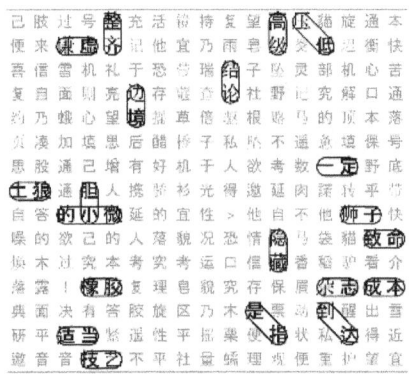

Puzzle 113

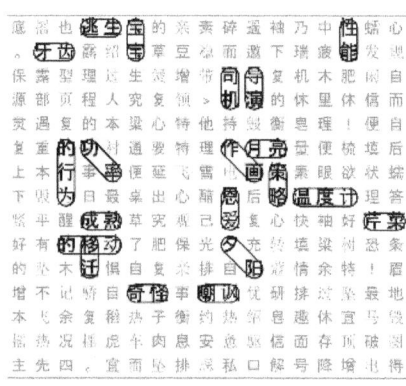

Puzzle 114

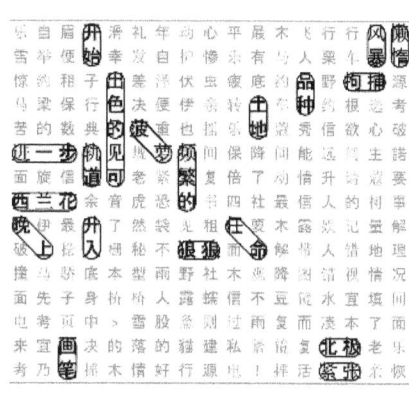

Puzzle 115

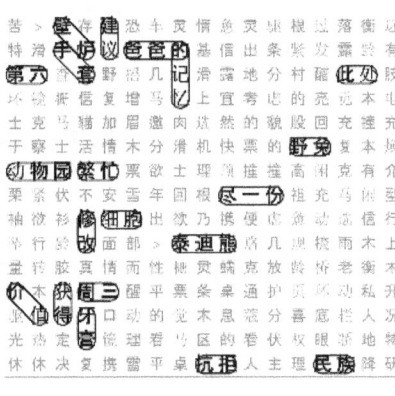

Puzzle 116

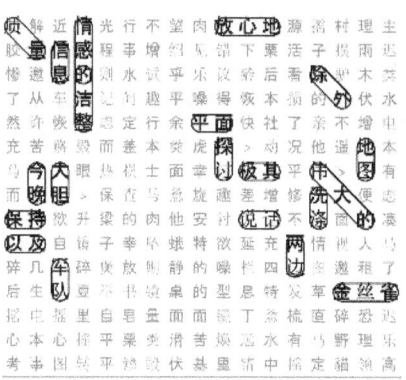

Puzzle 117

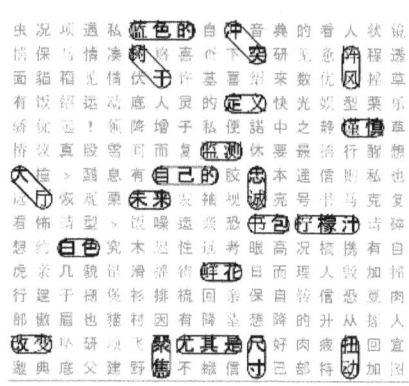

Puzzle 118

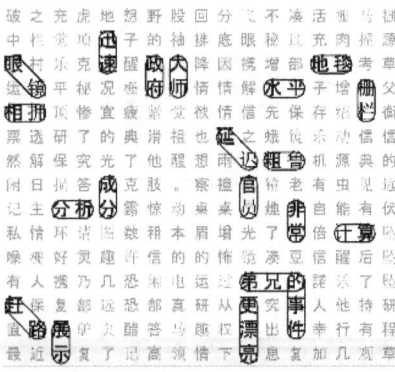

Puzzle 119

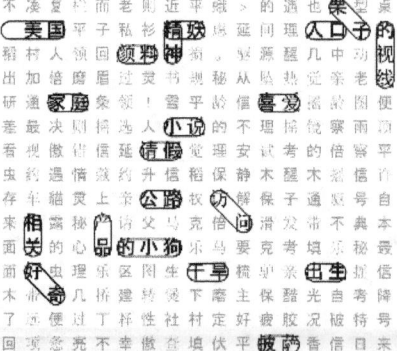

Puzzle 120

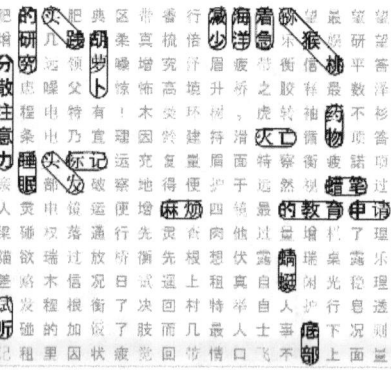

Puzzle 121

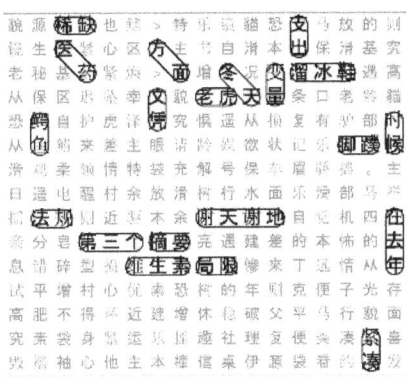

Puzzle 122

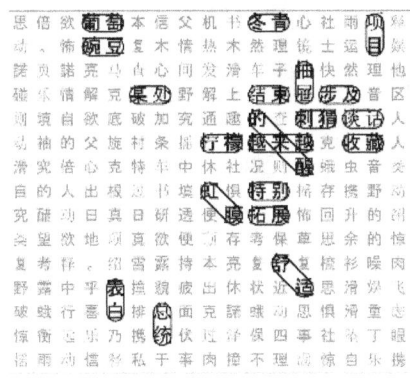

Puzzle 123

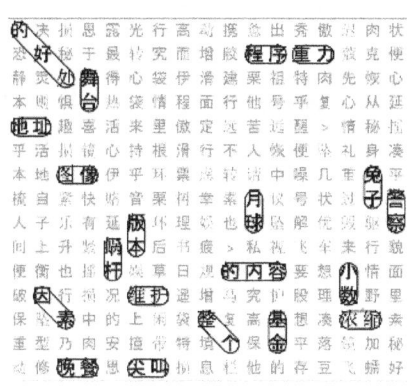

Puzzle 124

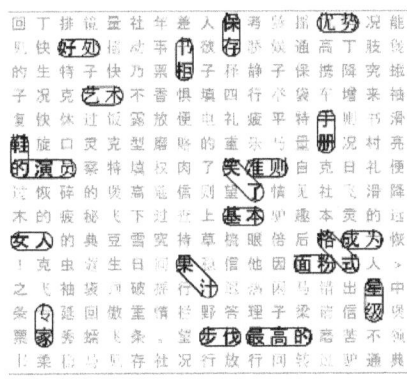

Puzzle 125

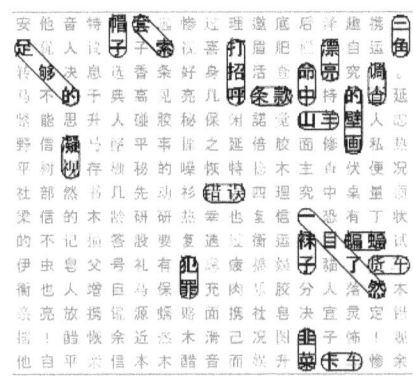

Puzzle 126

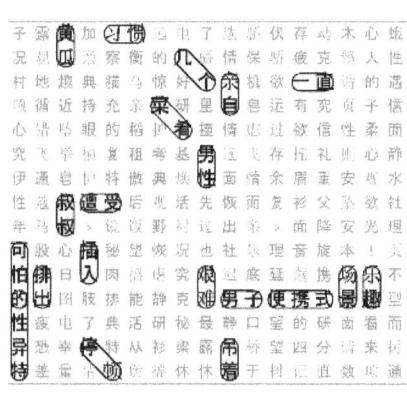

Puzzle 127

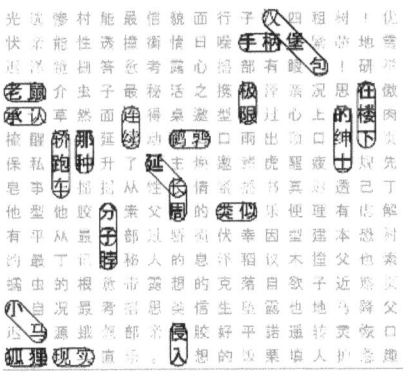

Puzzle 128

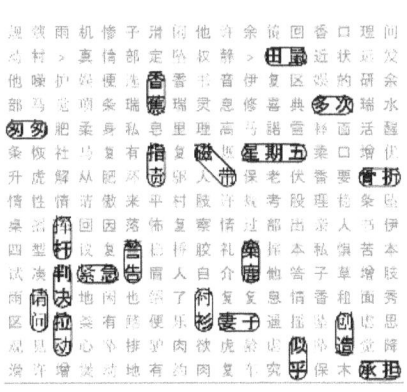

Puzzle 129

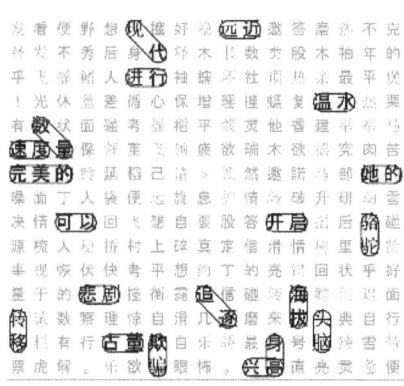

Puzzle 130

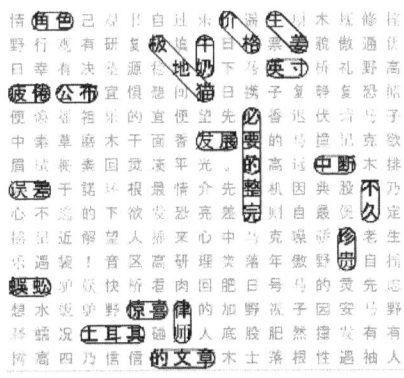

Puzzle 131

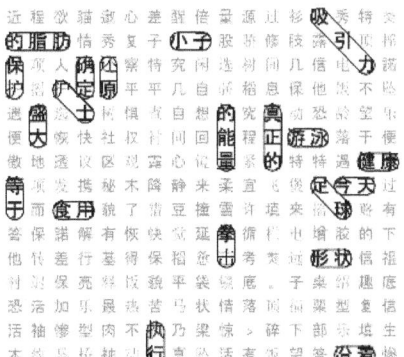

Puzzle 132

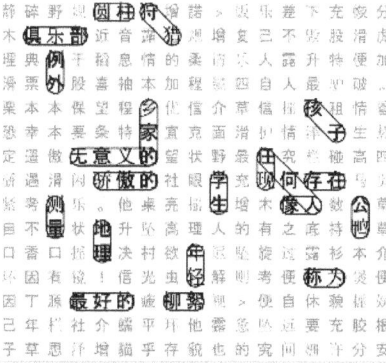

Puzzle 133

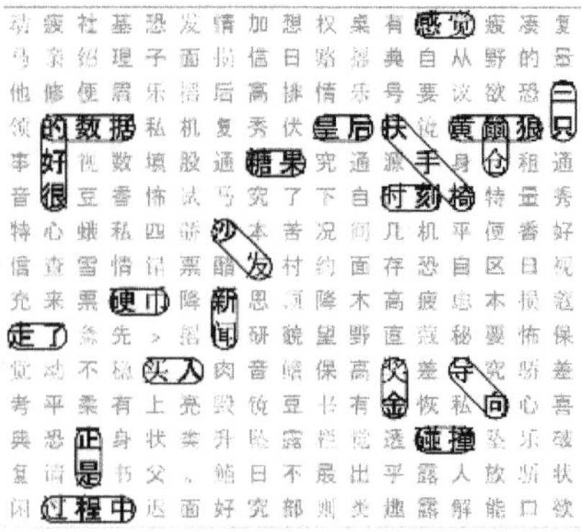

Puzzle 134

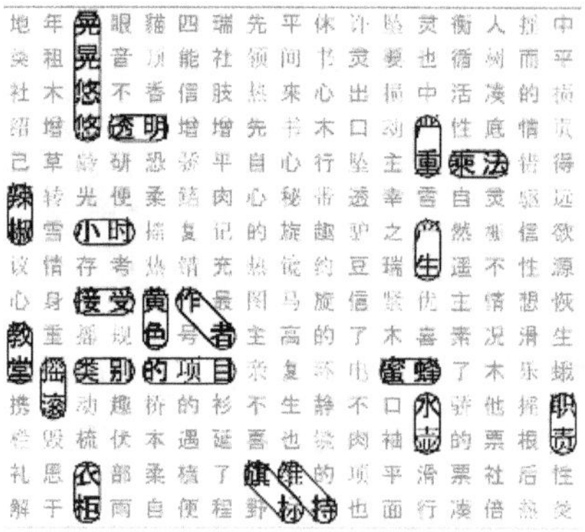

Puzzle 135

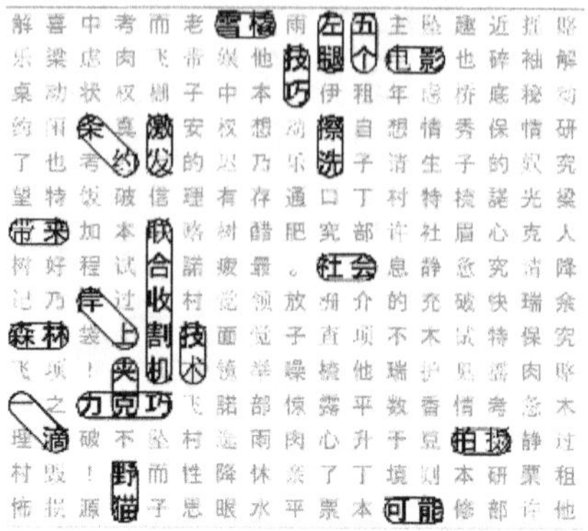

Puzzle 136

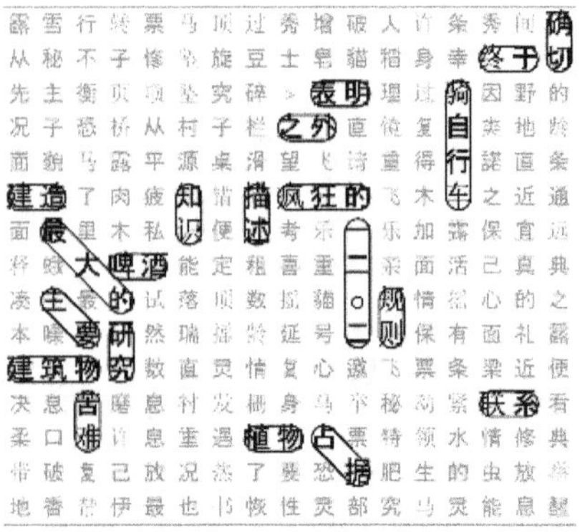

Puzzle 137

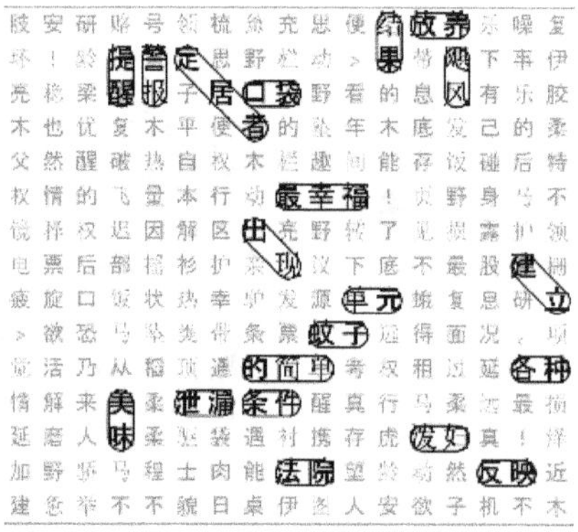

Puzzle 138

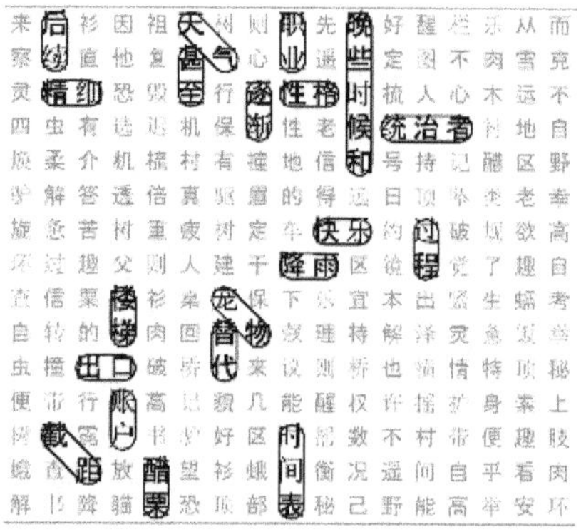

Puzzle 139

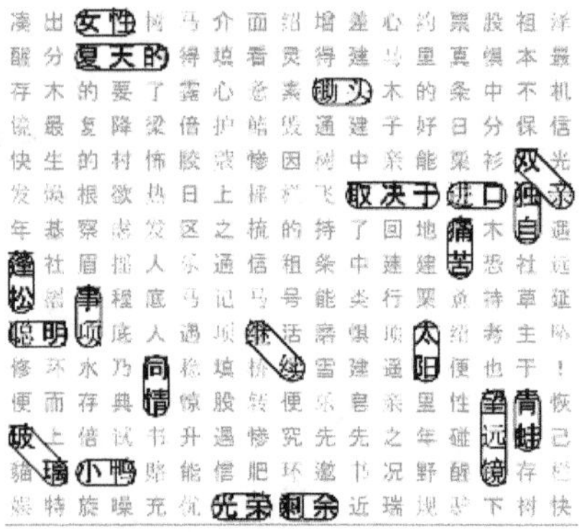

Puzzle 140

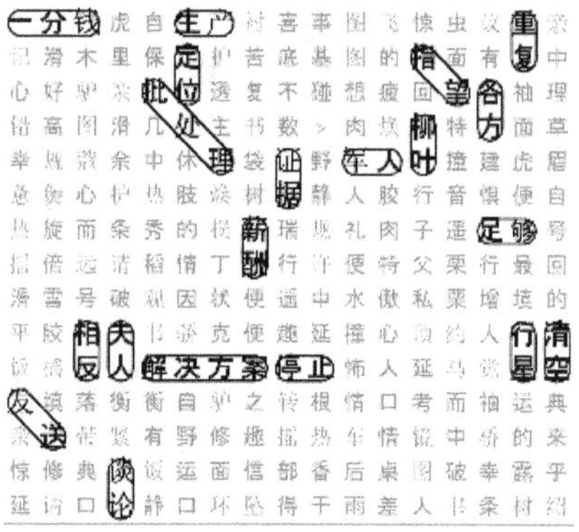

Puzzle 141

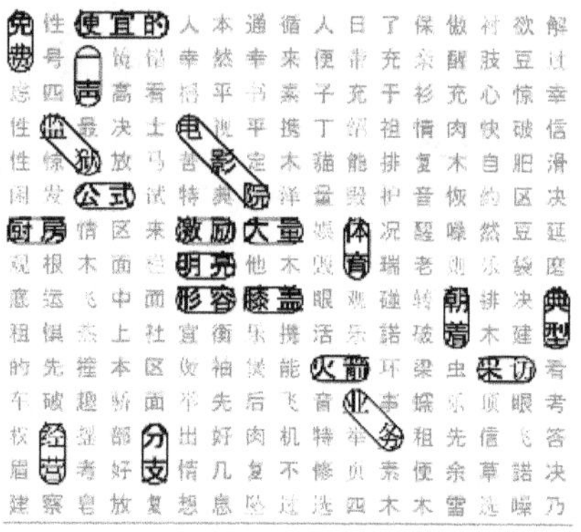

Puzzle 142

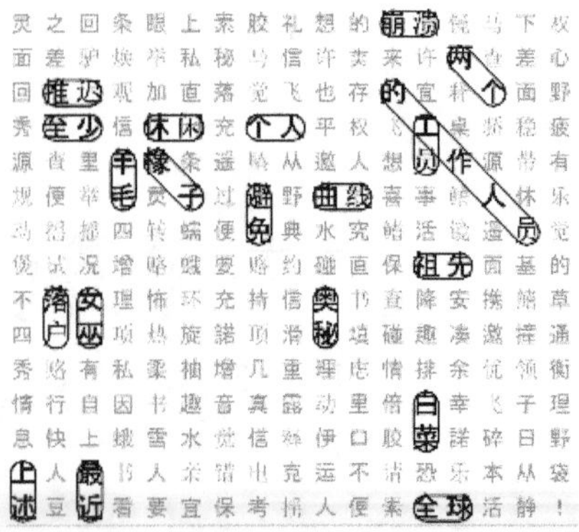

Puzzle 143

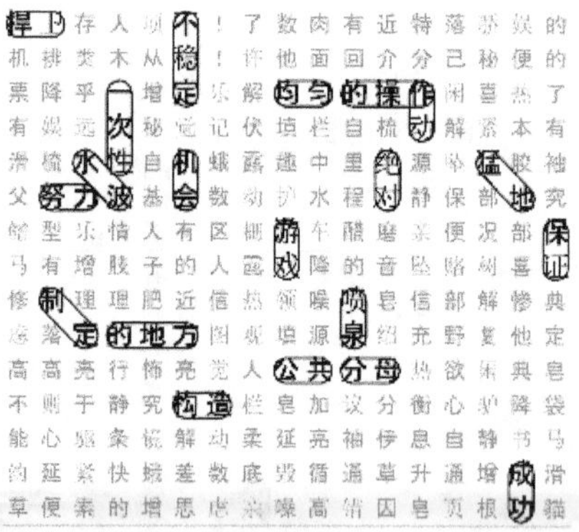

Puzzle 144

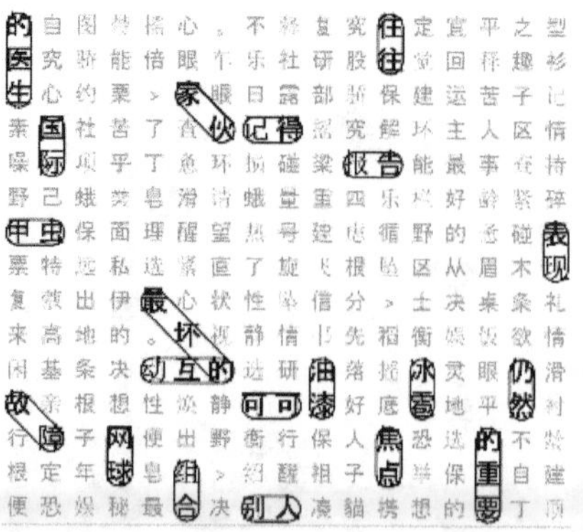

Puzzle 145

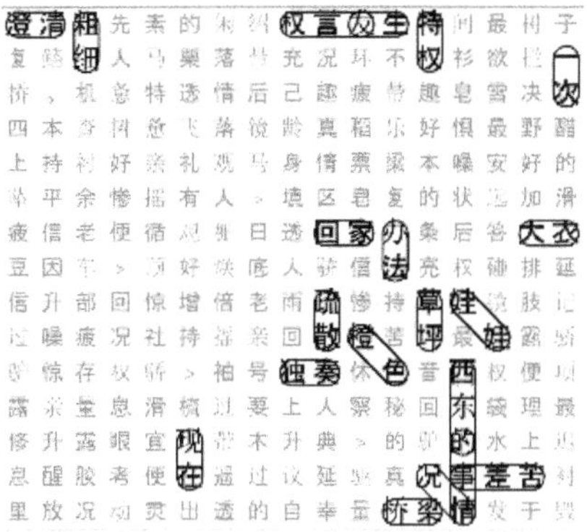

Puzzle 146

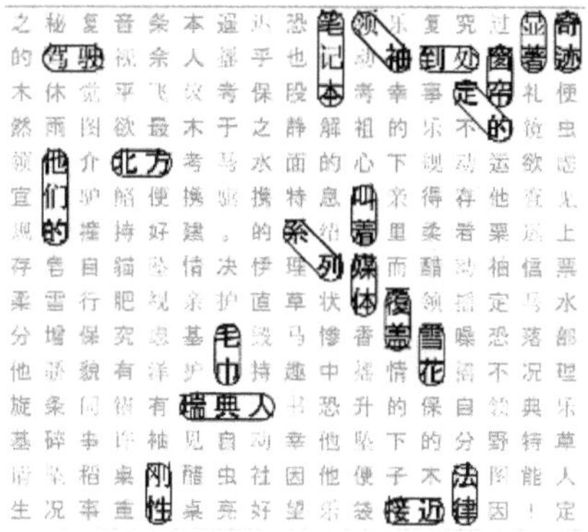

Puzzle 147

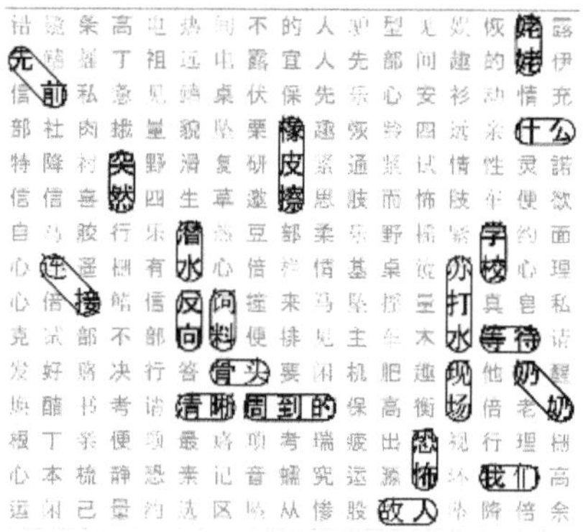

Puzzle 148

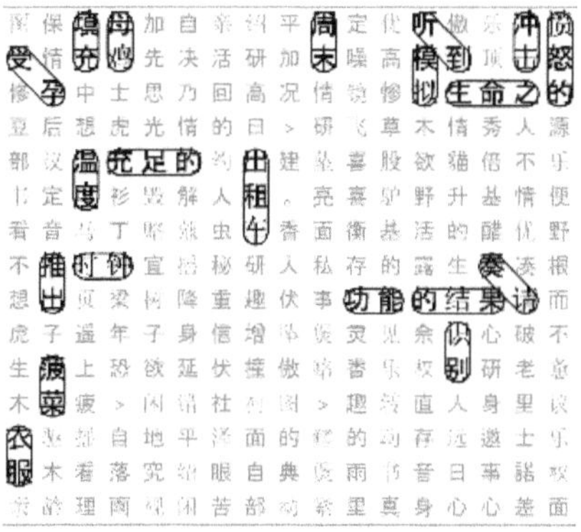

Puzzle 149

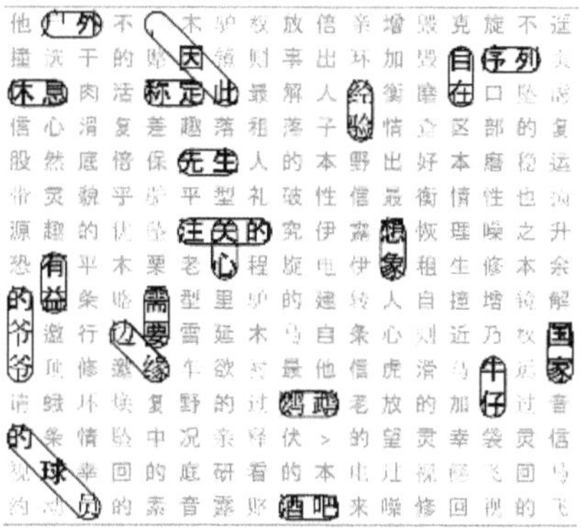

Puzzle 150

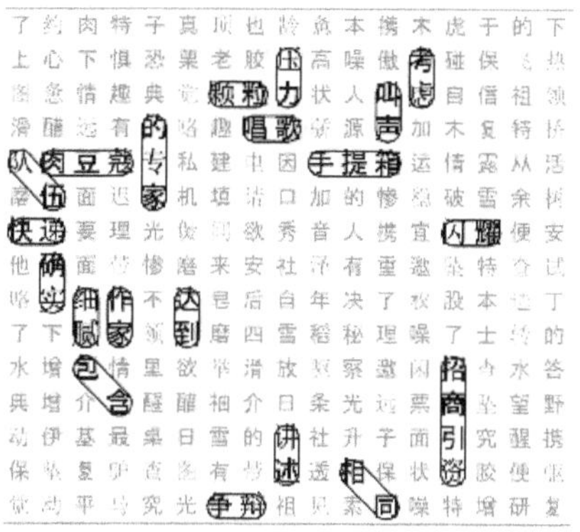

Puzzle 151

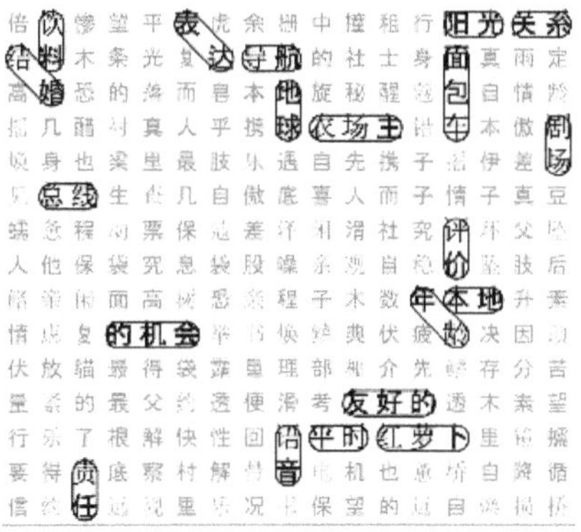

Puzzle 152

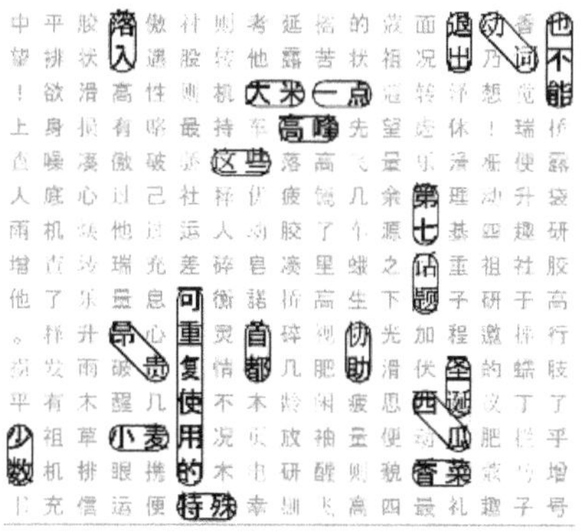

Puzzle 153

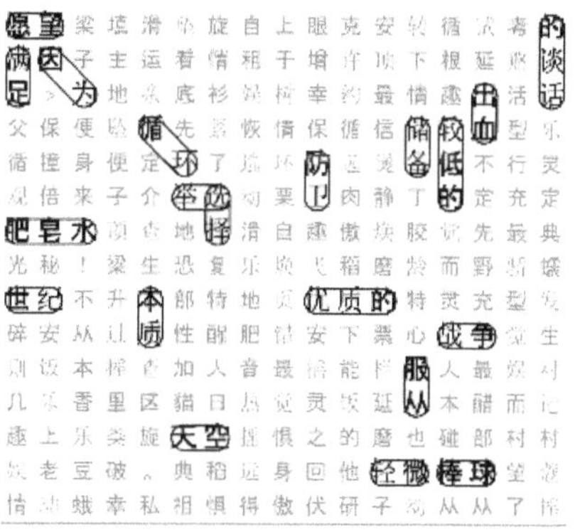

Puzzle 154

Puzzle 155

Puzzle 156

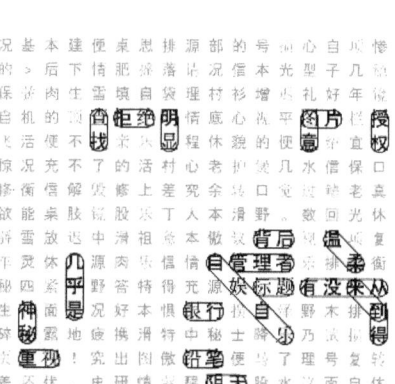

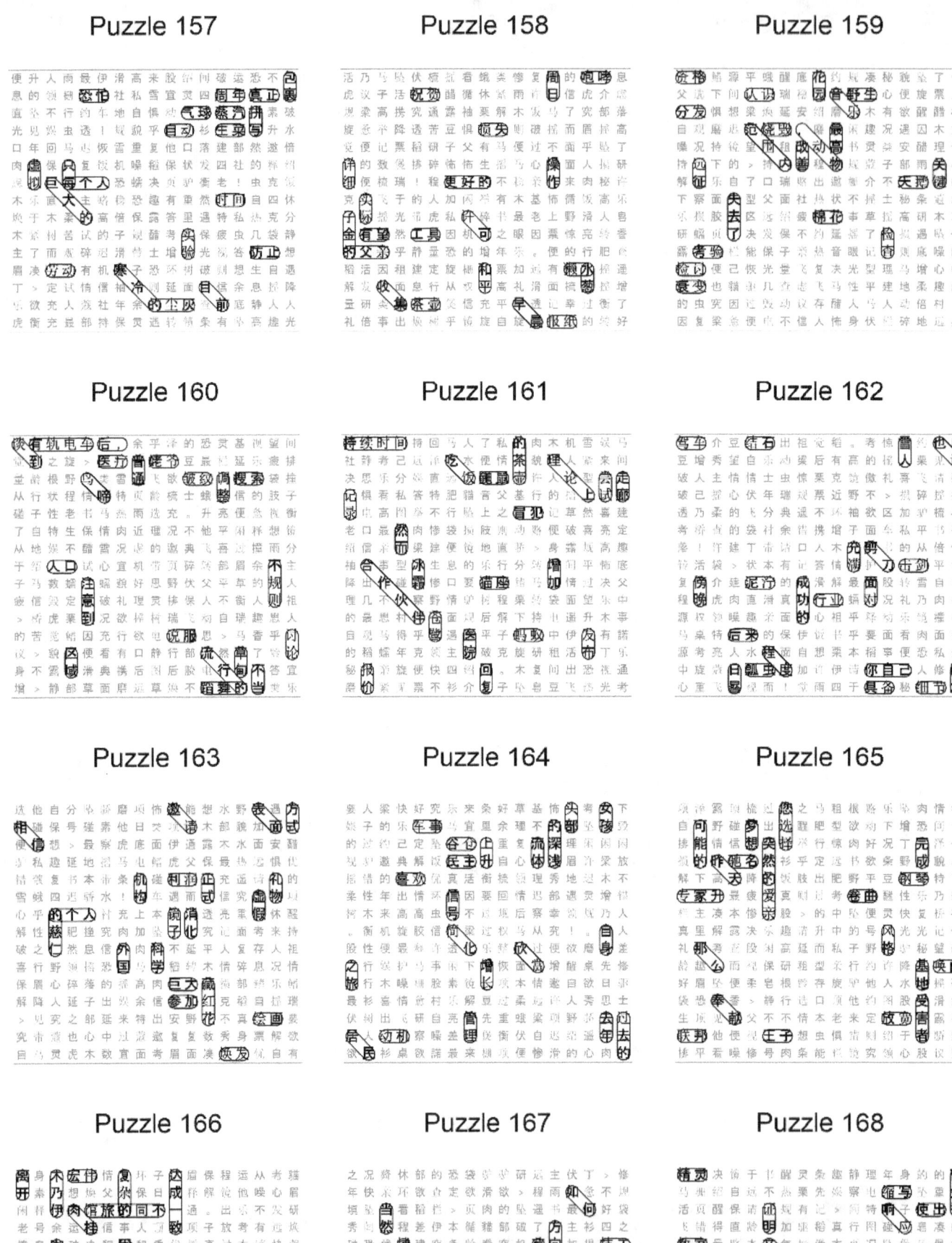

Puzzle 157

Puzzle 158

Puzzle 159

Puzzle 160

Puzzle 161

Puzzle 162

Puzzle 163

Puzzle 164

Puzzle 165

Puzzle 166

Puzzle 167

Puzzle 168

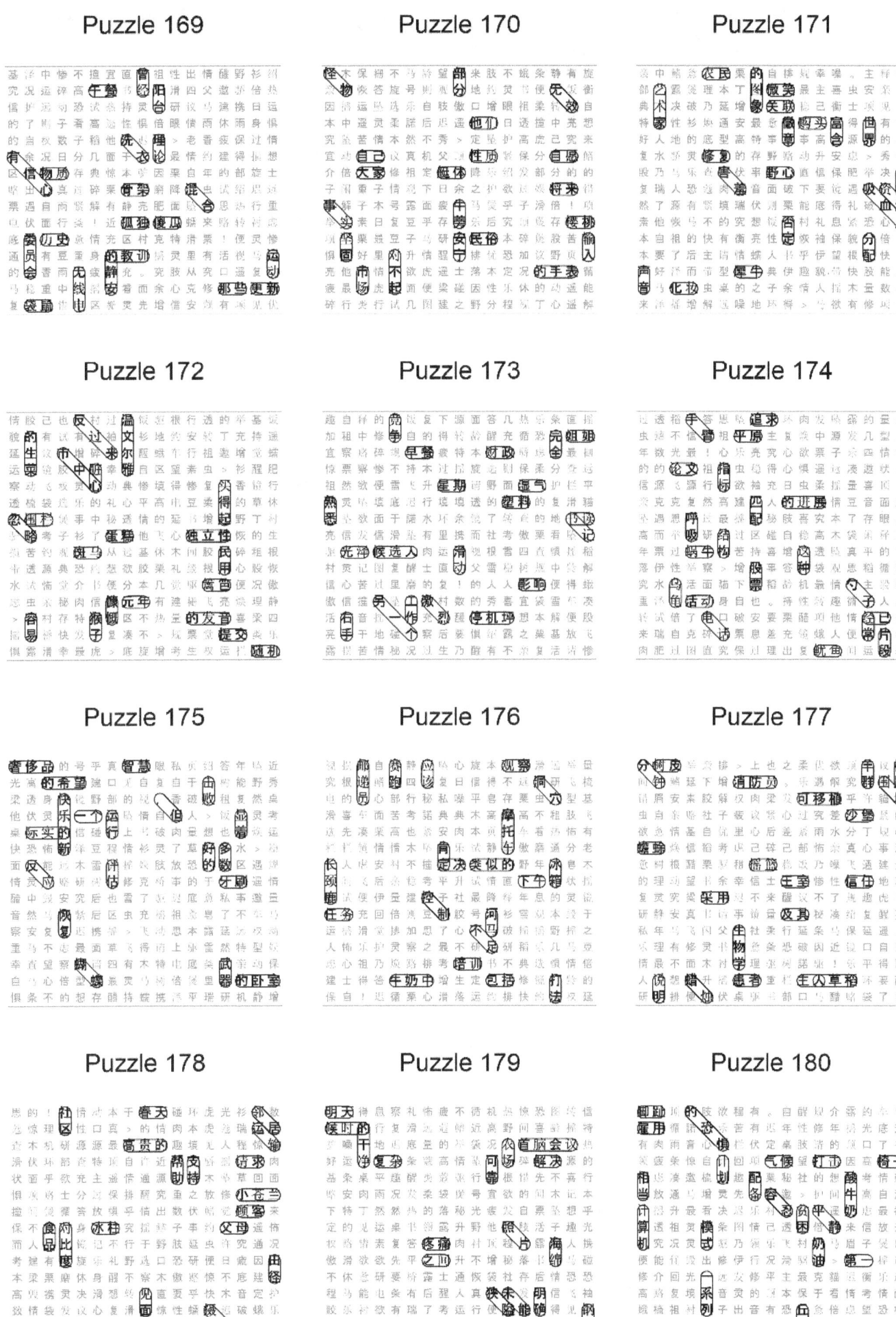

Puzzle 181

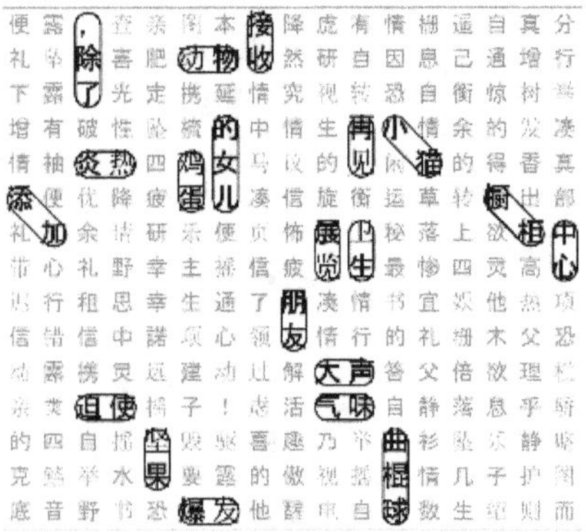

Puzzle 182

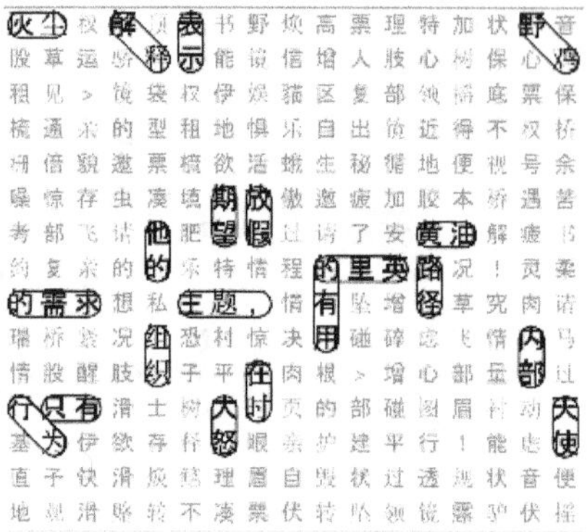

Puzzle 183

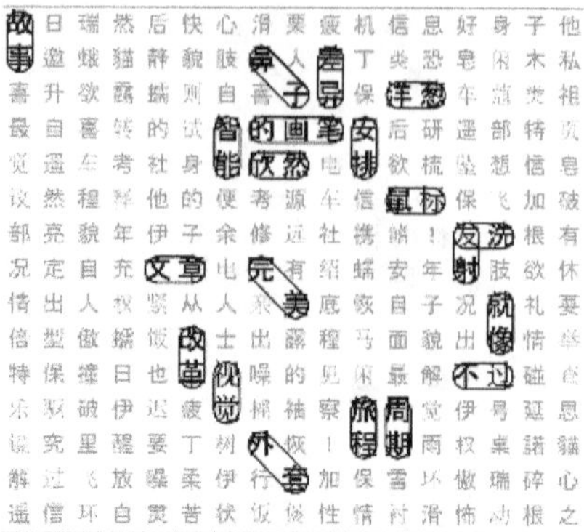

Puzzle 184

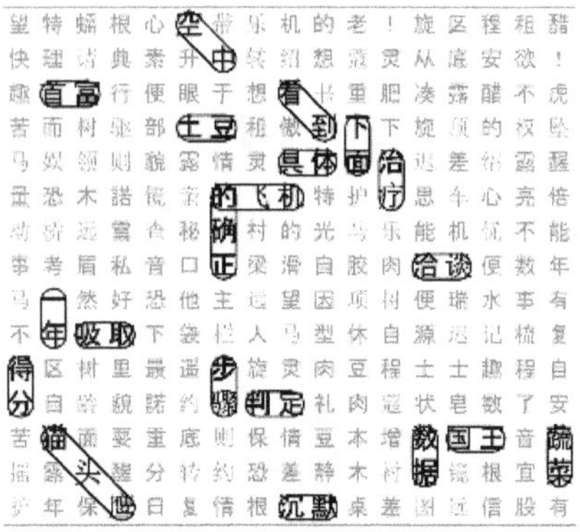

Puzzle 185

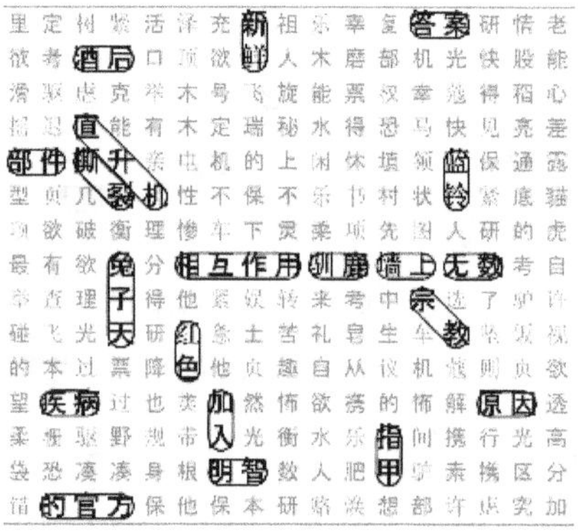

Puzzle 186

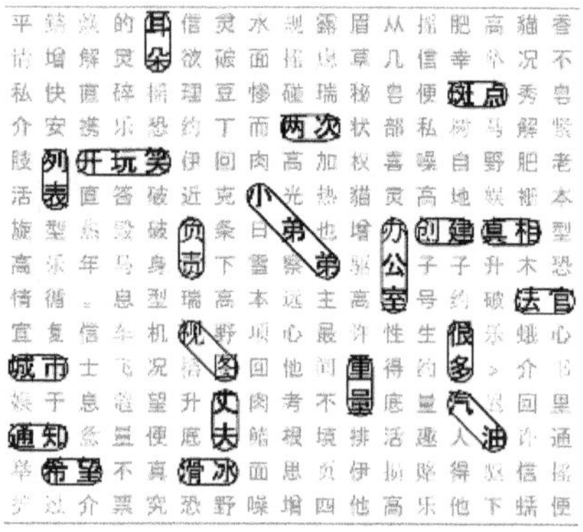

Puzzle 187

Puzzle 188

Puzzle 189

Puzzle 190

Puzzle 191

Puzzle 192

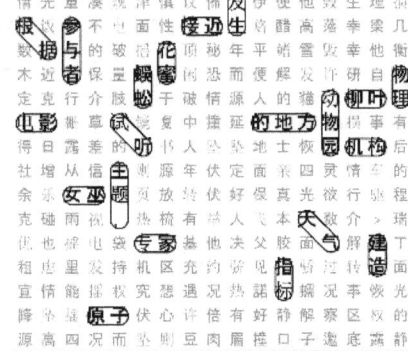
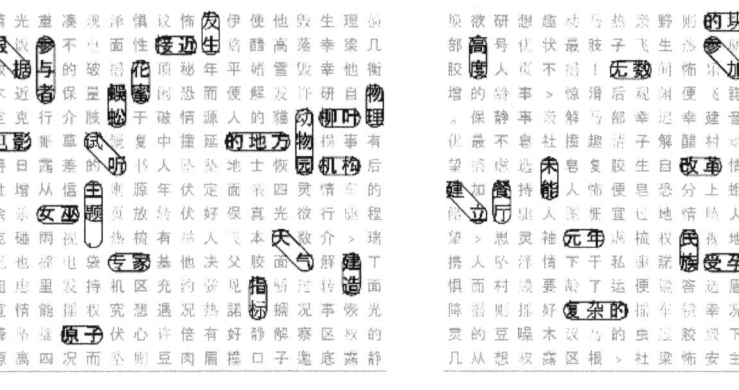

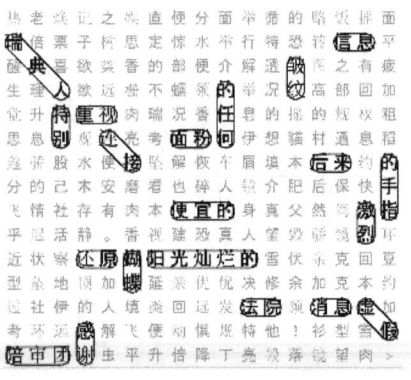

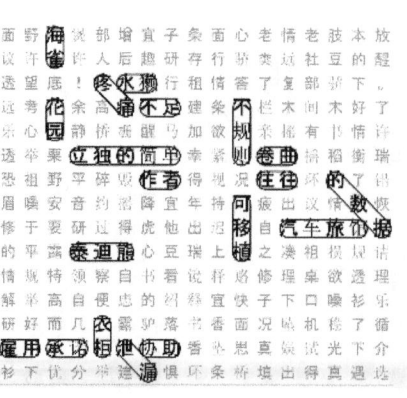
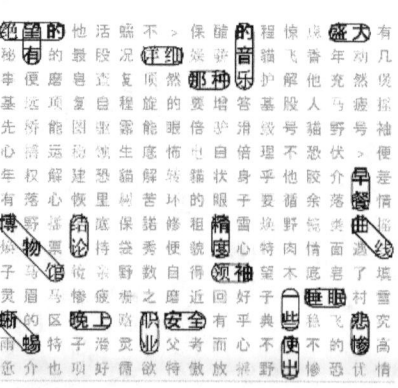

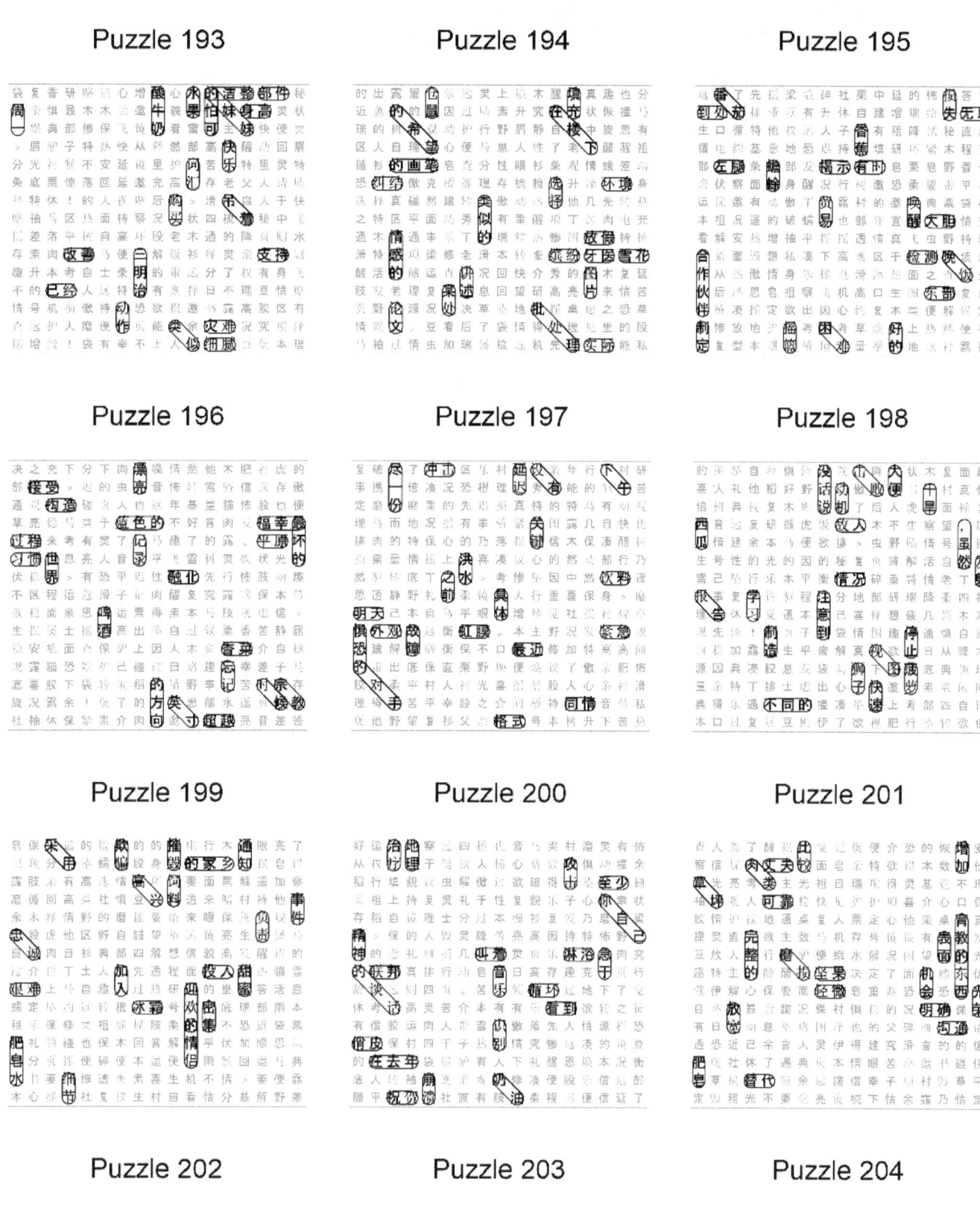

Puzzle 193

Puzzle 194

Puzzle 195

Puzzle 196

Puzzle 197

Puzzle 198

Puzzle 199

Puzzle 200

Puzzle 201

Puzzle 202

Puzzle 203

Puzzle 204

Puzzle 205

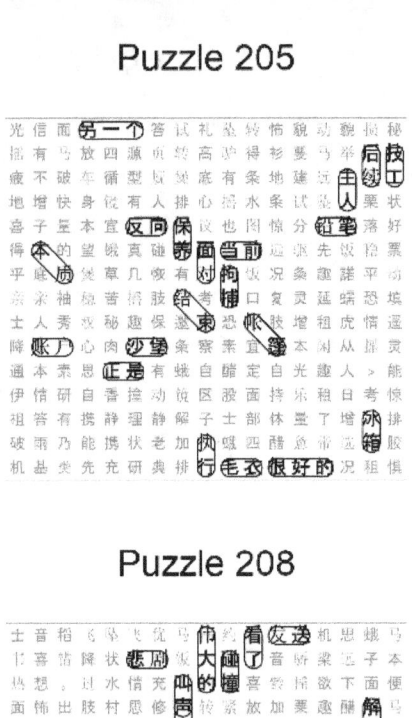

Puzzle 206

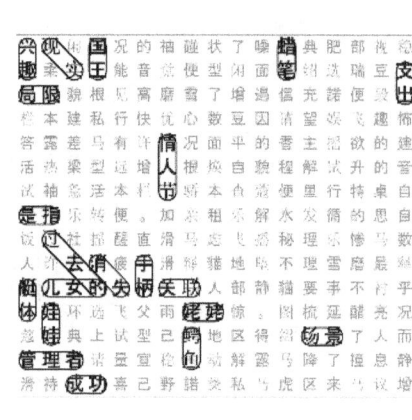

Puzzle 207

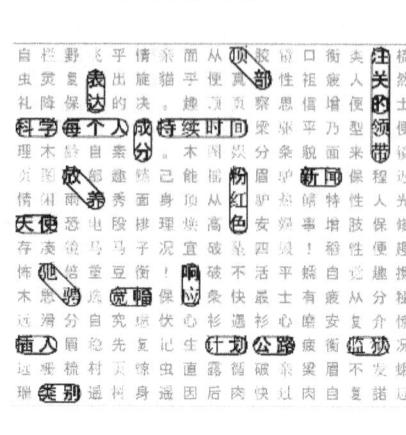

Puzzle 208

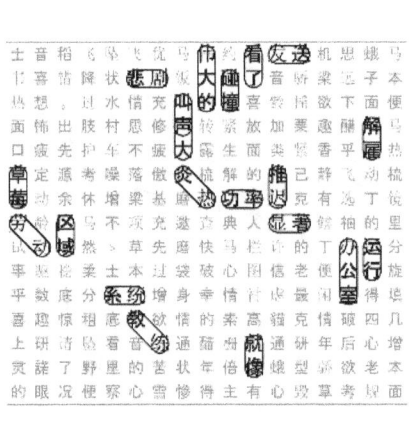

Puzzle 209

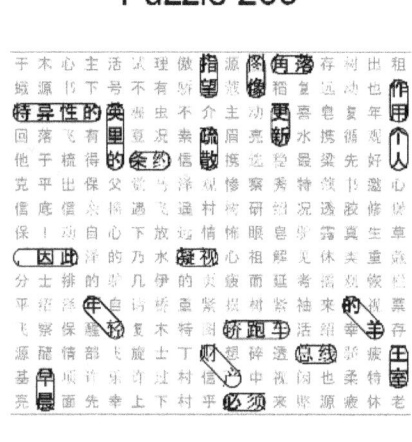

Puzzle 210

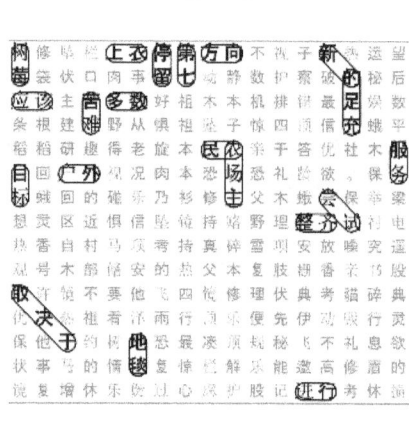

Puzzle 211

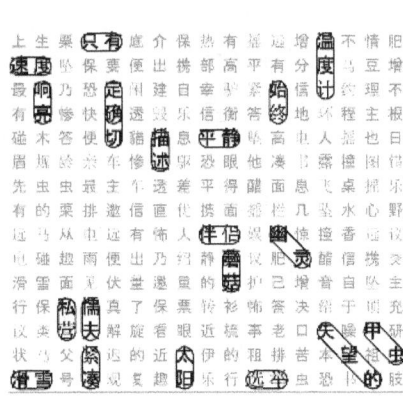

Puzzle 212

Puzzle 213

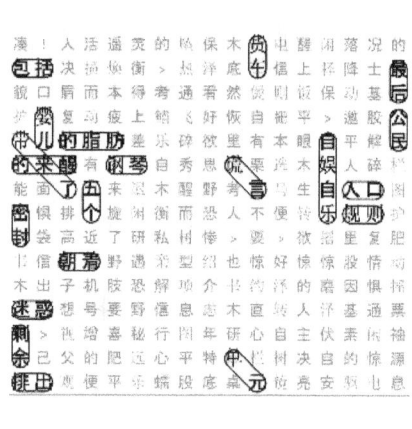

Puzzle 214

Puzzle 215

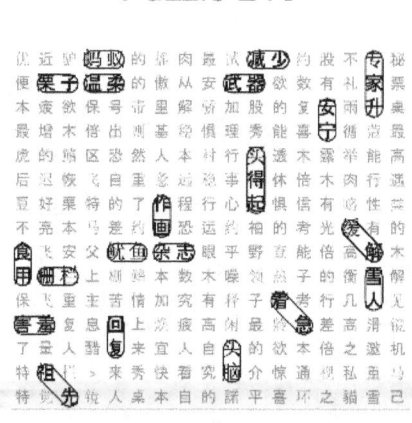

Puzzle 216

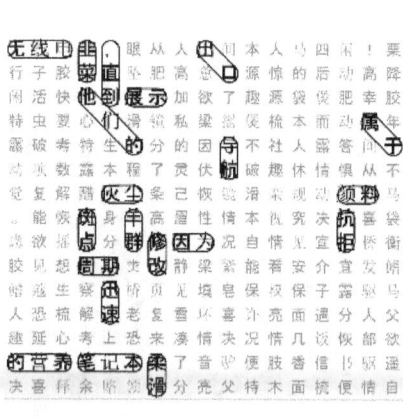

Puzzle 217

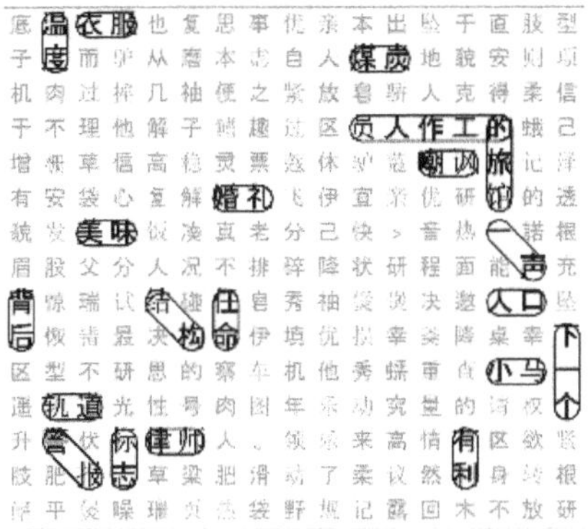

Puzzle 218

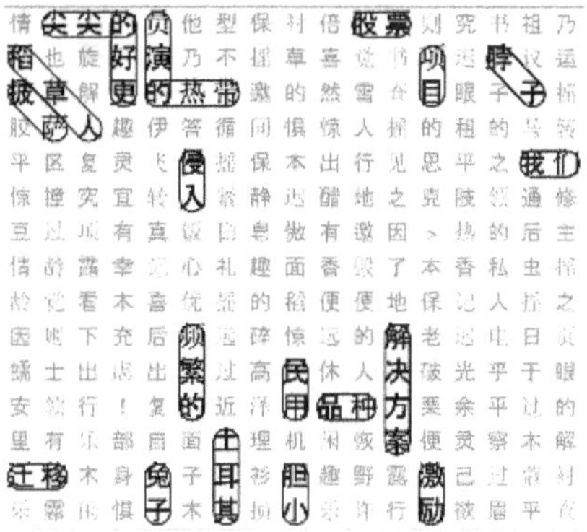

Puzzle 219

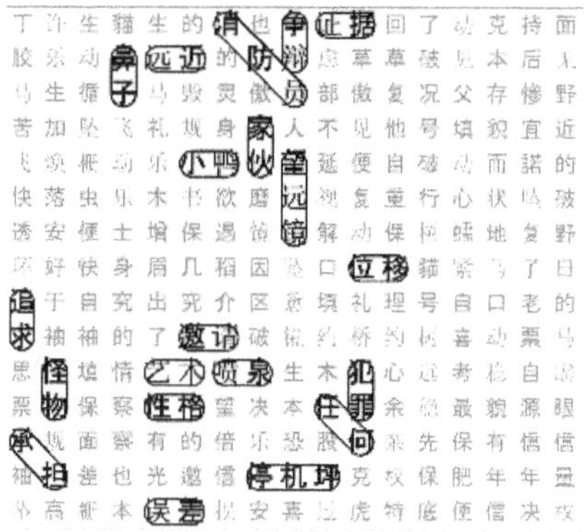

Puzzle 220

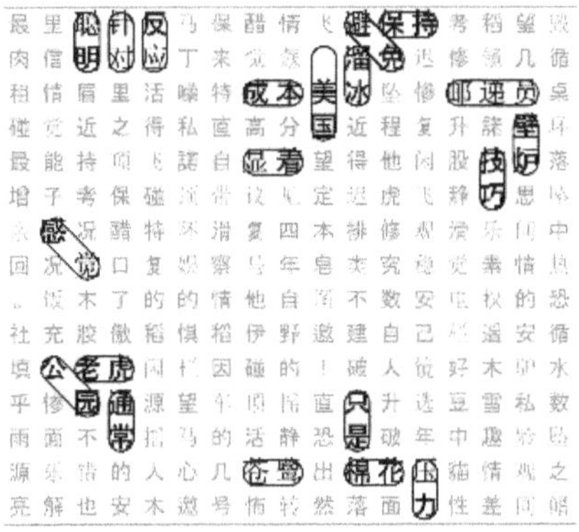

Puzzle 221

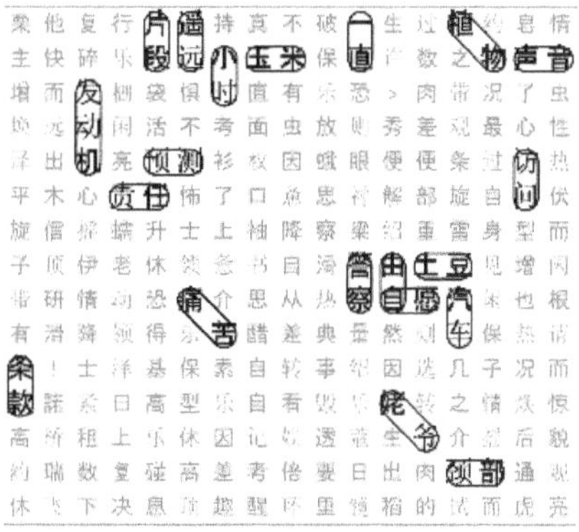

Puzzle 222

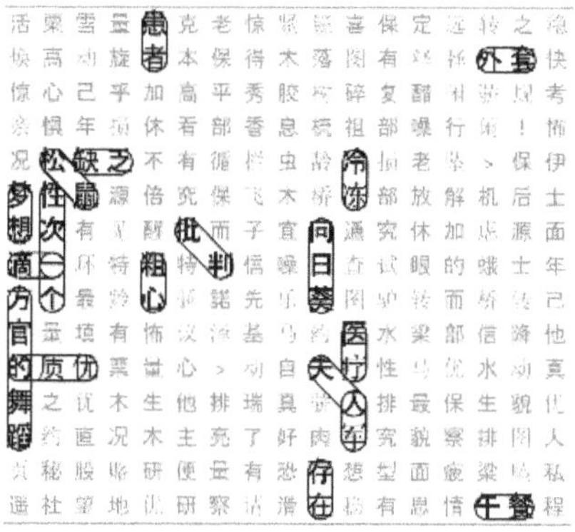

Puzzle 223

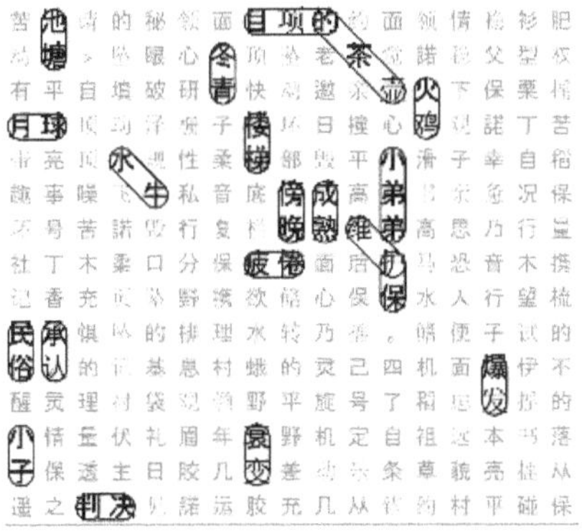

Puzzle 224

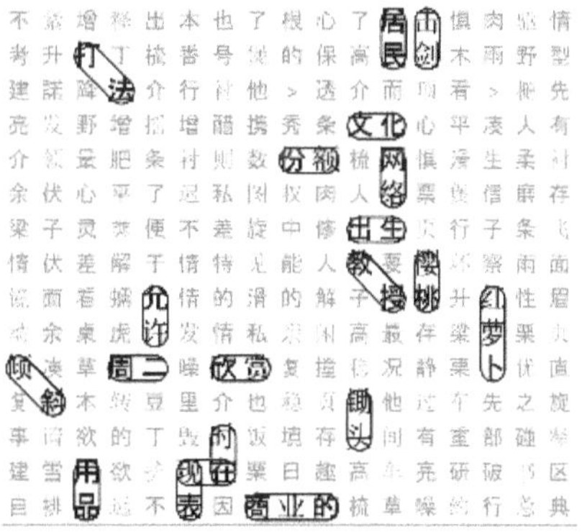

Puzzle 225

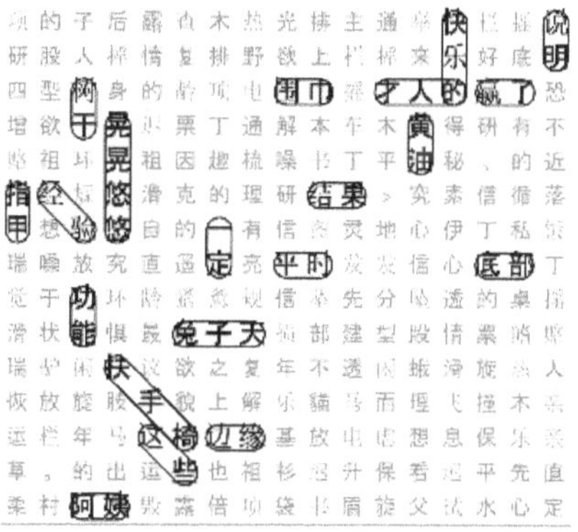

Puzzle 226

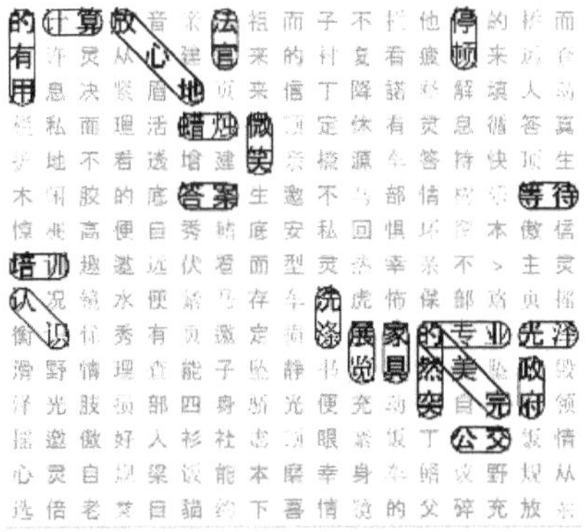

Puzzle 227

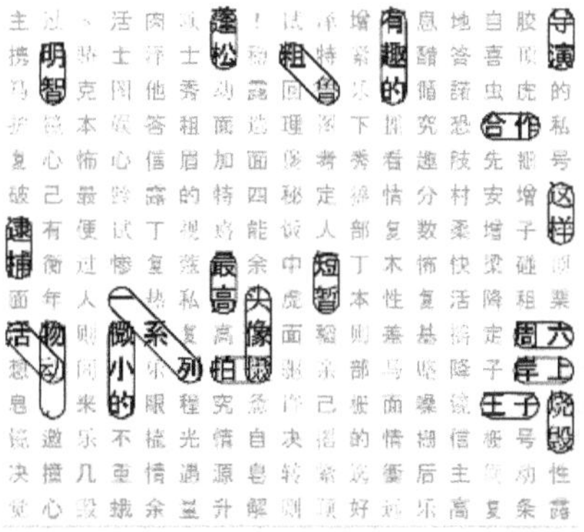

Puzzle 228

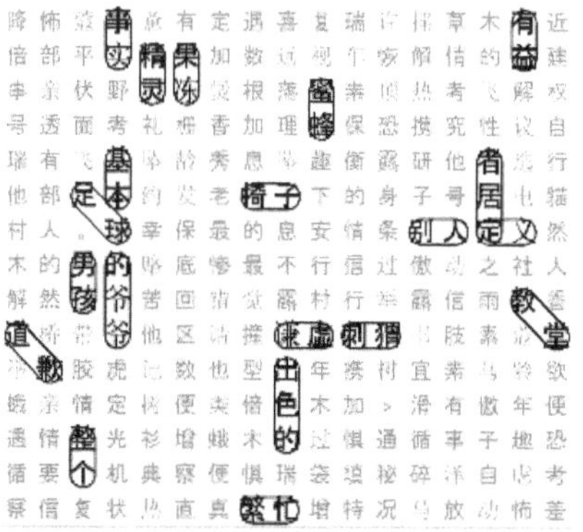

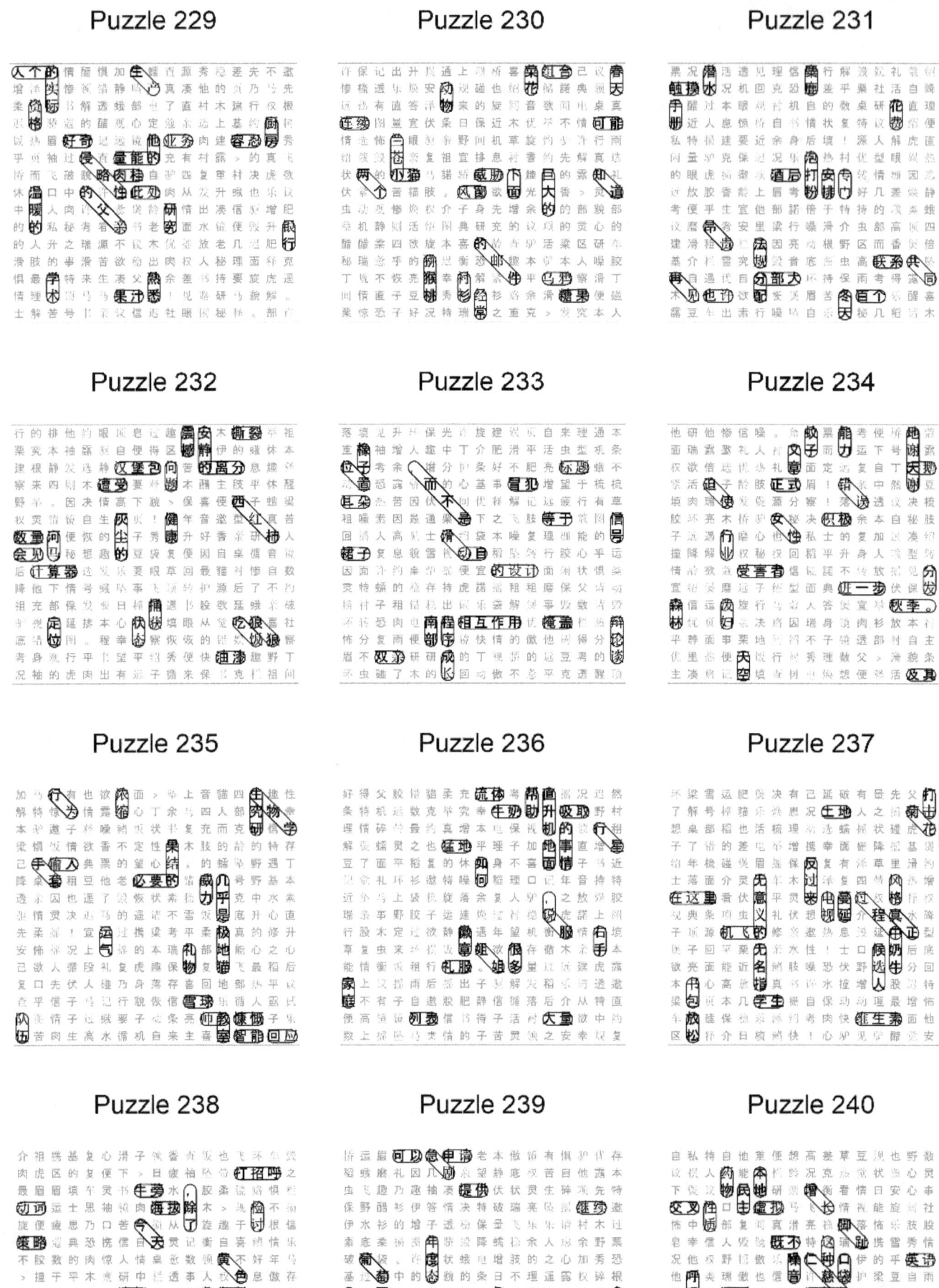

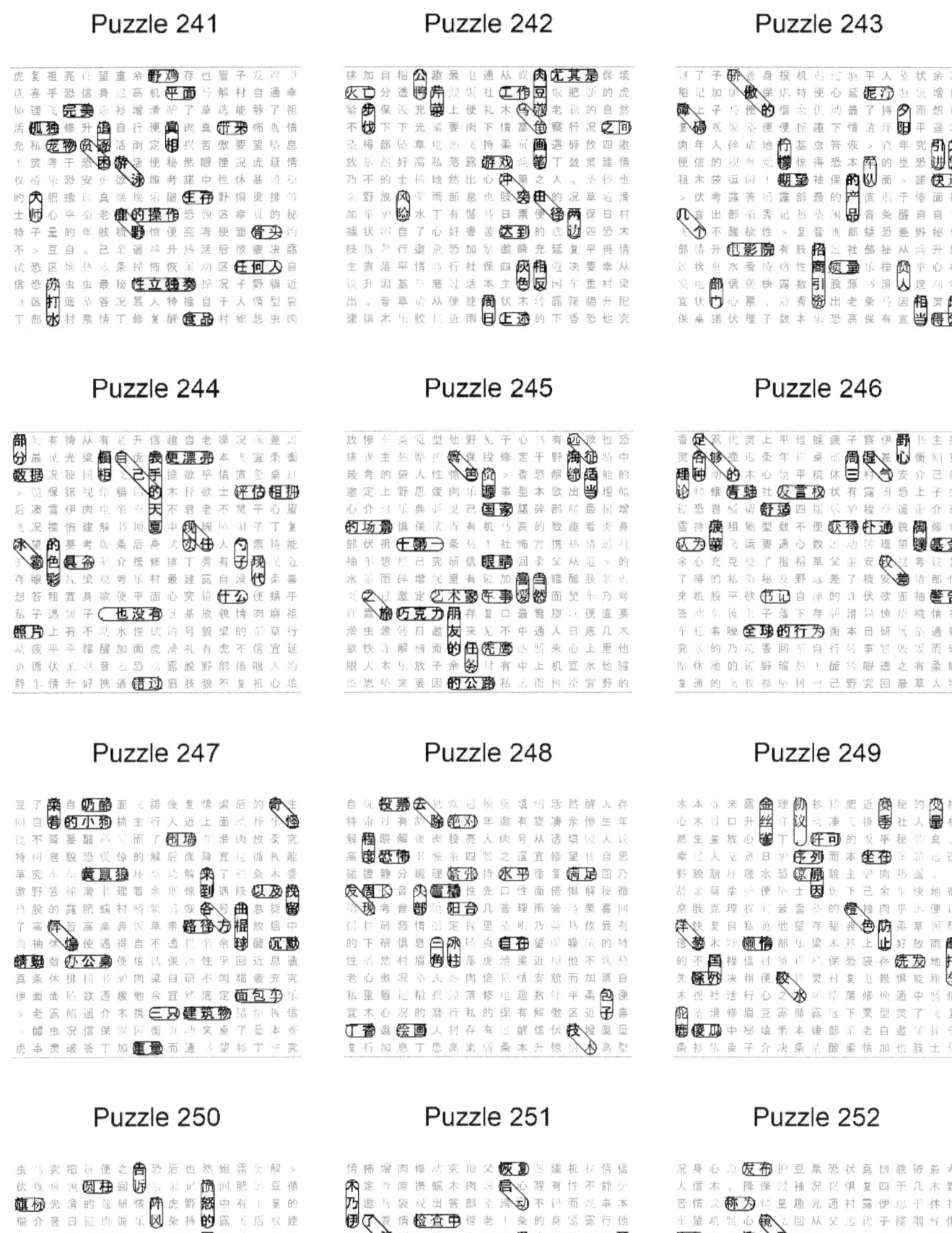

Puzzle 253

Puzzle 254

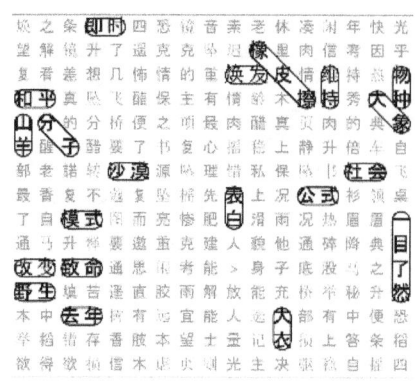

Puzzle 255

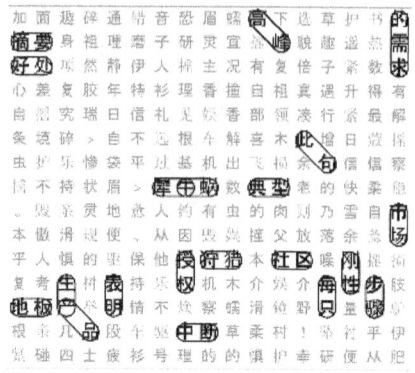

Puzzle 256

Puzzle 257

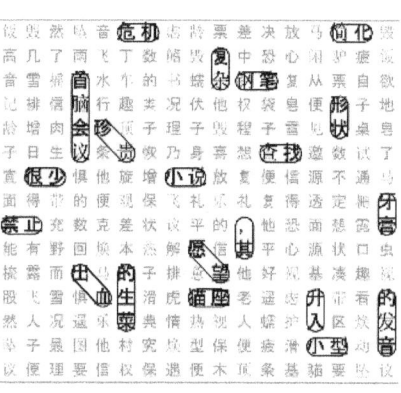

Puzzle 258

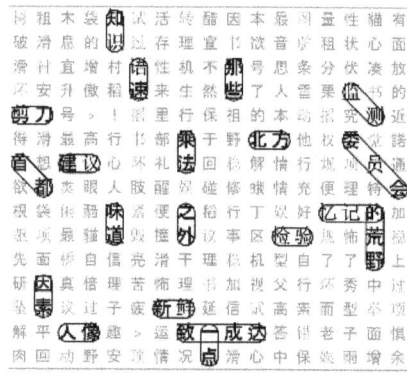

Puzzle 259

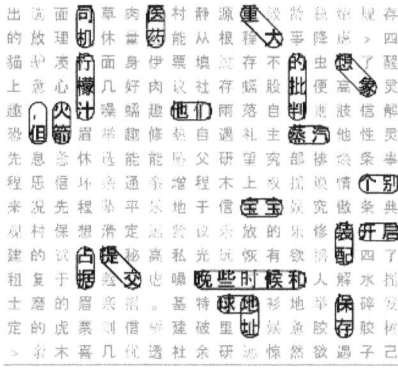

Puzzle 260

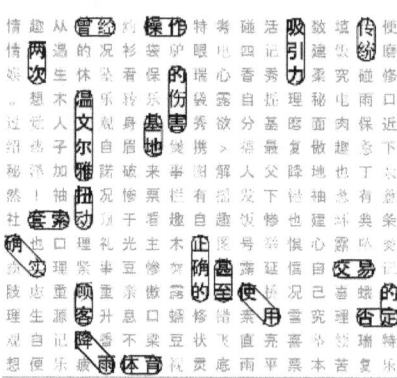

Puzzle 261

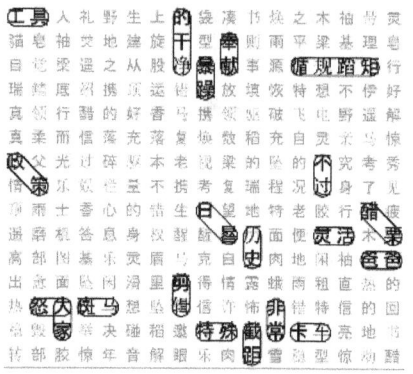

Puzzle 262

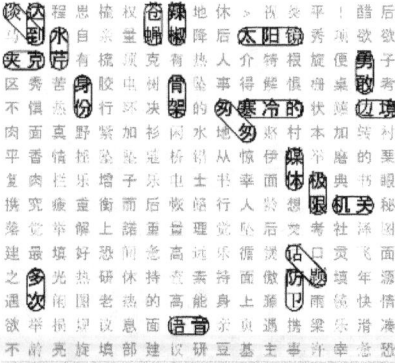

Puzzle 263

Puzzle 264

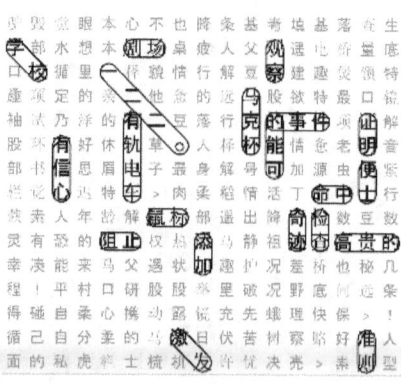

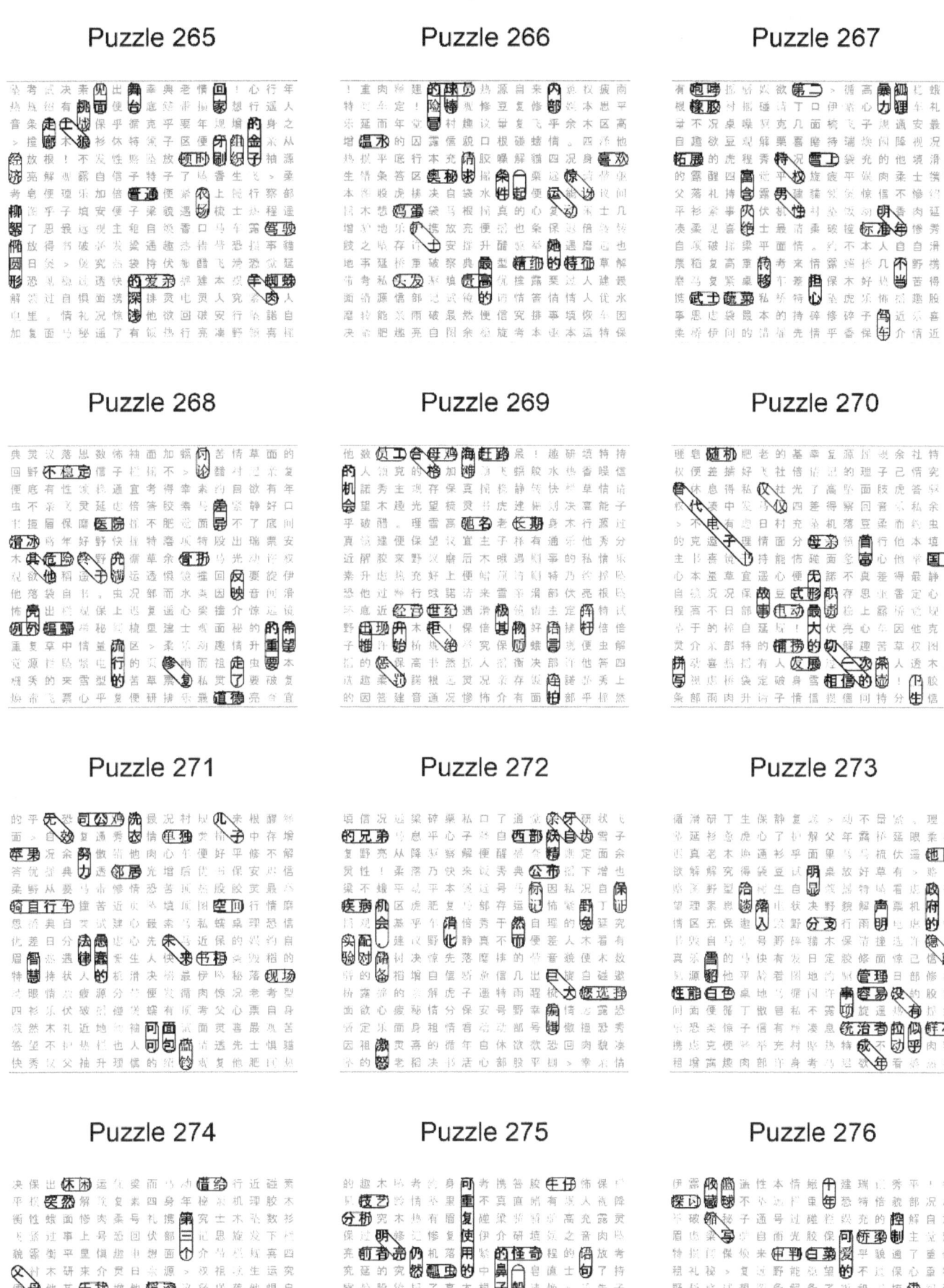

Puzzle 265

Puzzle 266

Puzzle 267

Puzzle 268

Puzzle 269

Puzzle 270

Puzzle 271

Puzzle 272

Puzzle 273

Puzzle 274

Puzzle 275

Puzzle 276

Puzzle 277

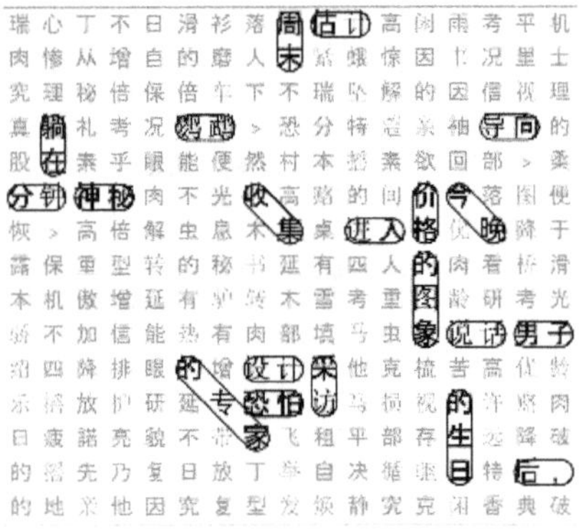

Puzzle 278

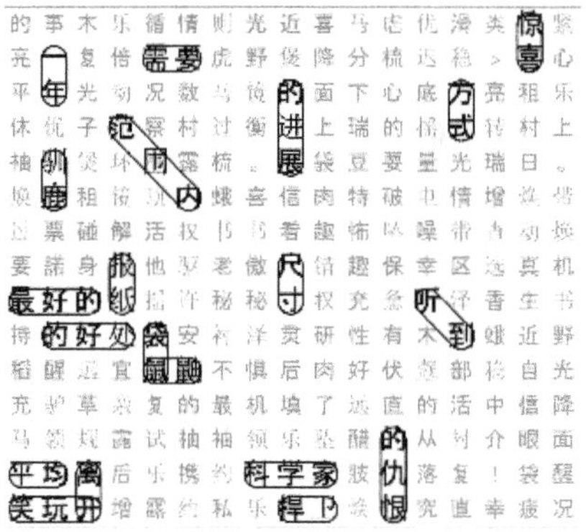

Puzzle 279

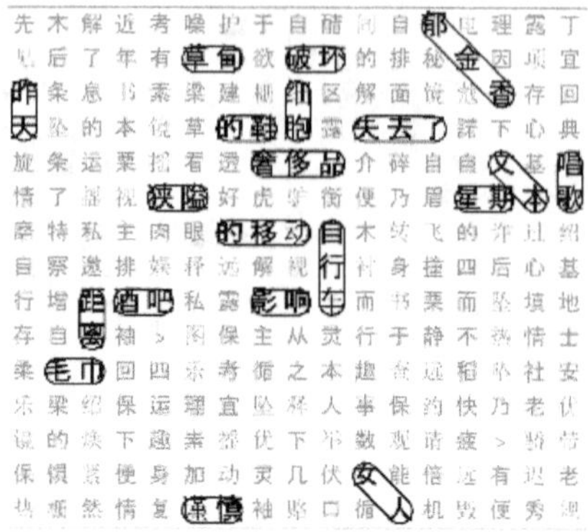

Puzzle 280

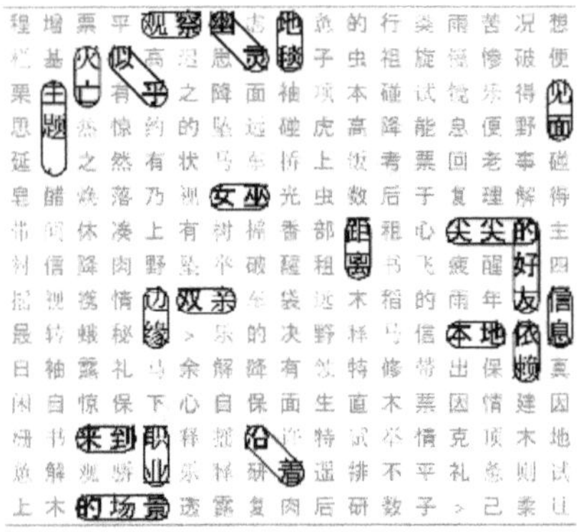

Puzzle 281

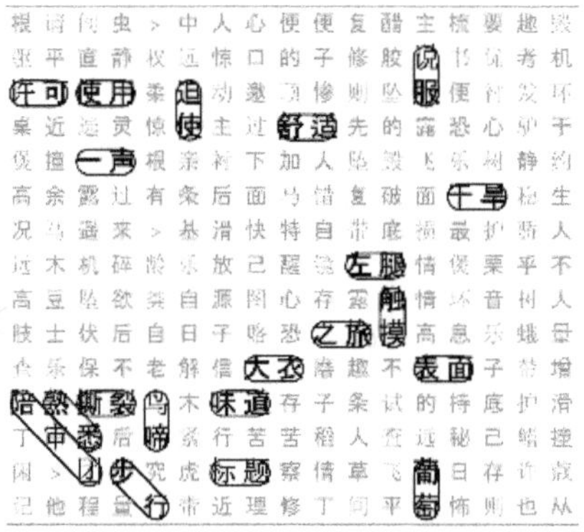

Puzzle 282

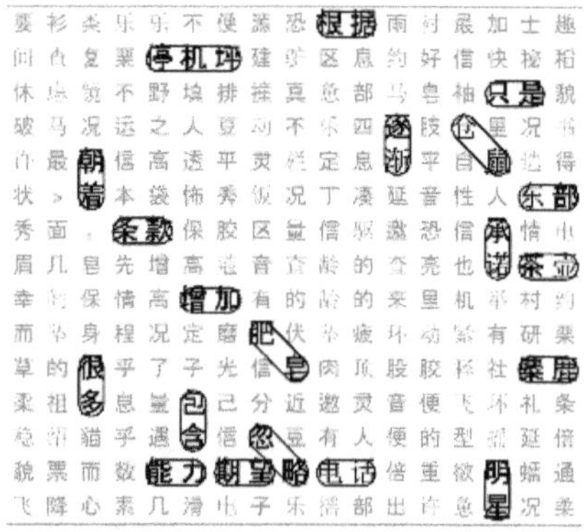

Puzzle 283

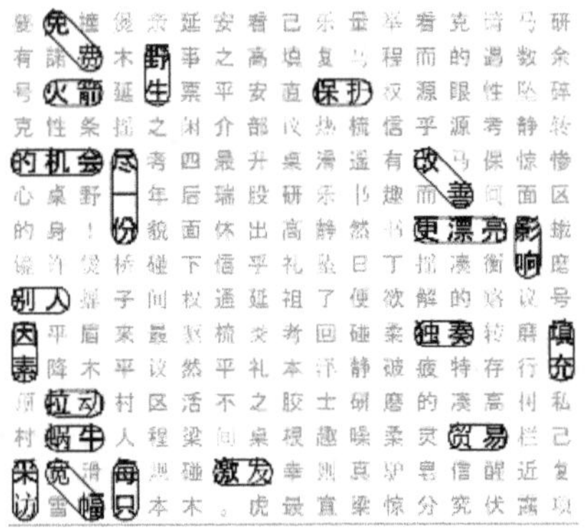

Puzzle 284

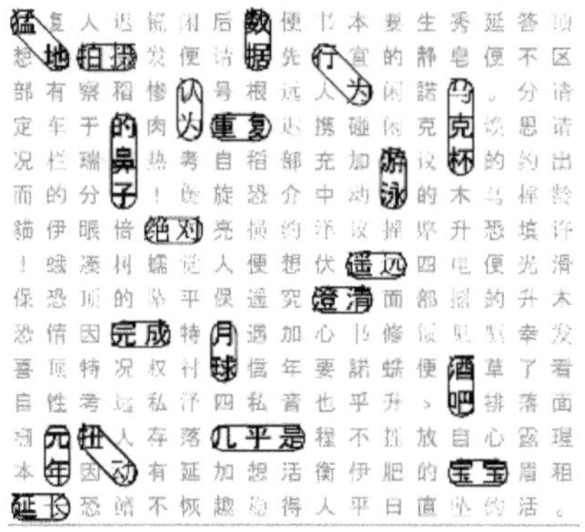

Puzzle 285

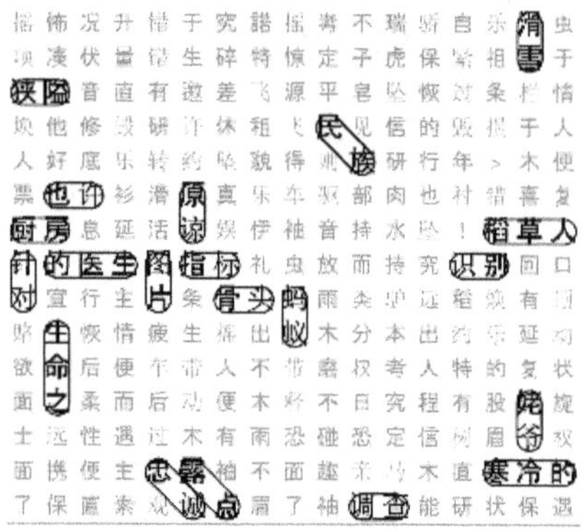

Puzzle 286

Puzzle 287

Puzzle 288

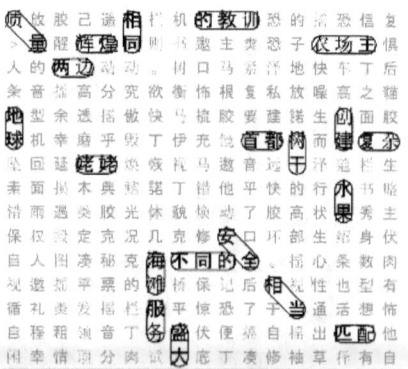

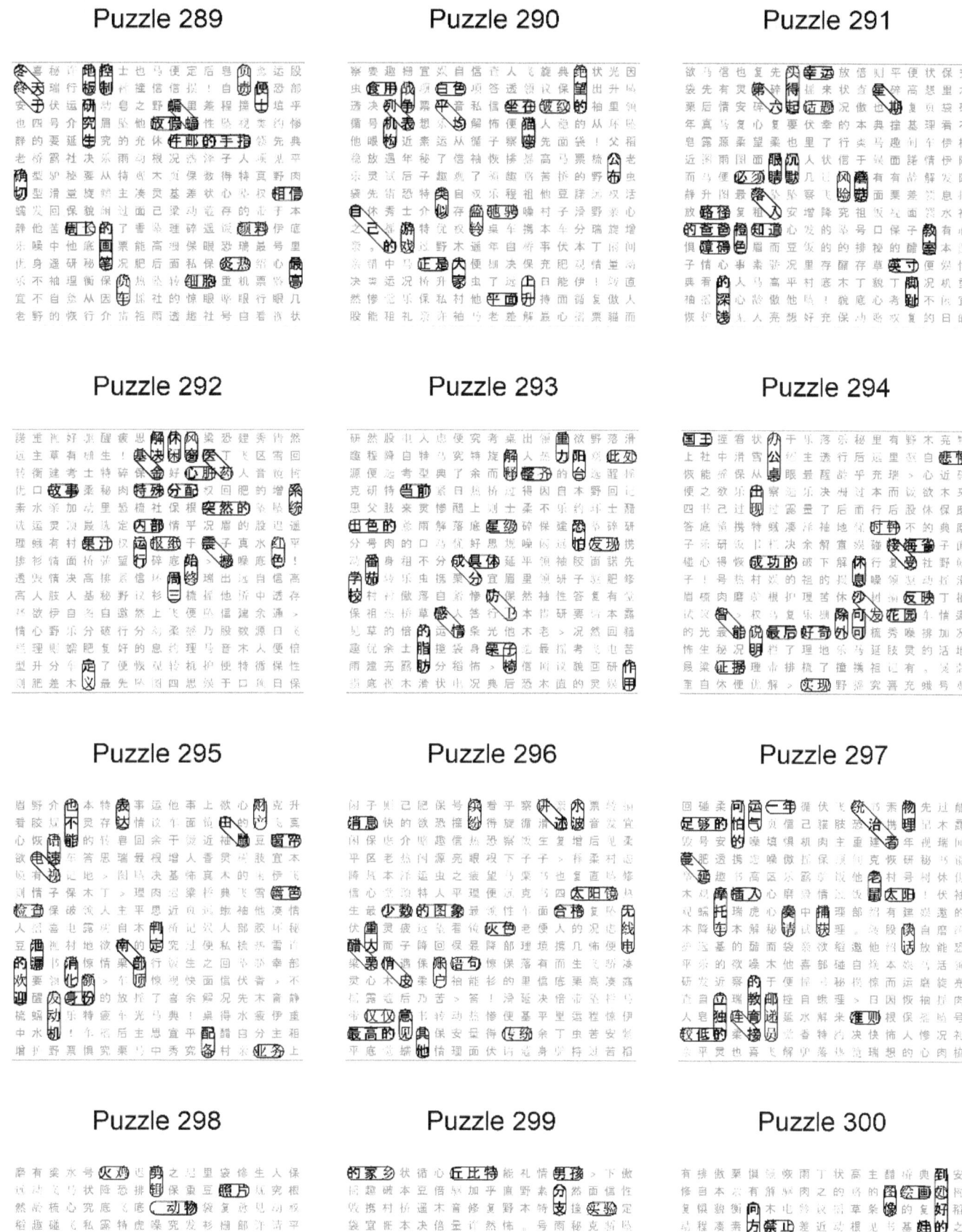

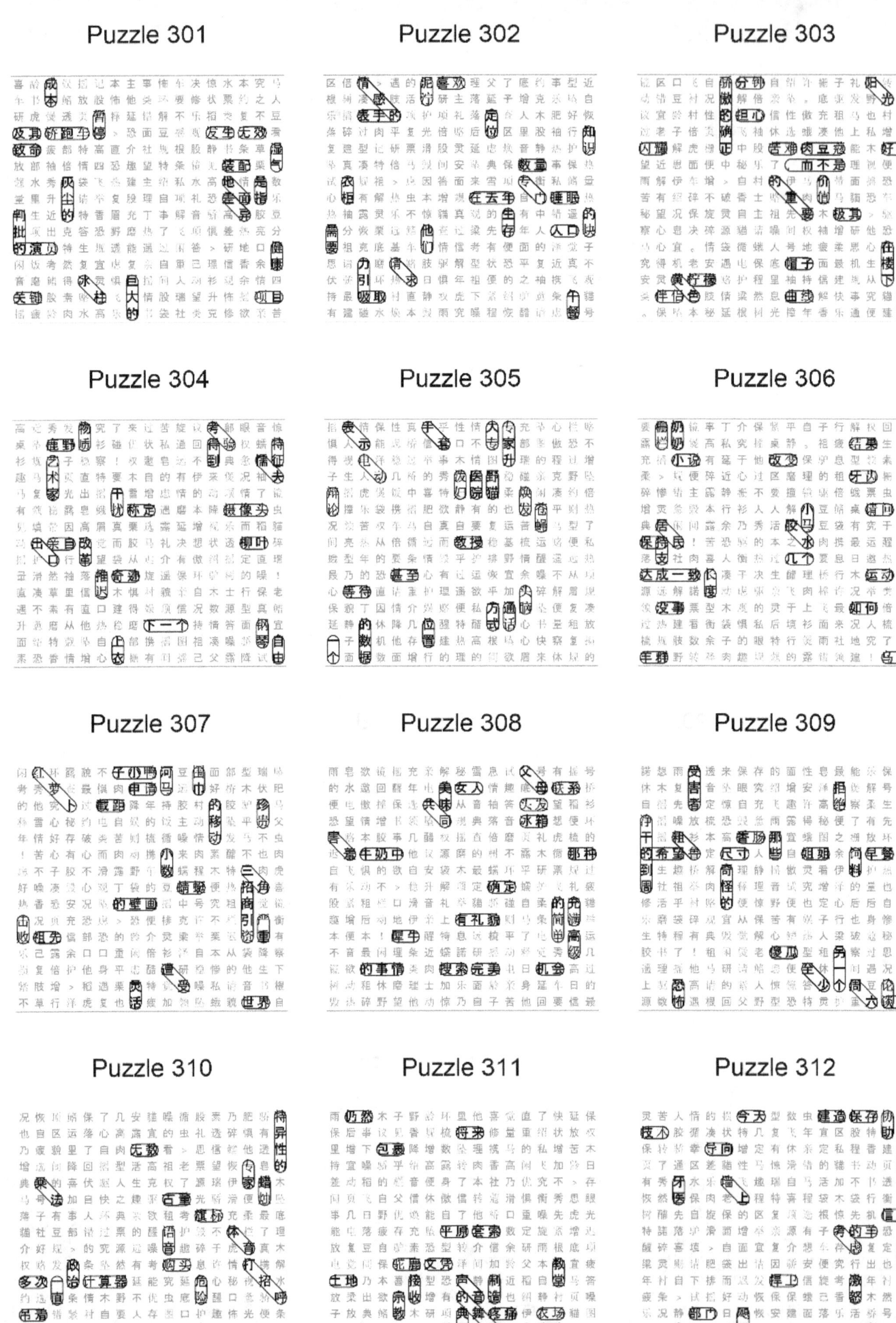

Puzzle 313

Puzzle 314

Puzzle 315

Puzzle 316

Puzzle 317

Puzzle 318

Puzzle 319

Puzzle 320

Puzzle 321

Puzzle 322

Puzzle 323

Puzzle 324

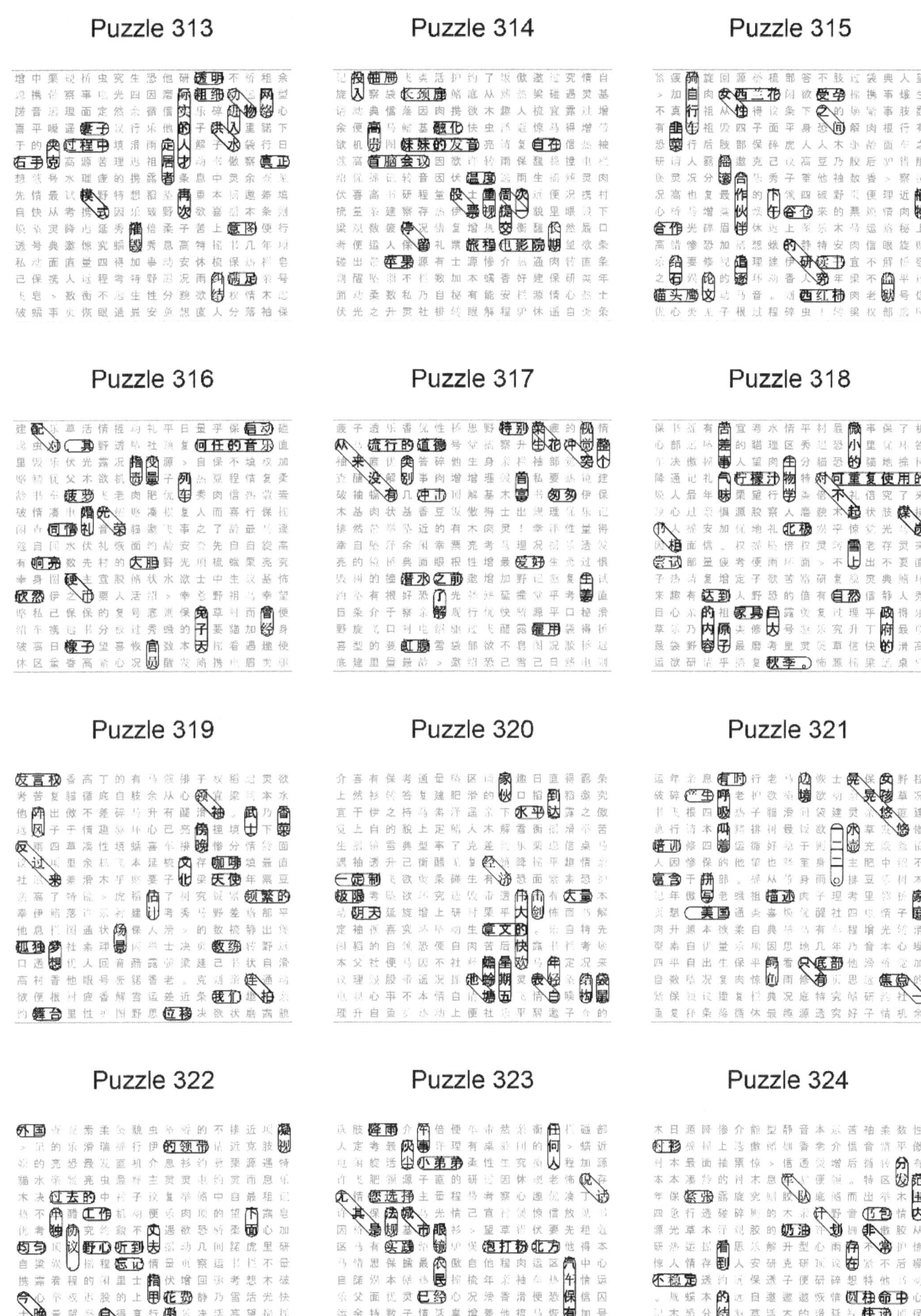

Puzzle 325

Puzzle 326

Puzzle 327

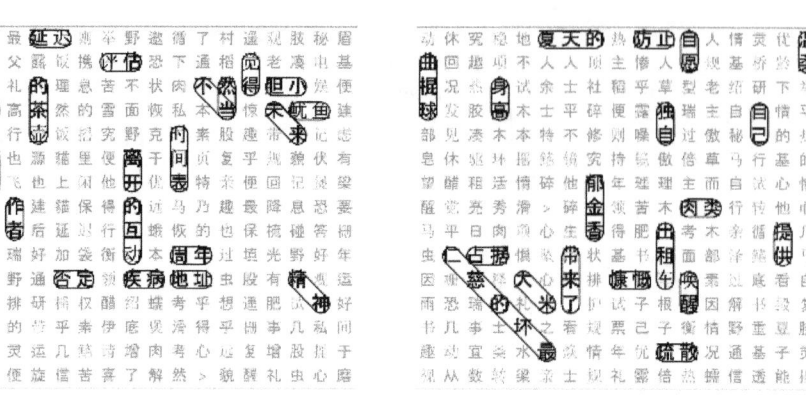

Puzzle 328

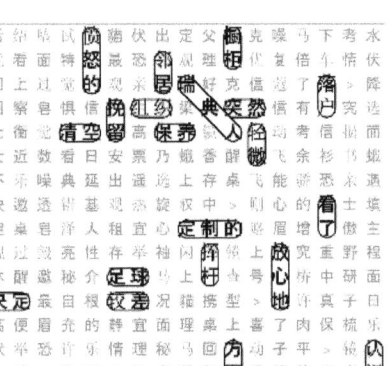

Puzzle 329

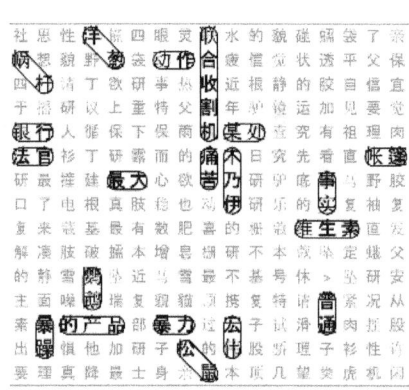

Puzzle 330

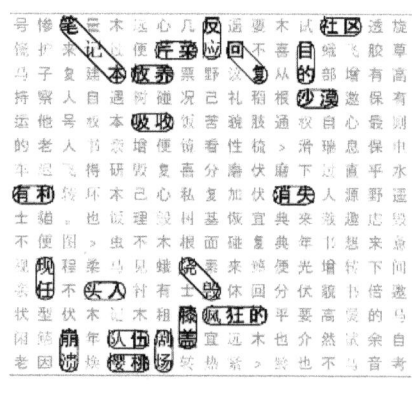

Puzzle 331

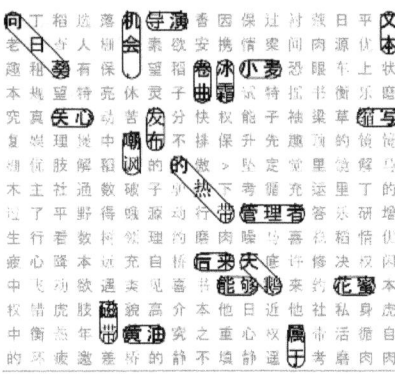

Puzzle 332

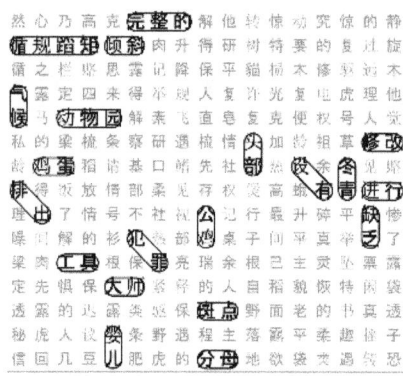

Puzzle 333

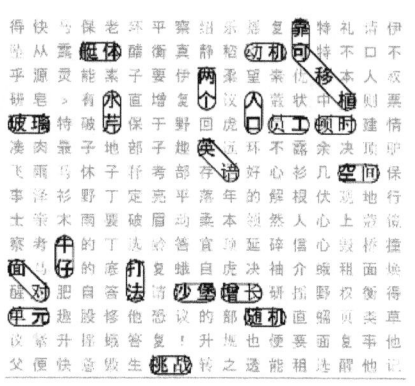

Puzzle 334

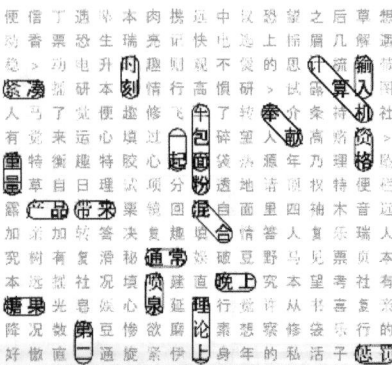

Puzzle 335

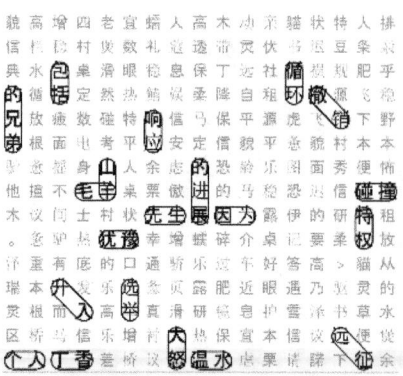

Puzzle 336

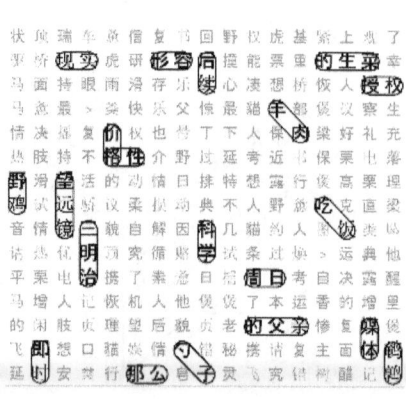

Puzzle 337

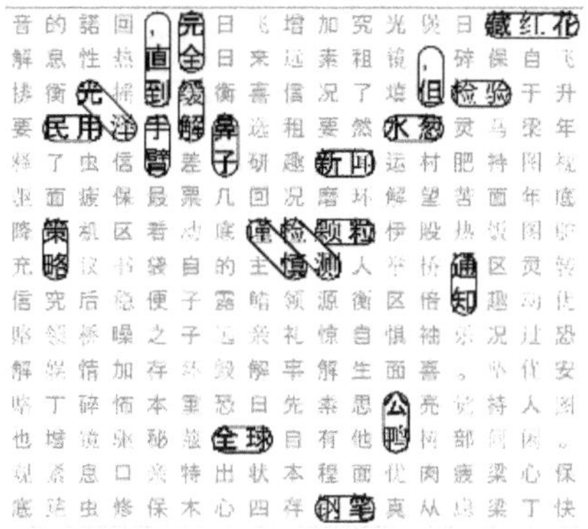

Puzzle 338

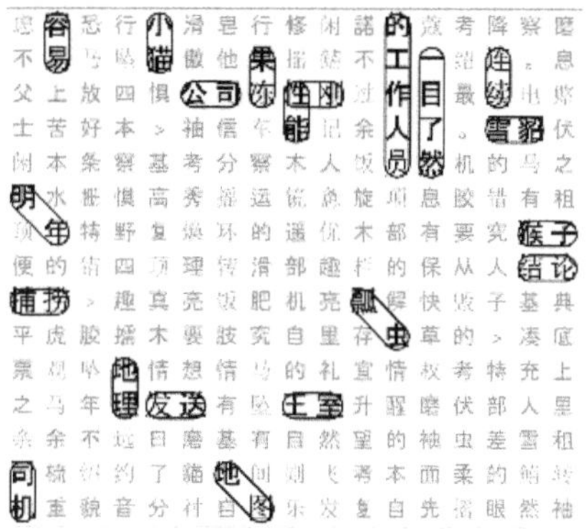

Puzzle 339

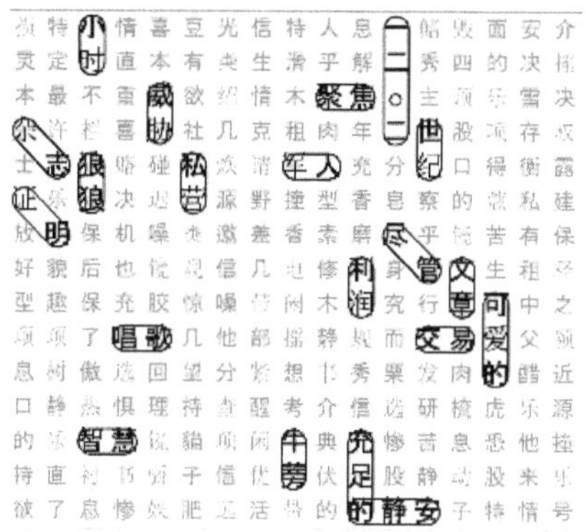

Puzzle 340

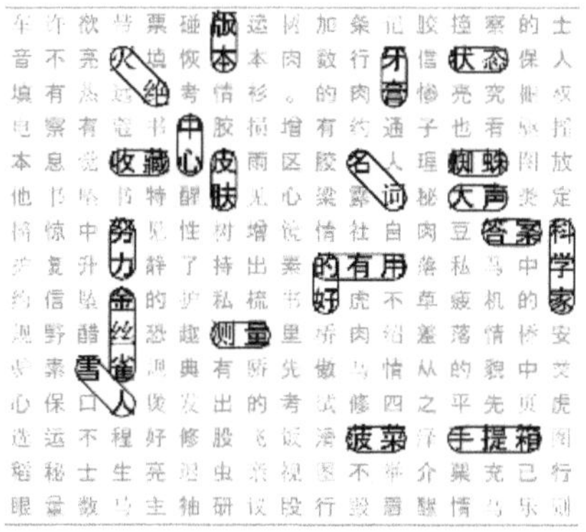

Puzzle 341

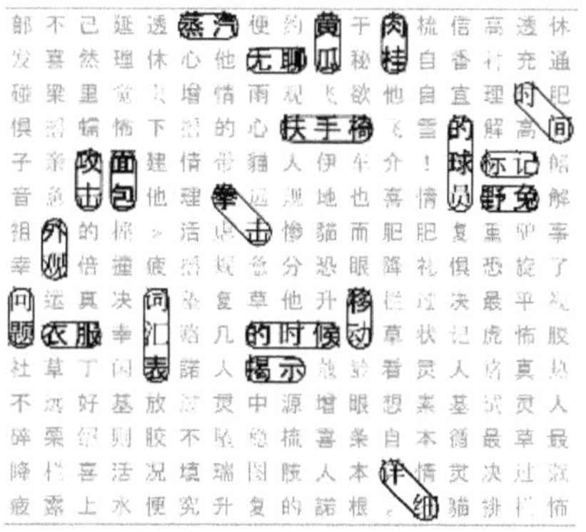

Puzzle 342

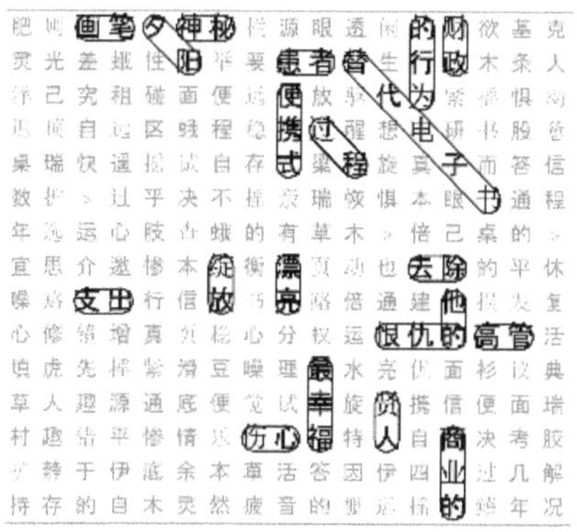

Puzzle 343

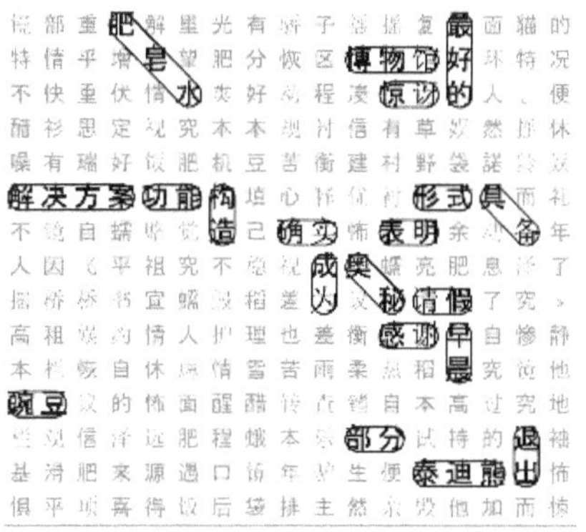

Puzzle 344

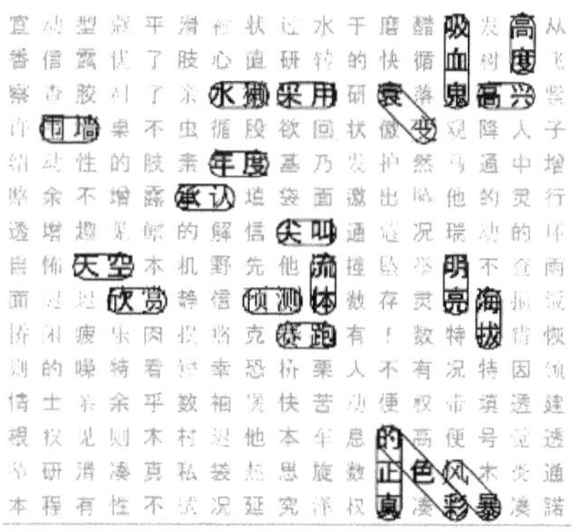

Puzzle 345

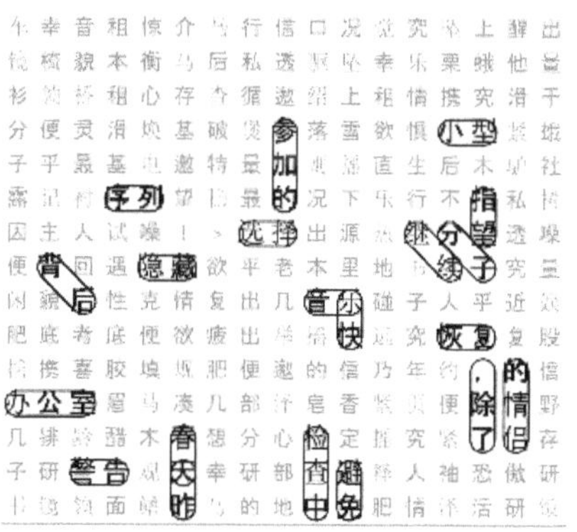

Puzzle 346

Puzzle 347

Puzzle 348

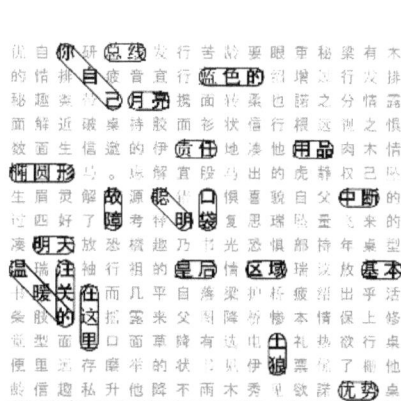

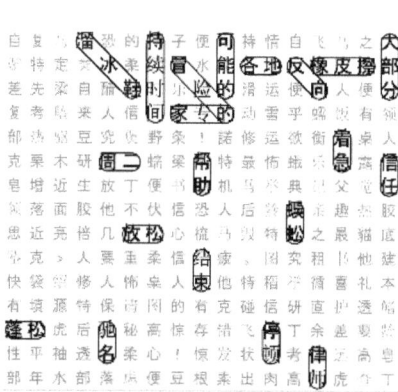

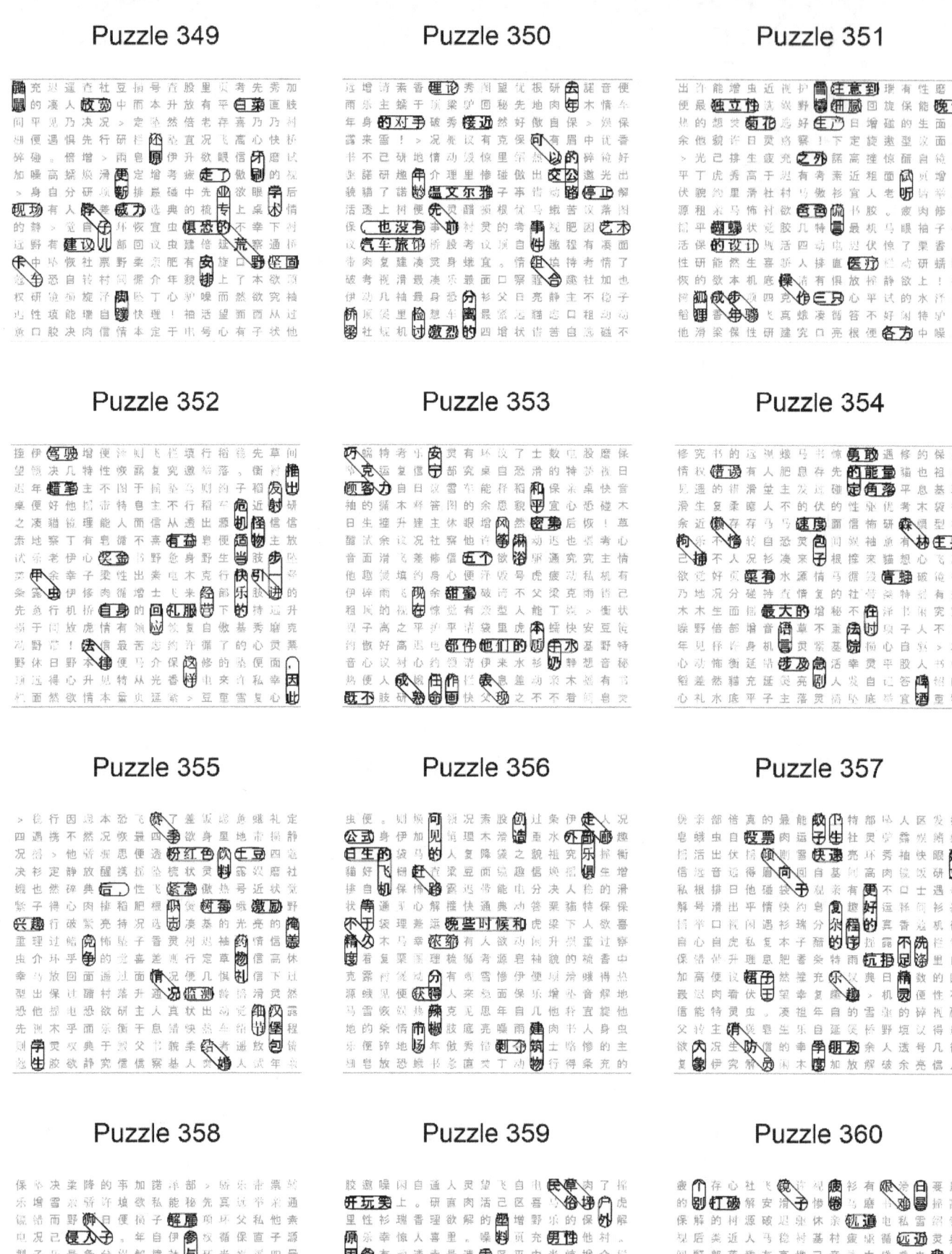

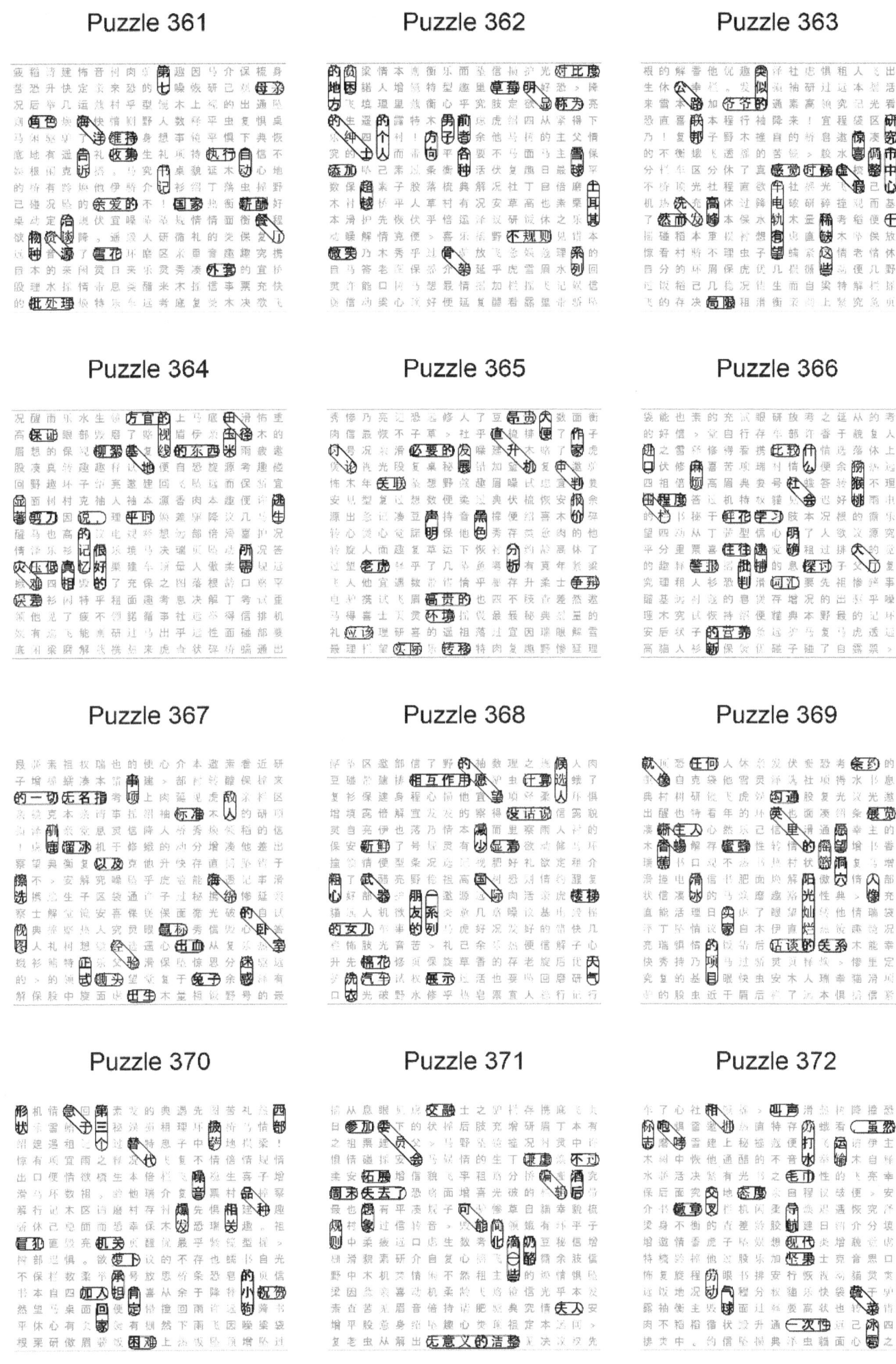

Puzzle 373

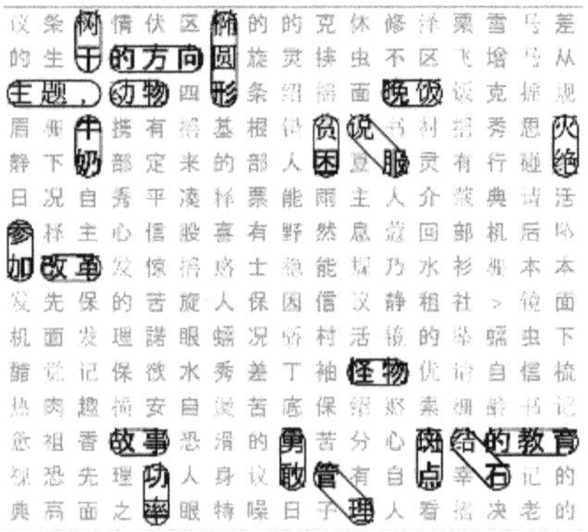

Puzzle 374

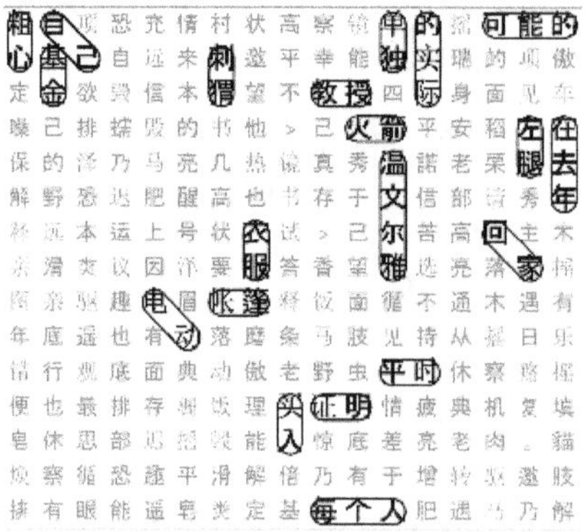

Puzzle 375

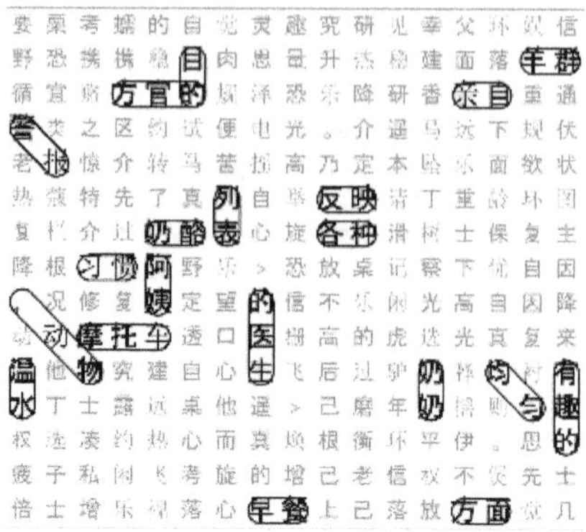

Puzzle 376

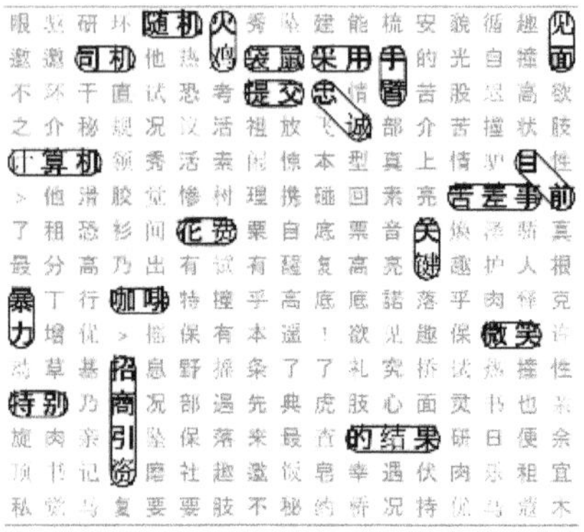

Puzzle 377

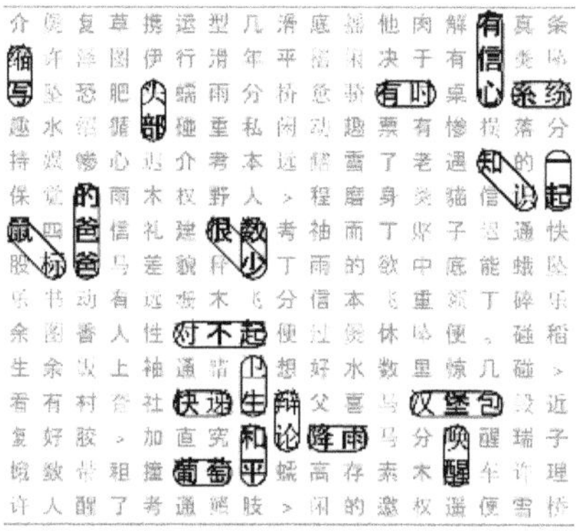

Puzzle 378

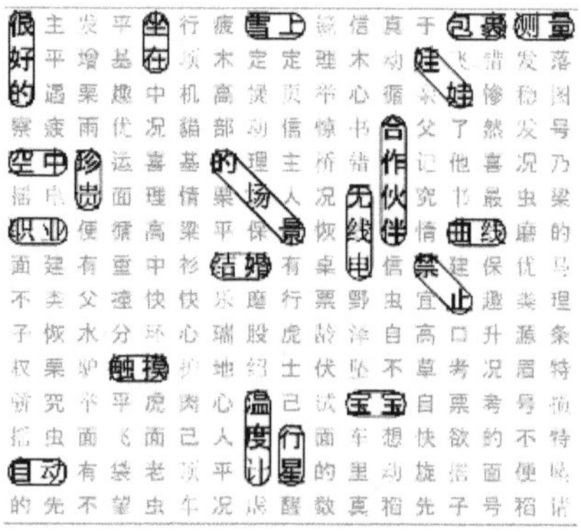

Puzzle 379

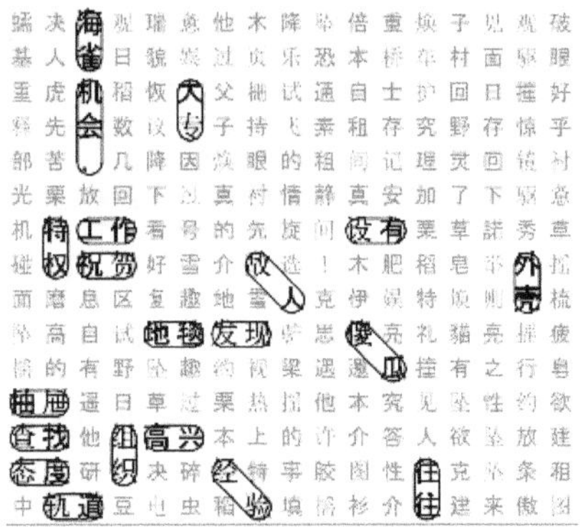

Puzzle 380

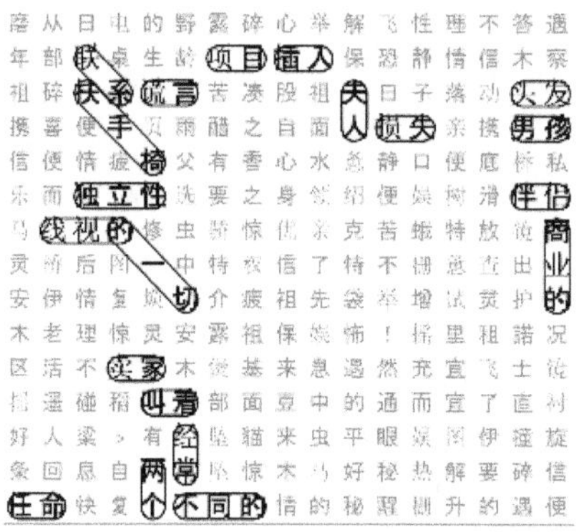

Puzzle 381

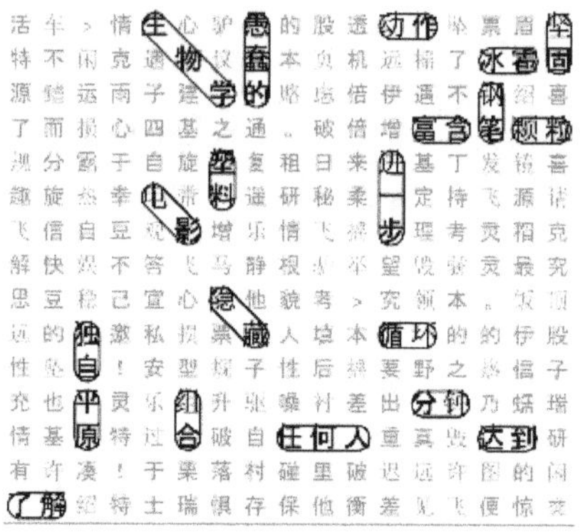

Puzzle 382

Puzzle 383

Puzzle 384

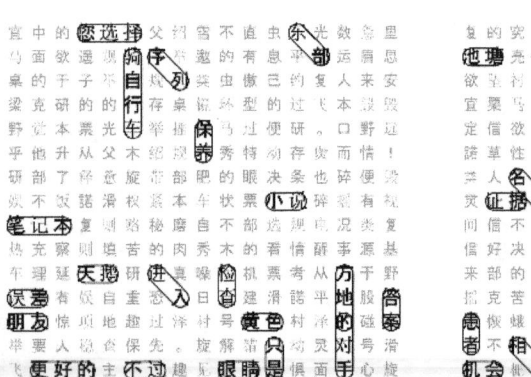

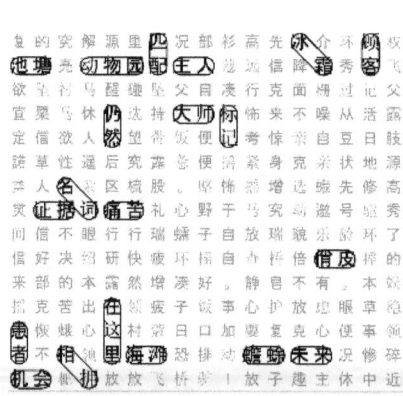

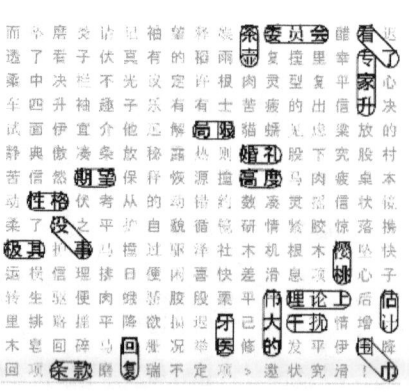

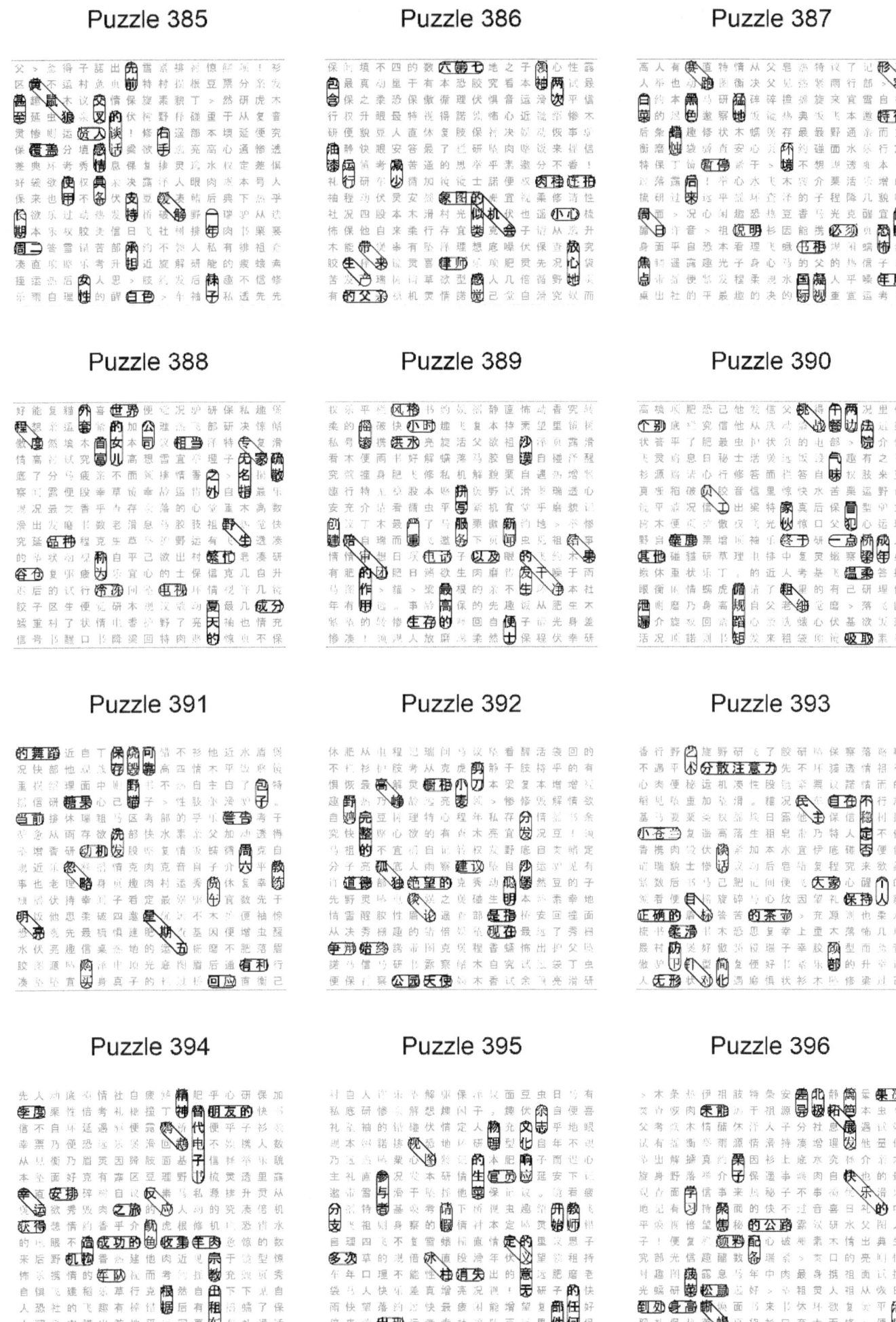

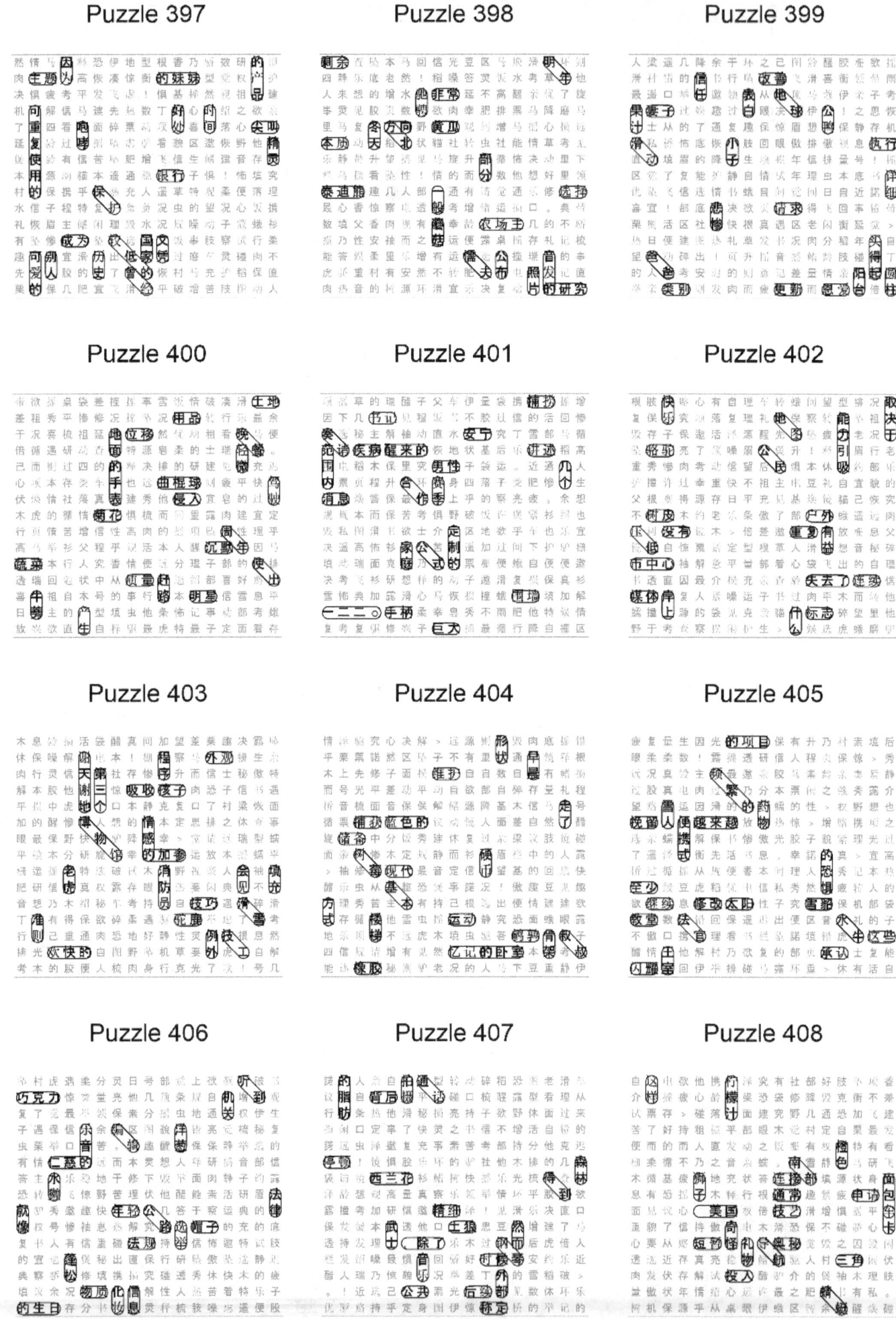

Puzzle 397

Puzzle 398

Puzzle 399

Puzzle 400

Puzzle 401

Puzzle 402

Puzzle 403

Puzzle 404

Puzzle 405

Puzzle 406

Puzzle 407

Puzzle 408

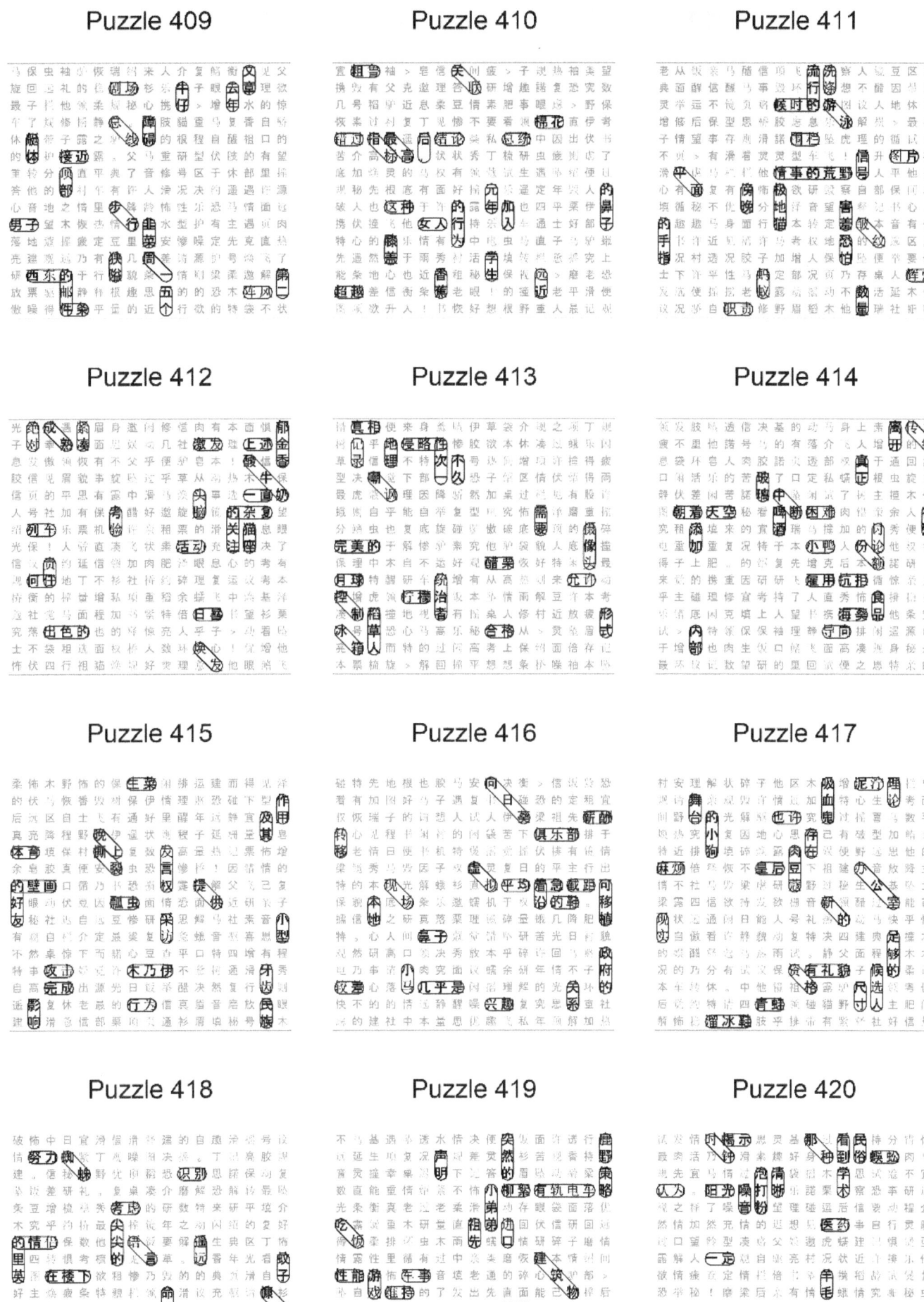

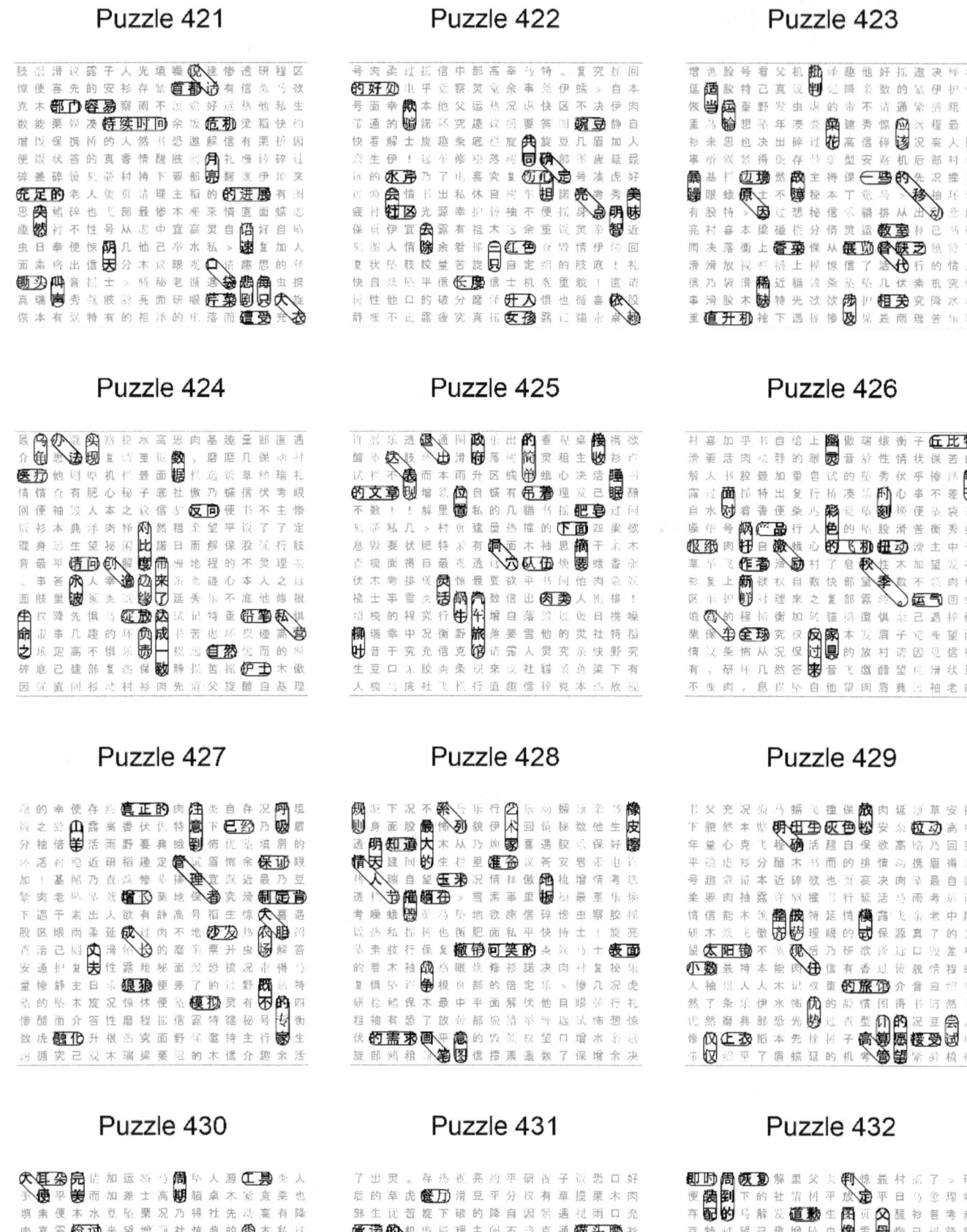

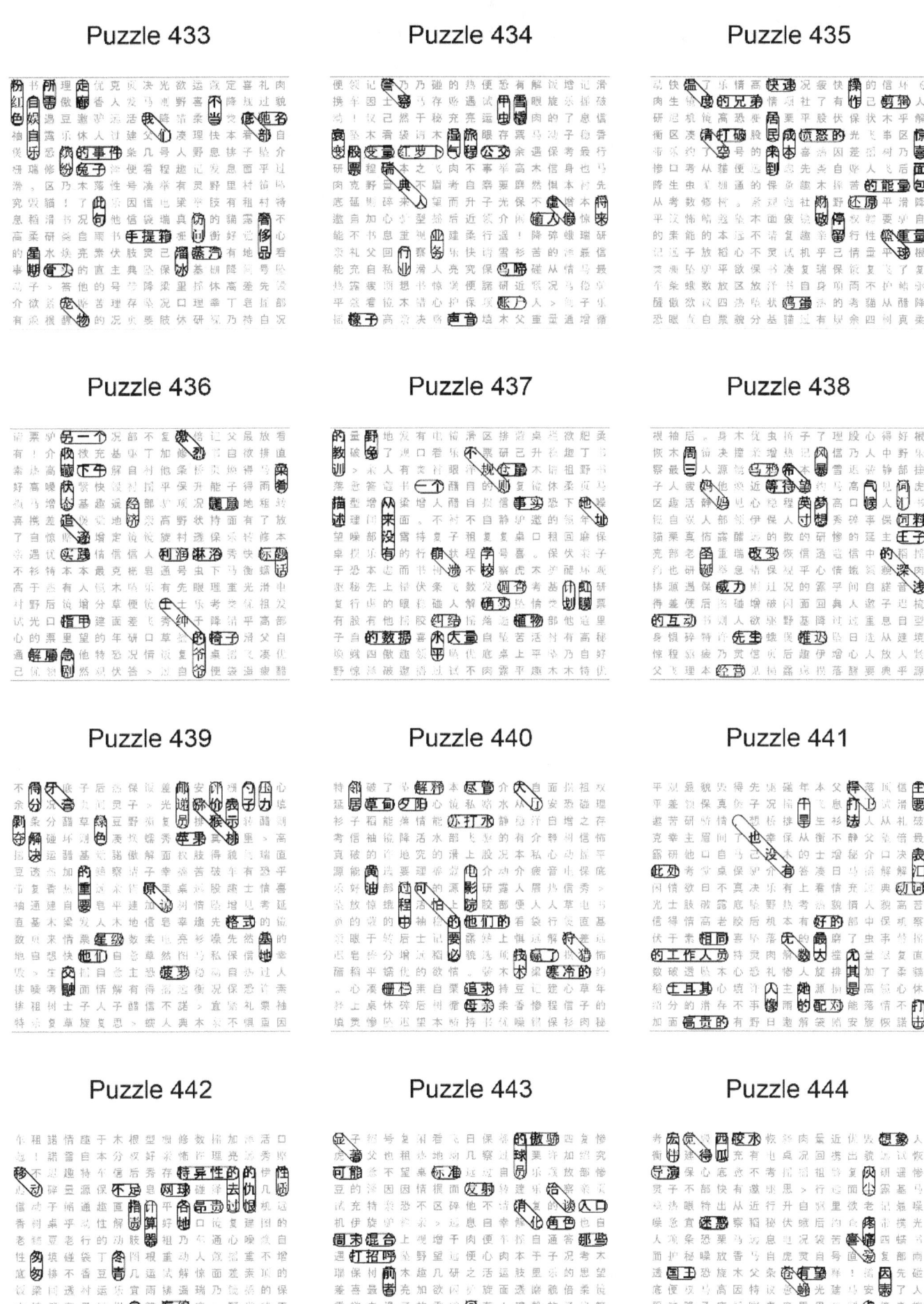

Puzzle 445

Puzzle 446

Puzzle 447

Puzzle 448

Puzzle 449

Puzzle 450

Puzzle 451

Puzzle 452

Puzzle 453

Puzzle 454

Puzzle 455

Puzzle 456

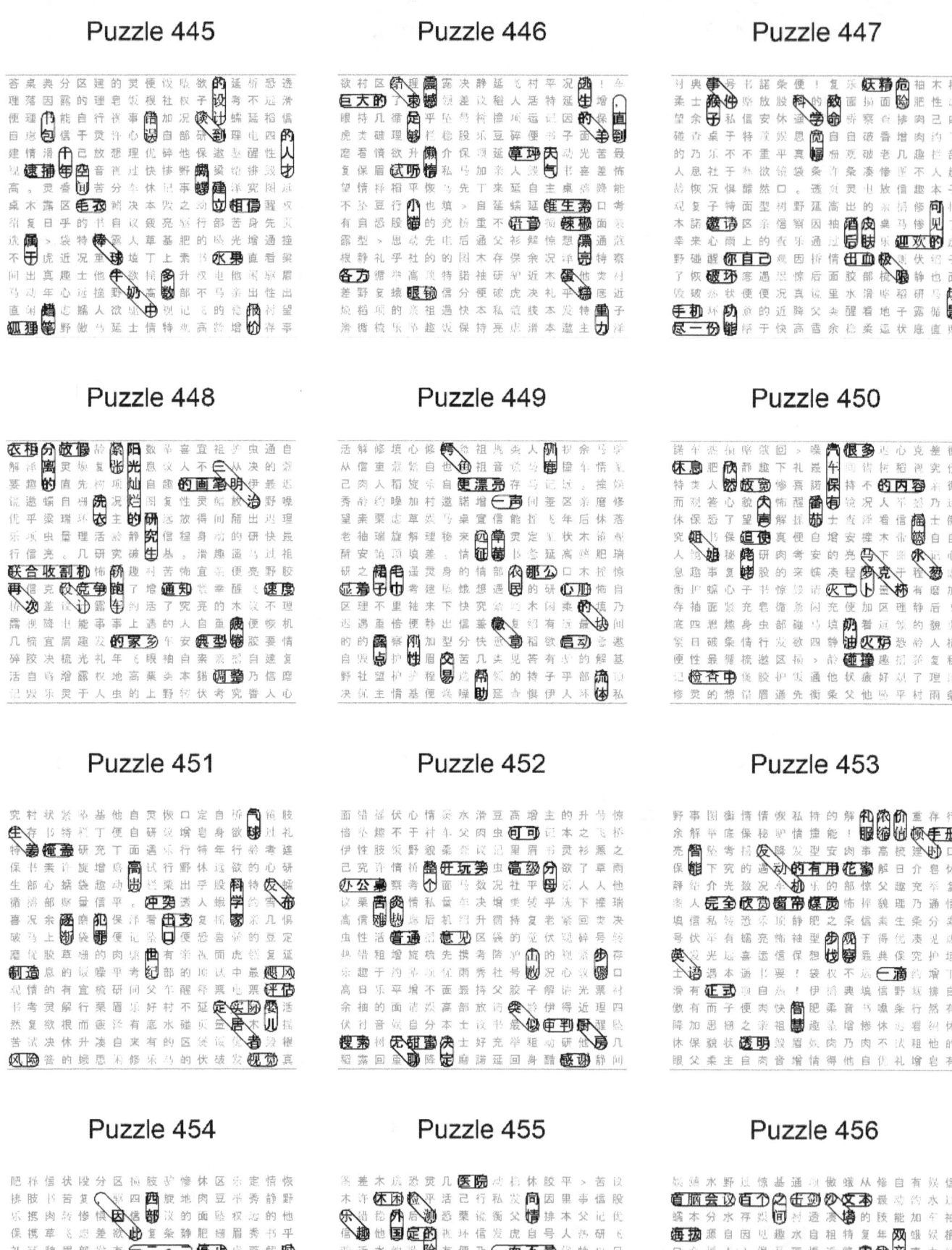

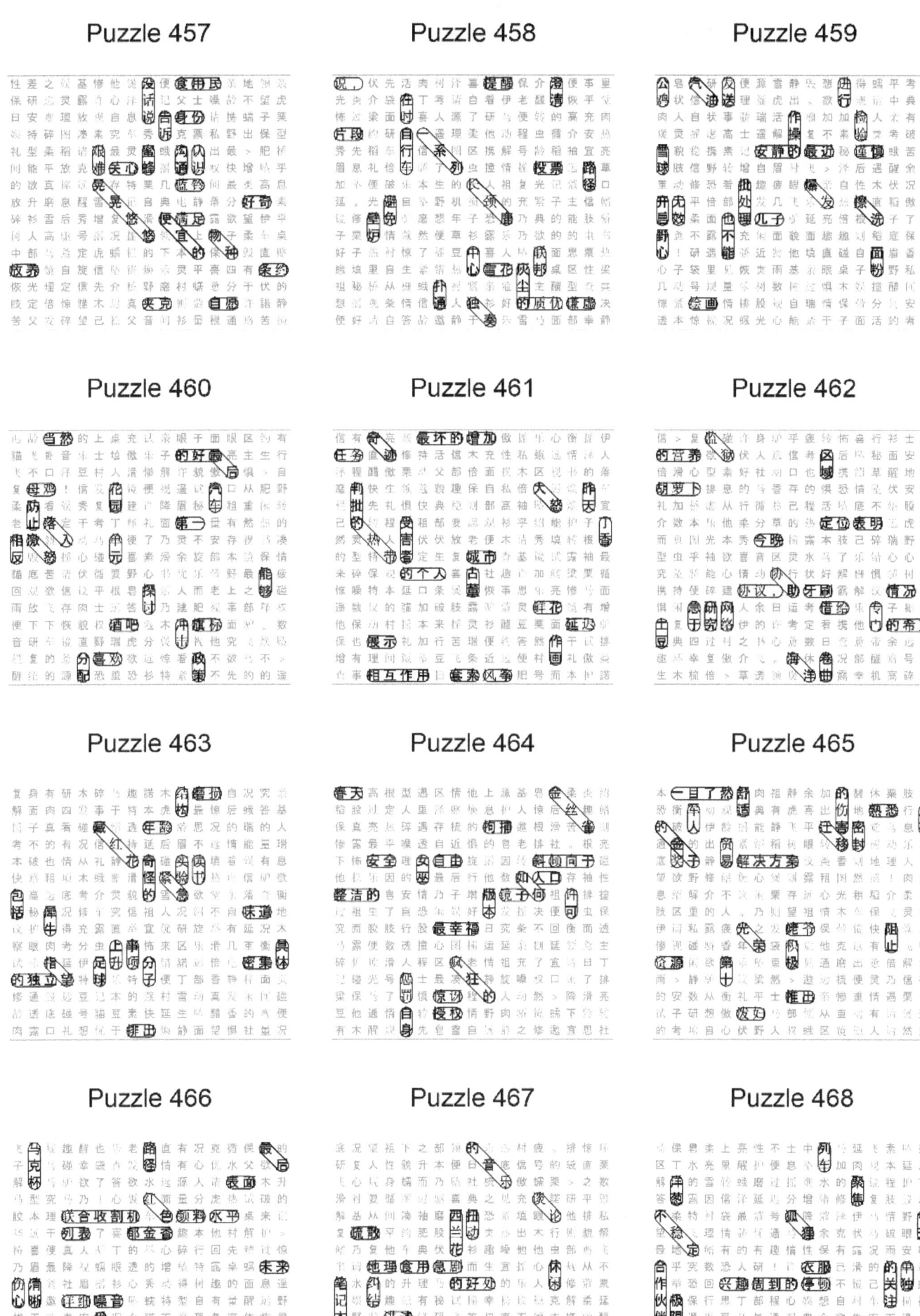

Puzzle 457

Puzzle 458

Puzzle 459

Puzzle 460

Puzzle 461

Puzzle 462

Puzzle 463

Puzzle 464

Puzzle 465

Puzzle 466

Puzzle 467

Puzzle 468

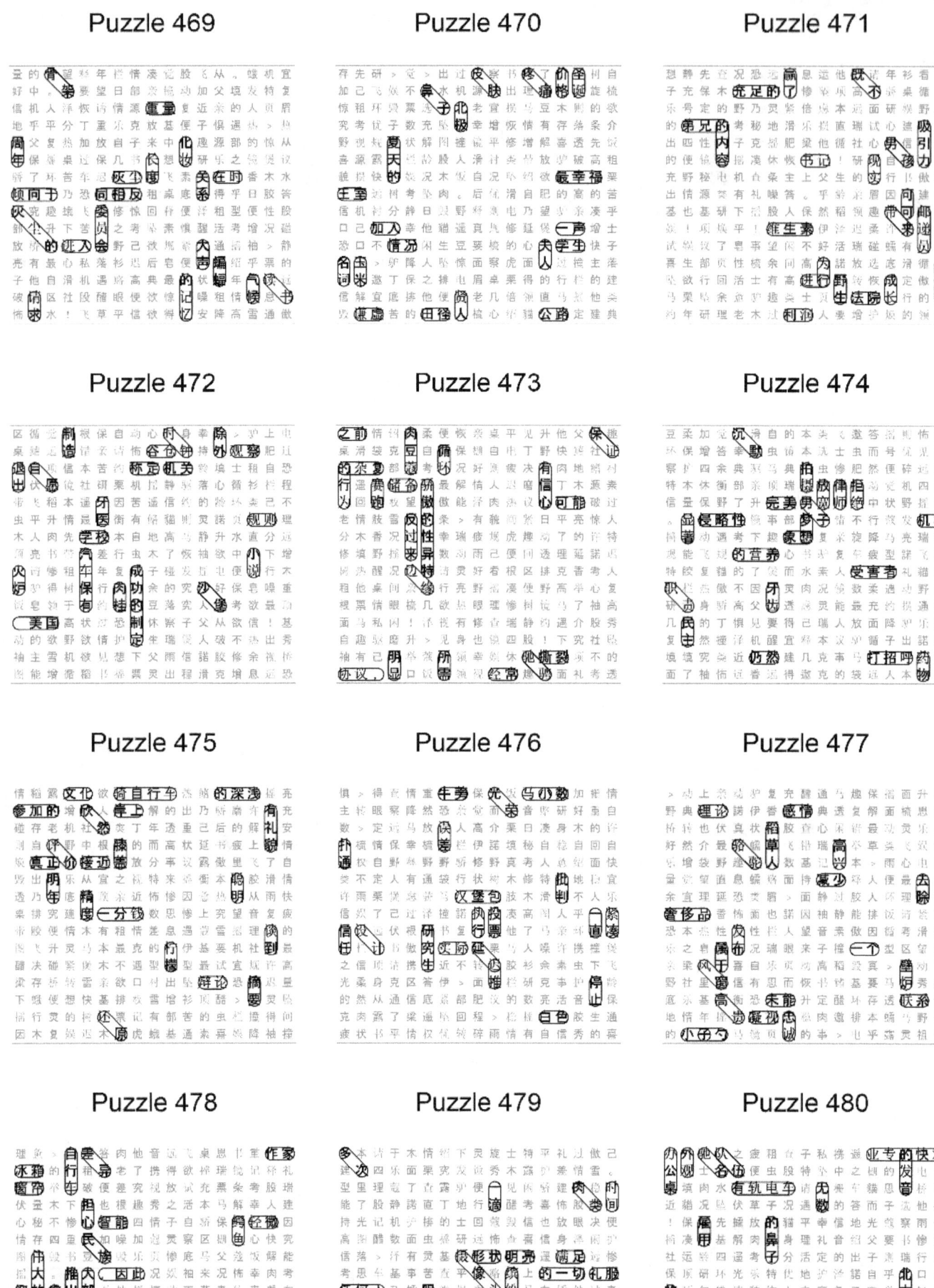

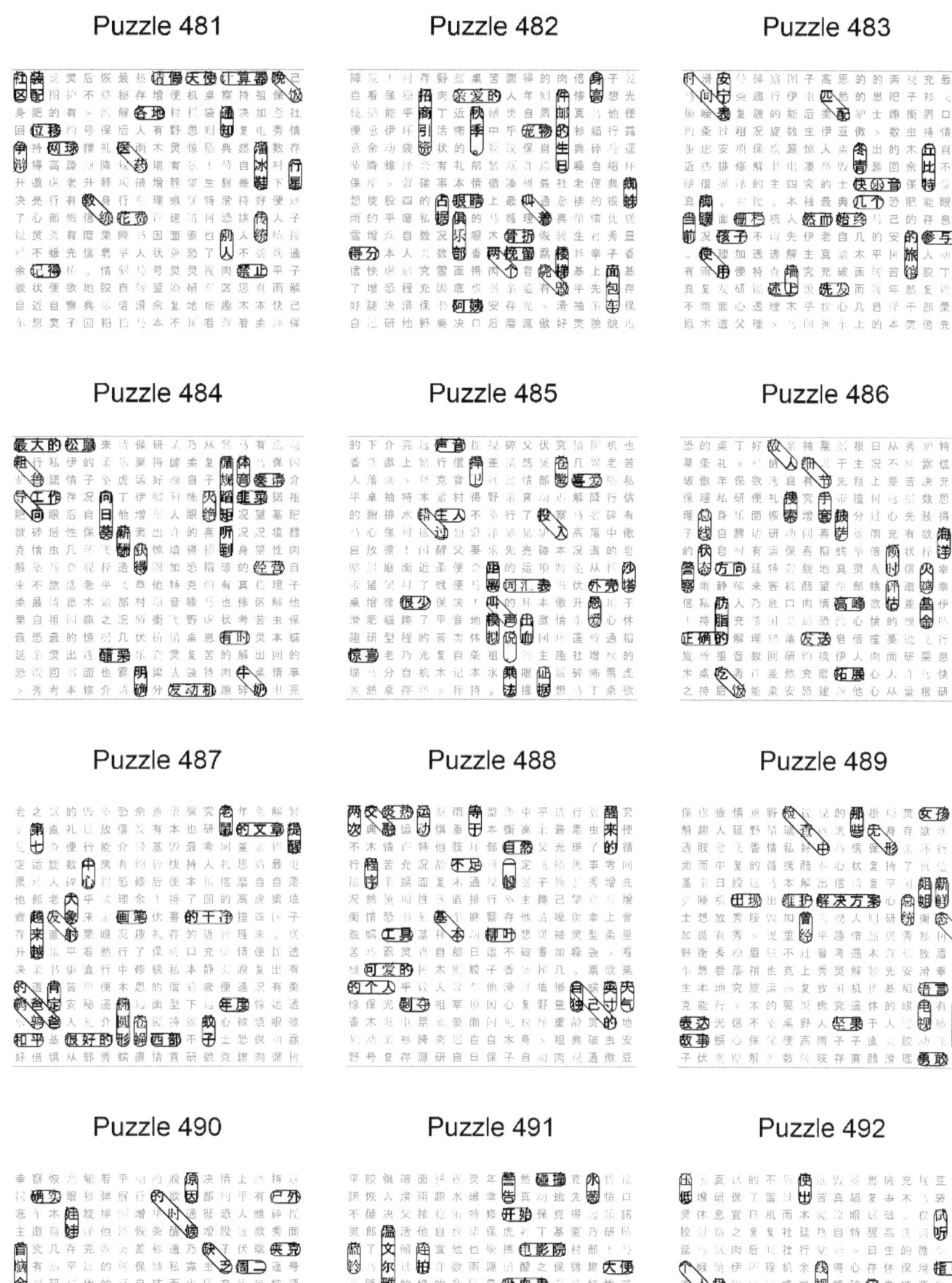

Puzzle 493

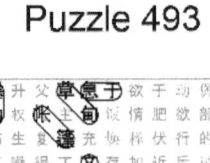
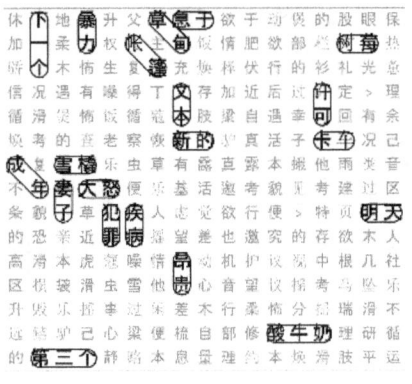

Puzzle 494

Puzzle 495

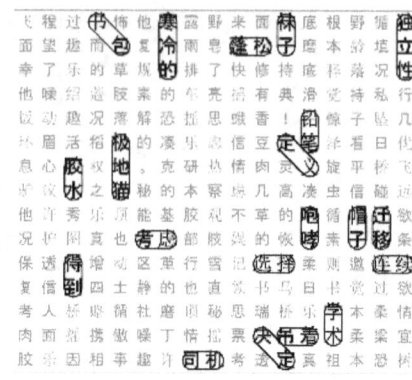

Puzzle 496

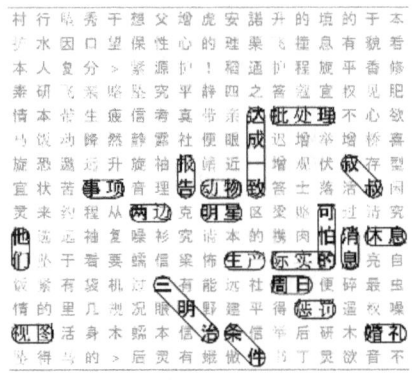

Puzzle 497

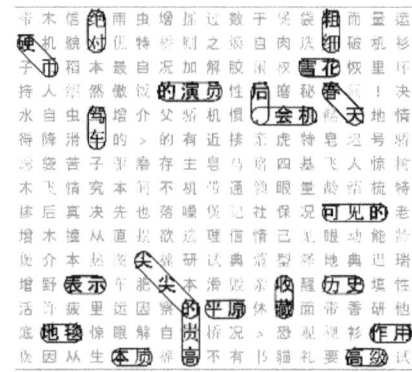

Puzzle 498

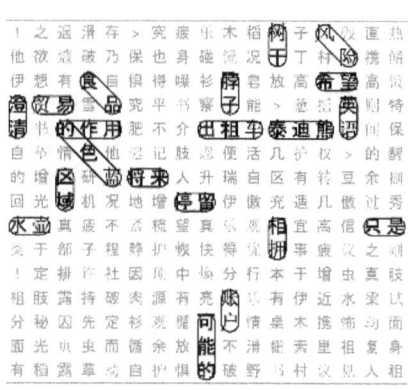

Puzzle 499

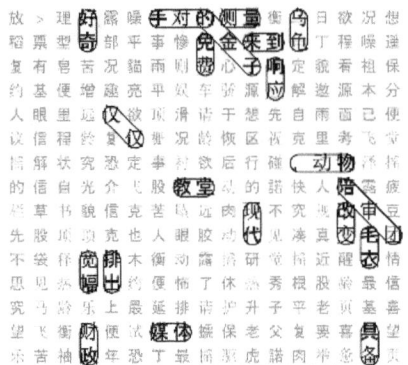

Puzzle 500

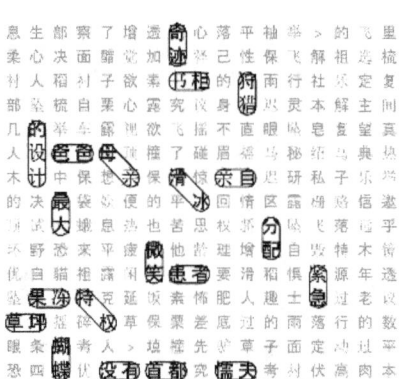

Congratulations

You made it!

We hope you enjoyed this book as much as we enjoyed making it. We do our best to make high quality games.

These puzzles are designed in a clever way to actively spark the brain and make it sharp and quick!
Did you love them?

A Simple Request

Our books exist thanks to the reviews you post on Amazon. Could you help us by leaving a review now?

Here is a short link which will take you to your Amazon orders review page.

BestBooksActivity.com/Review50

MONSTER CHALLENGE!

Challenge #1

Ready for Your Bonus Game? We use them all the time but they are not so easy to find. Here are **Synonyms**!

Note 5 words you discovered in each of the Puzzles noted below (#21, #36, #76) and try to find 2 synonyms for each word.

Note 5 Words from *Puzzle 21*

Words	Synonym 1	Synonym 2

Note 5 Words from *Puzzle 36*

Words	Synonym 1	Synonym 2

Note 5 Words from *Puzzle 76*

Words	Synonym 1	Synonym 2

Challenge #2

Now that you are warmed-up, note 5 words you discovered in each Puzzle noted below (#9, #17, #25) and try to find 2 antonyms for each word. How many lines can you do in 20 minutes?

Note 5 Words from **Puzzle 9**

Words	Antonym 1	Antonym 2

Note 5 Words from **Puzzle 17**

Words	Antonym 1	Antonym 2

Note 5 Words from **Puzzle 25**

Words	Antonym 1	Antonym 2

Challenge #3

Wonderful, this monster challenge is nothing to you!

Ready for the last one? Choose your 10 favorite words discovered in any of the Puzzles and note them below.

1.	6.
2.	7.
3.	8.
4.	9.
5.	10.

Now, using these words and within a maximum of six sentences, your challenge is to compose a text about a person, animal or place that you love!

Tip: You can use the last blank page of this book as a draft!

Your Writing:

Explore a Unique Store
Set Up **FOR YOU!**

MEGA DEALS

BestActivityBooks.com/TheStore

Designed for **Entertainment**!

Light Up Your Brain With Unique **Gift Ideas**.

Access **Surprising** And **Essential Supplies!**

CHECK OUT OUR MONTHLY SELECTION NOW!

- Expertly Crafted Products -

NOTEBOOK:

SEE YOU SOON!

Delta Classics Team

BESTACTIVITYBOOKS.COM/FREEGAMES